Ein Tor würde dem Spiel gut tun
Das ultimative Buch der Fußball-Wahrheiten

Ein Tor
würde dem Spiel gut tun

Das ultimative Buch der Fußball-Wahrheiten

Zusammengestellt von Ben Redelings

VERLAG DIE WERKSTATT

Bibliografische Information der Deutschen Bibliothek:
Die Deutsche Bibliothek verzeichnet diese Publikation
in der Deutschen Nationalbibliografie; detaillierte
bibliografische Daten sind im Internet über
http://dnb.ddb.de abrufbar.

2. Auflage
© 2009 Verlag Die Werkstatt GmbH
Lotzestraße 24a, D-37083 Göttingen
www.werkstatt-verlag.de
Alle Rechte vorbehalten

Satz und Gestaltung: Verlag Die Werkstatt, Göttingen
Druck und Bindung: CPI – Clausen & Bosse, Leck
Zeichnungen (Umschlag und Innenteil): ©TOM

ISBN 978-3-89533-515-0

Inhalt

Über Fußball
▷ Von Agali bis Zobel ... 7

Spieler
▷ Von Abramczik bis Ziege ... 31

Trainer
▷ Von Adrian bis Zumdick ... 147

Schiedsrichter
▷ Von Ahlenfelder bis Zen-Ruffinen ... 239

Manager und Funktionäre
▷ Von Abramowitsch bis Zorc ... 255

Medien
▷ Von »A Bole« bis Zimmer ... 291

Vereine
▷ Von LR Ahlen bis VfL Wolfsburg ... 321

Länder
▷ Von Australien bis USA ... 337

Letzte Worte
▷ Von Akinbiyi bis Wowereit ... 351

Nachspielzeit
▷ Nie hätte ein frühes Tor einem Spiel so gut getan ... 366
▷ Die Torjägerin Fräulein Gerda Müller oder
die alte Leier um Frauen und Fußball ... 373
▷ Ein Radio-Nachmittag im Mai. Die Schlusskonferenz
der Bundesligasaison 1998/99 ... 374
▷ »Ich kann den Käse nicht mehr hören.« Rudi Völler im
Interview mit Waldemar Hartmann ... 379
▷ »Ich habe fertig!« Die legendäre Rede des Giovanni Trapattoni ... 384

Über Fußball

Victor Agali *(ehemaliger Spieler, u.a. Schalke 04)*
Fußball ist eigentlich ganz einfach. Man muss nur seine Kollegen verstehen.

Klaus Allofs
Man muss nicht immer zaubern, es geht auch mit 1:0 aufwärts.

Gnadenbrot gibt es nur für Pferde, im Profifußball aber wird dir nichts geschenkt. Geld gibt es nur für Leistung.

Werner Altegoer *(Präsident des VfL Bochum)*
Man trifft immer nur dann ein Tor, wenn man auf die Bude schießt.

Rudi Assauer
Wenn du heute als Manager jungen Leuten gegenüberstehst und eine Wampe hast, dann bist du unglaubwürdig.

Wenn du in der ersten Minute das 1:0 machst und in der letzten das 2:0, dann kann dir nichts passieren.

Zu meiner aktiven Zeit haben die Doofen Fußball gespielt, heute haben auf Schalke zwei Drittel der Spieler Abitur.

Ron Atkinson *(Ex-Spieler und Trainer von Manchester United)*
Nun, beide Teams können gewinnen, oder es geht unentschieden aus.

Ich wage mal eine Prognose: Es könnte so oder so ausgehen.

Klaus Augenthaler
Fußball auf der Bank ist Leidensgeschäft. Ich bin leidender Angestellter hier in Nürnberg.

Wenn man unter der Woche drei Purzelbäume macht und das Spiel gewinnt, hat man alles richtig gemacht.

Spieler sind wie kleine Kinder. Wenn ich meiner Tochter fünfmal etwas sage und sie macht es nicht, kann ich sie auch nicht ins Heim stecken.

Wir leben alle auf dieser Erde, aber eben auf verschiedenen Spielhälften.

Jeder, der heute einen Profivertrag unterschreibt, glaubt, einen Ball stoppen zu können. Das ist ein Irrtum.

Wenn der Kopf nicht da ist, sondern nur die Hülle, dann ist es egal, ob du mit einer Viererkette spielst oder mit einer Schneekette.

Bundesliga ist kein Mädchensport. *(über das Zweikampfverhalten seiner Abwehr)*

Michael Ballack
Fußball hat nichts mit Zaubern zu tun. Wenn man anfängt zu zaubern, gibt es meistens auf die Socken.

Es gibt immer mal Fouls im Fußball, wo man sagt, das war nicht so schön – obwohl, schöne Fouls gibt es ja gar nicht.

Mario Basler
Wenn der Ball am Torwart vorbeigeht, ist es meist ein Tor.

Gabriel Batistuta *(ehemaliger argentinischer Nationalspieler)*
Manchmal ergibt die Logik des Fußballs keinen Sinn.

BBC Radio 4
Gewinnen heißt Fußball spielen und dabei Tore schießen!

Franz Beckenbauer
Im 5-Meter-Raum darf der Torwart nicht angegangen werden. Da ist er eine heilige Kuh.

Der läuft, da müssen alle laufen. So einfach ist Fußball.

Ja gut, es gibt nur eine Möglichkeit: Sieg, Unentschieden oder Niederlage!

Bei einem Torwart weiß man nie, was er denkt.

Drei Punkte ist besser als in die Hose geschissen.

Wenn du die Meisterschale überreicht bekommst, dann bist du Meister.

Das Tor steht in der Mitte.

Abseits ist, wenn der Schiedsrichter pfeift.

Ja, wir sollten es nach der altbewährten bayerischen Regel halten, die da besagt: Never change a winning team.

Reinhold Beckmann
Liebe und Fußball – beides geht aufs Herz.

Leo Beenhakker *(niederländischer Nationaltrainer)*
Ich bin jetzt seit 34 Jahren Trainer, da habe ich gelernt, dass 2 und 2 niemals 4 ist.

Milovan Beljin *(ehemaliger Trainer von Arminia Bielefeld)*
Alle Gegner sind gleich, nur die Trikots verschieden.

Sven Benken *(ehemaliger Spieler, u.a. Hansa Rostock)*
Fußball ist ein Männersport. Wenn wir körperlos spielen wollen, dann können wir uns eine andere Sportart suchen.

Ramon Berndroth *(Trainer von Kickers Offenbach)*
Es gibt ja die berühmten Trainingsweltmeister, die dann sonntags einen braunen Streifen in der Hose haben.

Joseph Blatter
Jeder Mensch wird als Fußballer geboren. Jeder, der die Bewegungen eines ungeborenen Kindes im Mutterbauch gesehen hat, kennt diesen instinktiven Kick des Fötus.

Beim Fußball geht es nicht nur um das Spiel, er ist eine Schule des Lebens.

Prof. Dr. Dr. Ingo Böbel *(Schatzmeister 1. FC Nürnberg)*
Es gibt Dinge im Fußball, wenn die zur Sprache kommen, dann hat, bitteschön und gefälligst, auch die eigene Ehefrau leise, aber entschieden die Tür von draußen zuzumachen.

Franz Böhmert *(langjähriger Präsident von Werder Bremen)*
Die Tabelle lügt nicht.

Michael Bolten *(Fußballautor)*
Auch wenn heute nicht mehr elf Freunde auf dem Platz sind, so spricht doch nichts dagegen, dass uns elf Kleinunternehmer mit attraktivem Fußball unterhalten. So wie die Liebe bekanntlich durch den Magen geht, so kann sich guter Fußball nur über den Kopf entwickeln.

Rainer Bonhof
Fußball spielt sich zwischen den Ohren ab. Da war teilweise Brachland, das neu bepflanzt werden musste.

Fußball wird in so vielen Ländern gespielt. Das heißt: Anderswo wird mit anderem Wasser anders gekocht.

Bordellbetreiber
Wenn Männer Fußball gucken, dann bleibt die Liebe auf der Strecke. *(zum mäßigen Geschäft während der WM)*

Dieter Bott *(Soziologe)*
Der Fußballfan gilt als Bürgerschreck.

Horst Bredekamp *(Kunsthistoriker)*
In keinem anderen Bereich laufen auf so kleinem Raum mit so einfachen Mitteln so elementare und zugleich hoch differenzierte Prozesse ab. Fußball ist das Theater der Welt.

Andreas Brehme
Haste Scheiße am Fuß, haste Scheiße am Fuß!

Paul Breitner
Fußball ist wie Boxen.

Fußball spielt sich heute zehn Meter rechts und links von der Mittellinie ab. Da wird gespielt, gehackt, gekämpft – eben nur gearbeitet.

Manfred Breuckmann
Wenn die Eckfahne Nutella-Fahne heißt, höre ich auf.

Trevor Brooking *(englischer Nationalspieler)*
Wenn du ein Tor oder weniger schießt, wirst du nicht jedes Spiel gewinnen.

Gianluigi Buffon
Der Fußball gibt und nimmt.

Reiner Calmund
Im Fußball ist es wie im Eiskunstlauf – wer die meisten Tore schießt, der gewinnt.

José Antonio Camacho *(spanischer Fußballtrainer)*
Fußball ist Fußball – ein Spiel, das man gewinnen oder verlieren kann.

Albert Camus
Die moralische Lehre, die ich dem Fußball verdanke: Die loyale Beachtung von Spielregeln, die gemeinsam festgelegt und freiwillig akzeptiert werden.

Eric Cantona
Die Musik des Fußballs heutzutage ist nichts als Heavy-Metal.

Fabio Capello *(italienischer Trainer)*
Aus einem Esel wird nicht plötzlich ein Vollblüter! *(Über den Verdacht, dass in anderen Ländern Doping im Fußballsport üblich sei.)*

Herbert Chapman *(englischer Spieler und Trainer)*
Wenn es uns gelingt, ein Tor zu verhindern, haben wir einen Punkt gewonnen. Schießen wir zudem aber noch ein Tor, dann haben wir beide Punkte.

Brian Clough *(legendärer Coach von Derby County und Nottingham Forest)*
Hätte der liebe Gott gewollt, dass Fußball in der Luft gespielt wird, hätte er das Gras auf den Wolken wachsen lassen.

David Coleman *(englischer Kommentator)*
Wenn der Ball reingeht, dann ist es ein Tor.

Dettmar Cramer
Es hängt alles irgendwo zusammen. Sie können sich am Hintern ein Haar ausreißen, dann tränt das Auge.

Der springende Punkt ist der Ball!

Die Wahrscheinlichkeit nicht Meister zu werden, ist größer als die Wahrscheinlichkeit, dem Abstieg nicht zu entgehen.

Die Kugel hat ihr Eigenleben: Der eine Ball ist dumpf, der andere Ball hat »Musike« in sich. Darum symbolisiert der Fußball eine Beständigkeit in der Unbeständigkeit. Er ist das Symbol für den wunderbaren Zufall, den der Mensch zu beherrschen sucht.

Schon der Kreis ist für uns Menschen ein Symbol der Vollkommenheit. Nun gibt es auch noch den Ball, die allseits runde Kugel, und die ist auch noch elastisch.

Garth Crooks *(englischer Spieler und Kommentator)*
Fußball ist Fußball: Wäre das nicht so, dann wäre es nicht das Spiel, das es ist.

Johan Cruyff
Ein Spiel zu gewinnen ist leichter, wenn man gut spielt, als wenn man schlecht spielt.

Entscheidend sind im Fußball zwei Dinge: Fußball ist erstens ein Spiel mit Fehlern und zweitens ein Männersport.

Ian Darke *(Kommentator)*
Geh niemals nach einem Ball, den du nur zu 50 Prozent bekommst, außer du bist dir zu 80 Prozent sicher, dass du ihn bekommst.

Christoph Daum
Es gibt eine ganz einfache Formel: Wenn du Spieler erfolgreich machen willst, dann behandele sie, wie du sie haben willst.

Profifußballer reagieren zum überwiegenden Teil auf Druck. Die so genannten verantwortungsvollen Profis, von denen wir immer wieder sprechen, die gibt es gar nicht so häufig. Wenn du einen hast, das ist gut. Wenn du zwei hast, sei glücklich, wenn du drei hast, wirst du Meister.

Das Gegentor fiel zum psychologisch ungünstigsten Zeitpunkt. Aber man muss an dieser Stelle auch einmal die Frage stellen, ob es Gegentore gibt, die zu einem psychologisch günstigen Zeitpunkt fallen.

Die Bundesliga ist wie ein Marathonlauf. Auf den ersten Kilometern wird nichts entschieden. Wir haben ein hohes Tempo vorgelegt, haben uns dabei übernommen und sind auf den Boden der Tatsachen zurückgekehrt.

Einige Spieler wissen zwar, wer im Film »Star Trek« welche Rolle spielt, aber nicht, mit wem sie es im nächsten Spiel zu tun haben.

Jupp Derwall
Im Fußball ist es wie in der Politik. Es gibt Höhen und Tiefen – da muss man durch.

Deutscher Fußball Bund
Die Anatomie der Frau ist für Trikotwerbung nicht geeignet. Die Reklame verzerrt. *(1976 in einer Stellungnahme zur Trikotwerbung im Damenfußball)*

Über Fußball

Bernhard Dietz
Wenn ich so sehe, welchen Zirkus ein Stefan Effenberg oder Mario Basler um die eigene Person veranstalten, wird mir schwindlig. Früher hätten wir die im Training ein paar Mal richtig weggegrätscht – dann wäre Ruhe gewesen!

Alfredo di Stéfano
In Vollendung praktiziert ist Fußball eine Kunst – genau wie die Malerei.

Martin Driller
Wenn man nicht aufs Tor schießt, kann man auch kein Tor schießen.

Fußball ist wie eine Frikadelle – man weiß nie, was drin ist.

Bob Dylan
Spaß? Ob ich Spaß habe im Leben? Wie meinen Sie das? Soll ich etwa einen Fußball in die Luft treten?

Umberto Eco
Der Fußball ist einer der am weitesten verbreiteten religiösen Aberglauben unserer Zeit. Er ist heute das wirkliche Opium des Volkes.

Stefan Effenberg
Bundesliga ist ein richtig spannender Wettbewerb. 18 Mannschaften wollen deutscher Meister werden – und am Ende feiern immer die Bayern.

Yves Eigenrauch
Fußball ist, wenn man in der Halbzeit für ein Würstchen in der Schlange stehen muss.

Jerzy Engel *(polnischer Nationaltrainer)*
Jeder Trainer sitzt auf einem Vulkan.

Willi Entenmann
Gute Spiele verliert man, weniger gute gewinnt man.

Walter Eschweiler *(Schiedsrichterlegende)*
Im modernen Fußball werfen viele mit neuen Begriffen nur so um sich, aber nur wenige werfen alte Begriffe um.

Epouné Albert Etokoké *(Verbandspräsident von Kamerun)*
Fußball verlangt Intelligenz der Füße.

Holger Fach
Abgestiegen ist man, wenn man abgestiegen ist.

Reinhold Fanz *(Trainer bei Eintracht Frankfurt)*
Wenn man keine Tore macht, ist's ganz schwer, ein Spiel zu gewinnen.

Heribert Faßbender
Ein Tor muss her, soll es nach 90 Minuten nicht noch so stehen wie jetzt!

Karl-Heinz Feldkamp
Man muss ja nicht nur gucken, wie viel einer läuft, sondern was hinten rauskommt.

Les Ferdinand *(englischer Nationalspieler)*
Ich war überrascht, aber ich sage immer, dass mich im Fußball nichts überrascht.

Volker Finke
Es gibt keine einfachere und zugleich faszinierendere Spielidee: zwei Tore, da einen rein, da keinen rein. Fertig.

Fußball ist ein Theater der Eitelkeiten.

Fußball kommt von innen heraus: Viel Bauch, viel Gefühl, viel Leidenschaft.

Joschka Fischer
Jeder Trainer ist ein designierter Ex-Trainer

Frankfurter Allgemeine Zeitung
Wie komme ich ganz schnell auf 10 Millionen? Indem ich 20 in einen Fußballverein investiere.

Endlich fängt der Europapokal wieder an, jene Volksbildungseinrichtung, die in ihr fünfzigstes Schuljahr geht. Seit einem halben Jahrhundert hat sie Tausenden von Fußballern und Millionen von Fans Horizonte erweitert und neue Lösungen für Stadt-Land-Fluss geschenkt.

Frankfurter Taxifahrer
Ist das mit Übernachtung und Frühstück? *(über den Preis der Eintrittskarte für ein Fußballländerspiel)*

Ernst Fricke *(Präsident von Eintracht Braunschweig)*
Unsere Auswärtsschwäche ist stärker geworden.

Jürgen Friedrich *(Präsident des 1. FC Kaiserslautern)*
Wer Erster ist, ist Erster.

Ich würde heute für keinen Spieler auch nur den kleinen Finger ins Feuer legen. Das Geschäft ist leider so geworden. Es geht immer nur ums Geld.

Michael Frontzeck
Wenn der Olli Kahn den Arm hebt, dann ist Abseits.

Friedhelm Funkel
Wir dürfen nicht mehr Tore kassieren, als der Gegner schießt.

G

Edgar Geenen *(Manager vom 1. FC Nürnberg)*
In der Kabine herrschen meist zwei Themen vor. Eins ist Geld und eins hat lange Haare.

Heiner Geißler *(CDU-Politiker)*
Die Berühmtheit mancher Fußballer hängt mit der Dummheit ihrer Bewunderer zusammen.

Über Fußball

Erik Gerets
Wir haben das Spielfeld nicht klein gekriegt. (*Zu den langen Bällen und den nicht nachrückenden Spielern*)

Hermann Gerland (*Trainer der Bayern-Amateure*)
In der 2. Halbzeit haben wir uns ein bisschen dumm angestellt, aber das Pferd springt eben nur so hoch, wie es muss.

Eduard Geyer
Wir haben Fehler im Abwehrverhalten gemacht – und das ist schon im Sturm losgegangen.

Wenn sich jemand dehnen will, soll er nach Dänemark fahren. Bei mir wird gelaufen, da kann keiner quatschen.

Dass man jemanden anrufen muss, damit er merkt, dass die Leute an ihm vorbeilaufen ...

Es gibt im Nachwuchsbereich Spieler mit einer Einstellung zum Leistungssport wie die Nutten von St. Pauli – die rauchen, saufen und huren.

Holger Greilich (*Spieler von 1860 München*)
Letztlich zählt das, was auf dem Platz ist, und das ist es, was zählt.

Ruud Gullit
Auch in unserer Branche gibt es eine Mafia. Wenn die Geheimdiplomaten des Welt-Fußballerhandels die Katze aus dem Sack lassen, ist es meistens eine Ratte.

Rudi Gutendorf
Der Ball ist ein Sauhund.

Am Fußball zu hängen, ist eine der unbequemsten Lebenslagen.

Torsten Gütschow (*Spieler von Dynamo Dresden*)
Wer an den Fußball sein Herz verliert, darf sich nicht wundern, dass darauf herumgetrampelt wird.

Reinhard Häfner (*Trainer vom Chemnitzer FC*)
Ich muss mal eines ganz deutlich sagen: Meister wird derjenige Verein, der am Ende vorn steht. Und bei der Meinung bleibe ich!

Peter Handke (*Schriftsteller*)
Der Fußball hat von Natur keine Seele.

Wie alles, was rund ist, ist auch der Fußball ein Sinnbild für das Ungewisse, für das Glück und die Zukunft.

Die Kugelform des Fußballs ist geradezu zu einem Symbol des unberechenbaren Zufalls geworden.

Ernst Happel
Fußball ist ein intelligenter Sport, ob mit Instinkt gespielt wird, mit Kopf oder Herz ist egal, du musst ihn beherrschen.

Prozentual sind die Genies im Fußball weniger geworden. Viele haben schon irgendein Gebrechen, technisch gesehen.

Ein Tag ohne Fußball ist ein verlorener Tag.

Es hat mal einer geschrieben, der Fußball geht tot. Er geht nicht tot. Er ist nur nicht mehr so schön. Die Vorbilder fehlen.

Wer sich ins Feuer des Profisports stürzt, der kommt nicht unverbrannt wieder heraus.

Ludwig Harig (*Schriftsteller*)
Ist der deutsche Fußball nicht doch eine Religion?

Elke Heidenreich
Fußball ist aus meiner Erinnerung ebenso wenig wegzudenken wie Gummibärchen, Onkel Dagobert, Sonntagskino, Eisdiele und Reibekuchen anne Bude.

Bernd Heller
Wer weiß schon vorher, was nachher ist.

Thierry Henry
Manchmal muss man im Fußball auch mal ein Tor schießen.

Sepp Herberger
Die Leute gehen zum Fußball, weil sie nicht wissen, wie es ausgeht.

Jupp Heynckes
Wenn das Spielsystem verschwimmt, schwimmt der Trainer.

Dieter Hildebrandt (*Kabarettist*)
Wer sich in der Familie nicht aussprechen darf, geht auf den Fußballplatz, um zu brüllen.

Ottmar Hitzfeld
Der Erfolg ist nicht alles, aber ohne Erfolg ist alles nichts.

Es spielen nicht immer die elf Besten, sondern die beste Elf.

Dieter Hoeneß
Für mich ist Fußball ein Spiegel der Gesellschaft.

Uli Hoeneß
Ich glaube nicht, dass wir das Spiel verloren hätten, wenn es 1:1 ausgegangen wäre.

Früher habe ich 80 Prozent meiner Arbeitszeit mit den Spielern verbracht. Heute verwende ich 80 Prozent darauf, das Geld einzutreiben, um sie finanzieren zu können. (*über Veränderungen während seiner 25-jährigen Amtszeit*)

Vor zehn Jahren hat es keine Sau interessiert, wer Co-Trainer der Nationalmannschaft ist, und jetzt kommt es in der Tagesschau. Das ist doch pervers.

Ich habe heute nicht gesehen, dass ein Spieler, der 110 Millionen Mark mehr kostet, viel mehr leistet als einer, den wir aus Kanada geholt haben. *(zum Vergleich zwischen Luis Figo und Owen Hargreaves)*

Gert Hortleder *(Soziologe)*
Das Fußballspiel ist ein Ritus, ein offiziell zugelassenes, durch Regeln kanalisiertes Sichaustoben.

Horst Hrubesch
Modern ist, wenn du gewinnst.

Ernst Huberty
Kein Tor auswärts, so kann man einfach nicht gewinnen.

Jürgen Hunke *(HSV-Präsident)*
Fußball ist die Kultur des Mittelstandes.

Fußball ist ein Leben zwischen zwei Eckpunkten: Goldene Beine oder Krampfadern.

Paul Ince *(englischer Nationalspieler)*
Tackling ist viel schöner als Sex!

René C. Jäggi *(Präsident des 1. FC Kaiserslautern)*
Siege sind schön. Aber davon lassen sich die Banken wenig beeindrucken.

Carsten Jancker
Emotionen gehören zum Fußball. Schließlich sind wir nicht beim Schach. *(nachdem er beim Champions-League-Spiel in Trondheim mit seinem Mannschaftskollegen Mehmet Scholl aneinander geraten war)*

Jens Jeremies
Wenn es einmal hart auf hart kommt, kommt es meistens ganz hart.

Vinney Jones *(englischer Kommentator)*
Gewinnen ist nicht so wichtig, solange man gewinnt.

Über Fußball

Oliver Kahn
Es ist schon verrückt, was der Fußball aus mir macht.

Der Ball wollte nicht zwischen die Stangen. *(über die Ursache einer 0:1 Niederlage des FC Bayern in Unterhaching)*

Chris Kamara *(englischer Spieler und Trainer)*
Tore zählen nur, wenn sie im Tor waren.

Helmut Karasek *(Literaturkritiker)*
Fußball ist das erfolgreichste Theater der Neuzeit.

Kevin Keegan
Heute werden Torhüter nicht geboren, bevor sie in ihren späten Zwanzigern oder Dreißigern sind.

Hans Kindermann *(»Chefankläger« des DFB)*
Ich stelle nur klar, dass der bezahlte Fußball mit Sport nichts mehr zu tun hat. Das ist nur noch ein Tanz um das Goldene Kalb.

Jürgen Klopp
Die einzige Daseinsberechtigung für Fußball ist doch das Interesse der Leute, und dem sollte man gerecht werden.

Kuno Klötzer *(Trainer beim Hamburger SV)*
Wenn wir nicht 0:1 zurückliegen würden, könnten wir 1:0 führen.

Jürgen Kohler
Nur wer ein Tor machen will, der trifft auch.

Dieter Krein *(Präsident von Energie Cottbus)*
Der Sarg ist zu, wenn der letzte Silbernagel drin ist. *(zur theoretischen Chance auf den Klassenverbleib)*

Quatsch nicht so viel, trainier lieber. *(zu Stürmer Sebastian Helbig, der nach einem schwachen Spiel Interviews gab)*

Nur Idioten zeigen mit dem Finger auf uns und meinen, bei uns würden die Ausländer die Deutschen aus dem Team verdrängen.

Manche von uns haben sich in der 2. Halbzeit bewegt – unter der Rasenkante.

Erwin Kremer *(Ex-Spieler von Schalke 04)*
Das heutige Fußballgeschäft ist nicht mehr meine Welt. Ich möchte meine Profizeit nicht missen, aber das war's auch.

Willibert Kremer *(Ex-Spieler von Schalke 04)*
Ohne Tore kann man nicht gewinnen.

Dr. Peter Kunter *(ehem. Vizepräsident Eintracht Frankfurt)*
Ich habe im Fußballgeschäft so zu lügen gelernt, dass mich sogar meine Frau für einen Drecksack hält.

Udo Lattek
Alle Fußballer sind Sausäcke.

Im Fußball ist das Logische, immer das Unlogische zu tun.

Im Fußball gibt es keine Großmütigkeit. Nächstenliebe wird in der Bundesliga hart bestraft.

Mannschaft und Spieler ähneln mit den Jahren einem alten Ehepaar.

Wer hat in der Bundesliga schon Freunde?

Martin Lauer *(Sportler und Schlagersänger)*
Der Trainer ist ein Mensch, der sein Brot im Schweiße des Angesichts anderer Menschen verdient.

Jens Lehmann
Fußball ist so komisch geworden. (zu seinem 4. Platzverweis)

Robert Lembke
Eines der Probleme beim Fußball ist, dass die einzigen Leute, die wissen, wie man spielen müsste, auf der Pressetribüne sitzen.

Gary Lineker
Fußball ist ein Spiel von 22 Leuten, die rumlaufen, den Ball spielen, und einem Schiedsrichter, der eine Reihe dummer Fehler macht, und am Ende gewinnt immer Deutschland.

Hannes Löhr
Das A und O beim Fußball bleibt das »Aah« und »Oh« auf den Rängen.

Gyula Lorant
Der Ball ist rund. Wäre er eckig, wäre er ja ein Würfel.

Bundesligaspiele sind keine russischen Wahlen, bei denen immer gewonnen wird.

Werner Lorant
Die junge Generation ist total versaut, die können sich ja nicht mal allein eine Wohnung suchen oder am Landratsamt anmelden.

Nicht mal eine Wohnung müssen sie sich suchen, das macht der Verein. Und sie möchten ein Haus mit Garten, aber bitte ohne Rasen, weil Rasenschneiden wollen sie nicht. *(über die Wohlstandsjünglinge im Fußball)*

Heinz Lucas *(Trainer bei Fortuna Düsseldorf)*
Ich persönlich teile ein Fußballspiel in zwei Hälften ein: Die eine ist die erste Halbzeit, die andere die zweite.

Luizao
Für einen Stürmer ist ein Tor wie ein Orgasmus.

Felix Magath
Ich rate jedem Spieler, mehr Karten zu spielen. Das fordert das strategische Denken und wirkt sich positiv auf die Kreativität auf dem Platz aus.

Ich kenne mich in dem Spiel nicht mehr aus. *(nach zwei seltsamen Elfmeterentscheidungen)*

In England putzen die Talente den Stars die Fußballschuhe. Hier putzen sie nicht mal ihre eigenen.

Wenn sie mal einen über den Durst trinken wollen, empfehle ich, das nicht unbedingt nach dem Spiel zu machen. An diesem Tag ist der Körper ohnehin schon geschwächt.

Wenn mein Vater da gewesen wäre, hätte sich mein Leben vollkommen anders entwickelt. Viel zielgerichteter. Dann wäre meine Mutter zu Hause gewesen. Ich hätte vernünftig für die Schule gearbeitet, einen normalen Beruf erlernt und wäre nicht in den Fußball abgedriftet.

Fußball ist ein sehr kompliziertes Spiel. Man muss es einfach spielen, dann ist man erfolgreich!

Sie stehen lange vor dem Spiegel, schmieren sich Gel in die Haare. Hier wollen zu viele Spieler nur selbst gut aussehen, anstatt für den anderen zu laufen. *(beim FC Bayern München)*

Roy Makaay
Ein Ball ist für beide Mannschaften das Gleiche.

Diego Maradona
Manchmal sehe ich ein Spiel und frage mich, ob die Spieler durch Roboter ersetzt worden sind. *(über die Qualität des derzeitigen Fußballs)*

Bob Marley
Fußball bedeutet Freiheit.

Brian Marwood *(ehemaliger Arsenal-Spieler und heutiger Kommentator)*
Der Ball kann überall hingehen und das macht er meistens.

Lothar Matthäus
Ich bin einfach verrückt nach Fußball, ich liebe ihn, und ich mache alles für ihn.

Jedes Spiel fängt bei Null an.

Gerhard Mayer-Vorfelder
Fußball ist ein Mannschaftssport, da muss man auch sehen, wie jeder Einzelne gut drauf ist!

Lawrie Mc Menemy *(Nationaltrainer Nordirlands)*
Wenn Du 4:0 führst, kannst Du nicht mehr 1:7 verlieren.

Über Fußball

Cesar Luis Menotti *(argentinischer Nationaltrainer)*
Stärke ist beim Fußball List, und Geschwindigkeit ist Präzision.

Der Fußball hat dieselbe Funktion in der Gesellschaft wie andere Ausdrucksformen der Kunst: ein guter Film, ein gutes Lied, ein gutes Bild.

Max Merkel
Auf nur einer Arschbacke rutscht auch ein Meister nicht durch die Bundesliga!

Im Fußball ist es wie bei der Liebe. Was vorher ist, kann auch sehr schön sein, aber es ist nur Händchenhalten. Der Ball muss hinein.

Spieler vertragen kein Lob. Sie müssen täglich die Peitsche im Nacken fühlen.

Es gibt zwei Möglichkeiten, schnell den Flugschein zu machen: Entweder du machst Urlaub mit Drachenfliegen. Oder du gehst als Trainer in die Bundesliga.

Hans Meyer
Es ist nicht eine Frage des Willens, sondern eine Frage des mangelnden Könnens.

Wenn kein Gegner mehr da ist, ist Fußball richtig schön.

In schöner Regelmäßigkeit ist Fußball doch immer das Gleiche.

Die Spieler kommen morgens um neun, trinken Kaffee, halten ein Schwätzchen, danach eine kleine Mannschaftsbesprechung, 90 Minuten Training, eine Stunde Nachbereitung. Und nachmittags gehen sie dann mit der Mutti auf die Kö nach Düsseldorf. Die können einkaufen, während andere noch an der Maschine stehen. Als Fußballprofi hat man eine herrliche Zeit.

Bernhard Minetti *(Schauspieler-Legende)*
Am Fußball fasziniert mich die Absicht, gemeinsam mit einem Ball umzugehen.

Karl Moik *(Moderator)*
Wenn es dazu kommt, wird jeder verlieren, auch Thomas Gottschalk. Fußball hat einen unschlagbaren Stellenwert. *(zu den Plänen von SAT1, samstags ab 20.15 Uhr eine Bundesliga-Show auszustrahlen)*

Hans-Wilhelm Müller-Wohlfahrt *(Arzt des FC Bayern)*
Fußball ist die spannendste Vorschule für das Welttheater Leben.

Wer Fußball spielt, vereinsamt nicht.

N

Nick Neave *(Evolutionspsychologe)*
Wie andere Tiere, die ihr heimatliches Revier bewachen und beschützen, sind Fußballspieler energiegeladener, aktiver und selbstsicherer, wenn sie von auswärtigen Gruppen bedroht werden. *(über das Sexualhormon Testosteron als Grund für den Heimvorteil)*

Günter Netzer
Wenn der Ball im Tor ist, war das immer eine gute Maßnahme.

Wenn du denkst, es geht nicht mehr, kommt von irgendwo 'ne Flanke her.

Der Kopf denkt, der Fuß versenkt.

Die meisten Spiele, die 1:0 ausgingen, wurden gewonnen.

Es gibt im Fußball eben Wellentäler wie im normalen Leben oder an der Börse.

Jeder Spieler hat seine Dienste in den Dienst der Mannschaft zu stellen.

Da sieht man, dass die Torwächter in all den Jahren mit den Feldspielern nicht mitgewachsen sind.

Eine Persönlichkeit im Fußball erweist sich auf dem Platz – und nur dort und nirgendwo anders.

Man muss feststellen, dass der Spruch auch nicht mehr stimmt, dass der Schütze nicht selber schießen soll. Ich stelle fest, dass der Schütze sehr wohl den Elfmeter selber schießt.

Die Tragik des Fußballs ist, dass Schönheit nicht immer erfolgreich ist.

Das Leben fängt an, wo Fußball aufhört.

Peter Neururer
Die fußballerische Intelligenz ist die Grundlage, um einen sportartspezifischen Intellekt aufzubauen.

Newcastle Fan-Banner
Fußball ist heute wie Schach. Es geht nur noch ums Geld.

Gerd Niebaum
Früher haben die Spieler einen roten Kopf gekriegt, wenn sie uns bei Vertragsverhandlungen 10.000 Mark mehr an Gehalt aus dem Kreuz geleiert hatten. Am Ende hatten sie nicht einmal mehr bei einer Million einen roten Kopf.

Unser größter Gegner sitzt in der eigenen Kabine.

Heute haben die Spieler doch mehr Pressekontakte als Ballkontakte.

Über Fußball

Sunday Oliseh
Fußballer sind wie große Kinder und wollen immer mit dem Ball spielen.

Martin O'Neill (*Trainer von Celtic Glasgow*)
Das Beste, was man machen kann, ist das 0:0 halten, bis man ein Tor erzielt.

Alfred Pfaff
Ungarisches Gulasch. (*auf die Frage des DFB-Kochs am Tag nach der 3:8-Niederlage gegen Ungarn bei der WM 1954, was er kochen solle*)

Volker Pispers (*Kabarettist*)
Der Fußballer ist der Beweis, dass man es ohne ein Gramm Hirn zu einem Ferrari bringen kann.

David Pleat (*Trainer von Tottenham Hotspurs*)
Ein Spiel ist nicht gewonnen, bis es verloren ist.

Lukas Podolski
So ist Fußball. Manchmal gewinnt der Bessere.

Fußball ist einfach: Rein das Ding – und ab nach Hause.

Adi Preissler
Ein Fußballer ohne große Nasenlöcher kann nichts werden. Sonst kriegt die Lunge nicht genug Luft.

Grau is alle Theorie, wichtig is auffem Platz.

Petar Radenkovic
Ball ist nämlich nicht gleich Ball.

Carsten Ramelow
Du musst halt nur die Punkte reinholen. (*einfaches Rezept, um deutscher Meister zu werden*)

Antonio Rattin (*argentinischer Nationaltrainer*)
Wenn der Ball über der Torlinie war, dann war es ein Tor.

Reinhard Rauball
Einen Bundesliga-Verein aufzubauen, dauert sehr lange. Ihn zu ruinieren geht von heute auf morgen.

Friedel Rausch
Was nützt der schönste Teller, wenn nichts zum Essen darauf ist. (*trotz gutem Spiel keine Punkte*)

Otto Rehhagel
Leichte Bälle zu halten ist einfach. Schwierige Bälle zu halten, ist immer schwierig.

Mal verliert man und mal gewinnen die anderen.

Mit Sprüchen wurde noch nie ein Spiel gewonnen.

Fußball ist eine harmlose Sportart. Wie viel Tote hat es denn schon bei Autorennen und beim Boxen gegeben! Wie viel Pferde bekamen bei der Military den Gnadenschuss! Bei uns sind im schlimmsten Falle mal einem die Bänder gerissen.

Wir spielen am besten, wenn der Gegner nicht da ist.

Die Wahrheit liegt auf dem Platz.

Heute ist es leider so, dass die Berater ihren Jungs sagen: Ich mach' aus dir einen Millionär. Sie sagen leider nicht: Ich mach' aus dir einen guten Fußballer.

Der beste Fußball wird da gespielt, wo das meiste Geld ist.

Geld, Geld, Geld? Geld schießt keine Tore! Fußball ist so einfach geblieben, wie er immer war: Es spielen elf gegen elf auf sechzig mal hundert Metern.

In diesem Geschäft gibt es nur eine Wahrheit: Der Ball muss ins Tor.

Ein Fußballspiel ist wie eine Rechenaufgabe, zwei plus zwei ist gleich vier, wenn man sagt: zwei plus zwei sei fünf, dann verliert man.

Lars Reichow *(Kabarettist)*
Viele Männer glauben immer noch, dass sie ihre Frau entlasten, wenn sie das ganze Wochenende auf dem Fußballplatz sind.

Peter Reid *(Trainer von Leeds United)*
Wenn man sich beim Fußball nicht weiterentwickelt, entwickelt man sich zurück.

Marcel Reif
Je länger das Spiel dauert, desto weniger Zeit bleibt.

Fußball ist kein Menschenrecht, aber ein Grundnahrungsmittel.

Eine Mannschaft braucht zu bestimmten Zeiten mehr als nur Artisten.

Die Stars von heute benehmen sich wie die Schauspieler: Von dem Wort »Engagement« mögen die nur das Mittelstück: Gage.

Willi Reimann
Flach spielen – hoch gewinnen.
(über seine Fußball-Philosophie)

Es kann im Fußball noch so viel passieren: Der eine fällt aus dem Bett und verletzt sich und der andere sieht einen Blitz, obwohl er nur einen Donner gehört hat.

Uwe Reinders
Charaktere werden weniger im Profifußball. Wer am meisten verdient, ist mitunter nur eine Gehaltsstufe höher arschgekrochen.

Erich Ribbeck
Wenn ein Tor fällt, können noch mehr fallen. Aber es muss erstmal eins fallen.

Über Fußball

Konzepte sind Kokolores.
Es ist nicht wichtig, ob man Erster, Zweiter oder Dritter ist. Wichtig ist, dass du Haltung hast.

Joachim Ringelnatz *(Dichter)*
Ich warne euch, ihr Brüder Jahns, vor dem Gebrauch des Fußballwahns.

Aleksander Ristic
Wenn man ein 0:2 kassiert, dann ist ein 1:1 nicht mehr möglich.

Man kann nicht gewinnen, wenn man keine Tore schießt.

Wenn man zehn Meter weg vom Mann steht, kann man nicht kämpfen.

Graham Roberts *(Spieler von Tottenham Hotspurs)*
Fußball ist eine Frage des Geschicks. Wir traten sie ein bisschen und sie traten uns ein bisschen.

Bobby Robson *(englischer Trainer)*
Der Heimvorteil gibt dir einen Vorteil.

Die ersten 90 Minuten sind die schwersten.

Manfred Rommel *(Oberbürgermeister von Stuttgart)*
Der Fußball ist ein unter hohem Druck stehender, mit einer dicken Haut umschlossener Leerraum, der ständig mit Füßen getreten wird und der breite Volksschichten davon abhält, ihre Leidenschaft auf die Politik zu richten.

Ronaldo
Ein WM-Sieg ist besser als Sex. Eine Weltmeisterschaft ist nur alle vier Jahre, Sex nicht.

Frank Rost
Es kann nicht unser Ziel sein, um den 18. Tabellenplatz zu spielen.

Gerd Rubenbauer
Denken Sie daran, dass die intelligentesten Menschen oft auf dem linken Verteidigerposten zu finden sind.

Die Mannschaft hat ihren Libero aufgelöst – jetzt hat sie einen Mann mehr auf dem Platz.

Karl-Heinz Rummenigge
Die Mannschaft ist die Kuh, die Milch gibt, daher müssen wir sie gut füttern.

Wenn man über rechts kommt, muss die hintere Mitte links wandern, da es sonst vorn Einbrüche gibt.

Fußball ist ein kapitalistisches System.

Fußball ist barfuß möglich, aber nicht ohne Ball.

Es ist beim Fußball wie im wirklichen Leben: Liebe, was du tust, und tu, was du liebst. Wenn du Lust auf etwas hast, kannst du es auch zehn Stunden lang tun, und du wirst Erfolg haben.

Arrigo Sacchi *(italienischer Nationaltrainer)*
Fußball beginnt nicht in den Beinen, sondern im Kopf.

Fußball ist Theater, mal großes Drama, mal Schmierenkomödie. Immer mehr neigt alles zu zweiterem.

Die erste Fußballregel lautet: Alles ist übertrieben – sowohl im Guten wie im Schlechten. Und diese Exzessivität bringt Stress. Daher wird bei uns mehr bezahlt als anderswo.

Fußball soll ein Spektakel sein, mit viel Tempo, mit viel Bewegung. Dann gibt Fußball dem Leben, wie die Religion, eine neue Dimension.

Intelligenz ist bei Fußballern keine Sonderausstattung, auf die man verzichten kann.

Der Sieg ist wichtig, aber wichtiger ist die Art des Spiels. Fußball ist Theater.

Matthias Sammer
Fußball ist ein Tagesgeschäft. Heute ist man der Depp, morgen kann man wieder der Held sein. Entsprechend werden wir arbeiten, um das Deppen-Image wieder abzulegen. *(nach einem 2:6 in Berlin)*

Die Einstellung ist wichtiger als die Aufstellung.

Wenn wir alle Spiele gewinnen, wird es langen. Wenn wir alle verlieren, nicht. *(zu den Chancen für die Titelverteidigung)*

Das nächste Spiel ist immer das nächste.

June Sarpong *(englischer TV-Moderator)*
Ich mag Fußballspiele, aber ich habe das Toresystem noch nicht verstanden.

Jean-Paul Sartre
Bei einem Fußballspiel verkompliziert sich allerdings alles durch die Anwesenheit der gegnerischen Mannschaft.

Juri Sawitschew
Elfmeterschießen, das ist irgendwie wie mit Frauen und Autos – reine Glückssache!

Nevio Scala
Das Tor ist ein Problem, das jede Mannschaft hat.

Winfried Schäfer
Das ist zwar Gequatsche, aber es bewahrheitet sich immer wieder: Es gibt einen Gott im Fußball!

Als Trainer arbeitslos zu sein, ist so wie Liebesentzug von deiner Frau.

Es braucht eine gewisse Intelligenz, um die Zusammenhänge in der Bundesliga zu begreifen.

Hätte, wäre, wenn – das zählt doch im Fußball alles nicht.

Ich brauche das Spiel, sonst kriege ich einen Herzinfarkt.

Roland Schmider *(Manager des Karlsruher SC)*
Für uns war die Trainerfrage nie eine Trainerfrage.

Werner Schneyder *(Kabarettist)*
Fußball ist heute kein Proletensport mehr – sagte anerkennend ein Unternehmer, als er hörte, dass Ergebnisse geschoben wurden.

Gerhard Schröder
Seht zu, dass ihr Bundesligaspieler und nicht Bundeskanzler werdet. Denn dann verdient ihr mehr. *(zu Jugendfußballern des 1. FC Kaiserslautern)*

Helmut Schulte *(Bundesligatrainer)*
Wer hinten steht, hat das Pech der Glücklosen.

Das größte Problem beim Fußball sind die Spieler. Wenn wir die abschaffen könnten, wäre alles gut.

Ball rund, muss in Tor eckig!

Dietrich Schulze-Marmeling *(Autor)*
Der Fußball hat seine subversive Kraft verloren.

Toni Schumacher
Doppelte Moral im Fußballgeschäft? Natürlich gibt es die. Doppelt hält immer besser.

Robert Schwan *(Manager von Franz Beckenbauer)*
Früher hast du die Spieler ganz anders anscheißen können.

Uwe Seeler
Ein Mittelstürmer verbringt die meiste Zeit seines Lebens im Strafraum.

Über Fußball

Das Geheimnis des Fußballs ist ja der Ball.

Es ist dieses Ich, Ich, Mehr, Mehr, es ist diese verdammte Gier, die alles kaputt macht. *(zum Manipulationsskandal im deutschen Fußball)*

Bill Shankley *(legendärer Trainer vom FC Liverpool)*
Manche Leute halten Fußball für eine Sache von Leben und Tod. Ich bin von dieser Einstellung sehr enttäuscht. Ich kann Ihnen versichern, es ist sehr viel wichtiger als das!

Fußball ist nicht das Wichtigste auf der Welt. Es ist das Einzige.

Alan Shearer
Beim Fußball geht es nicht nur darum, Tore zu schießen, sondern auch zu gewinnen.

John Sillett *(englischer Trainer)*
Es gibt Spiele, die enden 0:0 oder 0:0. Dies war ein 0:0.

Rod Stewart
Meine Mutter jammert immer, dass Fußball mehr Unglück und Tränen über die Stewarts gebracht habe, als alle Weltkriege und Naturkatastrophen.

Jörg Stiel
Ich schmunzele immer beim Fußball, denn Fußball macht Spaß.

Uli Stielike
Der Fußball ist doch nur ein bisschen Leder und viel Luft. Luft freilich, die wir Fußballer zum Leben brauchen.

Jeff Strasser
Wer die Tore schießt, gewinnt. Das ist brutal und kriminell.

Jürgen Sundermann
Vorne fallen die Tore.

Graham Taylor *(englischer Trainer)*
Im Fußball sind Zeit und Raum das Gleiche.

Klaus Toppmöller
Erfolg tut nur der haben, der hart arbeiten tut.

Giovanni Trapattoni
Es gibt nur einen Ball. Wenn der Gegner ihn hat, muss man sich fragen: Warum!? Ja, warum? Und was muss man tun? Ihn sich wiederholen!

Fußball ist Ding, Dang, Dong. Es gibt nicht nur Ding.

Ein Trainer ist nicht ein Idiot.

Harry S. Truman
Es ist leichter, Präsident der Vereinigten Staaten zu sein als Fußballtrainer. Sehen Sie, ich wurde für vier Jahre gewählt – und die schützen mich. Ein Fußballtrainer aber wird, wenn er verliert, von heute auf morgen in die Wüste geschickt.

Tom Tyrall (*englischer Reporter*)
Nach dem Abpfiff ist das Spiel vorbei.

Peter Ustinov (*Schauspieler*)
Fußball beherrscht den Teil im Hirn des Mannes, der sich weigert, erwachsen zu werden.

Raf Vallone (*italienischer Schauspieler*)
Ein Fußballstadion ist der einzige Ort, an dem man brüllen kann, ohne gleich für einen Sänger gehalten zu werden.

Armin Veh
Wenn man kein Tor erzielt, kann man nicht unentschieden spielen, wenn der Gegner eins macht, und schon gar nicht gewinnen.

Der Spruch »Geld schießt keine Tore« ist doch völliger Blödsinn. Geld schießt und verhindert Tore, genau das ist der Fall.

Ein guter Fußballer grätscht nicht.

Terri Venables (*englischer Nationaltrainer*)
Entweder du gewinnst oder du verlierst. Dazwischen gibt es nichts.

Die Chancen stehen fifty-fifty, die letzten zwei hängen nicht vom Fußball ab.

Berti Vogts
Man kann einen Baum nicht beschneiden, wenn die Wurzeln nicht in Ordnung sind. Bis der deutsche Fußball wieder oben ist, dauert es zehn Jahre.

Die Macht des Geldes ist groß, aber das Geld wird nicht der Genickschuss für den Sport Fußball sein.

Es gibt nur ein Ziel: Wenigstens ein Tor mehr zu schießen als die anderen. Alles andere ist ein Zwischenbescheid.

Wenn jeder Spieler 10 Prozent von seinem Ego an das Team abgibt, haben wir einen Spieler mehr auf dem Feld.

Rudi Völler
Beim Fußball spricht sich sehr schnell herum: Strauchle ein Mal, das zweite Mal hast du eine Philosophie des Strauchelns.

Über Fußball

Gottfried Weise (*Eurosport-Kommentator*)
Ein Tor mehr erzielen als man selbst bekommt, ist immer noch besser als ein 1:0.

Howard Wilkinson (*englischer Trainer*)
Wenn die nicht getroffen hätten, hätten wir gewonnen.

Ich glaube fest daran, dass, wenn der Gegner das erste Tor schießt, wir selber zwei schießen müssen, um zu gewinnen.

Peter Withe (*Nationaltrainer Indonesiens*)
Beide Mannschaften haben viele Tore erzielt – und beide Mannschaften haben viele Tore kassiert.

Christian Wörns
Wenn man früh ein Tor macht, fällt natürlich vieles schwerer.

Heinrich Wotruba (*Wiener Arzt*)
Der Sport ist eine ungemein völkerverbindende Sache. Nach einem internationalen Fußballspiel habe ich einmal fünf Spieler verbunden.

Anthony Yeboah
Fußball ist heute nicht nur Technik, sondern vor allem Zweikampf.

Fußball gut, alles gut.

Christian Ziege
Wenn du liegen bleibst, dann muss schon das Bein gebrochen sein. (*über die Härte im englischen Fußball*)

Rainer Zobel (*Bundesligatrainer*)
Ohne Ball kann man nicht spielen, also muss man ihn erstmal erkämpfen.

Spieler

Spieler

Rüdiger Abramczik
Er wird nie Kopfweh bekommen, weil er seinen Kopf nie zum Denken benutzen wird. Ehe er Nationalspieler wird, werde ich Sänger an der Metropolitan Opera.
(Max Merkel)

Volker Abramczik
Ich will keine Karotten, ich will Möhren.

Otto Addo
Ich sehe mich als Toten, der jetzt wieder aufersteht. *(zu seinen Comeback nach dem 3. Kreuzbandriss)*

Wenn Sie eine Hautfarbe wählen könnten, für welche würden Sie sich entscheiden? *(Rudi Cerne fragt im Sportstudio den Ghanaer)*

Der Addo gehört in den Zirkus.
(Uli Hoeneß)

Adhemar
Gott hat es so gewollt. *(über seine drei Tore beim Bundesliga-Debüt mit dem VfB)*

Die Spieler sind sehr groß. Und immer grätschen, grätschen, grätschen. Alle grätschen hier immer. *(über seine ersten Erfahrungen in Deutschland)*

Es herrschten extreme Witterungsbedingungen, bei denen ich Angst hatte, dass er erfriert. *(Ralf Rangnick)*

Die Sonne, die in Sao Paulo scheint, hat er in sich drin. *(Ralf Rangnick über die Fröhlichkeit des brasilianischen Neuzugangs)*

Dem scheint die Sonne Brasiliens noch aus dem Hinterteil.
(Karl-Heinz Förster)

Victor Agali
Seht ihr, ich habe doch keinen Blinden gekauft. *(Rudi Assauer über Victor Agali, der im Liga-Cup zwei Tore gegen Dortmund schoss)*

Wir haben den Agali wirklich falsch behandelt. Wir hätten im Kopf anfangen sollen und nicht im Knie. *(Rudi Assauer)*

Jung-Hwan Ahn *(südkoreanischer Nationalspieler)*
Ich habe den Traum, ein Weltklassespieler zu werden, nicht aufgegeben. Auf diesen Tag warte ich weiter. *(nach seinem Golden Goal gegen Italien im WM-Achtelfinale 2002)*

Er war verloren wie ein Schaf, konnte sich nicht mal allein eine Pizza kaufen. Ohne große Leistung wurde er hier reich und blamierte dann den italienischen Fußball.
(Serse Cosmi, AC Perugias Trainer über Südkoreas Italien-Legionär)

Lawrence Aidoo
Er lernt jetzt auch schon seit zwei Jahren die deutsche Sprache und kann schon »Guten Tag« sagen. *(Hans Meyer über seinen ghanaischen Stürmer)*

Ailton
Ich mache schöne Augen, die Stuttgarter Abwehr hat keine Chance, der Torwart auch nicht. 1:0, das ist Ailton.

Das ist verkauft – an Klose. *(auf die Frage, ob er zum Fußball-Bundesliga-Auftakt bei seinem ehemaligen Klub Werder Bremen in »sein« Stadion zurückkehre)*

Alles, was ich bisher über Gelsenkirchen gehört habe, ist ein Desaster. *(über die Stadt seines zukünftigen Vereins)*

Ich muss jetzt nach Gelsenkirchen! *(wehmütiger Abschied aus Bremen)*

Ich habe das doch alles in Brasilien schon mitgemacht, als ich bei Guaraní war. Da brauchte ich nur den Ball zu berühren, und los ging's mit den Pfiffen und Beleidigungen. Weil ich angeblich der bestbezahlte Spieler war und nicht genug für die Mannschaft tat. Und wenn ich heute zurückkehre, fragen die Leute: Ailton, wann kommst du wieder? Ich wünsche mir, dass das in Bremen auch so wird.

Wenn ich Trainer wäre und einen Ailton hätte, würde der immer 90 Minuten spielen.

Vielleicht haben sich die Deutschen gegenüber Gott schlecht verhalten. Deshalb hat er sie mit der Kälte bestraft.

Es ist einfacher Tore zu schießen, als den deutschen Führerschein zu machen.

Jetzt lernt Ailton den Teuro kennen. *(Klaus Allofs zum Fehlen des brasilianischen Torjägers Ailton beim Training)*

Ailton rennt nur immer nach vorn und geradeaus. Als die technisch versierten Brasilianer das Kombinieren geübt haben, hat er wohl gefehlt. *(Andreas Herzog)*

So ist halt der Toni: Wenn er müde wird, kratzt er sich am Kopf. *(Ralf Rangnick über Ailton, der ihm bei einer Auswechslung den Vogel zeigte)*

Ailton ist der einzige Bundesligaspieler mit einer Figur wie ein Schneemann. *(ARD-Kommentator)*

Dann verpassen wir dem Dicken eine dicke Geldstrafe. *(Rudi Assauer zu den Befürchtungen, Ailton käme zu spät aus seinem Sonderurlaub zurück)*

Der ist ja fast so dick wie unser Brasilianer. *(Frank Baumanns Vergleich mit dem Hertha-BSC-Maskottchen)*

Möglich, dass er einfach lieber in der Halle spielt. In einer Arena, in der das Dach auf und zu geht. *(Klaus Allofs zum Wechsel von Ailton zu Schalke 04)*

Ein bisschen was Deutsches muss man schon haben. *(Rudi Völler zum Interesse des Brasilianers, für Deutschland spielen zu wollen)*

Ailton, bisher hat er gespielt wie ein Haufen wehleidiger Quark. *(Werner Hansch)*

Das, was Toni macht, könnte man als bezahlten Urlaub bezeichnen. Er macht Urlaub und bezahlt dafür. *(Thomas Schaaf über den Brasilianer, der beim Trainingsauftakt unentschuldigt fehlte)*

Man hat Ailton schon in Bremen gesehen, aber er hat offenbar noch keinen Weg gefunden, das Meer zu überwinden. *(Tino Polster über den Brasilianer, der noch immer nicht im Trainingslager auf Norderney eingetroffen war)*

Wenn man sieht, welche Öffentlichkeitswirkung er damit erzielt, wäre es ja fast fahrlässig von ihm, pünktlich zu sein. *(Thomas Schaaf über seinen wieder einmal zu spät aus dem Urlaub zurückgekehrten Stürmer)*

Von mir aus kann er auch auf der Torlatte entlang balancieren, solange er sich dabei nicht verletzt. *(Ralf Rangnick in Bezug auf Stürmerstar Ailton, der beim Warmmachen in der Pause den Torwart markierte)*

Jonathan Akpoborie

Ich möchte mich bei Gott bedanken, meiner Frau, meinem Kind, dem Trainer, der Mannschaft – und dem Fernsehen. *(der dreifache Wolfsburger Torschütze nach einem 4:4 des VfL gegen den Hamburger SV in einem ZDF-Interview)*

Der Akpoborie nimmt euch die Arbeitsplätze weg. *(Otto Rehhagel)*

Jörg Albertz

Ich geh jetzt in die Kabine, den suchen. *(auf die Frage, wo der Biss der Rangers gewesen sei)*

Natürlich ist mir ein kleiner Stein von den Schultern gefallen.

Es muss geklärt sein, ob ich dort mit meinen Hunden spazieren gehen kann, ohne dass sie in einem Kochtopf landen. Nur wenn alles mir und meiner Freundin Mirjana zusagt, werde ich unterschreiben. Sonst nicht. *(überlegt, nach China zu gehen)*

Wenn Ali mehr nach vorn geht, zieht er den Platz in die Länge. *(Jan Hoogma)*

Hamit Altintop

Weiß ich nicht so genau, so etwa Ende 50, Anfang 60. *(auf die Frage nach dem Alter seiner Mutter)*

Zu schnell würde ich nicht sagen. Aber wir waren zu langsam. *(spielt mit der Relativitätstheorie)*

Halil Altintop

Nee, die Mama ist doch da. *(auf die Frage, ob er sich wegen des Wechsels seines Bruders und Mitbewohners Hamit zu Bayern München nicht eine Freundin suchen wolle)*

Marcio Amoroso

Das vereinfacht die Anfangsarbeit, weil wir jetzt nicht jedem erklären müssen, warum er so schlecht gespielt hat. *(Matthias Sammer über Amoroso, der im ersten Spiel 2 Tore für Dortmund schoss)*

Wir sollten beide in Zukunft kompromissloser miteinander umgehen. *(Matthias Sammer über sein Verhältnis zum Spieler)*

So was habe ich zuletzt im Zirkus gesehen. *(Michael Meier über den Dortmunder Ballzauberer)*

Wir müssen aufpassen, dass diese Seifenoper nicht das Niveau der Auseinandersetzung zwischen Dieter Bohlen und Thomas Anders erreicht. *(Gerd Niebaum über die Querelen mit Amoroso)*

Wir können nicht erwarten, dass er jeden Tag Eisbein mit Sauerkraut isst, nur weil er in Deutschland ist. *(Michael Zorc über die Disziplin von Amoroso)*

Marcio Amoroso ist der Prototyp des Spielers, der nach einem 1:10 höchst zufrieden nach Hause geht, weil er das einzige Tor geschossen hat. *(Paul Breitner)*

Ingo Anderbrügge

Das Tor gehört zu 70 Prozent mir und zu 40 Prozent dem Wilmots.

Gerald Asamoah

Da krieg' ich so den Ball und das ist ja immer mein Problem.

Ich bin von allen deutschen Nationalspielern bisher am schwärzesten.

Ich denke deutsch. Ich sehe nur ein bisschen anders aus.

Meine Frau ist noch in Ghana. Deswegen gibt es nicht so viel zu essen. Ich hoffe, sie bleibt noch lange. *(über seinen Gewichtsverlust)*

Ich bin so ein Typ, der immer am Lachen ist. Okay, es gibt Tage, wo man einfach nicht lachen kann.

Erst stand der Name meiner Frau auf den Schuhen. Da habe ich aber nicht viele Tore gemacht. Da musste sie weg. *(der Name, nicht die Frau natürlich)*

Es haben alle erwartet, dass ich die Nationalhymne mitsinge. Aber das habe ich extra nicht gemacht, damit nicht alle Schalker Spieler vor dem Fernseher sitzen und mich auslachen.

Asamoah fällt in der Manier eines Kampfbombers. *(Werner Hansch)*

Klaus Augenthaler
Ja, morgen geht die Saison beim FC Bayern los. *(1990 in das Mikrofon eines Reporters auf die Frage, wie er sich nach dem Gewinn der Weltmeisterschaft fühle)*

Man soll nicht gleich ins Extrem verfallen und aus dem Elefanten eine Mücke machen.

Jupp Heynckes weiß genau, wer raucht und zählt deine Bierchen. Das war bei Udo Lattek anders. Der hat selbst am meisten gesoffen.

Die Zeit ist kostbar, auch wenn sie noch so teuer ist.

Wir Niederbayern gelten vielfach als verstockt und stur. Was soll ich da noch sagen: Ich bin Niederbayer!

Raimond Aumann
Ich lag beim Schuss in der falschen Ecke. Da liegen Sie völlig richtig.

Christof Babatz
Babatz hat 'nen Schuss wie 'n Brauereigaul. *(Jürgen Klopp)*

Markus Babbel
Der Markus Babbel hat von der Mannschaft den Spitznamen Sommerloch bekommen. *(Mehmet Scholl zu den Abwanderungsgerüchten um seinen Mitspieler)*

Heiner Backhaus
Kündigungsgrund war der Osterhase. *(der fristlos entlassene Profi hatte den Union-Präsidenten Heiner Bertram öffentlich als Osterhasen bezeichnet)*

Anthony Baffoe
Du kannst auf meiner Plantage arbeiten. *(zu einem hellhäutigen Gegenspieler)*

Die Pöbler unter den Fans? Erstens spreche ich besser deutsch als die meisten von denen, und mehr im Kopf habe ich außerdem.

Roberto Baggio

Roberto Baggio, der Mozart des Fußballs – nicht nur, was sein Freistoßgenie angeht. *(Heribert Faßbender)*

Zlatan Bajramovic

Die Mannschaft hat gekratzt, gebissen und gefoult.

Heute haben wir so gespielt wie Bayern München an einem schlechten Tag. Wenn sie nur eine Chance haben, machen sie die auch rein. *(über die hundertprozentige Chancenverwertung gegen Borussia Mönchengladbach)*

Ich kann ja schlecht wieder aufstehen und sagen, es war keiner. *(nach einem für ihn gepfiffenen Elfmeter)*

Krassimir Balakov

Ich habe gesehen, der Ball läuft genau gegen mich. Was soll ich machen? Muss ich rein machen.

Balakov konnte sich dabei sogar noch unterhalten. *(Felix Magath ist beeindruckt von der läuferischen Leistung seines Mittelfeldregisseurs beim Konditionstraining)*

Michael Ballack

Keiner verliert ungern.

Die älteren Spieler sprechen oft so sehr bayerisch, dass ich sie nicht verstehe. Ich nicke dann einfach. *(nach seinem Wechsel zum FC Bayern)*

Wir können so was nicht trainieren, sondern nur üben.

Wir können nicht mehr sagen, dass die Frauen keine Ahnung vom Fußball haben. *(zum WM-Sieg der Frauen-Nationalmannschaft)*

Man soll sich ja nix gefallen lassen. Wenn der Schiedsrichter nicht eingreift, müssen wir Spieler uns verteidigen. Is ganz normal. *(über eine Rangelei mit Andi Möller)*

Dass die Trainer manchmal ihrer Anspannung freien Lauf lassen, ist doch ganz normal. Die können ja keinen umhauen wie wir.

Ich glaube, zur Halbzeit stand es auch null null, oder? *(nach Bayerns 0:0 bei Celtic Glasgow auf die Frage, ob er die Leistung in der 1. Halbzeit schlechter einschätze als in der 2.)*

Es ist doch egal, wo ich wie viel hätte kriegen können. Es ist doch sowieso genug. *(der trotz lukrativerer Angebote zu Bayern München wechselte)*

Ich merke, dass das Routine wird, aber gleichzeitig keine Routine ist.

Ballack heißt auf japanisch Ballack-uh. *(Pierre Littbarski)*

Auch ein halber Ballack ist vorne immer für ein ganzes Tor gut. *(Heribert Faßbender)*

Das ist der Unterschied zwischen einem Pianisten und einem Möbelpacker, der immer auf seine Füße schauen muss. *(Jean-Michel Larque als Co-Kommentator im französischen Fernsehen über den eleganten Michael Ballack)*

Vielleicht will er noch unbedingt rein. Ich bezweifle es, aber ich leite Ihre Bitte an Michael weiter. *(Bundestrainer Jürgen Klinsmann zu thailändischen Journalisten, die ihn anflehten, Michael Ballack wenigstens 30 Minuten spielen zu lassen)*

Wir lassen ihn ungern ziehen. Doch wenn ihn irgendwann keiner mehr haben will, nehmen wir ihn als alten Sack wieder und er kann bei uns Libero spielen. *(Reiner Calmund über den Weggang von Michael Ballack)*

Seine Wade ist noch nicht da, wo sie hin muss. *(Jürgen Klinsmanns Begründung für den Verzicht auf Ballack im WM-Eröffnungsspiel gegen Costa Rica)*

Sergej Barbarez
Wir brauchen einen richtig harten Hund, der uns was auf die Fresse gibt. *(nach der Entlassung von Frank Pagelsdorf zum Anforderungsprofil des neuen Coachs)*

Der laufstärkste Zuschauer in der BayArena. *(Hamburger Abendblatt)*

Dirk Barsikow *(Spieler vom Chemnitzer FC)*
Damit die Hütte voller Fans ist, dürfen wir nicht die Hütte voller Tore bekommen.

Mann, es gibt ja in Chemnitz direkt noch andere Sehenswürdigkeiten als uns! *(bei einer Sightseeing-Tour des Chemnitzer FC zum rekonstruierten Opernhaus der Stadt)*

Mario Basler
Ich habe immer gesagt, mich interessiert nicht, wer spielt. Hauptsache ich spiele.

Die befinden sich nicht im Abstiegskampf, die steigen ab! *(auf die Frage nach den Chancen des Gegners im Kampf um den Klassenerhalt)*

Auf Bierhoff wird jetzt alles abgewälzt. Der bekommt seit einem halben Jahr auf die Fresse. Wenn Effenberg und ich dabei wären, würde es so etwas nicht geben. Da würde es richtig scheppern.

Ich weiß nicht, ob ich bis dahin schon wieder laufen kann *(auf die Bitte des Bayerischen Fernsehens, ob er Studiogast in Blickpunkt Sport sein wolle)*

Das Ventil des Balles muss immer oben liegen und die Markierung des Herstellers rechts – und dann haue ich drauf, fertig! *(auf die Frage, wie es ihm gelänge, sogar Eckstöße direkt zu verwandeln)*

Spieler

Man braucht zwischen Verein und Mannschaft jemanden, der auch mal mit dem Hammer auf den Tisch haut.

Hoffentlich machen nicht mal zehn Mann gleichzeitig den Mund auf. Alle eine Abmahnung – dann hat Deutschland keine Spieler mehr. *(zur neuen Praxis in der Nationalmannschaft, Spieler für kritische Äußerungen abzumahnen)*

Ich freue mich auf Katar, auch wenn es dort zurzeit morgens um halb acht schon 42 Grad heiß ist. Es ist richtig, dass die Spieler nur Zweitliga-Niveau haben, aber bezahlt werden wie in der Champions League. Ein Paradies!

Ich laufe in einer Stunde so viel wie andere Arbeitnehmer in acht.

So etwas gibt es hier nicht. Die beten ja den ganzen Tag, viermal. Da kann man gar nicht groß weggehen. *(auf die Frage, ob er bei seinem neuen Verein Al-Rayyan in Katar schon einen Mannschaftsabend organisiert habe)*

Im ersten Moment war ich nicht nur glücklich, ein Tor geschossen zu haben, sondern auch, dass der Ball reinging.

Ich hatte mit dem Polizisten ein überragendes Gespräch. *(nach einer angeblichen Rangelei in einer Pizzeria)*

Jede Seite hat zwei Medaillen.

Kritik macht mich nur noch stärker. Wenn mich in Dortmund von 55.000 Zuschauern 50.000 hassen, mir am liebsten ein Bein abhacken würden, mich mit »Arschloch« begrüßen, dann fühle ich mich wie Arnold Schwarzenegger gegen den Rest der Welt. Das ist geil für mich.

So schnell, wie ich heute gelaufen bin, konnte mich keine Kamera einfangen.

Ich lerne nicht extra Französisch für die Spieler, wo diese Sprache nicht mächtig sind.

Man sollte nicht Sachen aufwirbeln, die Jahrhunderte zurückliegen. *(über den jugoslawischen Bürgerkrieg)*

Ich bin wieder derjenige, der wo alles ausbaden muss.

Ich habe noch in der 90. Minute ein Kopfball-Duell im eigenen Strafraum gewonnen. Und so ein Mann wird nicht zur WM mitgenommen...

Wir stecken mitten im Abschiedskampf.

Wir haben eine einzige Katastrophe geleistet.

Ich möchte den Titel Absteiger nicht auf meiner Autogrammkarte haben.

Bisher habe ich nur zwei geschafft. *(zum Völler-Satz, er hätte in seiner Karriere lieber nicht fünf Weißbier auf Ex in zehn Minuten trinken sollen)*

Bei mir nicht, ich spiele ja nur 70 Minuten. *(auf die Frage, ob es in der neuen Saison zu einer Überbelastung der Fußballprofis kommt)*

Quatsch, wir zocken nie um viel Geld. Höchstens um 3.000 DM! *(im Trainingslager der deutschen Nationalmannschaft)*

50 Prozent der Spieler hassen mich.

Einen zusammen saufen wäre vielleicht mal gar nicht so schlecht. *(Vorschlag zur Verbesserung des Betriebsklimas in der Mannschaft)*

Trainer, hat's so was wirklich gegeben? *(beim Besuch der Holocaustgedenkstätte in Yad Vashem anlässlich der Länderspielreise nach Israel zu Berti Vogts)*

Dazu müsste erst einmal ein Bundestrainer zum Betzenberg kommen. Der letzte war meines Wissens Sepp Herberger. *(über ein Comeback in der Nationalmannschaft)*

Ich habe immer gesagt, dass ich kein Dauerläufer bin, sonst könnte ich ja gleich beim Marathon starten.

Ich grüße meine Mama, meinen Papa und ganz besonders meine Eltern.

Es kann nicht jeder mit jedem ins Bett gehen. Aber wir verstehen uns ganz gut. *(zum Teamgeist beim 1. FC Kaiserslautern)*

Eigentlich bin ich ein Supertyp. Aber ich kann wohl auch ein richtiger Arsch sein!

Wenn ich den Fans den »Stinkefinger« zeige, weiß ich, dass ich im nächsten Spiel ausgepfiffen werde. Das macht mich richtig geil auf das Spiel.

Es war ganz interessant und handelte von einer Familie. Den Titel weiß ich nicht mehr. *(auf die Frage, welches Buch er derzeit lese)*

Bis auf den Elfmeter hat man von mir schon schlechtere Spiele gesehen. *(über seine Leistung im Spiel gegen den FC Bayern, in dem er einen Elfmeter verschoss)*

Das Unbedingt-gewinnen-Wollen ist im Hotel geblieben.

Das habe ich ihm dann auch verbal gesagt.

Ob rechts oder links, wo ich auftauchte, war ich schlecht.

☺

Der Basler, der ist eh doof.
(Andreas Möller)

Der ist noch nicht hier. Der Flug nach Kapstadt war ein Nichtraucherflug. Da konnte er nicht. *(Berti Vogts über die verspätete Ankunft von Mario Basler in Südafrika)*

Basler ist der größte Schauspieler in diesem Ensemble. Der bekommt demnächst den Oscar. *(Uli Hoeneß)*

Basler ist die teuerste Parkuhr der Welt. Er steht rum und die Bayern stopfen Geld rein. *(Max Merkel)*

Wir wissen alle, dass Mario nicht gesagt hat, was er gesagt hat, was er gesagt haben soll, dass er es gesagt hat. *(Berti Vogts)*

Uns ist ein streitlustiger Spieler lieber als eine Klosterschülerin, die den Rosenkranz betet. *(Jesus Gil y Gil, Präsident von Atletico Madrid, der Bayern Münchens exzentrischen Mittelfeld-Star verpflichten wollte)*

Er muss eine Fernsteuerung drin gehabt haben. *(Mathias Schober nach einem Freistoßtor von Mario Basler)*

Ich hätte mir gewünscht, dass Mario zum Ende seiner Karriere eingestanden hätte, dass es besser gewesen wäre, statt in zehn Minuten fünf Weizenbiere ex zu trinken oder eine Schachtel Marlboro zu rauchen, ab und zu einmal auf den Trainer zu hören. *(Rudi Völler)*

Baslers Freistöße sind wie das wirkliche Leben: Mal weich und kurz, mal hart und lang. *(Jörg Wontorra)*

Der Mario ist ja ein Profi, der geht nicht so gerne vors Haus. *(Markus Babbel auf die Frage, ob und wie der Sieg eines Champions-League-Spieles im Spielerkreis gefeiert wird)*

Das Verhältnis ist nicht zerrüttet. Zerrüttet kann nur eine Ehe sein. *(Erich Ribbeck über sein Verhältnis zu Basler)*

Ich habe viel mit Mario Basler gemeinsam. Wir sind beide Fußballer, wir trinken beide gerne mal einen, ich allerdings erst nach der Arbeit. *(Felix Magath)*

Basler war in der 1. Halbzeit recht lebhaft. Das lag wohl auch an den Temperaturen. Da musste er laufen, um nicht zu erfrieren. *(Franz Beckenbauer)*

Gehört Basler wieder zum Aufgebot? *(der portugiesische Nationalspieler und Ex-Dortmunder Paulo Sousa auf die Frage, vor welchem deutschen Nationalspieler er besonderen Respekt habe)*

Für mich als Leistungssportler ist Rauchen eine Frage des Stils. Ich meine, ich rauche auch nach dem Essen eine Zigarette, aber so Leute wie der Mario Basler, die rauchen ja schon eine ganze Schachtel vor dem Essen. *(Lothar Matthäus)*

Ich war schon in Katar und weiß, dass man dort öffentlich keinen Alkohol trinken darf. Da wird er Probleme kriegen. *(Uli Hoeneß über Weizenbierfreund Basler, der seine Laufbahn am Persischen Golf beendete)*

Yildiray Bastürk
Wenn man links keinen aufstellt, dann kann links auch keiner spielen. *(über die Taktik von Trainer Zumdick)*

Jose Basualdo
Jose Basualdo habe ich geopfert. Der Argentinier hatte geniale Dinge drauf, aber die waren oft so genial, dass die eigenen Mitspieler sie nicht ahnen konnten. *(Christoph Daum)*

Gabriel Batistuta
Batistuta hat die meisten seiner Tore mit dem Ball erzielt. *(Ian St. John, schottischer TV-Kommentator)*

Frank Baumann
Ich mag eh kein Sushi. *(nachdem er erfuhr, dass er zur WM 2002 nur auf Abruf nominiert ist)*

Stärke: Meine ruhige Art.
Schwäche: Meine ruhige Art. *(auf seiner Internetseite)*

Steffen Baumgart
(Wissen Sie eigentlich noch, wann Sie ihr letztes Tor geschossen haben?) Klar, gegen Bayern, letzte Saison. *(Wie bitte? Aber das war doch ein Eigentor?)* Tor ist Tor!

Scheißegal, wer hier Präsident ist, scheißegal, wer Trainer ist. Wenn wir nicht bald Punkte machen, haben wir alle keine Jobs mehr.

Wenn ich ein Brasilianer wäre, hätte ich gesagt, es war Absicht. Aber das glaubt mir sowieso keiner. *(nach einem Kunstschuss von der Seitenauslinie)*

Wir haben genügend Potenz für die Bundesliga.

Keine Ahnung, ich hab' nicht nachgeschaut. *(auf die Frage, ob seine Mannschaft heute die Hosen voll hatte)*

Keiner spielt für oder gegen einen Trainer. Kein Fußballer verliert gerne. Ich will sogar im Mensch-ärgere-dich-nicht gegen meine Kinder immer gewinnen. Darum spielen wir übrigens kein Mensch-ärgere-dich-nicht mehr zu Hause.

Tommy Bechmann
Er kann gar nix, zieht ein Bein nach, ist langsam und hat links wie rechts keinen Torschuss. *(Peter Neururer ironisch)*

Franz Beckenbauer
Wo ich meine Eigentore geschossen habe, weiß ich nicht mehr. Aber wenn einem zum Beispiel die Niere reißt, erinnert man sich schon mal, wann das passiert ist.

Männergesellschaft hin, Männergesellschaft her – was wären wir Spieler ohne unsere Frauen?

Sag dem Kraut, er soll seinen Arsch nach vorne bewegen. Wir zahlen keine Millionen für so einen Burschen, damit er nur in der Abwehr rumhängt. *(ein Cosmos-New-York-Vorstandsmitglied)*

Beckenbauer war mit 21 auch nicht der Beckenbauer späterer Jahre. *(Günter Netzer)*

Haben wir einen Spieler in der Jugend, der wird bestes Spieler von ganz Deutschland. *(Tschik Cajkovski)*

David Beckham
Wo ist das Problem? Ich komme aus Manchester. *(auf die Frage, ob der starke Regen sein Spiel beeinflusst habe)*

Ich wünsche definitiv, dass Brooklyn getauft wird, aber ich weiß nicht in welcher Religion.

Meine Eltern sind für mich da gewesen, seitdem ich ungefähr sieben war.

Es zieht mich zu meiner femininen Seite hin. *(Beckham, der sich die Fingernägel lackiert und von dem Gattin Victoria behauptete, er trage ihre Slips)*

Das wird ohne Zweifel mein weitester Hausbesuch sein. *(der Friseur Aidan Phelan über seine Dienst-Reise nach Japan, wo er David Beckhams Haarpracht herrichten sollte)*

Es könnte der am prachtvollsten choreographierte Deal in der Fußball-Geschichte werden: Der weltweit glamuröseste Spieler schließt sich dem erfolgreichsten Klub der Welt an, während er zu Besuch im begehrtesten Marketing-Markt der Welt ist. *(»The Guardian« zum Transfer David Beckhams von Manchester nach Madrid)*

Ohne zu hart zu David sein zu wollen: Er kostet uns eine Menge. *(Ian Wright)*

Ich habe mich gefreut, die Frauen in München nicht. *(Uli Hoeneß dazu, dass Manchester Uniteds Mittelfeldstar David Beckham nach einer gelben Karte im Rückspiel in München gesperrt ist)*

Wenn ich aber nur daran denke, dass seine Frau, dieses Spice Girl, auch mitkäme! Das wäre schön für die Medien, aber nicht für uns. Das Theater brauche ich nicht. *(Uli Hoeneß zu einer möglichen Verpflichtung David Beckhams)*

David Beckham sollte sich ein neues Tattoo verpassen: »Ich habe ihn nicht reingemacht!« *(Roberto Capitoni zu Beckhams verschossenen Elfmeter gegen Frankreich bei der EM 2004)*

Er wechselt seine Frisuren so oft wie Arminia Bielefeld die Liga, Lothar Matthäus die Freundin und Franz Beckenbauer die Meinung. *(Der Spiegel)*

Er kann nicht so gut flanken wie ich zu meiner Glanzzeit. *(Mario Basler)*

Er ist so schön, dass er mehr einer Frau ähnelt. *(Diego Maradona)*

Er kann nicht mit dem linken Fuß schießen, nicht köpfen, ist schwach im Zweikampf, macht wenig Tore. Abgesehen davon ist er ganz gut. *(George Best, Europas Fußballer des Jahres von 1968, über Englands Star)*

Das Problem bei Beckham ist, dass er das berühmte Spice Girl geheiratet hat und nun eher ein Popstar als ein Fußballspieler ist. *(Pelé)*

Dem Umsatz würde es gut tun. Aber wenn David Beckham seine sieben Ferraris mitbringt, wird es eng. Parkplätze sind äußerst knapp bei Real Madrid. *(Real-Spieler Fernando Hierro über die Folgen eines möglichen Wechsels von David Beckham nach Madrid)*

Für mich gibt es nichts Schlimmeres als morgens die Zeitung aufzuschlagen und zu sehen: Oh, Gott, wo ist er jetzt wieder? *(Arsenal-Trainer Alex Ferguson)*

Ein Mann, der aus 30 Metern eine Fliege von der Torlatte schießen kann, trifft aus 11 Metern das Tor nicht. *(Franz Beckenbauer über Beckhams Probleme beim Elfmeterschießen)*

Die Engländer haben in der Mannschaft einen David, der ein richtiger Goliath gewesen ist. *(Gerd Delling über die Leistung von David Beckham)*

David Beckham hat zwei Füße – das haben heutzutage nicht mehr viele Spieler. *(Jimmy Hill, englische Sportreporter-Legende)*

Ich habe versucht, positive Energie auszusenden. *(Uri Geller über den verschossenen Elfmeter von David Beckham im Viertelfinale gegen Portugal bei der EM 2004)*

Spieler

Die Frauen finden ihn besser als ich. Ich glaube nicht, dass Beckham ein herausragender Spieler ist, und ich kann mir auch nicht vorstellen, dass er nach Italien kommt. Er ist kein Profi, der eine Mannschaft weiter bringt. *(Luciano Moggi, der Generalmanager von Juventus Turin zu Spekulationen über einen möglichen Wechsel von David Beckham nach Italien)*

Wenn man David Beckham berührt, dann schreit er wie ein Baby. *(Miroslav Karhan)*

Christian Beeck *(Spieler von Energie Cottbus)*
Wir haben versucht, möglichst nah am Rande der Legalität Fußball zu spielen.

Das kann ich jedem empfehlen, so was einmal mitzumachen. *(zur Entscheidung über Klassenerhalt und Abstieg am letzten Spieltag)*

Wir arbeiten jede Woche wie die Schweine, da können wir im Karneval auch mal die Sau raus lassen.

Ich habe in meinem Leben so wenig Tore geschossen, dass ich die Regel gar nicht richtig kenne. *(nachdem er für seinen Torjubel auf dem Zaun die gelb-rote Karte sah)*

Vielleicht versuchen wir es beim nächsten Mal mit Eisbeinessen und Kornsaufen. *(über Motivationsversuche bei Energie Cottbus)*

Wir haben mit der notwendigen fairen Brutalität gespielt.

Es hat sich doch nichts verändert, der Platz ist noch genauso groß wie vor sieben Monaten. *(zu seinem Comeback nach Kreuzbandoperation)*

Uwe Bein
Wir wollen einfach schöne Sachen machen. Doppelpass und so. *(über sein Verhältnis zu Andy Möller in der Nationalmannschaft)*

Mit Effenbergs »Schnauze«, wie manche sein Mundwerk nennen, hätte ich schon 90 Länderspiele!

Den Begriff »gesunde Härte« – den muss mir mal einer mit Logik erläutern…

Der macht nicht mal beim Essen den Mund auf. *(Franz Beckenbauer)*

Stefan Beinlich
Ich habe nicht mehr so viele Haare auf dem Kopf, vielleicht ist der Ball drüber gerutscht. *(zu einer vergebenen Torchance)*

Meine langen Haare bleiben dran! Die Engländer brauchen doch auch mal einen, der ein bisschen anders aussieht.

Normalerweise schießt er eine Colaflasche vom Lattenkreuz. *(Reiner Calmund zu einem verschossenen Elfmeter)*

Manfred Bender
Manni Bender, der Lipizzaner der 2. Liga *(Uwe Semrau)*

Guiseppe Bergomi
Wenn ich nicht Spieler, sondern Trainer von Inter Mailand wäre, gäbe es in unserer Mannschaft weniger Trainingslager und mehr Vergnügen.

Thomas Berthold
Ich bin es leid gegen solche Mannschaften zu verlieren. Was will denn Schalke im UEFA-Cup? *(Schalke gewann in der darauf folgenden Saison den besagten Pokal)*

George Best
Ich könnte den Anonymen Alkoholikern beitreten. Das Problem dabei ist nur, ich kann nicht anonym bleiben.

Ich habe viel von meinem Geld für Alkohol, Weiber und schnelle Autos ausgegeben. Den Rest habe ich einfach verprasst ...

Es wäre überraschend, wenn alle 22 Spieler am Ende noch auf dem Feld stehen würden, da einer schon herausgestellt wurde.

Marinus Bester *(Spieler vom Hamburger SV)*
Den Jungen habe ich umgepolt. Der war Bayern-Fan. Ich habe ihm in vielen Gesprächen erklärt, warum der HSV besser ist. Jetzt hat er's kapiert. *(über seinen Sohn)*

Wenn mich Berti Vogts jetzt anrufen würde, dann doch nur, um mir »Frohe Weihnachten« zu wünschen. Was denn sonst?

Oliver Bierhoff
Ohne meine eiserne Disziplin hätte ich das Studium nicht geschafft. *(über seinen erfolgreichen Abschluss als Diplom-Kaufmann nach 13 Jahren Studium an der Fernuniversität Hagen)*

Für das, was ich hier zurzeit leiste, verdiene ich viel zu viel Geld.

Ich kriege keine Strafmandate mehr fürs Falschparken und immer einen freien Tisch in meinem Restaurant. *(auf die Frage, was sich durch seine zwei Tore im EM-Finale 96 für ihn verändert habe)*

Wir sind als Fünfter an fünfter Stelle dahinter.

Wir freuen uns alle wieder nach Hause zu kommen. Jetzt geht's erstmal ganz weit weg.

Wenn ich in Mailand mal ein Spiel nicht mache, dann schreit man direkt Krise. Wenn ein Nationalspieler in der Bundesliga draußen sitzt, dann heißt das komischerweise Rotation.

Märchenprinz in der Provinz *(»Berliner Zeitung« über Bierhoffs Wechsel zu Perugia)*

Das einzige, was er gewonnen hat, war die Seitenwahl. *(Bild-Zeitung)*

Es tut mir Leid für Oliver Bierhoff, aber wir wollen wieder Fußball spielen und nicht Kopfball spielen. *(Paul Breitner, der sich in der Stürmerfrage der Nationalelf für einen Einsatz von Carsten Jancker aussprach)*

Von Bierhoff halte ich nichts. Ob der jetzt mal ein Spiel gut spielt oder schlecht, das ist mir egal. Das ist ein Stürmer, der immer nur hofft, dass ihm der Ball auf den Kopf kommt. *(Gerd Müller)*

Völler sollte zum Beispiel einem Mann wie Oliver Bierhoff sagen: »Das war's«. Denn solche Spieler brauchen wir nicht mehr, sie helfen uns nicht weiter. *(Uli Hoeneß über den Kapitän der Nationalmannschaft)*

Daniel Bierofka
Daniel Bierofka hält sich an das Dieter-Bohlen-Motto »Immer schön auf dem Teppich bleiben«. *(Bernd Schmelzer)*

Uwe Bindewald
Bindewald war heute unser bester Mann. Der Gegner kriegte sozusagen eine Bindewaldentzündung, von der er sich nicht mehr erholen konnte. *(Dragoslav Stepanovic)*

Manfred Binz *(deutscher Nationalspieler)*
Ich habe in Schweden gemerkt: Die wärmsten Empfehlungen bringen einem manchmal nur kühles Entgegenkommen ein.

Michael Blättel *(Spieler vom 1. FC Saarbrücken)*
Ich weiß nicht, wie es passiert ist, aber der Michael Blättel hat sich heute Nacht irgendwie im Bett verletzt. *(Uwe Klimaschefski)*

Fredi Bobic
Die Kameras sind ja fast mit auf die Toilette gegangen, um zu sehen, was für ein Gesicht der Trainer macht.

Wenn ich einmal nicht mehr fit genug bin, um übers Feld zu stürmen, stelle ich mir vor, meinen Traum zu erfüllen: Feuerwehrmann in New York. Ich würde für meine Leistungen anerkannt, so wie sich das für Menschen gehört, die für andere ihr Leben riskieren. Mehr jedenfalls als für den Fußballer, der ich im wirklichen Leben bin.

Wenn die Kacke einmal am Dampfen ist, dann kommt man in einen Negativ-Trend.

Ich bin schon ziemlich intim ...äh immun dagegen geworden. *(über Kritik an seiner Person)*

Es muss Elfmeter gewesen sein. Schwalben kann ich überhaupt nicht.

Spieler

Irgendwas mit McDonald. Da gibt es wahrscheinlich nur Big Macs zu essen. *(auf die Frage, ob er wisse, wie das Mannschaftshotel der deutschen Nationalmannschaft in Schottland heiße)*

Man darf jetzt nicht alles so schlecht reden, wie es war.

Die Bratwurst hat heute zwei Tore geschossen. *(Giovane Elber über seinen Freund)*

Wenn ich so ein schlechter Spieler wie der Bobic wäre, würde ich die 9 nicht anziehen. Das ist eine Beleidigung für dieses Trikot. Der kann vielleicht die 29 tragen. *(Klaus Fischer)*

Ich hätte die Dinger auch nicht reingemacht ... mit meinem Knie. *(Matthias Sammer über Fredi Bobics Leistung)*

Wir sind jetzt ein börsennotiertes Unternehmen. Da werde ich mich hüten, einen unserer Spieler zu kritisieren und damit zur Kapitalvernichtung beizutragen. *(Michael Meier auf die Frage, ob er Stürmer Bobic so kritisch wie die Fans bewerte)*

Olaf Bodden
Ein Gesunder hat tausend Wünsche, ein Kranker nur einen. *(31-jähriger Fußball-Profi beim TSV München 1860, der am Pfeiffer'schen Drüsenfieber leidet und seit dem 20. Dezember 1997 nicht mehr gespielt hat)*

Marco Bode
Wir machen jetzt ein Tischtennisturnier, und der Beste spielt. *(zu den Auswahlkriterien von Rudi Völler)*

Pro Jahr habe ich mich ungefähr sechs Kilometer von meinem Geburtsort entfernt. Folglich werde ich 4647 in Australien leben. *(auf seiner Internetseite zu seinem bisher einzigen Umzug von Osterode / Harz nach Bremen)*

You look just like Steffi Graf. *(Nelson Mandela vor einem Länderspiel Deutschlands gegen Südafrika)*

Jörg Böhme
Läuft parallel noch ein anderes Spiel und nimmt uns noch jemand den Pokal weg? *(nach dem gewonnenen DFB-Pokalfinale)*

Die ist dann wohl mehr für die gegnerische Mannschaft gedacht. *(auf die Frage, ob die Spieler denn die Kapelle in der neuen Schalker Arena nutzen würden)*

Wenn ich jetzt auch noch mit dem Kopf treffe, habe ich alles erreicht. Dann höre ich auf, Fußball zu spielen. *(auf die Frage, ob er jemals daran geglaubt hätte, mit rechts ein Tor zu schießen)*

Wenn ich morgen eine Einladung zur Nationalmannschaft kriegen sollte, werde ich absagen, weil ich der Meinung bin, die Besten sollten spielen.

Das passiert mir nicht noch mal. Jetzt lass ich mich bei jedem Scheiß fallen. *(die Erkenntnis, nachdem er trotz Fouls im Strafraum strauchelnd weiterzuspielen versuchte und deshalb keinen Elfmeter bekam)*

Wir müssen wohl ein Jahr hier drinnen spielen, um uns dran zu gewöhnen. *(zur Arena AufSchalke)*

Auch in dieser Szene beweist der Schalker seine Schusskraft, nutzt die gesamte Höhe des Platzes. *(Bela Rethy kommentiert eine Szene von Jörg Böhme)*

Sein Auftreten, seine Art Fußball zu spielen. Da denke ich immer, das ist der Bruder von Mario Basler. *(Oliver Kahn)*

Rudi Bommer

Was der Rudi Bommer heute mit seinen 800 Jahren geleistet hat, war schon phänomenal. *(Dragoslav Stepanovic)*

Hannes Bongartz

Wir sind so eine liebe und brave Truppe. Uns kannst du am Sonntag geschlossen in die Kirche schicken – keiner wird protestieren.

Das ist Woche für Woche das Gleiche: Training, Trainingslager, Spiel. Alles dreht sich um den Ball, und der gibt so viel auch nicht mehr her.

Marcelo Bordon

Gott ist auch in Gelsenkirchen. *(zum Standort seines künftigen Arbeitgebers FC Schalke 04)*

Pascal Borel

Torwart Borel hat gezeigt, dass er auch Bälle festhalten kann. *(Thomas Schaaf zur Leistung des oft kritisierten Bremer Torhüters)*

Borel, 1 Meter 91 ist er alt. *(Werner Hansch)*

Daniel Borimirov

Unbegreiflich, ich habe keinen Spurt von ihm gesehen! *(Werner Lorant zu einem Muskelfaserriss seines Spielers)*

Uli Borowka

Ihr seid nämlich auch die, die den Pokal gehören! *(als Pokalsieger auf dem Bremer Rathausbalkon zu den Fans)*

Auch wenn wir heute verlieren, einer von euch kommt heute noch ins Krankenhaus.

Ich habe jetzt 'ne Titanplatte im Fuß, damit es am Schienbein des Gegenspielers besser klingelt.

Tim Borowski
Stilles Wasser mit Zitrone. *(auf die Frage, was getrunken wird, nachdem er mit Bremen die deutsche Meisterschaft geholt hatte)*

René Botteron
René Botteron – gekommen von mir als Champagner, jetzt spielen wie Mineralwasser! *(Tschik Cajkovski)*

Serge Branco
Ich kann gar nichts dafür. Ich musste ein Tor schießen.

Ich will noch nicht in Urlaub gehen. *(nach einer roten Karte im Abstiegskampf)*

Christian Brand
He, Brrrand, du – du bist doch bolitisch, bist du doch, du Grüner, machst auf sozial und hetzt hier den Schieri gegen uns auf. *(Lothar Matthäus im Pokalhalbfinale Bayern - Rostock zu Christian Brand)*

Thomas Brdaric
Ich geh ja nicht einfach zu Boden, weil mich eine Fliege gestochen hat. *(nachdem er von Rodrigo Costa am Hals berührt worden war)*

Ich habe nie die Verzweiflung verloren oder mich aufgegeben.

Ich bin keiner, der beim ersten Tsunami gleich wegrennt.

Man macht sich schon sehr, sehr viele Gedanken. Und gerade weil man sich so viele Gedanken macht, habe ich mir in den letzten Tagen einfach sehr, sehr vieles durch den Kopf gehen lassen: dass ich mir nicht so viele Gedanken mache.

Ich bin ein Last-Minute-Bucher und hätte damit keine Probleme. *(auf die Frage, ob er für die Zeit der EURO 2004 schon Urlaub eingeplant habe)*

Ich bin kein Spieler, der sich theatralisch fallen lässt. *(nach einer eindeutigen »Schwalbe«)*

Uns hält jemand die Pistole an die Schläfe. Wir müssen aufpassen, dass wir nicht selbst abdrücken. *(über Hannovers Situation)*

Ich würde nicht auflegen, wenn Rudi Völler anruft ...

Es hat den Richtigen getroffen. Der geht mir schon lange auf den Sack. *(Frank Rost zu einer roten Karte gegen Thomas Brdaric)*

Hermann Bredenfeld
Jungs, auch in der 2. Liga werdet ihr braun – nur die Sonne scheint nicht mehr ganz so stark. (1978 an seine Mannschaftskameraden vom KSC)

Andreas Brehme
Ja, der Andi Brehme, der hat einen rechten und einen linken Fuß. *(Karl-Heinz Rummenigge)*

Andre Breitenreiter
In der Zeitung habe ich nur gelesen, dass Weißbier und Bratwürste bis zum Abwinken angeboten werden. Die Brezeln müssten sie schon noch drauflegen. *(zur Bayern-Prämie für einen Sieg gegen Leverkusen)*

Matthias Breitkreutz
Breitkreutz habe ich aus irgendeiner dunklen Kiste geholt. *(Ernst Middendorp, Trainer bei Arminia Bielefeld, über seinen Spieler)*

Paul Breitner
Da kam dann das Elfmeterschießen. Wir hatten alle die Hosen voll, aber bei mir lief's ganz flüssig.

Nichts stimuliert mehr als Pfiffe.

Ein sehr ruhiges Kind – das kann er mit Sicherheit nicht von mir haben. *(über seinen Sohn)*

Reklame machen für Klopapier? Bei so einem Hintern, wie ich ihn habe, könnte ich das unbedingt tun.

Nochmals für Deutschland? Das kann leicht sein – bei den Windsurfern oder Seglern. *(1975 über ein mögliches Comeback)*

Paul Breitner konnte beim Länderspiel in Sofia die Erwartungen nicht erfüllen. Während des Spiels regnete es fast ununterbrochen. *(Mainzer Anzeiger)*

Dem gehört eine Banane in die Hand und dann ab auf den Baum. *(Max Merkel)*

Ansgar Brinkmann
Seins bekommt einen Ehrenplatz bei mir. Ich weiß aber nicht, wo er meins hinhängt. Wahrscheinlich in den Abstellraum. *(nach dem Trikottausch mit Bixente Lizarazu)*

Ich habe noch keinen Bock, so ein bisschen in der Wüste zu spielen. Da sitzen dann ein paar Scheichs in ihren Sesseln, telefonieren während des Spiels und essen Pommes. Dafür bin ich noch zu gut. Obwohl: Montag bei Basler grillen, Dienstag bei Effenberg und Mittwoch bei mir – das könnte lustig werden. *(auf die Frage, ob er sich einen Wechsel nach Katar vorstellen könne)*

Ich hab heute Abend schon 800 DM ausgeben und noch 2 Millionen auf dem Konto. Was willst du? *(zu früher Morgenstunde angeheitert zu einer jungen Frau)*

Das Lächeln eines Kindes, das auf eine Mine getreten ist, sollte uns allen Dank genug sein.

Wenn du die Polizei rufst, schlag ich dich tot, du Penner! *(zu dem Wachmann einer Eisbahn, auf der er sich mitten in der Nacht vergnügte)*

In der Bundesliga gibt es immer mehr Spieler mit einer Lederball-Allergie. *(zur Technik seiner Berufskollegen)*

Bin bis 5 Uhr früh in meiner Stammkneipe zu erreichen. *(Ansage auf seinem Anrufbeantworter)*

Thomas Broich
Ich habe spekuliert, dass er spekuliert.

Thomas Brolin
Wenn er seine Hamsterbacken aufbläst, wird es gefährlich. *(Jupp Heynckes)*

Trevor Brooking *(englischer Nationalspieler)*
So ist Fußball. Nordirland hatte Tausende von Chancen und hat nicht getroffen – England hatte keine und traf zweimal.

Leider bekommen wir keine zweite Chance, wir haben schon zweimal gegen sie gespielt.

Guido Buchwald
Ich habe 'ne Oberschenkelzerrung im linken Fuß.

Ich war überzeugt, wir gewinnen die EM. Aber am schwersten trägt man eben meist an dem, was man auf die leichte Schulter nimmt.

Delron Buckley
Die 2. Liga ist eine Schweineliga. Da wird nur getreten. Darauf habe ich keine Lust.

Dieter Burdenski
Im Leben gibt es nicht nur Sahnestücke, sondern auch harten Butterkuchen.

Manfred Burgsmüller
Vor rund 25 Jahren hat mich der Schwarzenbeck umgegrätscht. *(zu den Gründen seiner Sprunggelenkoperation)*

Ruhe habe ich noch genug, wenn ich einmal nicht mehr auf dieser schönen Erde weile. *(als er 50 wurde und auch weiterhin als Football-Profi für Rhein Fire Düsseldorf kicken wollte)*

Michael Büskens
Wir liegen heute noch am Boden. Aber ab Montag wird wieder aufgestanden.

Wenn keiner die Schale haben will – mein Gott –, ich nehme sie gerne mit nach Hause. *(zum Thema Meisterschaft)*

Ja, da hab' ich gedacht, mein Gott, da rentieren sich mal endlich die 5 Millionen, die ich hier Jahr für Jahr kriege. *(nach einem Torerfolg)*

Wenn der Büskens nur halb so gut spielen würde, wie er die Zäune hochklettert, wäre er Weltklasse. *(Rudi Assauer)*

Terry Butcher *(engl. Nationalspieler)*
Das Schöne an Pokalspielen ist, dass Jack Goliath schlagen kann.

Hans-Jörg Butt
Ich versuche alles, aber Bierhoff, Preetz und Kirsten treffen einfach öfter.

Die 100 Meter sind so anstrengend für mich, da kann ich gar nicht großartig nachdenken. *(auf die Frage, was in ihm vorgeht, wenn er zum Elfmeterschießen antritt)*

Ich hoffe, Torschützenkönig zu werden. *(nach seinem 20. verwandelten Elfmeter)*

Elfmeterschießen ist wie Zähneputzen, da denkt man nicht nach.

Neues vom HSV und Neues von Hans-Jörg Butt, dem Torjäger, der einfach zu wenige Treffer aus dem laufenden Spiel herausschießt! *(Michael Pfad, nachdem Torwart Butt bereits den siebten Elfmeter in einer Saison verwandelt hatte)*

C

Cacau
Bayer Leverkusen holt die Brasilianer in Brasilien. Wir holen unseren Brasilianer bei Türkgücü München. Das ist der Unterschied. *(Klaus Augenthaler zum Vertragsamateur Cacau, der in seinem zweiten Bundesliga-Spiel 2 Tore schoss)*

Cacau ist einer unserer erfolgreichsten Stürmer – auch wenn das nicht viel heißen mag. *(Michael A. Roth)*

Cafu
Cafu schleppt den Pokal ab. Zu Hause in Rio hat er ein Abschleppunternehmen. *(Bela Rethy)*

Fabio Cannavaro
Regelmäßiges Training, gutes Essen, kein Alkohol, nicht rauchen, viel Schlaf und wenig Sex. *(Italiens Abwehrchef über sein Erfolgsrezept)*

Eric Cantona
Ich musste irgendetwas sagen. Es sollte zwar etwas bedeuten, aber ich weiß nicht genau, was. *(auf die Frage, was der geheimnisvolle Satz »Wenn die Möwen einem Trawler folgen, liegt das daran, dass sie glauben, Sardinen würden in den Ozean geworfen.« zu bedeuten hatte – damals war Cantona nach einer Kung-Fu-Attacke gegen einen Zuschauer für acht Monate gesperrt und entging nur knapp einer Gefängnisstrafe)*

Ich bin ein Rebell. Aber immer werde ich missverstanden. Höre ich eben auf mit der Rebellion.

Was ich nicht verstehe, ist, wie ein Franzose für Manchester United spielen kann. Er ist doch nicht mal ein Engländer. *(der englische Richter Lord Denning)*

Rodolfo Esteban Cardoso
Hätte er die Mentalität eines Schleswig-Holsteiners, könnte er ein noch größerer Fußballer werden, als er schon ist. *(Felix Magath)*

Roberto Carlos
Die Freistöße von Roberto Carlos sind auch nicht besser als die von Tarnat. *(Uli Hoeneß über die Kunstschüsse des Brasilianers bei Real Madrid)*

Pascal Castillo
Klar, dieses Verhalten ist inakzeptabel. Aber das muss man halt akzeptieren! *(über seinen Mannschaftskameraden Richard Nunez, der sich weigerte auf der Ersatzbank zu sitzen und das Spiel stattdessen lieber auf der Tribüne verfolgen wollte)*

Salmin Cehajic *(Rapid Wien)*
Natürlich, es ist ein besonderes Spiel für mich – also ein Spiel wie jedes andere. *(vor dem Derby gegen die Austria)*

Bum-Kun Cha
Der bekloppte Cha Bum hat zu viel Aspirin gegessen, als er damals bei Bayer Leverkusen gespielt hat. *(Rudi Völler zur Kritik des ehemaligen Bundesligaspielers nach dem Spiel gegen Paraguay bei der WM 2002)*

Du-Ri Cha
Cha hat gesagt, er sei klar gefoult worden. Und er kommt aus einem Land, wo die Menschen gut erzogen sind und die Wahrheit sagen. *(Willi Reimann)*

Er wollte immer nur knapp gewinnen, um seinen Gegner nicht bloßzustellen. *(Willi Reimann)*

Stephane Chapuisat
Ich habe mich beim Sturz irgendwo festgehalten, aber ich weiß nicht wo. *(über seinen Griff an empfindliche Körperteile seines Gegners)*

Der linke Fuß ist seiner, der rechte nicht. *(Marcel Reif)*

Angelos Charisteas
Das Berufsbild des griechischen Stürmers sieht viel vergebliche Laufarbeit vor. *(Frankfurter Allgemeine Zeitung)*

José Luis Chilavert *(Nationaltorwart Paraguays)*
Wir können die Deutschen schlagen, weil wir physisch enorm stark sind und bis zum Tod kämpfen werden.

Wenn Chilavert mir einen rein geschossen hätte, hätte ich sofort aufgehört mit Fußballspielen. *(Oliver Kahn nach dem WM-Achtelfinale 2002)*

Bei der WM hat die ganze Welt gesehen, wo Chilaverts Probleme liegen. Wir hatten einen Chilavert zurück erwartet, stattdessen kam das Reifenmännchen von Michelin. *(Patrick Proisy, der Boss von Racing Straßburg zur Entlassung des Nationaltorhüters von Paraguay)*

Thomas Christiansen
Er hat eigentlich alles, was ein guter Stürmer braucht. Er könnte nur 10 Zentimeter größer sein. Aber das wird wohl nichts mehr. *(Rein van Duijnhoven)*

Thomas Cichon
Wir wollten nicht unbedingt Beton anrühren. *(nach einem 0:0 in Stuttgart)*

Sasa Ciric
Ich sehe einen guten Grund, dass wir im Mai 2005 eine Zigarre rauchen können. *(zu den Aufstiegsambitionen der Offenbacher Kickers)*

Flavio Conceicao
Flavio ist derzeit ein Ferrari mit einem Trabi-Motor. Den Ferrari-Motor müssen wir noch bauen. *(Matthias Sammer über das Leistungspotenzial des brasilianischen Neuzugangs)*

Als ich von Berghofen zum BVB kam, war hier nicht so ein Auflauf. *(Alt-Borusse »Aki« Schmidt über das große Medien-Interesse bei der Präsentation von Borussias Neuzugang)*

Edwin Congo
Ob der gelb, schwarz oder braun ist, den kenn ich nicht. *(Reiner Calmund über eine mögliche Verpflichtung des Kolumbianers)*

Cosmin Marius Contra
Ich bin zu stark, um in Deutschland zu spielen. *(als sein Arbeitgeber AC Mailand ihn gern gegen Sammy Kuffour vom FC Bayern München getauscht hätte)*

Francisco Copado
Wir haben keine Chance, aber die Chance, die wir haben, müssen wir nutzen, damit wir eine Chance haben.

Rui Costa
Zum Glück hatten wir Glück.

Jordi Cruyff
Er ist zwar ein guter Spieler, der Jordi Cruyff, aber eben kein Cruyff. *(Bela Rethy)*

Jason Culina
Für mich ist das hier auch ein bisschen wie Flitterwochen. Aber vielleicht fragen sie auch noch meinen Zimmerkollegen. *(Australischer Nationalspieler, der kurz vor seinem Abflug zum Confed-Cup nach Deutschland in Sydney geheiratet hatte)*

Carsten Cullmann
Carsten Cullmann kann bis zum Rest seines Lebens an der Flasche nuckeln – aber in seinem Garten in Köln-Porz. *(Ewald Lienen, nachdem Cullmann zur Trinkflasche griff und kurz danach ein Gegentor fiel)*

Spieler

Harald Czerny
Ich mag Nachwuchsspieler wie den Czerny. Ohne solche Kinder wird die Liebe zum Profi-Fußball allzu schnell erwachsen. *(Erich Ribbeck)*

Ich habe gedacht, es ist Carl Lewis mit einer weißen Maske. *(Eric Wynalda, Spieler vom VfL Bochum)*

Andres D'Alessandro
Etwa einen Kopf kleiner als eine Milchkanne. Am Ball aber an guten Tagen erste Sahne. *(Max Merkel)*

Georg Damjanova
Zum ersten Mal trinkt der kein Bier – schon verletzt er sich! *(»Fiffi« Kronsbein über seinen Libero, dem beim Teekochen der Wasserkessel auf den Fuß gefallen war)*

Steffen Dangelmayr
Mich hat der Schlag getroffen. *(Stuttgarts Debütant, als sein Name in der Anfangsformation auftauchte)*

Ümit Davala
Normalerweise habe ich keine Probleme mit Griechen. *(der türkische Abwehrspieler über seine tätliche Auseinandersetzung mit dem Griechen Amanatidis)*

Dede
Was soll ich sagen?! Scheiße gespielt, scheiße verloren. Scheiße!

Ich kann Dede nur empfehlen, auf seine Gehaltsabrechnung zu schauen. Dann ist seine Frage schnell beantwortet. *(Michael Meier auf die in einem Interview gestellte Frage des Brasilianers nach dem Verbleib der durch den Börsengang des BVB eingenommenen Millionen)*

Sebastian Deisler
Ich hoffe, dass dieses Spiel nicht mein einziges Debüt bleibt. *(nach seinem ersten Länderspiel)*

Es war immer mein Traum, bei einer WM dabei zu sein. Bei Italia 90 saß ich mit einer Fahne vorm Fernseher.

Fünf Minuten. *(auf die Frage, wie lange er seiner Meinung nach bei seinem Nationalelf-Comeback gegen Kuwait spielen könne)*

Da kann er sich doch freuen, mit mir spielen zu können. *(als Stefan Effenberg der Transfer zum FC Bayern bekannt wurde)*

Sebastian war ganz begeistert, wieder diesen Männerduft in der Kabine zu riechen. *(Giovane Elber nach Deislers Comeback)*

Er ist dem Druck nicht gewachsen. Das ist eines der größten Verlustgeschäfte, die der FC Bayern je gemacht hat. *(Edmund Stoiber, als Deisler mit dem Burn-Out-Syndrom eine Zeit lang ausfiel)*

Leider kam Deislers Saisonbeginn ein Jahr zu spät – für ihn und für den Geldbeutel des FC Bayern. *(Uli Hoeneß)*

Martin Demichelis
Demichelis – im Vergleich zu Makaay die Aldi-Variante. *(Bernd Schmelzer über die beiden Neuzugänge von Bayern München)*

Igor Demo
Igor hat eine anstrengende Woche hinter sich und ist gestern erst nach Hause gekommen. Eventuell hat ihn seine Tochter nicht schlafen lassen. Von seiner Frau will ich erst gar nicht reden. *(Hans Meyer)*

Lajos Detari *(ungarischer Nationalspieler von Eintracht Frankfurt)*
Wie er das Bällchen führte, drehte, fast streichelte, das hatte etwas Erotisches. *(Uli Stein)*

Momo Diabang
Wie lange er noch bei uns spielen wird, entscheiden unser Verein, Momo, seine drei Berater, sein Vater, seine zukünftige Frau und was weiß ich, wer noch alles. *(Benno Möhlmann zu Vertragsverhandlungen)*

Taifour Diane
Der soll doch in seinem Busch bleiben. *(Werner Lorant über den möglichen Neuzugang aus Guinea)*

Boubacar Diarra
Ich bin aufgewacht, habe aus dem Fenster geguckt, den Schnee gesehen – da war für mich klar: Heute ist kein Training. Doch dann ist der Trainer gekommen und hat gesagt, dass wir rausgehen. *(Freiburgs Abwehrspieler aus Mali über seine ersten Erfahrungen mit Schnee)*

El-Hadji Diouf
El-Hadji Diouf ist der geborene Journalist. Er benotet die Mitspieler beim Training. Das motiviert natürlich. Ich brauche wohl nicht hinzuzufügen, dass er immer die Bestnote hat. *(Trainer Bruno Metsu über seinen Stürmerstar)*

Milos Djelmas *(Spieler von Hannover 96)*
Der hat nichts am Fuß, dafür aber irgendwas im Kopf. *(Eberhard Vogel)*

Youri Djorkaeff
Ich musste ihm eine Ohrfeige geben. Wie hätte ich das sonst meiner Frau erklären sollen? *(nachdem ihn sein Gegenspieler Thorsten Fink während eines Spiels auf den Mund geküsst hatte)*

Ein Fan rief: Weltmeister. Brehme drehte sich um, aber der Fan hat mich gemeint.

Thomas Doll
Ich brauche keinen Butler. Ich habe eine junge Frau!

Heimat ist nicht die Frage! Ich spiele überall, und mir stehen alle Klubfarben. Da bin ich gern wie ein Chamäleon.

Matthias Dollinger
Der schlägt mit links die Flanken wie der Beckham. Nur mit seiner Igel-Frisur ist er eher der Beckham für Arme. *(Hans Krankl)*

Charlie Dörfel
Dicker, wenn du noch länger meckerst, tret' ich die Flanken zehn Zentimeter höher, dann kommst du gar nicht mehr ran! *(zu Uwe Seeler)*

Hans Dorfner
Gar nix hab' ich gelernt – außer Stollen reindrehen und dem Lerby die Koffer tragen.

Ja, ich wollte immer in der Nationalelf spielen. Es klappte nicht. Nun weiß ich: Nichterfüllte Träume hecken Albträume.

Pavel Dotchev
Uns fehlte heute die Frischigkeit.

Mark Draper *(Spieler vom FC Southampton)*
Ich würde gerne für einen italienischen Verein spielen – Barcelona zum Beispiel.

Bernd Dreher
Bernd Dreher, weil er mit so wenig Talent so viel erreicht hat. *(Michael Tarnat auf die Frage, wer ihm imponiere)*

Werner Dreßel
Hoffentlich wird bald die neue Tribüne freigegeben. Dann können die Zuschauer auf der linken Seite den Dreßel wach schreien. *(Werder Bremens Trainer Wolfgang Weber über seinen formschwachen Linksaußen)*

Manfred Drexler
Heute knalle ich mir die Glatze voll, bis mir das Bier aus den Ohren rauskommt.

Martin Driller
Wenn man so dicht vorm Lokus ist, will man sich nicht mehr in die Hosen machen. *(zu den Aufstiegschancen von St. Pauli)*

Es ist nicht so einfach. Meine Mami hat gesagt, ich soll nicht im Dunkeln heimkommen. *(auf die Frage eines Fernsehreporters, ob der Aufstieg denn auch richtig gefeiert werde)*

Sean Dundee
Ich muss den Überblick behalten, das sagt auch mein Trainer! *(auf die Frage nach seiner neuen und seiner alten Freundin)*

Ich bleibe auf jeden Fall wahrscheinlich beim KSC.

Wir können keinen Schwatten gebrauchen! *(Jörg Berger über Sean Dundee vor dessen Bundesligakarriere)*

Matthias Dworschak
Das ist hier sicher der Tiefpunkt, wobei es ein bisschen tiefer als der Tiefpunkt ist. *(der Kapitän der Offenbacher Kickers nach einer 0:4-Heimpleite)*

Max Eberl
Er sieht auf jeden Fall interessanter jetzt aus. *(Hans Meyer über Max Eberls Nasenbeinbruch)*

Horst Eckel
Der Horst muss aufpassen, dass er beim Duschen nicht durch den Ausguss gespült wird. *(Helmut Rahn über den sehr schmächtigen rechten Läufer)*

Dieter Eckstein *(Spieler vom 1. FC Nürnberg)*
Ich fahr gar nicht erst aus der Haut – denn die Rückfahrt bringt meistens Probleme.

Edilson *(brasilianischer Nationalspieler)*
Wir haben alle ein aktives Sexleben. Es ist klar, dass 50 Tage ohne Sex nicht leicht gewesen wären. *(zum Vorschlag Luiz Filipe Scolaris, während der WM-Endrunde sexuelle Enthaltsamkeit zu praktizieren)*

Stefan Effenberg
Auch wenn es unmöglich ist, ist es noch möglich. *(zu den gesunkenen Meisterschaftschancen)*

Wir haben uns auf jeden Fall vorgenommen Druck zu machen und das zweite Tor nachzulegen. *(auf die Frage, was sich die Mannschaft beim Halbzeitstand von 2:0 für die zweite Hälfte vorgenommen hätte)*

Gibt man ihr den Schlüssel, findet sie ihr Hotelzimmer allein. Sie weiß auch, wie der Wasserhahn aufgeht. *(über seine Frau und die Frage, ob Spielerfrauen die Konzentration vor dem Champions-League-Finale stören)*

Adidas – zwei, drei Tage Arbeit im Monat. So wie Klinsmann. *(über zukünftige Job-Pläne)*

Ich habe ein verflucht großes Problem: Ich bin immer ehrlich.

Wenn wir manchmal so spielen würden, wie er singt, dann wären wir ganz oben. *(über Rod Stewart)*

Vielleicht sollten wir Spieler einfach zusammenlegen und selbst ein neues Stadion bauen. *(zur Stadion-Diskussion in der bayerischen Landeshauptstadt)*

Ich würde das schon gerne tun. Um sieben Uhr ins Büro, bisschen saubermachen, dann trainieren, und wenn die hier auf der Geschäftsstelle dann fertig sind, komme ich und mache wieder sauber. Kein Problem. *(auf die Frage, ob er sich vorstellen könnte, als Profi wie normale Arbeitnehmer acht Stunden täglich zu arbeiten)*

Wenn ich zur Ecke gehe, das weiß jeder, dann kommen Feuerzeuge und Geldstücke geflogen. Das war ein Zeichen, dass man dies eigentlich nicht machen sollte. Zumal nach der Euro-Umstelllung viele nicht mehr so viel Geld in der Tasche haben. Da sollten die Leute lieber das Geld in der Tasche behalten, anstatt es zu mir zu werfen. Nicht zuletzt wegen der Steuererhöhung und was alles noch so kommt. *(als Erklärung für seine Scheibenwischergeste zu den Zuschauern in Bochum)*

In 15 oder 20 Jahren, da leben wir beide schon gar nicht mehr ... *(zu einem Journalisten)*

Ab sofort wähle ich Stoiber. *(als er erfuhr, dass ihn Edmund Stoiber im Duell mit Michael Ballack als Sieger gesehen hatte)*

Hitlers Tagebuch. Das hat mich dann doch interessiert. *(bei der Vorstellung seines Buches auf die Frage, welches Werk der Weltliteratur ihn besonders geprägt habe)*

Bester Bayern-Kader aller Zeiten? Den gab es einmal in den 1970ern, und dann von 1998 bis 2001.

Natürlich müssen sie das kaufen, die verdienen ja gut. *(auf die Frage, ob er seinen ehemaligen Mitspielern des FC Bayern ein Exemplar seines Buches schenken werde)*

Ja, zwei, drei Prozent. *(Reporter: Wie viel Prozent Ihres Leistungsvermögens können Sie denn jetzt schon abrufen?)*

Die schwierigen Gegner haben wir jetzt hinter uns. Jetzt kommen dann Dortmund, Schalke, Leverkusen und Kaiserslautern. *(angesichts der Bayern-Niederlagen gegen Abstiegskandidaten)*

In Gladbach ist so etwas bestimmt 20-mal passiert. Das gehört dazu. Ich find' das gut. *(über die Ohrfeige, die Lizarazu im Training Matthäus verpasste)*

Jeder ist schon mal mit 1,07 Promille gefahren. *(nachdem er bei einer Polizeikontrolle erwischt wurde)*

Die Pfiffe gegen mich – so was kann kein Mensch vergessen. Auch in 50 Jahren nicht.

Die meisten Spieler sehen ihren Job so: 90 Minuten Fußball spielen, umziehen, nach Hause fahren – mehr interessiert die nicht. Für mich bedeutet dieser Beruf mehr. Es gehört viel mehr Show dazu, es muss Leben in die Bude. Die Fans wollen Typen und gute Unterhaltung.

Ob der FC Bayern so viel Geld ausgeben würde, weiß ich auch nicht. Sollen sie lieber mir das Geld geben, dann laufe ich noch mehr. *(über Transfers im Bereich 60 bis 70 Millionen)*

Die Situation ist aussichtslos, aber nicht kritisch.

Ich bin der Albtraum aller Schwiegermütter.

Das ist angeboren oder wird uns vom Doktor injiziert. *(zum Selbstvertrauen der Bayern)*

Vielleicht ist ja jemand aus der Uwe-Seeler-Traditionself dabei. *(auf die Frage nach Verstärkungen)*

Was zählt, ist die Kohle, klarer Fall. Also kann derjenige, der meine Position haben will, auch nicht mein Freund sein. Denn der will an mein Geld, folglich muss ich mich wehren.

Wenn jeder andere Spieler einen Stefan Effenberg ersetzen könnte, wäre Effenberg überbezahlt. *(Uli Hoeneß)*

Als ich neulich durchs Programm zappte, sah ich ihn am Kochtopf bei Alfred Biolek. Das sah richtig gut aus, was er da brutzelte. Vielleicht sollte er sich künftig mehr auf diesem Gebiet bewegen. *(Paul Breitner)*

Der Pfau, der Superpfau, der Herr Effenberg. Da stolziert er über den Platz und dann verschießt er. Es gibt doch noch einen Fußballgott. *(Andreas Herzog nach dem Pokalsieg 1999 mit Werder Bremen)*

Michael Ballack ist ein ganz anderer Spieler als Stefan Effenberg. Effenberg hat sich um den Mittelkreis aufgebaut, und die anderen mussten für ihn laufen. *(Karl-Heinz Rummenigge)*

Nee, wir brauchen doch nur laufstarke Spieler. *(Pierre Littbarski, Trainer des Zweitligisten MSV Duisburg, auf die nicht ernst gemeinte Frage, ob er an einer Verpflichtung von Stefan Effenberg interessiert sei)*

So einer wie der Effenberg, der hätte in den Siebzigerjahren nicht gespielt, nicht die Koffer getragen – der hätte bestenfalls den Ball eingefettet. *(Buffy Ettmayer, Spieler vom VfB Stuttgart)*

Effenberg sagt nicht ich, sondern ein Effenberg. Er verehrt sich und trägt sich selbst jubelnd vom Platz. Eine groteske Figur. *(Dieter Hildebrandt)*

Wissen Sie, was ich schrecklich finde? Dieses Geholze vom FC Bayern. Und ich mag das Auftreten von Effenberg nicht, weil dessen Gehabe nichts mehr mit Fußball zu tun hat. In seiner Gestik drückt sich auch so ein Dumm-Stolz aus. *(Günter Grass)*

Wenn er nicht spielen kann, gehen wir morgen Abend eben einen trinken. *(Franz Beckenbauer über seine Wochenend-Pläne für Stefan Effenberg, der wegen einer Verletzung im letzten Saisonspiel fehlte und seinen Abschied aus München auf der Ersatzbank erlebte)*

Wenn der Effenberg irgendwann Italienisch lernt, sollte er sofort nach Alaska verkauft werden. Denn wenn man ihn in Florenz erst versteht, macht er mit seinem Mundwerk auch diesen Verein kaputt. *(Albert Sing, ehemaliger Bundesligatrainer)*

Ugo Ehiogu *(Spieler vom FC Middlesbrough)*
Ich bin so glücklich, wie ich nur sein kann. Ich war aber schon mal glücklicher.

Yves Eigenrauch
Es ist deswegen noch niemand auf dem Platz gestorben. *(nach einer miesen Leistung)*

Dieter Eilts
Das interessiert mich wie eine geplatzte Currywurst im ostfriesischen Wattenmeer.

Wenn meine Oma ein Bus wäre, dann könnte sie hupen! *(auf eine Hätte-wenn-und-aber-Frage eines Journalisten)*

Der einzige Zappelphilipp, den ich mag: der Ball, wenn er im Netz zappelt.

Ich bin ins Spiel gekommen und habe für die Wende gesorgt. *(Werders Spieler war beim Stand von 2:0 gegen Unterhaching eingewechselt worden. Endstand: 2:2)*

Moin, moin Gascoigne. *(bei der EM 1996 zu seinem Gegenspieler Paul Gascoigne)*

Wir sind insgesamt so gefestigt, dass jeder die Meinung des Trainers akzeptiert.

Giovane Elber
Mein Selbstvertrauen ist in Brasilien, aber es landet morgen in München. *(auf die Frage, wo das Selbstvertrauen der Bayern geblieben sei)*

Ich muss jetzt bei meinen Eltern anrufen. Die haben das Spiel live gesehen. Ich hoffe, dass sie noch leben. *(nach dem Champions-League-Gewinn der Bayern)*

Nicht mal Jesus kann mich aufhalten, wenn ich 2004 hier weggehe. *(zur Kritik Rummenigges, der sagte: Klappe halten und Tore machen)*

Wir müssen von der ersten Sekunde an voll wach sein und das dann bis zur neunzigsten durchhalten.

Das Schlimmste ist, wenn man aufsteht und der Sohn fragt dich: »Papa, hast du gestern gewonnen?« *(am Tag nach einer 1:5-Pleite von Bayern München bei Schalke 04)*

Beim nächsten Urlaub bleibe ich vielleicht noch eine Woche länger. *(nachdem er einen Tag zu spät zum Trainingsauftakt aus Brasilien anreiste und 50 000 Euro Strafe zahlen musste)*

Hier in Rio de Janeiro erkennt mich auf der Straße praktisch niemand. Auf dem Flug wurde ich sogar gefragt, ob ich ein Volksmusiksänger wäre.

Wenn ein kleiner Pimpf wie ich denkt, er kann einen Giovane Elber verarschen, dann bekommt er ganz schnell gezeigt, wo der Hammer hängt. *(Martin Pieckenhagen)*

Aber der Trainer weiß doch, dass es für einen Brasilianer normal ist, dass er zu spät kommt. *(nachdem er verspätet aus dem Winterurlaub gekommen war)*

Deshalb ist es auch normal für einen Brasilianer zu zahlen. *(Antwort von Uli Hoeneß)*

Das kommt ja immer mal wieder vor. Speziell im Winter, wenn es kalt wird. Da denken die Brasilianer an das schöne Wetter im Süden Europas, obwohl es da auch sehr kalt werden kann. *(Uli Hoeneß zu den Wechselgerüchten um Stürmer Giovane Elber)*

Giovane war wie ein Papa für mich. *(Roque Santa Cruz)*

El Idrissi
Der rutscht aus mit seinen Nockenschuhen. Der ist erste Halbzeit drei-, viermal geflogen. Dann soll er sich 'n Rock anziehen, dann kann er Damenfußball spielen. *(Thomas Cichon über den Saarbrücker, der einen zweifelhaften Elfmeter rausholte)*

Lothar Emmerich
Gib mich die Kirsche!

Ich habe nicht einfach draufgeknallt, sondern instinktiv die Lage gepeilt und den richtigen Winkel gewählt.

Marco Engelhardt
Das war ganz kurios. Ich hatte den Anruf in Abwesenheit auf meinem Handy, kannte die Nummer aber nicht. Als ich dann zurückgerufen habe und sich Jogi Löw meldete, habe ich direkt wieder aufgelegt, weil ich nicht wusste, was ich sagen sollte.

Stefan Engels
Dazu möchte ich jetzt keine Stellungnahme nehmen.

Thomas Epp
Lauft, ihr Arschlöcher, lauft! Ihr braucht noch ein Tor. Scheiße, ihr braucht noch ein Tor. *(beim Abstiegsdrama am 29.5.1999 in Frankfurt)*

Fabian Ernst
Jetzt wird es für uns ganz eng. Wir haben niemanden mehr, der aus 50 Metern Tore schießen kann. *(Thomas Schaaf zum Ausfall von Ernst)*

Thomas Ernst

In Thomas fließt halt immer noch ein bisschen blau-weißes Blut. *(Rein van Duijnhoven über einen Fehler des früheren Bochumers vom VfB Stuttgart)*

Buffy Ettmayer

Albert Sing (Trainer VfB Stuttgart): »Buffy, du spielst nicht, du bist zu dick.« Ettmayer: »Ich war immer so, Trainer.« Sing: »Es gibt Bilder von dir, da warst du dünner.« Ettmayer: »Die sind wahrscheinlich mit einer Schmalfilmkamera gemacht.«

Evanilson

Man muss seinen Namen am Stück aussprechen, sonst ist man beim Frauenfußball. *(Gerd Niebaum)*

Daniel Felgenhauer

Der kam nach dem 2:2 in unsere Kabine und wollte sein Trikot tauschen. Da habe ich ihm gesagt: »Du bekommst keins. In der nächsten Saison hast du davon Tausende.« Er hat nicht gelacht: Prüfung nicht bestanden – der hat keinen Humor. *(Hans Meyer auf die Frage, warum Daniel Felgenhauer nicht nach Gladbach wechsle)*

Luis Figo

Luis Figo ist ganz verschieden zu David Beckham – und umgekehrt. *(Kevin Keegan)*

Figo ist für England so wichtig wie Beckham. *(Mark Lawrenson, irischer Nationalspieler)*

Ich würde Figo sofort für 100 Millionen Mark kaufen, weil ich weiß, dass ich ihn für 110 Millionen Mark weiterverkaufen kann. *(Michael Meier zur finanziellen Obergrenze für einen Transfer in der Fußball-Bundesliga)*

Wer mir so etwas antut, wird dafür zahlen. *(Joan Gaspart, Präsident vom FC Barcelona, zum Wechsel von Luis Figo zu Real Madrid)*

Unsere Bank ist gut besetzt. Wenn er sich auf die Tribüne setzt, kann er gern kommen. *(Peter Neururer auf die Frage, ob er einen Spieler wie Figo brauchen könne)*

Torsten Fink

Wir wollen uns nacheinander einen nach dem anderen runterholen. *(über die geplante Aufholjagd des FC Bayern)*

Wenn man jahrelang mit Brasilianern trainiert, muss ja irgendetwas abfärben. Was ein Fink plötzlich für Kunststücke macht, alle Achtung! *(Franz Beckenbauer)*

Herbert Finken

Mein Name ist Finken, und du wirst gleich hinken. *(der Tasmane begrüßt seinen Gegenspieler)*

Klaus Fischer
Ich war schon fünfmal Tor des Monats!

Ich lese keine Bücher. *(auf die Frage nach seinem Lieblingsbuch)*

Jan-Aage Fjörtoft
Ich ärgere mich immer, wenn ich in der Oper bin und der Star zu viele Zugaben gibt! *(bei seinem Abschied von der Eintracht)*

Das spricht vielleicht für eine schlechte Vereinskarriere – aber das war ein Höhepunkt meiner Laufbahn! *(auf die Frage, was ihm der Siegtreffer gegen Bayern bedeute)*

Wenn ich 50 Meter von einer Klippe springe, kann ich auch sagen, es sind nur 50 Meter. Tot bin ich trotzdem. *(über die Verharmlosung der Situation im Abstiegskampf)*

Ich will nicht auf der Bank sitzen. Dafür könnt ihr auch meinen Sohn nehmen, der würde sich freuen, das Maskottchen spielen zu dürfen. *(zu seiner Rolle bei Reinhold Fanz)*

Kongodeutsch! *(auf die Frage nach der neuen Amtssprache bei der Eintracht)*

Meine Frau Marianne und ich haben zwei Kinder. Wenn wir nächstes Jahr nach Norwegen zurückkehren, müssen wir uns noch mal unterhalten. *(zum Thema Familienplanung)*

Den hätte wohl auch mein Sohn gehalten. *(nach einem verschossenen Elfmeter gegen die Bayern)*

Ich habe zu allem eine Meinung. Als Angestellter des Vereins darf ich aber nicht alles sagen. Das kostet mich zu viel.

Dann lebe ich in Oslo, spiele immer noch Fußball, und bin immer noch so langsam ... *(auf die Frage, was er mit 85 Jahren machen werde)*

Der Trainer wird uns schon auf den Boden zurückholen. Morgen wird es den längsten Waldlauf der Geschichte geben! *(nach einem 4:0-Sieg)*

Eines möchte ich noch kurz anfügen. Auf der Homepage meines Kollegen Thomas Sobotzik habe ich gelesen, dass ich seinem Sohn so ähnlich sehe. Mit Frau Sobotzik habe ich aber schmunzelnd ausgemacht, dass an dieser Geschichte nichts dran ist.

Die Entscheidung war zwischen mir und dem Busfahrer, aber der Busfahrer hatte keine Schuhe dabei. *(über seinen Einsatz gegen Freiburg)*

Tore Pedersen ist ein sehr guter Freund. Ich bin jetzt hier, um für ihn eine Frau zu finden. *(über den Grund seines Wechsels zu Eintracht Frankfurt)*

Ich bin der ex-beliebteste Spieler der Eintracht.

Wenn ich natürlich bei meinen Sechs-Minuten-Einsätzen bis zur Winterpause 30 Tore schieße, werde ich vielleicht nicht gehen dürfen.

Unser letzter Sieg ist schon 100 Jahre her. *(nach dem Ende einer elfwöchigen Serie ohne Sieg)*

Weil, der Trainer braucht jetzt Spieler mit harten Eiern. *(auf die Frage, warum er beim nächsten Spiel aufgestellt werden sollte)*

Wenn ich bleibe, will ich einen Fünfeinhalb-Jahres-Vertrag, damit ich noch im neuen Stadion auflaufen kann. Dann spiele ich hier, bis ich lange, graue Haare habe. *(zu seinem Plan, den Verein in der Winterpause zu verlassen)*

Ich halte nix von Sex vor dem Spiel, besonders weil ich mir das Zimmer mit Salou teile.

Ich hoffe, dass bei der Eintracht endlich einmal Ruhe einkehrt. Aber das ist so wahrscheinlich, wie dass Elvis in Stabaek rockt!

Hat es so ausgesehen, als ob ich das könnte? Ich glaube nicht … *(zu seinem »Löwentanz-Jubel« nach einem Siegtreffer gegen Bayern)*

Wir haben ein paar sehr schnelle junge Spieler da. Und ich bin alt und nicht ganz so schnell … *(über seine Chancen bei der norwegischen Nationalmannschaft)*

Der Castro ist ja auch müde dann und wann, man kann nicht immer revolutionär sein.

Heute habe ich sicher so viel Unterstützung wie Leonid Breschnew früher bei den Sowjet-Wahlen!

Ich habe das erst für Kritik an meiner Person gehalten. Alle sagen immer, dass ich langsam sei. Deshalb dachte ich, die Fans wollten mich zum Rennen animieren. *(zu einem Plakat mit der Aufschrift »Fjörtoft darf nicht gehen«)*

Als Fjörtoft 1999 den 1. FC Nürnberg mit mir als Trainer in die 2. Liga geschossen hat, hätte ich ihm am liebsten das Bein abgehackt. *(Friedel Rausch)*

Franca
Now I am Deutscher!

Maik Franz
3 mal 3 ist 6. Eigentlich wollte ich die 6 haben, aber die war schon besetzt. *(auf die Frage, was ihm die Rückennummer 33 bedeute)*

Normalerweise respektiere ich im Fußball jeden Gegenspieler. Aber dieses Arschloch …
(Mario Gomez)

Ich weiß nicht, was in seinem Kopf vorgeht. Viel wird das nicht sein. *(Ioannis Amanatidis)*

Steffen Freund
Es war ein wunderschöner Augenblick, als der Bundestrainer sagte: Komm Steffen, zieh deine Sachen aus, jetzt geht's los.

Man tut so, als ob man mir reinen Wein eingeschenkt hätte. Das ist alles Quark. *(über die Vertragsverhandlungen mit Tottenham Hotspurs)*

Arne Friedrich
Die Freiburger waren vogelwild. *(nach einem 3:1-Auswärtssieg)*

Torsten Frings
Am besten grätschen wir die Brasilianer schon bei der Hymne weg.

Ich hatte einen Hals ohne Ende.

Jetzt kann der Mario Basler ja schön den 2. Platz feiern. *(nach dem Pokalfinale 1999, vor dem Mario Basler gesagt hatte, der 2. Platz sei doch auch was Schönes für Werder)*

Frings mit links! Reimt sich zwar, ist aber leider nicht sein starker Fuß. *(Heribert Faßbender)*

Der Übersteiger von Schneider ist relativ unbekannt. *(Matthias Sammer ironisch zum Abwehrverhalten von Torsten Frings)*

Torsten Frings ist katholisch, der würde nie nach Italien wechseln. Da müsste er ja sonntags arbeiten. *(Norbert Pflippen, Spielerberater)*

Jan Furtok
Wer sich die Butter vom Brot nehmen lässt, muss Wasser saufen.

Jemand sollte Jan Furtok mal die polnische Übersetzung der Memoiren Casanovas schenken, da steht nämlich drin, wie man seine Chancen nutzt! *(Joachim Böttcher)*

Holger Gaißmayer
Dieser Stolperkönig ist die Höchststrafe für jeden Mitspieler. *(Bernd Schuster über seinen Spieler)*

Salvatore Gambino
Ja, ein bisschen. *(Matthias Sammer auf die Frage, ob Gambino Italiener sei)*

Viorel Ganea
Er kam nicht ins Spiel und wurde dann immer schlechter. *(Felix Magath zur Leistung seines Spielers)*

Garrincha
Wohlstand ist schwieriger handhabbar als Armut.

Große Fußballspieler sind wie Sterne. Aber meistens leuchten sie erst dann so richtig, wenn wir merken, dass sie schon untergegangen sind. *(Harry Valerien)*

Paul Gascoigne

In meinem Kopf sitzt ein kleiner Mann und der sagt zu mir: »Nimm einen Drink, nimm einen Drink.« Und ich bekomme ihn nicht aus dem Kopf heraus, speziell dann, wenn ich mit ihm alleine bin.

Ich mache nie Voraussagen und werde das auch niemals tun.

Du bist fett und du schlägst deine Frau. *(Fans des FC Middlesbrough zur Begrüßung ihres eigenen Spielers vor jedem Spiel 1998)*

75 Prozent dessen, was in Paul Gascoignes Leben passiert, sind reine Fiktion. *(Glenn Hoddle)*

Gennaro Gattuso

Das ist eine Beleidigung für den Fußball: Ich kann jemandem den Ball abnehmen, aber von der Klasse eines Ronaldinho träume ich nicht mal nachts.

Maurizio Gaudino

Ich bin nicht verheiratet, also habe ich auch keine Not, Schürzenjäger zu sein.

Marco Gebhard

Wenn sich einer beim Schuss aufs eigene Tor verletzt, fällt mir dazu nichts mehr ein. *(Felix Magath über seinen Spieler, der sich bei einem Eigentor schwer verletzt hatte)*

Ryan Giggs

Ryan Giggs ist kein zweiter George Best. Er ist ein zweiter Ryan Giggs. *(englischer Kommentator Denis Law)*

David Ginola

Ich würde nicht sagen, dass er der beste Flügelspieler auf der linken Seite in der Premier League ist, aber es gibt keinen besseren. *(Ron Atkinson als TV-Kommentator)*

Jürgen Gjasula

Es kann doch nicht sein, dass hier ein Jugendspieler mit Anwalt und Berater aufläuft, um sich 15 garantierte Profieinsätze in den Vertrag schreiben zu lassen, nachdem er sich in der Schule abgemeldet und sich ein Cabrio zugelegt hat. *(Volker Finke über die gescheiterten Vertragsverhandlungen mit Nachwuchsspieler Jürgen Gjasula, der zum 1. FC Kaiserslautern wechselte)*

Eduard Glieder

Ich bin der beste – der beste auf der Welt. *(nach seinem zweiten Saisontor auf die Frage, an welcher Stelle er sich unter den Schalker Stürmern sieht)*

Er muss sich erst noch bei uns eingliedern. *(Jupp Heynckes zur Integration des Neuzugangs)*

Der Edi ist so gut wie Morientes. Egal ob Wien, Barcelona, Bagdad oder Hongkong – er wird sich überall durchsetzen. *(Hans Krankl)*

Bjarne Goldbaek
Ich war kürzlich bei einem Elternabend. Da habe ich mehr Englisch gelernt als im Jahr vorher mit der Mannschaft. *(der dänische Fußball-Profi, einer von 19 Ausländern im 25-köpfigen Aufgebot von Chelsea London)*

So alt, dass ich nur alle vier Wochen spielen kann, möchte ich nie werden.

Richard Golz
Jede Minute eines neunteiligen Tanzkurses. *(auf die Frage nach dem peinlichsten Moment seines Lebens)*

Wir haben hier schon öfter gut gespielt und nix geholt. Es wird Zeit, dass das Stadion abgerissen wird. *(nachdem sein SC Freiburg auch im letzten Spiel im Münchner Olympiastadion verloren hatte)*

Ja klar. Wenn die A-3-Nationalmannschaft noch eingeführt wird. *(zu seinen Hoffnungen auf Einsätze in der Nationalelf)*

Wir haben mit einem Mann weniger gespielt – ohne Torwart.

Sergej Kirjakow. *(auf die Frage nach seinem Lieblingsschauspieler, dem Torhüter des SC Freiburg)*

Wir sind nicht ins Spiel reingekommen, durchschnittlich dringeblieben und schlecht hinten rausgekommen.

Man hat bei uns das Gefühl, einer schießt und die anderen drücken die Daumen. *(zur Sturmmisere beim SC Freiburg)*

Unheimlich nicht, aber unheimlich schön. *(auf die Frage, ob ihm die 474 Minuten ohne Gegentor nicht allmählich unheimlich würden)*

Ich habe nie an unserer Chancenlosigkeit gezweifelt.

Vor lauter Philosophieren über Schopenhauer kommen wir gar nicht mehr zum Trainieren. *(auf die Frage, was beim so genannten Studentenklub SC Freiburg anders sei)*

Praktisch sind unsere Chancen jetzt besser als theoretisch.

Mario Gomez
Es war irgendwas dazwischen. Und es tat weh. *(der VfB-Stürmer nach seinem »Penistor«)*

Wir müssen schauen, ob wir in Karlsruhe zwei oder drei Banken ausrauben können, um einen Spieler dieser Qualität verpflichten zu können. *(Edmund Becker)*

Louis Gomis
Ich habe mir seine Geburtsurkunde angeschaut und ihm gesagt, da steht Brasilianer drin und nicht Senegalese. *(Klaus Augenthaler über die Steigerung seines senegalesischen Stürmers)*

Andreas Görlitz
In meiner Kindheit war ich mal Bayern-Fan. Aber diese Phase macht wohl jeder durch. So was legt sich. *(der Nachwuchsspieler von 1860 München über den Lokalrivalen, kurz bevor er dann zu den Bayern ging)*

Richard Gough *(schottischer Nationalspieler)*
Er hat heute was Göttliches – er spielt so langsam, wie Gottes Mühlen mahlen. *(der schottische Nationaltrainer Andy Roxburgh)*

Jürgen Grabowski
Was heißt Freunde? Das ist im Fußball ein sehr schwammiger Begriff.

Thomas Gravesen
Ich bin wohl 'ne Hümörbömbe.

Der Gravesen hat ja mal beim HSV gespielt, aber er ist ja eher ein Typ der rustikaleren Sorte und da hat er beim FC Middlesbrough wohl seine Heimat gefunden. *(Marcel Reif)*

Jimmy Greaves *(englischer Nationalspieler)*
Wir hatten damals unterschrieben, bis zu unserem Todestag zu spielen und das haben wir gemacht.

Brian Greenhoff *(Ex-Spieler von Manchester United)*
Das ganze Team steht hinter dem Trainer, aber ich kann nicht für den Rest des Teams sprechen.

Peter Grosser *(Präsident der Spielvereinigung Unterhachingen)*
1979 haben wir immer Sonntagvormittag in der B-Klasse gespielt, jeder hat 2 Mark fürs Trikotwaschen bezahlt und heute schlagen wir die Bayern.

Rolf-Christel Guie-Mien
Weil der erste Durchgang der Zahlen für uns nicht realisierbar war. Guie-Mien und sein Berater haben sich dann noch einmal von sich aus gemeldet. Da wurden dann andere Zahlen aufgerufen. Das ist doch nett. *(Volker Finkes Erklärung, warum sich der Wechsel von Rolf-Christel Guie-Mien etwas hinzog)*

Ich bin froh, dass ich in Markus Beierle einen Menschen präsentieren kann, der mehr ist als nur ein Fußballer, der derjenige war, den wir gerade abgegeben haben. *(Aufsichtsratvorsitzender Volker Sparmann zur Neuverpflichtung nach dem Abgang von Rolf-Christel Guie-Mien)*

Ich habe Rolf dann gefragt, zu welchem internationalen Klub er wechseln wird, da hat er Freiburg gesagt! *(Willi Reimann, nachdem ihm Rolf-Christel Guie-Mien über seinen Wechsel unterrichtet hatte)*

Ruud Gullit
Wir haben 99 Prozent des Spiels beherrscht. Die übrigen 3 Prozent waren schuld daran, dass wir verloren haben.

Um gegen Holland zu spielen, muss
man gegen die Holländer spielen!

Torsten Gütschow
Ich bin ein Pulverfass. Ich denke
erst nach der Explosion.

Gheorghe Hagi
Gesundheit! *(Mehmet Scholl auf die
Frage, was er denn zum rumänischen
Mittelfeldstar sagen werde)*

Der Karpaten-Maradona hat
beinahe die Klasse eines Marlon
Brando. *(niederländischer
Fernsehkommentator zu den
Schauspielkünsten des rumänischen
Rekord-Nationalspielers)*

Mathias Hain
Das war mein erstes Kopfballtor
in der Bundesliga. Da bin ich
sehr stolz drauf. *(der Torwart
von Arminia Bielefeld nach einem
Eigentor gegen den Hamburger SV)*

Tomasz Hajto
Scheiß Wetter – und hier ist auch
keine Stimmung im Stadion. *(über
den Grund für eine 0:3-Niederlage)*

Die Einwürfe von Tomasz Hajto
gehören verboten. Wir spielen
Fußball und nicht Handball.
*(Klaus Augenthaler zu den weiten
Einwürfen des Schalker Verteidigers)*

Kemal Halat
Ich wollte Pukaß ein paar Worte
sagen, aber es war so kalt, dass
er etwas Spucke abgekriegt hat.
*(der Osnabrücker bekam eine rote
Karte wegen Anspuckens eines
Gegenspielers)*

Helmut Haller
Einer kann nur spielen, wenn zwei
für den gleichen Posten da sind.

Dietmar Hamann
Dass mein Gegenspieler mich
umgestoßen und am Torschuss
gehindert hat, hab ich ja noch
wegstecken können, aber als
er mich obendrein noch einen
»Pardon« geheißen hat, habe ich
die Nerven verloren und nachgetreten. *(wegen einer Tätlichkeit vor
dem Sportgericht)*

Mir hamm a gut genugene
Mannschaft.

Aber der sagt nichts. Wie früher
Siggi Held. Oder wie der eine, der
gefragt wird, wie es ihm geht, und
der antwortet: »So ein Schwätzer«.
*(Franz Beckenbauer über Dietmar
Hamann, der nach seiner Meinung
die Führungsrolle übernehmen
müsste)*

Ganz gut. Ich hab' mich die ganze
Nacht um seine Frau gekümmert!
*(Mario Basler auf die Frage, wie
es Dietmar Hamann nach seinem
Schlaganfall geht)*

Spieler

Mike Hanke
Nein, der ist gelb. *(der Schalker auf die Frage, ob er nach einem Sieg gegen den HSV den Spielball mit nach Hause nehmen wolle)*

Wir haben mit offenen Karten geredet. *(über ein Gespräch mit Jupp Heynckes)*

Markus Happe
Wir haben ja praktisch mit 0:1 angefangen. *(nach dem 1:4 seiner Mannschaft gegen Energie Cottbus, die bereits nach 45 Sekunden mit 1:0 in Führung lagen)*

Zum Schluss mussten wir Markus Happe einen Kompass geben, damit er den Weg in die Kabine findet. *(Reiner Calmund)*

Owen Hargreaves
Letztes Mal war ich am heiligen Ort nicht dabei. Aber vielleicht kommt der Geist vom Tegernsee ja über Nacht.

Jimmy Hartwig
Der Mut ist die Hoffnung des Gedankens.

Der Rudi kann nur parzetieren von den Vereinen.

Keine Ahnung. Wahrscheinlich habe ich gerade eine Alte gebumst! *(auf die Frage, wo er denn gewesen sei, als das Sparwasser-Tor fiel)*

Vahid Hashemian
Geben Sie mir heute nicht die Note 6. Ich habe nicht gespielt.

Thomas Häßler
Wir wollten in Bremen kein Gegentor kassieren. Das hat auch bis zum Gegentor ganz gut geklappt.

Mit kleineren Füßen ist es leicht, in die Fußstapfen der Großen zu treten.

Herzlichen Glückwunsch an Marco Kurz. Seine Frau ist zum zweiten Mal Vater geworden.

Wenn man mir die Freude am Fußball nimmt, hört der Spaß bei mir auf! *(in seiner Dortmunder Zeit)*

Ich bin im Moment sehr zufrieden mit mir. Man kann sich schließlich für die Fehler, die man nicht macht, nicht oft genug begeistern.

Ja, ich sach ma, die Irländer waren am Anfang stark … *(nach einem Länderspiel gegen Nordirland)*

Eine Drehung mehr, und ich wäre im Rasen verschwunden. *(über den sehr tiefen neu verlegten Rasen im Westfalenstadion)*

In der Schule gab's für mich Höhen und Tiefen. Die Höhen waren der Fußball.

Ich bin körperlich und physisch topfit.

Wir wurden leider nicht für unser Arrangement belohnt. *(nach seinem ersten Spiel für Austria Salzburg)*

Ich versuche immer, gut zu spielen, wenn ich die Möglichkeit kriege oder der Trainer mich aufstellt.

Der will 1,5 Millionen Euro für nichts. Das kann ich auch machen, da kommt auch nichts. *(Karl-Heinz Wildmoser)*

Ich hoffe, dass die Hammerwurflöcher im Rasen nicht so tief sind, dass man Thomas Häßler nicht mehr sieht, wenn er aufläuft. *(Peter Pacult)*

Fabrizio Hayer *(Spieler von Mainz 05)*
Ich weiß auch nicht, wo bei uns der Wurm hängt.

Hayrettin
Hayrettin ist weltberühmt in der Türkei. *(Gerd Rubenbauer)*

Steffen Heidrich
Bei dem Trainer habe ich keine Zeit für ein Hobby. *(der Cottbusser auf die Frage, was er in seiner Freizeit mache)*

Dirk Heinen
Beim nächsten Mal gebe ich ihm einen Handschuh, dann hält er den Ball wenigstens fest. *(der Eintracht-Torhüter nach dem Handspiel von Mitspieler Alexander Schur, das zu einem Elfmeter führte)*

Wir halten den Kopf hoch, auch wenn der Hals schon dreckig ist. *(zum Abstiegskampf seiner Mannschaft)*

Ich habe Scheiße an den Händen. *(nach mehreren Patzern in kurzer Zeit)*

Marek Heinz
Schöne Hereingabe – und dann wird Marek Heinz zum Heinz. *(Jörg Wontorra)*

Wir haben alles versucht. Aber er denkt, dass jeden Samstag Freundschaftsspiel ist. *(Dick Advocaat über die Verbannung des tschechischen Fußball-Profis ins Amateurteam)*

Horst Heldt
Er war ein bisschen drin. Aber nicht mit einer halben Umdrehung, vielleicht mit einem Viertel. Aber ich kenn die Regeln nicht so genau. Ist das Tor? *(über seine Rettungstat, als er einen Kopfball von der Linie kratzte)*

Heutzutage gibt es keine elf Stammspieler mehr. Selbst beim FC Bayern sitzt da mal Kirsten auf der Bank. *(Besagter spielte damals bei Leverkusen)*

Wenn ich das Wort Krise höre, krieg' ich die Krise.

Du hast das Gefühl, dein Knie gehört nicht dir selbst. *(über seine Schmerzen an der Patellasehne)*

An die fünf lebenswichtigen Bausteine in Nutella. *(auf die Frage, woran er glaube)*

Dass der Rasen im Waldstadion kürzer gemäht wird, damit ich meinen Freund Horst Heldt besser sehe. *(Mehmet Scholl auf die Frage, was er sich für das neue Jahr wünsche)*

Thomas Helmer
Das macht uns so unberechenbar. Keiner weiß, wann er ausgewechselt wird.

Da muss dann mal einer die Hand ins Heft nehmen.

Fast mit Uli Hoeneß – Trapattoni und Matthäus hielten mich zurück. Das war kein Sieg der Vernunft. *(auf die Frage, mit wem er sich schon mal geprügelt habe)*

Mit den beiden Fingern habe ich meiner Frau angezeigt, dass sie aus dem fünften in den zweiten Stock zu uns runter kommen soll. *(auf die Frage, warum er beide Arme mit ausgestrecktem Mittelfinger auf die Haupttribüne richtete)*

Lee Hendrie *(Spieler von Aston Villa)*
Ich bekam einen Schlag auf meinen linken Knöchel, aber irgendetwas sagte mir, dass es mein rechter war.

Colin Hendry *(schottischer Nationalspieler)*
Ich bin ein verheirateter Mann und habe drei Kinder. Da träumt man nicht von Fußballspielern. *(auf die Frage, ob er vor dem WM-Eröffnungsspiel von seinem brasilianischen Gegner Ronaldo geträumt habe)*

Fritz Herkenrath *(ehemaliger deutscher Nationaltorhüter von Rot-Weiß Essen)*
Beim Singen all dieser Loblieder ist doch ohnehin die Hälfte geschwindelt. Der Geburtstag meiner Frau Franziska ist viel mehr wert als mein eigener. *(an seinem 75sten Geburtstag)*

Valentin Herr *(Spieler von Kickers Offenbach)*
Wir dürfen nun nach einem Sieg in Folge nicht wieder den Schlendrian anbrennen lassen.

Heiko Herrlich
Ich verspreche euch: Ich bleibe bei Borussia! *(zu den Fans von Borussia Mönchengladbach kurz vor seinem Wechsel zu Borussia Dortmund)*

Ingo Hertzsch
Wer den Ball hatte, war die ärmste Sau.

Wenn das ein Tor war, bin ich eine Frau. *(der Verteidiger des 1. FC Kaiserslautern zum Handtor von Oliver Neuville)*

Andreas Herzog
Um mich zu bezahlen braucht Rapid Wien sechs Sechser im Lotto. *(zu seinen Wechselabsichten nach Österreich)*

Ab der 60. Minute wird Fußball erst richtig schön. Aber da bin ich immer schon unter der Dusche. *(zu seiner Zeit bei Bayern München, als er meistens recht früh ausgewechselt wurde)*

Emile Heskey *(englischer Nationalspieler)*
Wenn der Heskey den Hintern rausstreckt, Donnerwetter! *(Fritz von Thurn und Taxis)*

Antoine Hey *(Spieler von Fortuna Düsseldorf)*
Wenn du gehen kannst, kannst du auch spielen. Wenn du nicht gehen kannst, kannst du gehen. *(Aleksandar Ristic)*

Timo Hildebrand
Da konnte ich Oliver Kahn mal näher kennen lernen als nur vom Händeschütteln. *(zum Treffen bei der Nationalmannschaft)*

Ich habe ihn zwar berührt, weiß aber nicht, warum er umgefallen ist. *(zur Szene, als Markus Beierle vor dem leeren Tor zu Fall kam)*

Gegen so einen defensiven Gegner ist es natürlich schwer ein Tor zu entscheiden.

Wieso? Er hat doch auch noch nicht unterschrieben. *(Stuttgarts Torwart auf die Frage, ob Teammanager Felix Magath sauer über seinen Vertragspoker sein könnte)*

Der Hildebrand muss entweder einen Papst in der Tasche haben oder in die Scheiße langen. Der hält einfach alles. *(Stefan Schnoor)*

Glenn Hoddle *(englischer Nationalspieler)*
Wenn Glenn Hoddle eine andere Nationalität gehabt hätte, hätte er 70 oder 80 Länderspiele für England gemacht. *(der englische Nationalspieler John Barnes)*

Uli Hoeneß
Ich bin kein Konditionskünstler. Außerdem reicht Ausdauer allein auf die Dauer auch nicht.

Dieter Hoeneß
Der springt so hoch, wenn der wieder runter kommt, liegt auf seiner Glatze Schnee. *(Norbert Nachtweih)*

Torben Hoffmann
Das wäre manchem Stürmer schwer gefallen, den so rein zu schießen. Gut gemacht. Hätte nur noch gefehlt, dass er danach hochgesprungen wäre. *(Reiner Calmund über ein Eigentor)*

Karl Hohmann (*deutscher Nationalspieler*)
Auf gut Deutsch gesagt, wir
hatten noch nicht einmal Zeit
zum Kacken. *(über die harte
Vorbereitung auf die Olympischen
Spiele 1936)*

Bernd Hollerbach
Ich werde meine Karriere in
Hamburg beenden. Ich gehe mit
Hermann Rieger nach Mittenwald.
Er macht den Skilehrer und ich
verkaufe die Weißwürste.

Der benimmt sich wie auf der Jagd
und rennt wie ein wild gewordener
Handfeger über den Platz. *(Frank
Neubarth)*

Den HSVer Hollerbach plagt
ein Darmvirus, und der pendelt
zwischen Toilette und Schlafzimmer. Hoffentlich kann er das
Spiel im Liegen sehen. *(Fritz von
Thurn und Taxis)*

Er ist für mich das größte
Arschloch. *(Robson Ponte)*

Bernd Hölzenbein
Früher war man als Kind bei
Schlägereien auch zu Hause stärker
als in Nachbars Garten. *(über
Frankfurts Auswärtsschwäche)*

Das beste Ergebnis dieser WM:
Ich hoffe, meinen Platz auf der
Reservebank erfolgreich verteidigt
zu haben. *(zur WM 1978 in
Argentinien)*

Unser Training war so geheim,
dass wir manchmal selbst nicht
zuschauen durften.

Joachim Hopp
Man muss sehen, dass man keine
Pickel am Arsch kriegt und was
unterschieben. *(über sein Dasein als
Duisburger Dauerreservist)*

Horst Hrubesch
Wenn wir alle Spiele gewinnen,
können wir Weltmeister werden!
*(vor der WM 1982 zu den Aussichten
der deutschen Elf)*

Da hab' ich gedacht, ich tu ihn ihm
rein in ihn ihm sein Tor.

Manni Bananenflanke, ich Kopf,
Tor!

Mark Hughes
Mark Hughes ist ein typich
briticher Chtürmer. Weder Fich
noch Fleich. *(Jupp Heynckes)*

Mark Hughes at his very best: Er
liebt es, Leute direkt hinter sich zu
spüren. *(Kevin Keegan)*

Cimsir Hüseyin (*türkischer Nationalspieler*)
Ja klar, die müssen später noch
kochen. *(über die frühe Anstoßzeit
der Halbfinals bei der Frauen-Fuß-
ball-EM)*

Vedad Ibisevic
Wir müssen die ganzen 95 Minuten konzentriert sein.

Viktor Ikpeba
Das ist eine pädagogische Maßnahme, das ist wichtig für den Viktor! *(Michael Skibbe über die Geldstrafe in Höhe von 15.000 DM)*

Eike Immel
An einem Samstag. *(auf die Frage, wann er zum letzten Mal für Borussia Dortmund gespielt habe)*

Im Großen und Ganzen war es ein Spiel, das, wenn es anders läuft, auch anders hätte ausgehen können.

Danke, dass wir uns hier besaufen dürfen! *(beim Euro-Treff '96 ehemaliger Nationalspieler)*

Volker Ippig
Ich bewundere die, die dieser Gesellschaft nicht in den Hintern kriechen: die aus der Hafenstraße zum Beispiel.

So kann man im Sport seine Gesundheit auch verlieren: bandscheibenweise.

Valerien Ismael
Ich hoffe, ich kann dieses Mal mehr als fünf Minuten spielen. *(nachdem er beim vorherigen CL-Spiel in Mailand in der Anfangsphase vom Platz gestellt worden war)*

Mini Jacobsen
Ich habe 2½ Jahre bei Young Boys Bern, 6 Monate bei Lierse und 53 Minuten bei Duisburg gespielt.

Carsten Jancker
Klaus Augenthaler hat mir mal gesagt, dass man beim FC Bayern mit Messer und Gabel isst – nur weil ich die Kartoffeln mit der Hand von der Schüssel auf den Teller befördert habe.

Rosenborg und Trondheim sind sehr starke Mannschaften. *(auf die Frage, wer die schweren Gegner in der Championsleague-Gruppe seien)*

Beckenbauer hat auch gesagt, dass Leverkusen deutscher Meister wird. *(zur Aussage von Franz Beckenbauer, der sich für ein Sturmduo Kirsten-Rink gegen England ausgesprochen hatte)*

Carsten Jancker, ein Kerl wie ein Baum. Wenngleich er wenig Blätter auf dem Kopf hat. *(Holger Pfandt, DSF-Kommentator)*

Deutschland sieht so viel besser aus ohne Jancker, selbst mit zehn Mann. *(»The Guardian« im Internet-Ticker)*

Jancker zieht sich nach dem Spiel auch dann das Trikot aus, wenn er gar nicht gespielt hat. *(Harald Schmidt)*

Das ist ein Niveau! Du bist ein Gossenjunge! *(Jens Lehmann zu Jancker, nachdem dieser beim Nationalmannschaftstraining in seine Richtung gespuckt hatte)*

In den ersten fünf Minuten hat es ja Angstschreie gegeben, wenn Carsten Jancker am Ball war. So einen Riesenkerl haben die in Japan wahrscheinlich noch nie gesehen. *(Christoph Metzelder)*

Da Janckers Durchschlagskraft mit den Profijahren ein wenig gesunken ist und seine weiteren Fähigkeiten nicht gerade überdurchschnittlich ausgeprägt sind, ist er mit 30 in Kaiserslautern angekommen. *(Frankfurter Allgemeine Zeitung)*

Jetzt hat er nicht einmal den Trost, sich die Haare ausreißen zu können. *(Guy Roux)*

Da hat sich Carsten clever verhalten. Aber hoffentlich hat er jetzt den Pass dabei, denn in Albanien braucht er ihn. *(Rudi Völler über Carsten Jancker, dem wegen eines vergessenen Reisepasses der New-York-Trip des FC Bayern erspart blieb)*

Falls es irgendwen interessiert: Jancker ist wie immer die Nutzlosigkeit in Person. Meine Güte, seine Ballannahme ist noch schlechter als die von Emile Heskey. *(»The Guardian« im Internet-Ticker)*

Kurt Jara
Früher habe ich die Kugel am Elfmeterpunkt gestoppt, den Torwart gefragt, wie alt er ist und wo er wohnt – und habe sie dann reingeschossen. Das geht nicht mehr.

Lew Jaschin
Im Gegenteil. Bei ihm ist der Ball im Verhältnis viel kleiner. *(Sepp Maier auf die Frage, ob der russische Torhüter durch seine riesigen Hände im Vorteil sei)*

Jens Jeremies
Ich hoffe natürlich, dass ich auch wegen meiner fußballerischen Fähigkeiten spielen kann und nicht nur, weil ich sprechen kann. *(als Antwort auf Rudi Völler, der seine lautstarken Kommandos auf dem Platz gelobt hatte)*

Ich mache immer das, was mir gesagt wird. Das habe ich im Osten gelernt. *(auf die Frage, ob er mit dem von Trainer Ottmar Hitzfeld geforderten Aufruf zu mehr Disziplin Probleme habe)*

Ich weiß auch nicht, woran es liegt, dass wir immer, wenn wir führen oder zurückliegen, doch noch verlieren.

Das ist Schnee von morgen.

Ich war nicht überrascht, ich habe das so erwartet. *(nach dem 8:0-WM-Rekordsieg gegen Saudi-Arabien)*

Ob ich ein taktisches Opfer bin oder ob der Trainer sagt, ich sei zu blind, ist egal. Oder ob ihm mein Haarschnitt nicht gefällt. Sicher möchte ich gerne spielen. Aber wenn nicht, dann sitze ich mit der Deutschlandfahne auf der Bank und drücke die Daumen, fertig.

Ich war schon alles: Zwerg, Flasche, Wurst, Schaf. Nein, Schaf nicht, weil wir gegen die Färöer Inseln noch gewonnen haben.

Es gibt keine Mannschaft, die uns nicht besiegen kann. *(vor dem Spiel gegen die Färöer-Inseln)*

Eigentlich wollte ich es ja dem neuen Bundestrainer mitteilen. Aber es war ja keiner da. *(zu seiner Ankündigung, nicht mehr in der Nationalmannschaft spielen zu wollen)*

Ich habe doch keinen Druck. Ich als kleines Männlein aus Görlitz habe früher davon geträumt, bei Dynamo Dresden zu spielen. Aber bei Bayern zu sein und 50 Länderspiele fürs Nationalteam zu haben, dafür reichten nicht mal meine Traumphantasien aus.

Das Abrasierte steht ihm nicht. Dafür hat er eine zu prägnante Nase. Er wirkt ein bisschen brutal, und das ist er ja gar nicht. *(Gerhard Meir, Münchner Prominentenfriseur)*

Jeremies ist kein Eilts! *(Heribert Faßbender)*

Ein Schuss von Jens Jeremies, unserem Abwehr-Stürmer. *(Marcel Reif)*

Jens Jeremies erinnert mich an den jungen Lothar Matthäus. *(Lothar Matthäus)*

Walter Junghans

Aber eins muss man ihm lassen: Im Training ist er Weltklasse. *(Peter Neururer)*

Roque Junior

Zum Glück war er heute nicht Roque senior. *(Klaus Augenthaler über den brasilianischen Neuzugang)*

Oliver Kahn

Der Trainer hat gesagt, wir sollen uns am Gegner festbeißen. Das habe ich versucht zu beherzigen. *(nach seiner ungestümen Attacke ans Ohr von Heiko Herrlich)*

Das einzige Tier bei uns zu Hause bin ich.

Es ist eine eindimensionale Sichtweise, dass von einer Karriere nur Titel bleiben. Was nützt es, wenn du 100.000 Titel gewinnst und als Mensch ein Riesenarschloch bist, ein Nichts?

Schalke spielt doch am letzten Spieltag gegen Unterhaching. *(zu Bayerns Aussichten im Titelkampf gegen Schalke)*

Der sitzt hier! *(Antwort auf die Frage eines spanischen Journalisten, wer der weltbeste Torwart sei)*

Schlachtross ist in Ordnung, aber alt verbitte ich mir. *(der 35-Jährige, der bei der Pressekonferenz in Japan von einem altbekannten Journalisten mit »altes Schlachtross« angesprochen wurde)*

Es war keiner zum Jubeln da, da musste die Eckfahne herhalten. *(nachdem er nach dem Abpfiff eine Eckfahne aus dem Boden gerissen hatte)*

Fußballer sind der beste Indikator, den es gibt. Wenn keiner über Aktien redet, wie momentan bei uns, weil jeder auf dicken Verlusten sitzt, ist das der beste Kaufzeitpunkt. Ich nenne das scherzhaft Mannschaftsindikator. *(über das Klischee, dass Profifußballer nach dem Training als Erstes die Börsenkurse überprüfen würden)*

Das merkt man doch heute noch, oder? *(Kahn darüber, dass er in der F-Jugend bei seinem Heimatklub Karlsruher SC für ein Jahr die Libero-Position spielen musste)*

Ich dachte, der Torwart darf im Strafraum die Hände benutzen. *(er hatte mit beiden Fäusten ein Tor in Rostock erzielt und war dafür vom Platz gestellt worden)*

Heute hätte ich meine Sporttasche ins Tor stellen können, dann hätten wir zwei Stück weniger gekriegt. *(nach dem 1:5-Debakel gegen England)*

Wir müssen einen Torwart verpflichten, weil mit dem jetzigen nichts zu gewinnen ist. *(zur Frage, auf welcher Position sich die Bayern in der kommenden Saison verstärken müssen)*

Ich bin in meinem Privatleben exakt genau so wild, wie ich auf dem Platz bin. Deshalb hat mich meine Frau auch geheiratet.

Im ersten Spiel als Kapitän der Nationalmannschaft muss man einfach ein Tor machen. *(zu seinem Eigentor beim 7:1 gegen Israel)*

Ich will noch lange in kurzen Hosen spielen.

Irgendwann mal wieder gewinnen, und das versuchen wir zu probieren. *(auf die Frage, was man denn gegen die Krise tun könne)*

Spieler

Es stimmt nicht, dass ich noch nie in der Arena AufSchalke gewonnen habe. Die zwei Benefizspiele mit der Nationalmannschaft habe ich dort gewonnen.

Ich hab die Liebkosungen gar nicht mitbekommen. *(über die medizinische Erstversorgung per Mund-zu-Mund-Beatmung durch Samuel Kuffour nach seiner kurzzeitigen Bewusstlosigkeit)*

Wir haben heute in Adrenalin gebadet. *(nach dem 6:2 gegen Dortmund)*

Darüber muss sich jeder Einzelne ein Urteil machen. Ich mache das jedenfalls nicht. *(auf die Frage, ob ein Tor auf seine Kappe gegangen sei)*

Da muss man schon gucken, ob noch alles dran ist. *(nachdem er einen Schuss des Stuttgarters Ganea mit dem Unterleib abgewehrt hatte)*

Ich rotiere höchstens, wenn ich Opfer des Rotationsprinzips werde.

Jeder Gegentreffer ist für mich eine Beleidigung.

Ich will mit diesem Diskotheken-Blödsinn nun abschließen. Ich habe von dieser oberflächlichen Lebensform endgültig genug. Ich merke, wie wenig das fürs Leben bringt: null. Was mein Leben bereichert, ist ausschließlich das, was ich kann: Fußball spielen, im Tor stehen.

Wenn mir der Füllfederhalter nicht aus der Hand fällt, dürfte nichts mehr dazwischen kommen. *(als er seinen Vertrag beim FC Bayern München um drei weitere Jahre bis 2006 verlängerte)*

Kritik. *(auf die Frage, was er vom Jahr 2004 erwarte)*

Ich glaube, dem Manager schmecken Scampis auch nicht so schlecht. *(auf den Vorwurf von Manager Hoeneß, die Bayern-Profis würden nach der Niederlage gegen St. Pauli Scampis essen, während er schlecht schlafe)*

Ich denke immer, spielst' halt mit einem Auge, das geht schon irgendwie. *(auf die Frage, warum er in der Hinrunde trotz einer Augenerkrankung antrat)*

Voraussichtlich in Bremen. Falls ich kein Golfturnier habe. *(wann er nach seiner Muskelverletzung wieder für den FC Bayern München spielen könne)*

Die sind schon wieder zwei Wochen am Strand. *(über attraktiv spielende Mannschaften bei der WM 2002)*

In der Vorrunde ausscheiden. *(vor der WM zu den deutschen Zielen)*

Ich wollte mir heute eigentlich die Bälle selber aufs Tor schießen, damit ich mich endlich mal auszeichnen kann.

Ich hab gehört, wir liegen in der Fairheitstabelle vorn. Da musste ich eingreifen. *(nach seiner gelben Karte wegen Meckerns)*

Das war wieder ein Ballettanfall, erstes Semester. *(nach einem 0:0 zu Hause)*

Ich nehme immer nur einen, zwei wären zu viel. Das kostet zu viel Kraft. *(über seine Marotte, im Spiel immer Kaugummi zu kauen)*

Wir haben von 90 Minuten 95 auf ein Tor gespielt. Was soll man da kritisieren? *(über den 2:0-Sieg der deutschen Fußball-Nationalmannschaft im EM-Qualifikationsspiel auf den Färöern)*

Wir brennen darauf, nach Hamburg zu fahren. Das ganze Stadion wird gegen uns sein. Ganz Deutschland wird gegen uns sein. Etwas Schöneres gibt es gar nicht.

Ich vermisse, dass mich der Herr Biolek noch nicht eingeladen hat. Wahrscheinlich kennt er mich gar nicht.

Wenn's Scheiße läuft, läuft's Scheiße! Ist mir auch scheißegal!

Er hatte in seiner Karriere vielleicht nicht ähnliche Momente, aber ungefähr die gleichen. *(Franz Beckenbauer über Oliver Kahn, bezogen auf dessen spielentscheidenden Fehler gegen Real Madrid)*

Der Kahn gehört in den Käfig und weg. *(Dr. Robert Wieschemann, 1. FC Kaiserslautern)*

Kahn wird als Übermensch hingestellt, alle anderen sind Bratwürste. *(Frank Rost)*

Deutschland kann ins Halbfinale kommen. Aber dann darf Oliver Kahn nicht verletzt oder entführt werden. *(Winfried Schäfer)*

Es ist nicht so, dass beim Essen 20 Leute auf Oliver Kahn warten, und erst wenn er sich setzt, alle anfangen dürfen. *(Dietmar Hamann zur Hierarchie in der DFB-Auswahl)*

Der Olli darf wohl alles! Das ist seine Art zu diskutieren! *(Miroslav Klose über Kahn, der ihm direkt auf der Nase bohrte)*

Von Goethe über Gutenberg bis Oliver Kahn – es gibt sehr viel, worauf Deutschland stolz sein kann. *(Jacques Rogge, IOC-Präsident)*

Kahn soll seine Laufbahn in München beenden. Wo will er denn mit 35 Jahren noch hin, der alte Sack. *(Franz Beckenbauer)*

Ich hab dem Oliver in der Kabine gesagt: »Du hältst ja alles, Fußbälle, Golfbälle ...« *(Mehmet Scholl nach der Golfball-Attacke gegen den Torwart in Freiburg)*

Sicher, er hat den einen oder anderen menschlichen Zug. *(Rainer Schütterle über seinen ehemaligen Mitspieler)*

Das war die erste gelb-rote Karte gegen uns, bei der ich grinsen musste. *(Stefan Effenberg zum Platzverweis von Olli Kahn wegen absichtlichen Handspiels)*

Zu viele Spielertypen wie Oliver Kahn dürfen wir auch nicht auf dem Platz haben, sonst artet das in eine Schlägerei aus. *(Ottmar Hitzfeld)*

Vor Krieg und Oliver Kahn. *(Mehmet Scholl, auf die Frage, wovor er Angst habe)*

Die Zentimeter, die ihm jetzt bei manchen Toren fehlen, braucht er zurzeit woanders. *(Sepp Maier über Oliver Kahns sportliche Leistungen im Zusammenhang mit dessen Privatleben)*

Manfred Kaltz
Ich würde mich selbst als sehr bodenbeständigen Spieler bezeichnen. *(auf die Nachfrage des Moderatoren, ob er nicht bodenständig meine)* Ja, bodenständig, so würde ich mich charakterisieren! *(auf die erneute Nachfrage, was er denn damit meine)* Das bedeutet, dass ich nach dem Wechsel nach Bordeaux wieder zum HSV zurückgekehrt bin. Das ist eben dieses Bodenbeständige an mir.

Was der Kaltz am Bein hat, das hoab i auf der Lungen. *(Ernst Happel)*

Dariusz Kampa
Ein Genie mit Besorgnis erregender Pannenstatistik. *(Johannes B. Kerner)*

Jonas Kamper
We have to fight weiter.

Uwe Kamps
Wie heißt es so schön: Links ist cool, rechts ist schwul! – Und der Uwe Kamps trägt seinen Brilli im Ohr – äääh – oh – auf der rechten Seite – na ja ... *(Werner Hansch)*

Jupp Kapellmann
Was, der Kapellmann wird Arzt? Der wird doch Doktor! *(Manfred Kaltz)*

☺

Wir bemühen uns, Kapellmann zu verlängern. *(Wilhelm Neudecker)*

Srecko Katanec *(jugoslawischer Ex-Nationalspieler)*
Es ist die Pflicht eines Trainers, in bestimmten Situationen etwas zu sagen, oder sind wir hier beim Ballett?

Sebastian Kaul *(Spieler des Regionalligisten KFC Uerdingen)*
Ob Sex vor dem Spiel gut oder schlecht ist, entscheidet nicht der Trainer, sondern ich. *(die Freundin des Spielers auf einem Werbeplakat des Vereins)*

Damit möchte ich mich eigentlich gar nicht beschäftigen. Wenn wir deutscher Meister geworden sind, dann können wir auch über den Titel nachdenken. Alles andere wäre ja lächerlich.

Weiß! Blau darf ich ja nicht. *(Dortmunds Kapitän bei der Platzwahl)*

Roy Keane
Rot wegen Stoßens – lächerlich. Wenn schon Platzverweis, dann richtig. Ich hätte ihm was verpassen sollen. Die Strafe ist doch dieselbe. *(nach einem Platzverweis)*

Roy Keane hat gezeigt, dass er ein wunderbarer Kapitän ist: er hat gemerkt, wie er der Mannschaft helfen kann, also ist er heimgefahren. *(Paul Breitner)*

Sebastian Kehl
Ich hatte aber nie die Absicht, den gegnerischen Spieler Zdebel in irgendeiner Weise zu treffen oder gegen ihn nachzutreten. Wenn ich das gewollt hätte, dann hätte ich ihn auch getroffen. *(über einen Platzverweis)*

In den ersten Wochen hat mich der Trainer nicht aufgestellt. Ich weiß gar nicht, warum. *(nachdem er nach abgelaufener 6-Wochen-Rot-Sperre erstmals wieder zum Einsatz kam)*

Es ist immer ein schönes Gefühl, den Olli hinten drin zu haben.

Ralf Keidel *(Spieler vom MSV Duisburg)*
Wir haben zu wenige in der Mannschaft, die wo kratzen und einfach Schweine sind und hintreten und arbeiten.

Gabor Kiraly
Der Kiraly, der spielt, als wäre er gern der zwölfte Feldspieler. *(Fritz von Thurn und Taxis über ein Dribbling des Hertha-Torwarts)*

Er ist A-Nationalspieler Ungarns. Ich bin deutscher A2-Nationalspieler. Vielleicht hat er mich unterschätzt. *(Jörg Böhme, nachdem er den Hertha-Keeper mit einem Freistoß überrascht hatte)*

Sergej Kirjakow
In Russland sprechen die Frauen russisch. *(auf die Frage nach dem Unterschied seiner weiblichen Fans in der Heimat und in Deutschland)*

Ich habe diese Augen gesehen, dieses Lachen, diese roten Haare, und ich wusste: Der Kiki ist ein abgezockter Typ! *(Winfried Schäfer)*

Ulf Kirsten

Ich bin sehr vorsichtig gewesen, als ich in den Westen kam. Weil ich ahnte: Unter einen gut gemeinten Rat kann man wie unter die Räder kommen.

Tore sind das beste Mittel gegen Schmerzen.

Wenn bei einem Auswärtsspiel keiner ruft: »Kirsten, du Arschloch«, dann weiß ich genau, dass ich schlecht bin.

Ich hatte im vergangenen Sommer ein Angebot vom 1. FC Köln. Aber ein Wechsel kam nicht in Frage. Da hätten mich die FC-Fans umgebracht und die Bayer-Fans auch.

Er hat die ganze Mannschaft zu sich zur Champions-League-Party eingeladen, damit ist er genug gestraft. *(Reiner Calmund zu Ulf Kirstens »Stinkefinger« in Richtung Duisburger Fans)*

Der Ulf wird immer unsere Konifere bleiben. *(Mitspieler Sven Ratke vor dem Abschiedsspiel von Kirsten)*

Er hat angezeigt, dass er in einer Minute ausgewechselt werden will. *(Daum über einen »Stinkefinger« von Ulf Kirsten)*

Solche Dinger macht nur mein Alter. *(Benjamin Kirsten, Sohn von Ex-Nationalstürmer Ulf Kirsten)*

Den Ulf kann ich zu jeder Tages- und Nachzeit anrufen, der hat es nicht weit. Den kann ich kurz vor dem Spiel nominieren, er würde auf der Matte stehen. *(Teamchef Rudi Völler zu einem möglichen Comeback des Leverkuseners)*

Wolfgang Kleff

Wenn man dann auf allen Sendern vertreten ist die ganze Woche, 14 Tage lang.

Verhüten ist das Leben des Wolfgang Kleff. Früher als Torwart und heute für die AIDS-Hilfe. *(TV-Moderator Frank Buschmann)*

Uwe Klimaschefski

Der hat nicht Bundesliga gespielt. Der hat Bundesliga gefoult.

Derjenige, der mich tunnelt, kriegt zwei Beinschüsse zurück.

Diego Klimowicz

Diego Klimowicz – ein Name wie Winnetou Koslowski. *(Manfred Breuckmann)*

Jürgen Klinsmann

Das sind die Schüsse aus der zweiten Distanz.

Da sind meine Gefühle mit mir Gassi gegangen.

Zu den Bayern möchte ich nicht wechseln, ich will lieber noch ein richtiges anderes Land kennen lernen.

Der Druck entlädt sich beim Torschuss – ein Wahnsinnsfeeling. So ähnlich wie beim Sex.

Fairplay ist heute ein aggressives Wort geworden.

Das sind Gefühle, wo man schwer beschreiben kann.

In Monaco fühle ich mich wohl. Denn unter den vielen Prominenten hier, bin ich doch nur eine kleine Nuss.

Der Rizzitelli und ich sind schon ein tolles Trio.

Ich habe keine Lust mehr auf Flughafen, Fußball und wieder Flughafen. Das brauche ich nicht mehr. Und ich benötige auch kein Geld mehr.

Und das Ganze heute unter der Stabführung des Dozenten für Harmonielehre: Jürgen Klinsmann. *(Gerd Rubenbauer)*

Der Jürgen ist ein Weltmann. Er war ja immer ein Gegenpool zu mir. *(Lothar Matthäus)*

Miroslav Klose

Es war sehr schmerzvoll, aber ich habe kaum was gespürt.

Die Ballverwertungshaltung war nicht da.

Ich hätte mir beinahe die Füße gebrochen. *(nachdem er seinen obligatorischen Salto nach einem Tor nicht stand und auf dem Hosenboden landete)*

Er springt 40 Zentimeter höher als seine Gegenspieler und sechsmal so hoch wie ich. *(Erik Gerets über die Sprungkraft von Miroslav Klose)*

Klose ist nicht Gerd Müller und nicht Paolo Rossi. Er wird nie ein Ronaldo sein und nie etwas mit Totti zu tun haben. Klose ist nicht schön, und sein Fußball ist nicht schön. Aber Klose hat alles verdient, was ihm der Fußball schenkt. *(die italienische Zeitung »La Gazzetta dello Sport«)*

Der Miro ist seit Monaten in bestechlicher Form. *(Jürgen Klinsmann nach einem 3:0-Sieg gegen Ecuador, zu dem Klose zwei Tore beisteuerte)*

Peer Kluge

Auch Kluge. *(Gladbachs Nachwuchsspieler auf die Frage, wie seine Eltern heißen)*

Sven Kmetsch

Ich war selbst erschrocken. *(über sein 1:0 gegen Wolfsburg)*

Solange es keine Schlägerei gibt mit blutigen Nasen und Köpfen, ist alles im vertretbaren Maße. *(über eine Massenrangelei)*

Ich tippe nie, man kann nie wissen, wie ein Spiel ausgeht. *(auf die Frage des Kommentators zum Ausgang des Spiels Leverkusen - Schalke)*

Aleksander Knavs *(Spieler vom 1. FC Kaiserslautern)*
Lauth offenbart das Tempolimit bei Knavs. *(Gerd Rubenbauer)*

Andrzej Kobylanski
Das hätte ich nicht zugegeben. Da fängt Selbstbewusstsein an. *(Eduard Geyer, nachdem Kobylanski zugegeben hatte, dass er einen Ball nur flanken und nicht ins Tor schießen wollte)*

Georg Koch
In diesem Jahr habe ich keinen Weihnachtsbaum aufgestellt. Dafür hat es nicht mehr gereicht. *(Kaiserslauterns Torhüter, nachdem bei den Pfälzern 50 Prozent der Gehälter eingefroren blieben)*

Harry Koch
Harry Koch im Mittelfeld ist so, als wenn man mit Boxhandschuhen Geld zählen will. *(Fritz Fuchs, Trainer vom FK Pirmasens)*

Wir haben keinen Bedarf an Rentnern. *(Michael A. Roth zu den Spekulationen über eine Verpflichtung des Spielers)*

Ronald Koeman
Koeman. Der heißt schon so. Dem würde ich auch nicht über den Weg trauen! *(Heribert Faßbender)*

Ludwig Kögl
I spui mei Spui.

Entweder ich gehe links vorbei, oder ich gehe rechts vorbei.

Jürgen Kohler
Filmt mich nicht von oben, dann sieht man meine Glatze.

Gestern hat's geregnet und heute schien die Sonne – da muss sich der Körper erst mal darauf einstellen! *(Erklärungsversuch für die schwache Anfangsphase der Dortmunder)*

Zuviel Denken ist immer schlecht.

Ich habe 19 Jahre lang den schönsten Beruf ausgeübt, den es gibt.

Der Schiedsrichter hätte bedenken können, dass ein Fußballgott Abschied nimmt. Das haben wir vergessen, ihm zu sagen. *(Gerd Niebaum zur roten Karte im UEFA-Cup-Finale in Rotterdam, Jürgen Kohlers letztem Spiel)*

Ein Hackentrick von Jürgen Kohler – das kann ja nicht gut gehen. *(Manfred Breuckmann)*

Für Kohlers Verhältnisse war der Pass gar nicht schlecht. *(Marcel Reif zu einem Pass, der über fünf Meter gespielt im Seitenaus landete)*

Kohler köpft alles weg, der würde sogar eine Kiste Bier aus dem Strafraum köpfen. *(Jörg Dahlmann)*

Auch wenn der Fußballgott hier steht, ich muss vorbei. *(Michael Büskens zu Kohler, der ihm vor der Kabinentür im Weg stand)*

Jan Koller
Der Koller ist 20 Zentimeter größer als unsere Spieler. Es ist eigentlich nicht fair, dass der mitspielen darf. *(Jürgen Klopp)*

Wenn er auf dem Platz ist, habe ich das Gefühl, dass alle anderen Stürmer zusammen nur 1,50 Meter groß sind. *(Matthias Sammer)*

Jan Koller – mit 2,02 Meter Körpergröße der überragende Spieler da vorne. *(Thomas Wark, ZDF-Kommentator)*

Wir werden schon einen auspacken, der nicht unbedingt eine Leiter braucht. *(Werder Bremens Trainer Thomas Schaaf zur Frage des Gegenspielers des 2,02-Meter-Mannes)*

Friedel Koncilia *(österreichischer Nationaltorwart)*
Der sollte von der Innsbrucker Universität ausgestellt werden. Einen Menschen mit so wenig Hirn gibt's ja net. *(Max Merkel)*

Horst Köppel
Ich sehe in der Bundesliga Spieler, denen springt beim Stoppen der Ball weiter vom Fuß, als ich ihn jemals schießen konnte.

Charly Körbel
Es soll mal nicht von mir heißen: Der Charly tritt als Rekordspieler ab, hat aber auch die meisten Trainer verschlissen.

Bernd Korzynietz
Gleich die Zone verlassen und nächste Woche wiederkommen. *(Bielefelds Profi zu einer TV-Journalistin, die den Abwehrspieler mit dem Torschützen Heiko Westermann verwechselte)*

Erwin Kostedde
Ich möchte nie mehr arbeiten, sondern nur noch am Tresen stehen und saufen.

Nico Kovac
Nach der Fußball-Karriere muss ich mal sehen, dass ich die Nase einigermaßen kosmetisch pflegen lasse. *(nach seinem Nasenbeinbruch)*

Armin Kraaz *(Spieler von Eintracht Frankfurt)*
Es gab mal jemanden bei der Eintracht, der die Mannschaft damit motivierte, dass er einen Adler mit in die Kabine nahm. Vielleicht sollte ich es am Montag mal mit einer Ananas probieren. *(vor einem Spiel, in dem es nur noch um die »goldene Ananas« ging)*

Raumdeckung darf man nicht so wörtlich nehmen. *(zu Gegentoren, bei denen die Stürmer sehr frei standen)*

Thorsten Kracht
Wenn schon doof verlieren, dann wenigstens in Bochum. *(meint der Ex-Bochumer)*

Hans Krankl
Wenn ich einen Deutschen sehe, werde ich zum Rasenmäher.

Markus Kreuz
Zu Hause bei meiner Frau. *(nach einer Niederlage auf die Frage, wo er denn nun seinen Frust rauslasse)*

Oliver Kreuzer
Ich bin so teuer wie eine neue Tennishalle!

Rainer Krieg
Ich habe mein Geld als Heizungsmonteur verdient, ich lag wegen eines Kreuzbandrisses ein Jahr lang auf Eis – jetzt will ich endlich mal eine normale Temperatur erleben.

Thomas Kroth
Der spielt weiter hinten, der schießt doch sowieso immer aus 300 Metern aufs Tor. *(Ernst Happel über den Offensivdrang seines Spielers)*

Nebojsa Krupnikovic
Krupnikovic sollte mir anhand einer TV-Kassette aufschreiben, wie oft er im letzten Spiel am Ball war. Er gab mir ein leeres Blatt zurück. *(Ralf Rangnick zur Leistungssteigerung seines Mittelfeldspielers)*

Axel Kruse
Für mich war es wichtig zu sehen, dass ich konditionell mithalten konnte. *(nach einem 13-Sekunden-Einsatz auf die Frage, ob es sich eigentlich gelohnt habe)*

Die Gegner spielen mit fünf Mann und wir mit elf. *(als Hertha-Kapitän auf die Frage, was sich ändern muss, damit die Berliner wieder Erfolg haben)*

Druck erzeugt Gegendruck. In unserer Branche heißt das leider in den meisten Fällen: Dreck erzeugt Gegendreck.

Man braucht nur vorne reinzugehen, den Kopf oder den Fuß hinzuhalten – und drin ist der Ball.

Für mich war es noch nie ein Problem, aus 20 Metern über die Latte zu schießen. *(nachdem ihn das Football-Team Berlin Thunder als Kicker eingestellt hatte)*

Ich hatte vor der Saison ein Angebot aus England. Wäre ich bloß hingegangen. In England ist Fußball wenigstens noch Männersport – und nichts für Tunten. *(nach einer roten Karte)*

Benjamin Kruse
Als rustikaler Manndecker will er sich am Freiburger Kombinations-spiel beteiligen. Das würde ich ihm nicht raten. *(Volker Finke über seinen Verteidiger)*

Sammy Kuffour
Er sieht aus wie Zidane in seinen besten Zeiten. *(zur Geburt seines Sohnes Sammy junior)*

Wenn wir die drei Titel holen, dann ich Chef in Ghana.

☺

Der Sammy hat normalerweise da vorne nichts zu suchen. *(Michael Ballack zu einem Tor des Abwehrspielers)*

Sammy Kuffour ist krank geworden und nebenbei noch Vater. *(Ottmar Hitzfeld)*

Didi Kühbauer
Bis zum Hals Weltklasse, darüber Unterliga. *(Ernst Dokupil, Trainer von Rapid Wien über seinen Spieler)*

Der ist nur am Quasseln. Wenn der Didi zur Nationalmannschaft fährt, ist wenigstens mal eine Woche Ruhe. *(Stefan Schnoor über Kühbauer, der im Training jede Szene kommentiert)*

Stefan Kuntz
Die Zimmer waren etwas größer als eine Astronautenkapsel, und das Essen erinnerte eher an Astronautennahrung. *(über Unterbringung und Verpflegung im Trainingslager in München)*

Gegen eine Frau habe ich beim letzten Mal keinen rein ... also kein Tor geschossen. *(beim Torwandschießen gegen eine Zuschauerin)*

Die Woche über reden wir und reden wir, und auf'm Platz zieh'n wir den Schwanz ein.

Wenn du auf den Platz gehst, ist Feierabend. Dann interessiert dich drum herum nichts mehr. Dann kennst du deine Oma nicht mehr.

Kevin Kuranyi
Wenn wir gewinnen, spielen wir am Sonntag immer Fußball. Wenn wir verlieren, dann machen wir einen Waldlauf. Deshalb versuchen wir immer zu gewinnen. *(über das Erfolgsgeheimnis des VfB Stuttgart)*

Ich überlege, wie viele Tore ich geschossen hätte, wenn ich fit gewesen wäre. *(nach seinen drei Toren gegen Österreich in Anspielung auf seinen Vereinstrainer Matthias Sammer, der ihn wegen angeblich mangelnder Fitness auf die Bank gesetzt hatte)*

Ich wusste gar nicht, dass nächste Woche die Nationalmannschaft spielt. *(zu seiner ersten Einladung zur Nationalelf)*

☺

Der lässt sich den Adler tätowieren. *(Felix Magaths Kommentar zum Nationalmannschaftsdebüt)*

Jürgen Kurbjuhn *(Spieler vom Hamburger SV)*
Wenn ich nicht will, lauf ich im Spiel nicht mehr als einen Kilometer, und da ist der Weg von und zu der Kabine schon drin.

Ernst Kuzorra
Weil wir so lange Dödel hatten. *(auf die Frage, warum Fußballer früher so lange Sporthosen trugen)*

Bei Schalke. *(erklärt dem schwedischen König, wo Gelsenkirchen liegt)*

Keiner war frei, da hab' ich die Pille einfach reingewixt. *(erklärt, wie er im Finale um die Deutsche Meisterschaft 1934 das entscheidende Tor in der letzten Minute erzielte)*

Bruno Labbadia
Das wird alles von den Medien hochsterilisiert.

Die Verteidiger packen einen immer härter an. Sie attackieren den Körper und das meistens sehr, sehr südlich.

Philipp Lahm
Ich habe schon einen Vor-Vor-Vorvertrag unterzeichnet. *(zum angeblichen Interesse von Real Madrid an seiner Person)*

Das ist ärgerlich, aber kein Beinbruch. *(Matthias Sammer über den Ausfall von Lahm, der sich einen Ermüdungsbruch im rechten Fuß zugezogen hat)*

Willi Landgraf
Das schönste Tor, das ich geschossen habe, war beim 2:1 mit Gütersloh gegen Frankfurt. Ich habe das 1:0 mit einem Volleyschuss aus 35 Metern in den Winkel geschweißt. Danach mussten mich meine Kollegen einfangen, damit ich nicht direkt durchlaufe auf die A2.

Jung, ich komm aus Bottrop – da wirsse getötet, wenne datt inne Muckibude machs! *(beim Step-Aerobic-Training, auf die Frage, ob er so etwas vorher schon einmal gemacht habe)*

Marcus Lantz
Mein Nachtreten war höchstens gelb, aber nicht rot.

Moussa Latoundji
Latoundji kommt aus Benin. Der ist ein anständiger Kerl. Der sagt nichts. Der kann noch nicht mal eine Fliege tot treten. *(Eduard Geyer)*

Moussa Latoundji – wie stellt der sich vor? »Ick bin ein Beniner«... *(Wolff Fuss)*

Brian Laudrup
Bei uns musst du Bier oder Cola trinken und rauchen, um spielen zu dürfen. Ein Berti Vogts würde bei uns durchdrehen. *(nach dem EM-Sieg der Dänen)*

Benjamin Lauth
Irgendwann will ich mit Sicherheit mal Champions League spielen. Aber das kann ich auch mit 60. *(über seine Pläne mit dem TSV 1860 und die Absage an Bayern)*

Am liebsten wären mir lauter Nieder- und Oberbayern, die Schafkopfen können. Wir sollten den Lauth klonen lassen. *(Karl-Heinz Wildmoser)*

Beim Elfmeter konnte er ja nicht gedeckt werden. *(Peter Neururer auf die Frage, wie Benjamin Lauth gegen Bochum einen Hattrick erzielen konnte)*

Der Junge hat Sachen im Kopf, die einfach aus dem Bauch herauskommen. *(Peter Pacult)*

Cristian Ledesma
Da hat kein Pferd geküsst, sondern ein Elefant. *(Hermann Rieger nach Begutachtung eines Pferdekusses am linken Oberschenkel)*

Torsten Legat
Unsere Chancen stehen 70:50.

Zum Glück habe ich nur eine Struktur. *(nach einem Verdacht auf Beinbruch)*

Immer Castroper Straße rauf. *(im Sportstudio auf die Frage, wie er zum Bodybuilding gekommen sei)*

Verstärken können die sich, aber nicht auf der rechten Seite. Da bin ich. Ich komme selber aussem Pott. Mein Vater war auf der Hütte. Wenn ich wieder fit bin, zeig ich denen, wat malochen heißt.

Die Bayern vertragen keine Härte, und ich bin der Erste, der anfängt damit. *(vor dem Spiel VfB Stuttgart gegen Bayern München 1996)*

Es war toll, es war Klasse, es war wie ein Albtraum. *(nach einem hohen Heimsieg)*

Die hab ich noch nicht probiert, aber im Allgemeinen mag ich Geflügel. *(nach seinem Wechsel zum VfB Stuttgart auf die Frage, wie er denn Spätzle fände)*

Che Guevara war ein Rebell, ein Kämpfer für sein Land. Das will ich auch sein. Ich will den Schwachen helfen. Das ist im Fußball genauso, da muss man den schwachen Gegner auch aufbauen. Das ist so eine eigene Logik von mir, dazu will ich gar nicht viel sagen. *(zu seiner Che-Guevara-Tätowierung)*

Ich glaube nicht, dass der Verein mir Steine in den Vertrag legt. *(zu evtl. Wechselproblemen mit Eintracht Frankfurt)*

Ich hätte auch woanders ins Ausland gehen können. *(gibt seinen Wechsel nach Frankfurt bekannt)*

Jens Lehmann
Eine Minute nach Spielende habe ich noch nicht die Intelligenz, um das Spiel zu beurteilen.

Ich will jetzt nicht sagen, ich bin der tollste Torhüter. Aber ich habe bisher noch keinen kennen gelernt, der von seinem Können her kompletter ist als ich.

Von mir aus bin ich auch die 2c. Hauptsache, ich spiele. *(von Teamchef Erich Ribbeck im Konkurrenzkampf der Torhüter in der deutschen Fußball-Nationalmannschaft zur Nummer 1b ernannt)*

Ich wüsste nicht, was wir reden sollten. Ich habe keine 24-jährige Freundin, ich habe ein anderes Leben. *(auf die Frage, warum er und Oliver Kahn sich nichts zu sagen hätten)*

Im Hinspiel haben wir noch mit irgendeiner Kette verteidigt.

Dass ich jetzt nicht spiele, kann auch ein Vorteil für mich sein. Schließlich muss man bei der WM frisch sein. *(über seine Rolle als Ersatzmann bei Arsenal London)*

Soll ich stehen bleiben? Dann biete ich mehr Angriffsfläche. *(bei einer Pressekonferenz)*

Wenn der Ball so aufgesprungen wäre, wie ich gedacht habe, hätte ich ihn gehalten, glaube ich.

Den Oscar der Beliebtheit wird Jens Lehmann nicht mehr gewinnen. *(Rudi Völler über das Image des Dortmunder Nationaltorwarts nach dessen Fehltritt gegen Coulibaly)*

Die Deutschen gaben der Welt Beethoven, Claudia Schiffer und Michael Schumacher. Arsenal bekam traurigerweise Jens Lehmann. *(»The Sun« zum Ausscheiden des FC Arsenal im CL-Viertelfinale nach zwei Lehmann-Patzern)*

Eine Liebesbeziehung kann man nicht verordnen. *(Michael Zorc über das schwierige Verhältnis von Dortmunds Publikum zum Torhüter, der früher für Schalke 04 spielte)*

Hans-Peter Lehnhoff
Real Madrid ist halt eine europäische Weltklassemannschaft.

Emerson intrigiert sich immer mehr.

Uwe Leifeld
Ich glaube, sein Problem liegt zwischen den Ohren. *(Werner Hansch über Uwe Leifeld, nachdem dieser mehrerer hochkarätige Chancen vergeben hatte)*

Spieler

Andre Lenz
Jetzt falle ich nicht mehr so tief. *(der Torwart von Alemannia Aachen, nachdem der Platz am Tivoli begradigt wurde)*

Reinhard »Stan« Libuda
Wenn den Mockba nicht bald einer deckt, dann haut er uns noch mehr rein! *(Borussia Dortmund lag in einem Freundschaftsspiel in Moskau zur Halbzeit mit 0:3 zurück, was in kyrillischen Buchstaben auf der Anzeigetafel zu lesen war: 1:0 Mockba, 2:0 Mockba, 3:0 Mockba. Stan Libuda machte gegenüber Horst Trimhold seinem Ärger Luft)*

Ich bin ein anderer.

Mensch – ich bin doch der Libuda! *(auf den Hinweis seiner Thekennachbarin, nach drei geschnorrten Zigaretten könne er sich gefälligst eine eigene Packung kaufen!)*

Lincoln
Wenn er ein schlechter Spieler wäre, müsste ich mir Gedanken machen. Aber er ist ein guter Spieler. *(Stig Töfting, nachdem er vom Lauterer im Strafraum getunnelt wurde)*

Wir waren immer überzeugt von ihn. *(Andreas Brehme)*

Matthias Lindner
Solange wir als Fettaugen auf der Wurstsuppe schwimmen, wollen wir glänzen.

Gary Lineker
Es gibt kein Dazwischen – man ist entweder gut oder schlecht. Wir waren dazwischen.

Abwehrspieler müssen vor allem eines beherrschen: Mit einem herzlichsten Lächeln Stürmern in die Knochen treten. Jetzt wissen Sie, warum ich Stürmer wurde: um nicht auf die menschlich niedrigste Stufe im Fußball zu sinken.

Gary wägt immerzu seine Möglichkeiten ab, vor allem wenn er keine hat. *(Kevin Keegan)*

Thomas Linke
Ich habe einfach draufgehalten – wie das ein Torjäger eben so macht. *(sagt der Abwehrspieler)*

Solche Tore hat früher nur der Olli Reck gemacht. *(über ein Eigentor)*

Vielleicht liegt's an der geistigen Frische, dass Lyon heute geistig frischer war. *(nach der 0:3-Niederlage der Bayern in Lyon)*

Willi »Ente« Lippens
Ich habe nie eine Torchance überhastet vergeben. Lieber habe ich sie vertändelt.

In Wanne-Eickel ist ein Hecht gestorben und die Karpfen sind alle dahin zur Beerdigung. *(wird beim Angeln gefragt, warum er denn noch nichts gefangen habe)*

Schiri zeigt Gelb und sagt: »Ich verwarne Ihnen!«; Lippens: »Ich danke Sie!« Schiri zeigt Rot.

Pierre Littbarski
In der 1. Halbzeit haben wir ganz gut gespielt, in der 2. fehlte uns die Kontinu..., äh Kontuni..., ach scheiß Fremdwörter: Wir waren nicht beständig genug!

Ich würde uns durchaus mit Bayern München vergleichen. Nur, dass wir die Tore kassieren, die die schießen.

Wir stehen weit hinten, haben fast keine Pluspunkte. Woran man wieder mal erkennt: Am meisten vermisst man eben die Dinge, die man noch gar nicht so richtig besessen hat.

Eine Mutter Teresa, die den 1. FC Köln gesundbeten will. *(Süddeutsche Zeitung)*

Bixente Lizarazu
München ist eine hübsche Stadt, aber nicht mein Leben – ich bin ein Mann des Meeres.

Er ist ein Kopfball-Ungeheuer. *(Giovane Elber über den 1,69 Meter großen Lizarazu, der im zweiten Spiel in Folge ein Kopfballtor erzielte)*

Freddie Ljungberg
Wenn ich in der Nacht vor einem Spiel Sex habe, verliere ich jegliches Gefühl in meinen Füßen.

Eine österreichische Zeitung schrieb, Freddie Ljungberg sei »wie Klippan, das meistverkaufte Sofa von Ikea: typisch skandinavisch – modisch-lässig, aber standfest, sieht mit jedem Bezug gut aus.« *(Frankfurter Allgemeine Zeitung)*

Vratislav Lokvenc
Lokvenc ist nicht wirklich Bezwinger der Erdanziehung. *(Gerd Delling)*

Dirk Lottner
Es geht nur gegen den Klassenerhalt. *(über die Saisonziele des 1. FC Köln)*

Ob der Trainer John oder Hans Wurst heißt, ist scheißegal. Wir brauchen wohl einen, der auch noch die Tore schießt. *(nach dem einsamen Rekord des 1. FC Köln von 599 Minuten ohne Bundesligator)*

Der Freistoß ist mir spontan eingefallen. *(zu einem tollen Freistoß-Siegtreffer gegen Dortmund)*

Aber das war so ein richtiger Schuss in die emotionale Lage, richtig in die Tränendrüsen rein. *(über sein Tor in seinem letzten Heimspiel für den 1. FC Köln)*

Markus Lotter
Natürlich weiß ich, was Abseits ist. Ich habe ja ein ganzes Jahr dringestanden.

Spieler

Lucio
Lucio ist kein Brasilianer, er ist ein Athlet. *(Berti Vogts)*

Lucio ist ein hervorragender Fußballer, aber ein noch besserer Schauspieler. *(Uli Hoeneß)*

Jule Ludorf *(Oberliga-West-Legende, Spvgg Erkenschwick)*
Ich war ein konsequenter Hasser von Alkohol und Nikotin, aber ich war nicht gegen Rotwein.

Michael Lusch *(Spieler von Borussia Dortmund)*
Ich kann mich an kein Spiel erinnern, bei dem so viele Spieler mit der Barriere vom Platz getragen wurden.

Herbert Lütkebohmert
Das Doppelte wie am Anfang. *(der Schalker auf die Frage des Vorsitzenden Richters im Bundesligaskandal-Prozess, wie viel er derzeit verdiene)*

Felix Magath
Ich habe geraucht, gesoffen, Karten gespielt. Alles, was man als Fußballer so macht! *(über seinen früheren Lebenswandel)*

Da schau her, wie der Magath läuft, wie eine Kuh. *(Franz Beckenbauer)*

Sepp Maier
Ein Torwart muss Ruhe ausstrahlen, er muss nur aufpassen, dass er dabei nicht einschläft.

Was soll's? Die Leute war'n zufrieden vom Stadion, nur mir nicht. *(zur 7:4-Niederlage der Bayern in Kaiserslautern 1973 nach 4:1-Führung)*

Für mich waren die Bayern die elegantere Mannschaft. Und ich war auch ein eleganter Mensch.

Wer die Lacher auf seiner Seite hat, muss sie noch lange nicht hinter sich haben.

Ich denke gern an meine Zeit als Fußballer zurück. Damals – das ist immer das Paradies.

Ich habe seit meinem 15ten Lebensjahr im Tor gestanden, mich öfter als eine halbe Million Mal in den Dreck geworfen. Lässt das Rückschlüsse auf meinen Geisteszustand zu?

Wissen Sie, warum Sepp Maier keine Hunde mag? Die machen immer Kleff-Kleff. *(Wolfgang Kleff)*

Sepp Maier ist ein Mann, der gegen sein Misstrauen ankämpfen muss. Seine Heiterkeit hat immer auch einen ernsten Hintergrund, er braucht sie, um Schwierigkeiten zu überwinden. *(Franz Beckenbauer)*

Stefan Majewski

Dem muss ich jeden Tag ins Kreuz treten, sonst kannst du dem noch beim Gehen die Schuhe besohlen. *(Hannes Bongartz über den Spieler des 1. FC Kaiserslautern)*

Roy Makaay

Vor dem Strafstoß zum dritten Streich des Roy Makaay durchströmte ein erwartungsfrohes Raunen das Münchner Olympiastadion, als hätte Sir Simon Rattle das Podium betreten, den Dirigentenstab gehoben und seine Berliner Philharmoniker auf ein großes Konzert eingestimmt. *(Frankfurter Allgemeine Zeitung)*

Ich würde ihn sogar frühmorgens um fünf Uhr vom Flughafen abholen, wenn er kommt.
(Giovane Elber über den möglichen Neuzugang)

Die Nummer 9 ist immer etwas ganz Besonderes. Das sind die spektakulären Spieler, die auch die Zuschauer ins Stadion ziehen. *(Uli Hoeneß bei der Präsentation von Roy Makaay, der die Nummer 10 trägt)*

Was ich gerne von Roy Makaay hätte? Sein Alter. *(Martin Max)*

Gelegentlich scheint es, als sei Roy Makaay ein Schlafwandler, der nächtens aus dem Bett gefallen und auf einen Fußballplatz gestolpert ist. *(Süddeutsche Zeitung)*

Wir haben Verhandlungen geführt mit La Coruna, lange bevor Uli Hoeneß dann letztendlich seine Gespräche geführt hatte. Wir waren uns auch einig, wir hätten allerdings mehr Ablöse bezahlen müssen. Geld war da, wir wollten es auch machen. Allerdings: Als die Forderungen von Makaay bezogen auf das Gehalt so niedrig waren, dass im Negativbereich unser Gehaltsvolumen gesprengt worden wäre, haben wir gesagt, dann kann er die Qualität nicht haben, um zum VfL Bochum zu kommen. *(Peter Neururer)*

Stefan Malz

Weil wir spielerisch so grottenschlecht sind, habe ich gedacht, wir müssen mit dem 0:0 leben – und dann war da der Ball. *(zu seinem Siegtreffer in der Nachspielzeit)*

Diego Maradona

Es war die Hand Gottes. *(auf die Frage, ob er das entscheidende Tor im WM-Viertelfinale gegen England bei der WM 1986 mit der Hand erzielt habe)*

Ich kehre zum Fußball zurück, um der Mafia unseres Sports vor die Schienbeine zu treten.

Wenn ich das argentinische Trikot überziehe, bin ich ein anderer Mensch.

Alle sind verrückt. Es gibt einen, der sagt, er sei Napoleon, und niemand glaubt ihm. Ein anderer sagt, er ist Gardel, und niemand glaubt ihm. Ich sage, ich bin Maradona, und sie glauben mir nicht. *(über seinen Aufenthalt in einer psychiatrischen Klinik)*

Ich glaube nicht, dass irgendwer größer oder kleiner ist als Maradona. *(Kevin Keegan)*

Diego konnte alles: Ich habe ihn mit Orangen jonglieren sehen oder sogar mit kleinen Kugeln aus Alufolie, die ihm die Fans zuwarfen, nachdem sie ihre Sandwichs ausgepackt hatten. *(Davor Suker)*

Ich habe Maradona zuletzt auf einer Doppelseite gesehen – jetzt passt er wieder auf eine einzelne Seite. *(Franz Beckenbauer über das früher stark übergewichtige argentinische Fußball-Idol, das kräftig abgespeckt hat)*

Marcao
Ja, aber nicht in Darmstadt. Vielleicht ja irgendwo am Strand. *(St.Pauli-Trainer Dietmar Demuth auf die Frage, ob sein brasilianischer Neuzugang am Sonntag im Pokal spielen werde)*

Marcelinho
Wir gehen jetzt feiern. *(zu einem klaren Heimsieg, nachdem er zuvor wegen zu intensiver Feiern eine Geldstrafe zahlen musste)*

Marijo Maric *(Spieler vom VfL Bochum)*
Dann sag ich: Frau spring auf, ich kann nicht. *(auf die Frage, was er mache, wenn nachts das Baby schreit)*

Olaf Marschall
Boris Becker und einen Politiker. Ach nein, nur Boris Becker. *(auf die Frage, wen er gerne kennen lernen würde)*

Brian Marwood *(Spieler bei Arsenal London)*
Es sind noch 45 Minuten zu spielen. Ich denke, das gilt für beide Teams.

Das ist nun das zweite Mal, dass er zwischen sich und dem Tor stand. *(über seinen Mannnschaftskollegen Terry Phelan)*

Marco Materazzi
Ich glaube, es war John F. Kennedy, der sagte:»Vergib deinen Feinden, aber vergiss niemals ihren Namen.«

Lothar Matthäus
Ich will keine Privilegien, ich hasse Hierarchien. Ich bin sicher ein Vorbild für die deutsche Jugend, deshalb versuche ich auch, mich möglichst gut und korrekt zu verhalten.

Ich glaube schon, dass ich in manchen Situationen schlagfertig bin. Schlagfertigkeit heißt, sofort das zu antworten, was ein Schlauberger hinterher gern hätte gesagt haben will.

Und wenn dein Reden auch stockfalsch und blödsinnig ist: Hauptsache, du tust wieder den Mund auf.

Der Schuh weiß am besten, wo ihn der Fuß drückt.

Jeder, der mich kennt und der mich reden gehört hat, weiß genau, dass ich bald Englisch in sechs oder auch schon in vier Wochen so gut spreche und Interviews geben kann, die jeder Deutsche versteht.

I hope we have a little bit lucky. *(bei seiner ersten Pressekonferenz in New York)*

Trotz meines Englisches ist alles geregelt. *(der in einem Telefongespräch mit den MetroStars New York den Wechsel von München um zwei Monate verschieben wollte)*

Wer sich über mein Englisch lustig macht, kriegt eins in die Fresse. *(Kommentar, nachdem er bei »Wetten dass...?« Stefan Raab einen Fußball aus Kinn geschossen hatte)*

Ein Lothar Matthäus spricht kein Französisch.

Die Punkte braucht der FC Bayern, nicht ich in Flensburg. *(vor dem Münchner Amtsgericht wegen eines Verkehrsdeliktes)*

Es ist wichtig, dass man 90 Minuten mit voller Konzentration an das nächste Spiel denkt.

Wenn man sich einredet, man ist müde, dann ist man müde.

Die Leute, wo das gesagt hat, ...

Ich, was meine Person betrifft, entscheide für mich alleine.

Ein Wort gab das andere – wir hatten uns nichts zu sagen.

Wir dürfen jetzt nur nicht den Sand in den Kopf stecken!

Wir sind eine gut intrigierte Truppe.

Die Schuhe müssen zum Gürtel passen.

Ich lebe in einer Seifenblase.

Ein Lothar Matthäus lässt sich nicht von seinem Körper besiegen, ein Lothar Matthäus entscheidet selbst über sein Schicksal.

Körperlich bin ich 29, aber von der Erfahrungen her, die ich hinter mir habe, fühle ich mich wie 40.

Ich hab gleich gemerkt, das ist ein Druckschmerz, wenn man draufdrückt.

Ja, der Rücken ist die Achillesferse des Körpers.

Man sollte die Presse nicht wichtiger machen, wie sie wichtig gemacht wird. *(über Presse-Reaktionen nach Deutschlands Viertelfinaleinzug)*

Das Chancenplus war ausgeglichen.

Ey, Mädels, unser Schwarzer hat den Längsten! *(zur Basketballnationalmannschaft der Damen; gemeint war der Kolumbianer Adolfo Valencia)*

Dann buchen wir schon mal. *(Lothar Matthäus zu der Aussage von Leverkusens Trainer Christoph Daum vor einem Pokal-Viertelfinale zwischen Bayern und Bayer, dass, wer gewinnt, auch das Finale in Berlin erreiche)*

Ich bin noch immer auf der Piste, wenn so mancher Neuwagen längst schon verschrottet ist. *(als er sich von Bayern München verabschiedete und seine Karriere in New York fortsetzte)*

Der Lothar kann den Fußball gut rüberbringen. Ihm ist von Gott die Gabe der Rede gegeben worden. *(Egidius Braun)*

Und der gute alte Lothar Matthäus höchstselbst klärt zur Ecke: Ein Bild mit Bedeutung! *(Heribert Faßbender)*

Lothar kennt seinen Körper am längsten, weil er der Älteste ist. *(Erich Ribbeck)*

Ich weiß nicht, ob er zurück-kommt. Einen Vierjahresvertrag könnte man ihm aber schon noch geben. *(Stefan Effenberg)*

Ich verspüre zum ersten Mal seit langem den Wunsch, einen Namen komplett aus meinem Gedächtnis zu streichen: Lothar Matthäus. *(Uli Hoeneß)*

Natürlich spielt der Lothar nicht, wenn er plötzlich aus Altersgründen ein Bein nachziehen sollte. *(Erich Ribbeck über die Nationalmannschafts-Perspektiven des Rekord-Nationalspielers)*

Es würde mir aufs Gemüt schlagen, etwas abzuschaffen, was Lothar mochte. *(Bayern Münchens Busfahrer Rudi Egerer, der auch nach dem Abschied von Lothar Matthäus dessen Lieblingsgebäck Marmorkuchen bei jeder Fahrt mitführte)*

Der soll ruhig sein, den mussten wir doch zwei Jahre lang durchschleppen! *(Oliver Kahn)*

Wie lange Lothar Matthäus mit seinen jetzt 38 Jahren noch spielt, ist für uns alle eine bewegende Frage. Wenn ich ihn und seine Fitness so sehe, würde ich sagen – warum nicht noch mit 60, wenn er das mit seinem Job als Bundeskanzler vereinbaren kann? *(Mehmet Scholl)*

Es ist als greife einer mit einem Luftgewehr fünf Panzer an. *(Uli Hoeneß über Lothar Matthäus, der eine Klage gegen den FC Bayern erwog)*

Ich hab früher schon in der Westkurve gestanden und Lothar Matthäus beschmissen. *(Mario Basler)*

Warum muss Deutschland den Zuschlag für die Fußball-WM 2006 erhalten? Weil Lothar Matthäus dann nicht mehr transportfähig ist. *(Mehmet Scholl)*

Wenn Lothar so weitermacht, wird er Schwierigkeiten haben, für sein Abschiedsspiel gegen die Nationalelf eine Mannschaft zusammenzukriegen. *(Mario Basler)*

Pässe der Marke Lothar Matthäus – da möchte man Ball sein. *(Johannes B. Kerner)*

Den habe ich bei der EM 1980 beim 3:0 gegen Holland mal eingewechselt. Und schwups, nach drei Minuten hatte er den ersten Holländer umgelegt. *(Jupp Derwall)*

Ronald Maul
Wir standen schon vor der Toilette und haben uns doch noch in die Hose gemacht. *(zu einer 3:4-Auswärtsniederlage, bei der seine Mannschaft nach 89 Minuten 3:2 geführt hatte)*

Spielerfrau, weil ich dann ein schönes Leben hätte. *(auf die Frage, wer oder was er in seinem nächsten Leben gerne sein würde)*

Martin Max
Wir waren beim letzten Mal schon kurz davor. Heute haben wir uns gesagt: Wir machen es. *(zum Jubel-Kuss mit Thomas Rasmussen)*

Ach Quatsch, ich geh jetzt erstmal duschen. *(direkt nach einem Spiel gegen Frankfurt, in dem er drei Tore erzielte, auf die Frage, ob er in dieser Saison wieder Torschützenkönig werden wolle)*

Man fragt sich doch, ob Skibbe noch alle Tassen im Schrank hat, wenn er so einen Mist erzählt, dass er mich noch mal beobachten will, meine Laufwege studieren, und das nach 15 Jahren Bundesliga. *(zur Ankündigung, ihn im Hinblick auf die EM zu beobachten)*

Wenn ich mal in dem Alter von Martin bin, dann sitz' ich nur noch auf der Tribüne und esse ein Würstchen. *(René Rydlewicz)*

Frank McLintock *(schottischer Nationalspieler)*
Wir waren in der Szene in der Unterzahl – zwei gegen zwei.

Steve McManaman
Steve McManaman wird mit Steve Highway verglichen, dabei ist er überhaupt nicht wie er, und ich weiß auch warum: Weil er ein bisschen anders ist. *(Kevin Keegan)*

Thomas Meggle

Wenn mir einer in die Augen sticht, denke ich nicht, dass man sich hinlegen muss. Wenn mir einer in die Achillessehne tritt, fällt man, das ist klar, weil das tut am Bein weh, und das Bein ist zum Stehen da. Die Augen sind nicht zum Stehen da. *(Igor Demo hatte ihm mit zwei Fingern in beide Augen gestochen)*

Erik Meijer

Ich war nicht damit einverstanden, dass der Schiedsrichter gegen uns einen Freistoß gegeben hat. Da habe ich ihn einfach »Wichser« genannt. Ich glaube, das war ziemlich dumm ... *(zu einer roten Karte)*

Wir haben drei Eier im Sack, das ist alles.

Es ist nichts scheißer als Platz zwei.

Wenn du so gerne das Fähnchen schwenkst, dann such dir doch 'nen Job am Flughafen. *(zum Linienrichter)*

Da habe ich ihn einen Mixer mit W genannt. *(zu einer roten Karte)*

Nichts ist schöner als gegen die Scheiß-Holländer zu gewinnen. *(der niederländische Stürmer vom Fußball-Zweitligisten Alemannia Aachen vor dem UEFA-Cup-Duell gegen AZ Alkmaar)*

Der springt beim Kopfball vier Meter hoch. Doch zum Glück weiß er da oben nicht mehr, wo das Tor steht. *(Bernd Krauss)*

Ich kann nicht jeden, der nicht spielt, nuckeln und ihn schaukeln. *(Reiner Calmund über den Stürmer, der einen Stammplatz einforderte)*

Per Mertesacker

Wir haben erstmals keine englische Woche. Ich weiß gar nicht, was ich da machen soll.

Die Bayern waren nicht eine Klasse besser als wir. In den entscheidenden Situationen waren wir eine Klasse schlechter als die Bayern.

Christoph Metzelder

Das Plus unserer Mannschaft war ihre Geschlossenheit. Deshalb ist sie jetzt auch geschlossen im Urlaub. *(nachdem er als einziger Spieler vom Vizeweltmeister Deutschland bei der Ehrung zur Mannschaft des Jahres dabei war)*

Da war ich samstags in der Abendmesse und habe danach in der »Tagesschau« als kurze Einblendung den Meister gesehen. *(auf die Frage, wie er das Saisonfinale zehn Jahre zuvor erlebt habe – er war damals elf Jahre alt)*

Das liegt daran, dass wir in den letzten Spielen ein Defensiv-Feuerwerk abgebrannt haben. *(über seine Wandlung vom Ersatzmann zum Abwehrstammspieler)*

Metzelder könnte einer sein, der, wenn Jürgen Kohler in 20, 30 Jahren abtritt, die Lücke schließen kann. *(ZDF-Kommentator Aris Donzelli)*

Roger Mila *(Nationalspieler Kameruns)*
Uns Schwachen bleibt doch oft kein anderer Ausweg als tapfer zu sein.

Frank Mill
Auf ewig verewigt, was bedeutet das schon? *(nachdem er das 25.000 Tor der Bundesliga-Geschichte erzielt hatte)*

Wieso zweiter Frühling? Ich erlebe meinen vierten!

Ich bin zwar ein alter Hase, aber noch lange kein alter Gaul.

Der ist mit allen Abwassern gewaschen. *(Norbert Dickel)*

Der Mill verarscht uns schon seit Jahren. *(Otto Rehhagel, nachdem dieser schon wieder gegen Werder getroffen hatte)*

Vasile Miriuta
Das ist noch nicht so schlimm, dass wir 3:1 gegen Bremen und 4:1 gegen Dortmund verloren haben. Wir müssen halt gegen die Mannschaften, die unten stehen gewinnen: Frankfurt, Gladbach und so! *(der Cottbusser nach zwei Niederlagen in Serie, Gladbach spielte aber in der 2. Liga)*

Christian Möckel
Es waren einige dabei, die haben gespielt wie Frauen. *(über seine Mitspieler nach einer 0:5-Pleite)*

Wenn jemand schon zehnmal durch die Fahrprüfung gefallen ist, dann fällt er beim elften Mal normalerweise auch durch. *(noch einmal über seine Mitspieler nach eben dieser 0:5-Pleite)*

Andreas Möller
Ich hatte vom Feeling her ein gutes Gefühl.

Ich habe mit Erich Ribbeck telefoniert, und er hat zu mir gesagt, ich stehe für die Malta-Reise nicht zur Verfügung.

Ich denke, dass ich auch jemand bin, den man sehr gut anfassen kann.

Das kommt noch. *(auf die Frage, warum er es trotz vieler Erfolge nie zum Weltstar gebracht habe)*

Wir bleiben weiterhin in Lauerstellung. *(zur Rolle der Schalker als Tabellenführer)*

Das ist eine Deprimierung.

Wer sein böses Image weg hat, kann strampeln wie ein Maikäfer auf dem Rücken. Keiner hilft einem auf die Beine. Dabei bin ich doch ein ganz normaler Junge.

Hoffentlich wird er nur für ein Spiel gesperrt. *(nach einer gelb-roten-Karte für seinen Gegenspieler nach einer Schwalbe von Möller)*

Mailand oder Madrid – Hauptsache Italien!

Mein Problem ist, dass ich immer sehr selbstkritisch bin, auch mir selbst gegenüber.

Jetzt sehe ich mein Leben anders. *(nach einer Grubenfahrt auf Zeche Auguste Victoria, wo er von der harten Unter-Tage-Arbeit der Bergleute mächtig beeindruckt wurde)*

Endlich seid ihr die Schwuchtel los. *(Campino zum Dortmunder Konzertpublikum nach Andreas Möllers Wechsel zu Schalke 04)*

Nein, das machen wir nicht. Das machen wir wieder rückgängig. *(schmunzelnd verkündete Reaktion von Schalkes Routinier Olaf Thon auf die Verpflichtung von Andreas Möller)*

Die Fans sind absolut unversöhnlich und wollen lieber in die 2. Liga absteigen, als mit Möller Erfolg haben. *(Rudi Assauer)*

Möller hat mit seinem Berater bei uns um mehr Geld gepokert, gleichzeitig gesagt, er stünde bei einem anderen Klub im Wort. Dann hat er offenbart, dass er nach Schalke gehen will. Wir haben ihm nicht gesagt, dass er bekloppt ist. Aber gedacht haben wir es schon. *(Michael Meier)*

Das ist Andy Möller, der bald eine Tochter erwartet. *(Jörg Dahlmann)*

Nenn sie doch Berta – nach deinem Freund Berti! *(deutsche Nationalspieler auf die Nachricht von Möller, dass seine Frau bald eine Tochter erwarte)*

David Montero
Was willst du denn hier? Ist doch erst sieben Uhr. *(als er Rainer Falkenhain, dem Leiter der Lizenzspielerabteilung von Eintracht Frankfurt die Tür öffnete. Um elf Uhr nach dem Vormittagstraining. Er wurde daraufhin mit sofortiger Wirkung suspendiert)*

Bisher war es bei mir üblich, mir nach dem Spiel mit meinen Kumpels ordentlich die Birne zuzuschütten.

Emile Mpenza
Emile ist ein kleiner Luftikus, der erst noch zum Kerl werden muss. Er ist noch kein Mann, aber ich denke, das wird er auf Schalke. *(Rudi Assauer)*

Der wird nicht älter. Das Problem ist nur, er wird auch nicht jünger. *(Werner Hansch)*

Wenn er seine Hochzeitsreise dahin machen will, dann gerne. *(Rudi Assauer auf die Frage, ob Emile Mpenza mit nach Athen fahre)*

Youri Mulder
Wir sind heute mit aufgehobenen Köpfen wieder raus gegangen.

Ich habe noch zu wenig Kraft in den Beinen. Deswegen musste ich mit den Armen Schwung holen. Dabei habe ich ihn unabsichtlich getroffen. *(nachdem er einem Bochumer im Luftkampf die Nase gebrochen hatte)*

Gerd Müller
Trainer? Ich will einen anderen Tod als Herzinfarkt.

Marmorkuchen, den ich sehr gerne esse, bäckt meine Frau, sooft ich Appetit darauf habe. *(in seiner Autobiografie)*

Wenn's denkst, ist eh zu spät.

☺

Ich habe nicht die Figur wie Gerd Müller. Zum Glück! *(die Frauen-Nationalspielerin Claudia Müller zu ihrem Ruf als Bomberin der Nation)*

Es gibt keinen größeren als ihn im Weltfußball. Er steht unter Naturschutz. *(Franz »Bulle« Roth)*

Was soll ich mit diesem Kugelstoßer? *(Dettmar Cramer, als der junge Gerd Müller zu Bayern München kam)*

Hansi Müller
Es stört mich nicht, dass in Deutschland ein paar hunderttausend Wellensittiche »Hansi« heißen.

Erik Mykland
Wir lieben uns alle – aber nur auf dem Platz.

Es ist doch kein Verbrechen, mit ein paar Freunden ein paar Bier zu trinken. *(der bei der norwegischen Nationalmannschaft das Alkoholverbot missachtet hatte)*

Nakata
Die Tomate wird den Ball in die Mitte bringen. *(Wilfried Mohren über den Japaner Nakata, der mit rotgefärbten Haaren spielte)*

Sylvia Neid *(Fußball-Nationalspielerin)*
Ich bin kein Matthäus. Dazu fehlen mir an meinem Körper die entscheidenden fünf Gramm.

Jiri Nemec
Jiri möchte eigentlich keine Tore machen, weil er es hasst, umarmt zu werden und im Mittelpunkt zu stehen. *(Rudi Assauer über die Torgefährlichkeit von Jiri Nemec)*

Christian Nerlinger
Der Nerlinger, der schießt auf 100 Meter 'ne Kuh kaputt! *(Max Merkel)*

Günter Netzer
Niemand war da zum Empfang – bis auf das Flughafenpersonal. Und von denen mussten wir uns auch noch rüde beschimpfen lassen. *(über die Rückkehr vom Länderspiel aus Tirana, wo die deutsche Mannschaft gegen Albanien nur 0:0 gespielt und dadurch die Qualifikation zur Europameisterschaft 1968 verpasst hatte)*

Ich musste immer nur ins Tor, weil ich immer der Kleinste war.

Ich persönlich habe mir bei jedem Trainingslager überlegt, ob ich aufhöre Fußball zu spielen.

Während ich mich bückte, hat mir der Franz Beckenbauer mal einen Freistoß gestohlen. Mensch, war ich sauer, aber leider ging der Ball rein.

Da kam aus drei Metern ein Rehhagel angeflogen oder Willi Schulz mit seiner Blutgrätsche. Wir wurden vom Gegner verfolgt. Die wollten am Spiel gar nicht teilnehmen. Die haben uns die Lust am Fußball genommen. *(über das Leben eines Spielmachers zu seiner Zeit)*

Kopfball war für mich immer so etwas Ähnliches wie Handspiel.

☺

Der Günter Netzer war nie ein Fußballer im eigentlichen Sinn. Der ist nach Las Vegas geflogen, hat seinen Nachtklub gehabt und lauter solche Sachen. Die paar Jahre, die er sich konzentriert hat, ist er schon gelaufen. Danach konnte er halt nicht mehr. In Las Vegas, da kriegst halt keine Kondition. *(Franz Beckenbauer)*

Wenn Günter Netzer wehenden Haupthaars und mächtigen Schritts aus der Tiefe des Raums kam, wurde Sport zur Kunst. *(Zeitungskommentar)*

Und dann knallt der uns mit seinem falschen Fuß dat Ding in den Giebel. Wenn der drüber gegangen wäre, hätte er auf der Tribüne einen Mensch erschossen. *(der Kölner Spieler Heinz Simmet über Günter Netzers legendäres Siegtor im Pokalfinale Gladbach - Köln, nachdem Netzer sich selbst eingewechselt hatte)*

Abseits is, wenn dat lange Arschloch zu spät abspielt. *(Hennes Weisweiler)*

Andreas Neuendorf
Ich habe den verlockenden Angeboten von Madrid und Barcelona eine Absage erteilt, weil ich mich in Berlin und bei Hertha BSC so wohl fühle. *(zu seiner Vertragsverlängerung bei Hertha BSC Berlin)*

Spieler

In der Disco wäre ich nicht zu Boden gegangen. *(zu einer vermeintlichen Tätlichkeit)*

Jörg Neun *(Spieler von Borussia Mönchengladbach)*
Ich will Kotelett und kein Ingwer.

Ich habe ihn liquidiert. Wenn er etwas will, soll er sich vorher seinen Ausweis anhängen, damit seine Mutter ihn nicht nur an der Blutgruppe erkennt. *(Toni Polster)*

Oliver Neuville
Der Oliver Neuville trifft von einem Meter das Tor nicht. Er trifft es auch nicht von 15 Zentimeter. Das ist halt so. *(Bernd Schuster)*

Was Oliver Neuville in diesen Wochen auf dem Fußballplatz leistet, hat Hand und Fuß. *(Frankfurter Allgemeine Zeitung über ein deutliches Handtor)*

Oliver Neuville, der europäischste Europäer, den man sich am heutigen Abend überhaupt vorstellen kann: Vater Deutscher, Mutter Italienerin und Großvater Belgier – von dem er auch den Namen hat! Sonst würde er »Neustadt« heißen! *(Heribert Faßbender)*

Der kleine Oliver Neuville. Er schaut immer so traurig drein. Man möchte ihn am liebsten an die Hand nehmen und ihm ein Eis kaufen. *(Reinhold Beckmann)*

Neuville – der reicht dem Hyypiä gerade mal bis zum Beckenknochen. *(Bela Rethy)*

Phil Neville *(englischer Nationalspieler)*
Die Brasilianer sind südamerikanisch und die Ukrainer sind europäischer.

Norbert Nigbur
Offenbach hätte 3:0 gewonnen, wenn ich nicht ein Papstbild in der Tasche gehabt hätte.

Oka Nikolov
Beim 0:1 sehe ich unglücklich aus, ob der Ball geflattert hat oder nicht – aber er flattert natürlich.

Jens Nowotny
Ich werde nicht unbedingt meinen Urlaub in Dortmund verbringen.

Das ist doch völlig normal. Wenn zwei international erfahrene Mannschaften aufeinandertreten, dann geht es schon einmal etwas ruppig zu. *(auf die Frage nach den Härten im Spiel Leverkusen gegen Bayern)*

Etwas Besseres kann dem deutschen Fußball gar nicht passieren, als das eine Mannschaft nicht nur vorne ist, sondern auch erfolgreich, aber deswegen ist sie ja vorn.

Wenn man zu früh auf andere schaut, dann vergisst man, das Wichtige aus den Augen zu verlieren.

Spieler

Alexander Nyarko
Ich glaub', der hat sich mal von mir eine Video-Kassette gekauft und was abgeschaut. *(Thomas Häßler über die technischen Qualitäten des Karlsruher Neuzugangs)*

Arkoc Öczan *(Spieler vom HSV)*
Volkert hatte eine Leistungszerrung.

Jay-Jay Okocha
Am besten, man kommt gar nicht erst in seine Nähe. *(Frank Mill über die Kunststücke des Frankfurters)*

Berkant Öktan *(Spieler von Bayern München)*
Berkant Öktan ist erst 17. Wenn er Glück hat, wird er nächsten Monat 18. *(Franz Beckenbauer)*

Frank Ordenewitz
Natürlich kann man in ein paar Nächten beim Roulett Millionär werden. Wenn man vorher Milliardär war.

Niels Oude Kamphuis
Ich weiß gar nicht, wie eine Schwalbe geht. *(nachdem er mit einer Schauspieleinlage einen Elfmeter provoziert hatte)*

Wolfgang Overath
Man muss cool sein, wenn's in Richtung Tor geht. Ein Herz, das schnell den Hals hochhüpft, rutscht nämlich noch fixer in die Hosen. Ich kann mir nichts Schlimmeres vorstellen als schreiende Fußballerbräute auf der Tribüne.

Dem Overath müssten sie heute so lange mit Geldscheinen aufs Hirn schlagen, bis er bewusstlos ist. So viel Geld hätte der damals verdienen müssen. *(Buffy Ettmayer, Spieler vom VfB Stuttgart)*

Wolfgang Overath würde sich in der Bundesliga immer noch wohltuend hervorheben, wenn Fußball nicht mit Laufen verbunden wäre. *(Hans Meyer in Anspielung auf den lauffaulen Toni Polster)*

Bei zwei Weltmeisterschaften haben wir das Zimmer geteilt. Wir haben zusammen länger das Bett geteilt als mit unseren Ehefrauen – es ist aber nichts passiert. *(Franz Beckenbauer)*

Mesut Özil
Er muss irgendetwas Besonderes gegessen haben, damit er so schießen kann. Vielleicht sollten wir das alle essen. *(Diego)*

Peter Pacult
Ich freue mich auf mehr Zuschauer, denn in Österreich kenne ich fast alle Zuseher bereits persönlich. *(vor seinem Wechsel zu 1860 München)*

Spieler

Ja, der FC Tirol hat eine Obduktion auf mich.

Jürgen Pahl
Es ist einfach unglaublich, was die Eintracht diese Saison im Tor stehen hat! *(Jürgen Dieter Rehahn, der Rundfunkreporter, nach einem von vielen katastrophalen Fehlern des Frankfurter Torhüters)*

Nico Patschinski
Mein Vater wird sicherlich besoffen sein. Ich hoffe, dass ich ihn Sonntagmorgen erreichen kann. *(der Doppeltorschütze nach St. Paulis 4:0 gegen Cottbus)*

Wenn ich mein Sportwissenschaftsstudium nicht abgebrochen hätte, bekäme ich wenigstens im Kino Ermäßigung. *(über seine geringen Einkünfte klagend)*

Stuart Pearce *(englischer Nationalspieler)*
Ich kann die Karotte am Ende des Tunnels sehen.

Pelé
Der Junge spielt mit Augen auf den Füßen. *(über den 17-jährigen Diego vom FC Santos)*

Ich denke, dass Deutschland, Frankreich, Spanien, Holland und England im Halbfinale auf Brasilien treffen werden.

Es wird nur einen Pelé geben, wie es auch nur einen Frank Sinatra oder nur einen Michelangelo gegeben hat. Ich war der Beste. *(zu den Behauptungen von Ronaldo, besser zu sein als er)*

In der Musik gibt es Beethoven und die anderen. Im Fußball gibt es Pelé und die anderen. *(nach seiner Ehrung zum Fußballer des Jahrhunderts)*

Bevor Maradona sich mit mir vergleicht, muss er andere Brasilianer wie Socrates, Tostao, Rivelino, Zico und Romario höflich um Vortritt bitten. *(nachdem Maradona behauptet hatte, er sei der beste Fußballer aller Zeiten)*

Tom Persich *(Spieler von Union Berlin)*
Und wo soll Beckham dann spielen? *(auf die Frage eines Fans, ob er ein Angebot von Real Madrid habe)*

Meiner Verletzung geht's Scheiße, weil sie nämlich fast weg ist.

Dusan Petkovic
Das hat mit den weißen Schuhen doch gar nichts zu tun. Von mir aus kann einer barfuß spielen, wenn er Leistung bringt. *(Klaus Augenthaler zu den Schuhen von Dusan Petkovic)*

Martin Petrov
Ich glaube, wenn der heute aus seinem Auto aufs Tor geschossen hätte, dann wäre der auch irgendwie reingegangen. *(Dimo Wache über Petrov, der in einem Spiel vier Tore gegen ihn geschossen hatte)*

Toni Pfeffer
Hoch werden wir nicht mehr gewinnen. *(Österreichs Libero in der Halbzeit des 0:9-Debakels in Spanien)*

Ja, essen! *(auf die Frage, ob er Französisch könne)*

Karl-Heinz Pflipsen
Beim Pflipsen muss man damit rechnen, dass er Dinge macht, mit denen man nicht rechnet. *(Christian Beeck, Mannschaftskollege bei Energie Cottbus)*

Hans Pflügler
Das ist die Tragik unseres Berufes, dass wir andauernd ausgewechselt werden. Aber das Gute dabei: Wir werden weiter bezahlt.

Joachim Philipkowski
Wenn wir das Problem nicht in den Griff kriegen, haben wir ein Problem.

Martin Pieckenhagen
Das ist schon so lange her, da muss ich noch Dauerwelle gehabt haben. *(auf die Frage, wann Hansa Rostock das letzte Mal zu null gespielt habe)*

Wenn die Leute meinen, wir seien unter Druck, dann müssen wir wohl die nächsten fünf Spieltage auf dem Klo verbringen.

Wir haben St. Pauli gezeigt, dass man mit dem Mund keine Tore schießt. *(über die Verbalattacken aus dem St.-Pauli-Lager)*

Wir müssen endlich den Arsch hoch kriegen und Eier zeigen.

Hans-Uwe Pilz *(Spieler von Dynamo Dresden)*
Alle wollten der Häuptling sein, keiner wollte den Indianer spielen.

Tomislav Piplica
Ich spiele keine Glücksspiele, weder Lotto noch Toto. Nicht einmal Karten. *(Torhüter des Fußball-Zweitligisten Energie Cottbus, als seine Wohnung von der Staatsanwaltschaft durchsucht wurde)*

Robert Pires *(französischer Nationalspieler)*
Ich wundere mich immer, wie schnell mein Mann laufen kann. Zu Hause geht ihm schon beim Treppensteigen zu uns in den dritten Stock die Luft aus. *(Nathalie Pires über ihren Ehemann)*

Claudio Pizarro
Nein! Was ist das? *(auf die Frage, ob er die Laufwege von Elber schon kenne)*

Michel Platini
Ich habe keine Lust mehr zum Spielen. Wenn man bis in alle Kleinigkeit weiß, wie der Hase läuft, macht die Hasenjagd immer weniger Spaß.

(Wolf-Dieter Poschmann:) Und hier sehen wir Platini... *(Karl-Heinz Rummenigge:)* Wir sehen vor allem, dass er dringend einen Friseur braucht...

Lukas Podolski
16 Spiele, 7 Tore. *(nach dem feststehenden Abstieg der Kölner auf die Frage nach seiner Saisonbilanz)*

Ich kann mich an das Spiel gar nicht mehr erinnern. *(auf die Frage, was er vor dem Länderspiel Deutschland gegen Ungarn mit dem Weltmeisterschafts-Finale von 1954 verbinde)*

Wir müssen die Köpfe hochkrempeln und die Ärmel natürlich auch.

Toni Polster
Das ist schon toll, dass ich das mit meinen 35 Jahren noch erleben darf. *(zum wütenden Pfeifkonzert wegen seiner Auswechselung)*

Da kennen Sie unseren Klub aber schlecht. Bei uns kehrt niemals Ruhe ein, denn es gibt nur oben oder unten. Und wenn man unten liegt, wird bei uns noch drauf getreten.

Ein Toni Polster ist noch nie abgestiegen.

Niki Laudas Zahnarzt. *(auf die Frage, wen er gerne kennen lernen würde)*

Warum habt ihr bloß nicht so gespielt, als ich noch da war? *(der nach dem Abstieg des 1. FC Köln zu Borussia Mönchengladbach wechselte und bei einem Kölner 6:1-Sieg gegen den 1. FC Nürnberg auf der Tribüne saß)*

Wenn du schon nicht gewinnen kannst, musst du wenigstens sehen, dass du nicht verlierst.

Ein Denkmal will ich nicht sein, darauf scheißen ja nur die Tauben. *(auf die Frage, ob er in Köln schon ein Denkmal sei)*

Wir lassen uns beide von unseren Frauen scheiden und ziehen zusammen. *(über sein verbessertes Verhältnis zu Trainer Peter Neururer)*

Mein Teamkollege Horst Heldt hat mich jeden Tag umarmt und gesagt: »Lass uns jede Stunde genießen.« Diesem Treiben musste ich ein Ende setzen. *(auf die Frage, warum er seinen Vertrag in Köln verlängert habe)*

Ich bin Optimist. Sogar meine Blutgruppe ist positiv.

Das, was ich schon die letzten 20 Jahre gemacht hab', mich wichtig machen und deppert reden! *(auf die Frage, was er im Gladbach-Management tun werde)*

Ich kann nicht mehr als schießen. Außerdem standen da 40 Leute auf der Linie. *(über eine vergebene Torchance)*

Ich habe es mir sehr genau überlegt und dann spontan zugesagt. *(über seinen Wechsel zu Borussia Mönchengladbach)*

Es gibt Leute, die denken so, und es gibt Leute, die denken so. Das ist immer so, wenn viele Leute zusammenkommen.

Das ist Wahnsinn! Da gibt's Spieler im Team, die laufen noch weniger als ich! *(nach einer Niederlage)*

Man hetzt die Leute auf mit Tatsachen, die nicht der Wahrheit entsprechen.

Für mich gibt es nur »Entweder-oder«. Also entweder voll oder ganz!

Laufen, Toni, laufen. *(Fans des 1. FC Köln)*

In Köln haben sie vier Tage lang die Geschäftsstelle abgeschlossen und jede halbe Stunde eine Flasche Sekt entkorkt, als sie den Toni Polster für 1,8 Millionen Mark nach Gladbach verkauft hatten. *(Hans Meyer)*

Gheorghe Popescu
Die Trainingseinheiten sind zu hart und zu lang. *(der rumänische Nationalspieler über seine Entscheidung, die Karriere zu beenden)*

Gerhard Poschner
Lang und ohne Schlafanzug. *(auf die Frage, wie er vor seiner Rückkehr in die Bundesliga geschlafen habe)*

Ich habe die Schnauze voll! Wenn du dich heutzutage durch die gegnerische Verteidigung quälst, siehst du hinterher aus, als hättest du eine Privataudienz bei Mike Tyson gehabt.

Roy Präger
Mehr Horst Hrubesch war nicht drin. *(nach seinem Kopfballtor gegen Juventus Turin)*

Auffe Bank sitzen is Scheiße, da tut dir der Arsch weh.

Nach der Pause haben wir den
Rhythmus verloren, den wir vorher
nicht gefunden hatten.

Jetzt kommt es darauf an, dass wir
die entscheidenden Punkte gegen
den Nicht-Abstieg sammeln!

70 Prozent ist bei mir nur Glück.
*(über die Art und Weise, wie er Tore
schießt)*

☺

Kriegt er jetzt einen Orden? *(Peter
Pander zum Jubiläums-Platzverweis
von Präger, dem 1000. der Liga)*

Michael Preetz
Kaum einer hat so einen
langen Vertrag wie ich. *(der ins
Management wechselnde Spieler auf
die Frage, ob er nach seinem Tor
gegen Schalke seinen Vertrag doch
noch verlängere)*

Da war dann jeder Treffer ein Tor.

Adi Preißler
Ich bin dreimal um die Erde
gelaufen, aber immer hinter dem
Ball her.

Datt Unterbewusstsein ist dort, wo
der Mensch nix dafür kann.

Wenn wir damals 100.000 Mark
wert waren, müssten wir heute
noch 20.000 Mark davon kriegen.
*(über den 100.000-Mark-Sturm von
Borussia Dortmund in den 1950er
Jahren)*

Sepp Herberger hat zu mir gesagt,
ich solle nicht so viel fummeln. Da
habe ich ihm einfach geantwortet:
»Ohne Fummeln kann ich ja gleich
aufhören.«

Birgit Prinz
Wir diskutieren nicht ewig über
Schiedsrichterentscheidungen
oder machen lange Schwalben und
wälzen uns auf dem Boden rum.
*(über den Unterschied zwischen
Frauen- und Männerfußball)*

Niemand wird sagen, dass Zinedine
Zidane der männliche Birgit Prinz
sei. *(bei der Sportlerwahl 2003)*

R

Petar Radenkovic
*(Der ehemalige OB von München,
Vogel, 1966 zu dem jugoslawischen
Torwart von 1860 nach einem Spiel
in Dortmund: Besonders beeindruckt
war ich, als Sie den Ball erst mit der
Faust abwehrten und dann im Fallen
nochmal mit dem Fuß klärten)*
Ja, ja, Herr Oberbürgermeister,
müssen wir Gastarbeiter eben
arbeiten mit Händen und Füßen...

Bin i Radi, bin i König...

Christian Rahn
Das verstehe ich gar nicht, wir sind
uns doch erst vor zwei Tagen in der
Sauna näher gekommen. *(Oliver
Kahn auf die Bemerkung von Rahn,
er wisse gar nicht, wie er sich solchen
Topstars wie Kahn nähern solle)*

Spieler

Helmut Rahn
Ich zieh ab mit dem linken Fuß, und dat gibt son richtigen Aufsetzer. Wat dann passiert is, dat wisst ihr ja. *(über sein 3:2-Siegtor im WM-Finale 1954)*

☺

Er ist die Greta Garbo des deutschen Fußballs. *(Jörg Wontorra)*

Uwe Rahn
Seitdem Uwe Rahn aus Gladbach weg ist, spielt er wie ein arbeitsloser Lehrer. Er hat keine Klasse mehr. *(Norbert Pflippen)*

Helmut Rahner
Wir stehen auf Platz 18, wo wir hingehören.

Carsten Ramelow
Wir sind gut gestartet, okay. Aber wir dürfen jetzt nicht nachlässig werden. Und wer sich im momentanen Erfolg sonnt, der hat schon fast verloren. Das ist eine gefährliche Gratwanderung. Jetzt klopfen uns wieder viele auf die Schulter. Aber es ist längst nicht alles Gold, was glänzt ... *(drescht Phrasen)*

Es war gut, mit dem Publikum im Rücken gegen den Hexenkessel zu spielen.

Ich habe mich hingelegt. Schon ist es passiert. Ich bin eingeschlafen. *(zu seiner Freizeitbeschäftigung bei der WM)*

Gerade zu Hause liegt unsere Heimstärke.

☺

Der krempelt die Arme hoch. *(Reiner Calmund)*

Der trägt seit 29 Jahren und 9 Tagen seine Hacke durch die Welt und weiß erst heute, was sie wert ist. *(Johannes B. Kerner über Carsten Ramelows Tor mit der Hacke im Länderspiel gegen Litauen)*

Marcel Rath
Wir spielen in Braun-Weiß. Zumindestens hören wir so auf.

☺

Im Training geht er stundenlang raus, knallt aufs Tor, trifft irgendwo hinten in den Weiher oder schießt Vögel ab. Dass das heute besser geklappt hat, muss am schlechten Rasen gelegen haben, von dem ihm die Kugel glücklich auf den rechten Fuß gesprungen ist. *(Holger Stanislawski über seinen Mitspieler)*

Ratinho
Vielleicht mit einem Holzbein!
(auf die Frage, ob er ähnlich mutig dazwischengeprescht wäre)

Ich habe gedacht, Pascal ist Deutscher. Er hätte sich nur die Haare färben müssen. *(über den von Trainer Rehhagel regelwidrig eingewechselten Nigerianer Ojigwe)*

Tobias Rau
Ich habe bei Bayern jedenfalls einiges mehr gerissen als Kahn und Ballack zusammen.
(Bayern Münchens Dauerverletzter)

Wir werden Sie optisch, vor allem aber sportlich, im Auge behalten. *(Michael Steinbrecher)*

Lieber Tobias, ab 2006 kannst du den Stammplatz in der Nationalelf gerne einnehmen. Aber bis dahin wirst du gegen mich kämpfen müssen. *(Christian Ziege auf seiner Internet-Homepage an die Adresse von Tobias Rau, der behauptet hatte, ein Stammplatz bei Bayern sei schwerer zu erobern)*

Rüstü Recber
Lasst mal, Leute! Ich spiele ja eh alleine gegen Leverkusen. *(der Torwart von Fenerbahce Istanbul zu seinen Mitspielern, die bei der 1:2-Niederlage gegen Bayer Leverkusen in der Champions League eine Freistoß-Mauer aufbauen wollten)*

Oliver Reck
Eigentlich sollte ich heute im Sturm auflaufen, aber nachdem der Rost nicht durfte, musste ich ins Tor.

Druck verspüre ich nur, wenn ich morgens auf die Toilette gehe.

So viele Talsohlen gibt es gar nicht, in denen ich schon drin war.

Die Zuschauer haben Eintrittsgeld bezahlt, sie dürfen schreien, was sie wollen. Ob sie uns damit helfen, ist eine ganz andere Sache.

Ich war schon als kleiner Junge immer groß.

Zu meiner Frau habe ich ein Vater-Sohn-Verhältnis.

Ich dachte auch, der spinnt. Als der Reck kam, konnten wir gar nicht mehr jeden decken. *(Eduard Geyer zu Schalkes Torwart, der ab der 77. Minute bei Standardsituationen in den gegnerischen Strafraum stürmte)*

Alvaro Recoba
Mailands Stürmer Alvaro Recoba trifft doch aus 70 Metern in eine Aktentasche. *(Reiner Calmund)*

Laurentiu Reghecampf
Mehr als ein paar Arschwackler und ein paar Flanken kamen dabei nicht rum. *(Eduard Geyer zur Leistung von Reghecampf)*

Den hätte ich auch mit Winterstiefeln nicht schlechter schießen können. *(Eduard Geyer über einen verschossenen Elfmeter)*

Wer so doof ist, gehört nicht in die Bundesliga. *(Eduard Geyer)*

Marco Rehmer
Wir sind hierher gefahren und haben gesagt: »Okay, wenn wir verlieren, fahren wir wieder nach Hause.«

Marco Reich
Früher war ich ein großer Fan von Mönchengladbach. Doch da hatte ich noch keine Ahnung vom Fußball.

Ich bin wohl der Einzige, der sich über den Euro freut: Jetzt bin ich nur noch der 3-Millionen-Euro-Fehleinkauf!

Thomas Reichenberger
Sollten wir uns vier Stunden in den Bus setzen und heulen? Wir haben eben zwei Stunden geheult und dann zwei Stunden Karten gespielt! *(zu Vorwürfen, er und andere Spieler hätten auf der Rückfahrt vom Spiel in Wolfsburg, nachdem der Abstieg feststand, Karten gespielt)*

Bastian Reinhardt
Das war heute nicht mein Tag. Erst die Nase und dann Doping. *(nachdem er sich erst das Nasenbein brach und dann zur Dopingkontrolle musste)*

Wir taufen Bastian um und nennen ihn jetzt Bastinho, und schon haben wir den ersten Brasilianer. *(Klaus Toppmöller nach dem dritten Saisontor des Abwehrspielers)*

Knut Reinhardt
Ich spiele im Süden, ich liebe den Süden – von Dortmund.

Thomas Reis
Wenn der Trainer in der Halbzeit alle Fehler aus der ersten Hälfte analysiert hätte, hätten wir auch die zweite verschlafen.

Claus Reitmaier
Wir waren in der 1. Halbzeit über 90 Minuten die überlegene Mannschaft.

Was man nicht sieht, kann man nicht halten.

Ich will dem Verein mal Angst einjagen. Ich spiele so lange, bis wir einen Titel holen. *(kurz vor seinem 40. Geburtstag)*

Er ist mein Vorbild, weil er immer noch spielt. Der Claus ist 40. Das ist schon noch ein Ziel. *(Oliver Kahn)*

Michael Rensing
Wir sind felsenfest davon überzeugt, dass Michael Rensing der legendäre Nachfolger von Oliver Kahn wird. *(Uli Hoeneß über den damals 18-jährigen Nachwuchstorhüter)*

Stefan Reuter

Zwei Blinde sehen auch nicht blinder als einer.

Das ist da ein ganz komisches Pflaster. Die kommen mit 'ner Blaskapelle! Wenn du die Musik hörst, meinst du, es wäre ein Freundschaftsspiel – und dann kloppen die richtig rein. *(zum Auswärtsspiel in Unterhaching)*

Beim Vergleich mit mir selber komme ich in den Kritiken immer am schlechtesten weg. Irgendwas stimmt da nicht.

Ich sage immer, was ich denke. Aber dazu berufe ich keine Pressekonferenzen ein. Aber so ganz ehrlich werde ich erst sein, wenn ich nach meiner Karriere ein Buch schreibe.

Die meisten verkrampfen beim Laufen, aber ich schalte nach zehn Metern meinen Turbo ein. Ein tolles Gefühl, wenn du weißt: Keiner kann dich halten.

☺

Deutschlands schnellster Geldschrank. *(Trainer Heinz Höher)*

Franck Ribéry

Ihr könnt euch da ja mal hinstellen, und wenn dann Ribéry mit 180 km/h an einem vorbeigelaufen kommt, gibt's wenige, die den stoppen können. *(Manuel Friedrich)*

Lars Ricken

Schwankungen? Wir haben in dieser Saison konstant gespielt – mit drei, vier Ausbrechern.

Vor Schalke! *(auf die Frage, auf welchem Platz Dortmund am Saisonende stehen werde)*

☺

Er hatte plötzlich Sehstörungen. Vielleicht hat er deshalb das Tor getroffen. *(Matthias Sammer über Lars Ricken, der trotz einer eiergroßen Beule am Kopf ein Tor schoss)*

Lars Ricken spielt nie gut. *(Wladimir But über die Leistung seines ehemaligen Mitspielers und Konkurrenten)*

Karl-Heinz Riedle

Es war eine lange, kraftraubende Saison und ich werde mich erstmal regen..., regener... – ich fahr erstmal in Urlaub.

☺

Riedle muss man nur füttern. Dann kommt irgendetwas dabei raus. *(Karl-Heinz Rummenigge)*

Thomas Riedl

Heute Abend werde ich eine Flasche Rotwein von Aldi trinken, weil ich letzte Woche keine Prämie bekommen habe. *(nach einer guten Leistung als Joker zu den seiner Ansicht nach zu geringen Einsatzzeiten)*

Paulo Rink
Ich plane nicht mehr mit ihm, es sei denn, 100 Mann haben Grippe. *(Eduard Geyer)*

Rivaldo
Ich bin 30 Jahre alt und habe noch viel Holz zu verbrennen. Es gibt sehr viele junge und talentierte Spieler in Brasilien, aber auch ich bin noch nicht tot. *(über die Fortsetzung seiner Nationalmannschaftskarriere)*

Wir werden unsere Herzen in die Schuhspitzen stecken. *(vor dem WM-Viertelfinale 2002 gegen England)*

Bryan Robson *(englischer Nationalspieler)*
Würden wir jede Woche so spielen, wären unsere Leistungen nicht so schwankend.

Lody Roembiak *(Spieler von Werder Bremen)*
Das ist eine blöde Quatschfrage, die ich nicht mehr beantworte. Wenn sie jemand stellt, laufe ich weg. *(auf die Frage, ob die Bremer in einer Krise stecken)*

Wolfgang Rolff
Ich mache mir keine Sorgen. Warum soll ich mir die machen? Ich habe doch schon genug.

Jürgen Rollmann
Ich bin der einzige Trainer der Welt, der einen Journalisten ins Tor stellt. Und da heißt es, ich hätte was gegen die Presse. *(Otto Rehhagel)*

Romario
Das ist der größte Unsinn. Die Spieler denken nur an das eine, aber im Doppelzimmer liegt anstelle einer schönen Senorita nur ein Mitspieler. Die Trainer sollten da umdenken.

Gute Stürmer können nur Tore schießen, wenn sie am Abend vor dem Spiel guten Sex hatten. Dafür war ich das beste Beispiel.

Bernardo Romeo
Romeo. Der wirkte auf mich bisher wie ein Bahnhof ohne Gleisanschluss. *(Werner Hansch)*

Ronaldinho
Ronaldinho ist größer als ich. Vier Zentimeter. *(Pelé)*

Ronaldo
Tore machen schlank. Jedenfalls was mich angeht.

Ich habe in Brasilien verfolgt, was über mich geschrieben worden ist. Deswegen will ich jetzt nur »Hallo« sagen. *(nach dem Wechsel zu Inter Mailand bei einer Pressekonferenz)*

Ronaldo ist nicht zu fett, er hat nur zu viele Kilos. *(»El Pais«)*

Ronaldo ist kein Mensch, sondern eine Herde. *(Jorge Valdano)*

Der Mann hat mehr Tricks drauf, als ein Fass voller Zirkusaffen. *(The Guardian)*

Wayne Rooney

Wenn ich mir den Rooney so ansehe, würde ich mir an Paul Gascoignes Stelle mal ganz genau meine Frauenbekanntschaften vor 19 Jahren anschauen. *(Hans Meyer)*

Rooney ist das Anti-Phantom. Wenn er den Ball nicht gerade am Fuß hat, hetzt er ohne Rücksicht auf Grasnarbe und Gegnerschienbein über den Platz, fliegt wie eine Abrissbirne durch die Abwehr *(Telegraph)* und versucht vor Übermut, schon mal an der Mittellinie den Kopf eines Verteidigers abzuschießen. *(Süddeutsche Zeitung)*

An diesem Samstag heiratet Wayne Rooney seine Lebensgefährtin Coleen McLaughlin. Böse Zungen sagen, dass auf die Bordelle in Manchester nun magere Zeiten zukommen, wozu noch bösere Zungen fragen: Warum? *(Christian Zaschke, SZ)*

Axel Roos

Also, wenn ich Berti Vogts wäre und wählen müsste zwischen Jürgen Klinsmann und Ulf Kirsten, würde ich Olaf nehmen. *(über die Leistung seines Mitspielers Olaf Marschall)*

Tomas Rosicky

Fredi heute drei Tore geschissen.

Mit mir spielt die Mannschaft ja schon schrecklich, aber ohne mich spielt sie gespenstisch.

Wenn mein Zimmerpartner Christoph Metzelder direkt nach dem Aufwachen Liegestütze macht, liege ich noch im Bett und schaue fasziniert zu.

Auch wir haben ihn bemerkt. Aber uns fehlte das nötige Kleingeld, um ihn zu verpflichten. *(Frank Pagelsdorf über den BVB-Neuzugang)*

Ich wundere mich, dass Tomas Rosicky einen Muskelfaserriss hat. Wenn man ihn so anschaut, glaubt man kaum, dass er überhaupt Muskeln hat. *(Franz Beckenbauer)*

Uwe Rösler

Grüß Gott. Hier spricht der Anrufbeantworter von Uwe Rösler. Leider bin ich zurzeit für sämtliche Punkt- und Pokalspiele sowie für Anrufe aller Art gesperrt. Bitte hinterlassen Sie eine Nachricht und Ihre Telefonnummer. Ich rufe Sie nach Ablauf meiner Sperre zurück.

Manchmal habe ich den Ehrgeiz, vor mir aufkreuzende Bälle bis auf den Mond zu schießen. Daraus entstehen die besten Abspiele zum Nebenmann.

Wir müssen offensiv spielen – mal mehr, mal weniger, mal gar nicht. Aber alles offensiv!

Spieler

Frank Rost
Dann haben wir am Saisonende wenigstens einen Titel: Unentschieden-König. *(nach dem 13. Remis im 27. Saisonspiel)*

Die meisten von uns trinken Fanta und Cola und gehen um neun Uhr ins Bett. *(über den Charakter seiner Teamkollegen)*

Ja gut, wenn man dreimal hintereinander verliert, dann hat man dreimal verloren und null Punkte.

Die Bremer kommen nicht auf der Wurstbrühe daher geschwommen. *(zur Qualität des Tabellenführers Werder Bremen)*

Unser Saisonziel? 40 Punkte und froh darüber sein! *(nach dem neunten Spieltag und Platz zwölf über das Saisonziel des ambitioniert gestarteten Schalke 04)*

Soll ich mir jetzt die Klamotten vom Leib reißen und »Schalke, Schalke« brüllen? ... Stellt euch doch selber in den Kasten, da kann man leichtes Geld verdienen und dummes Gelaber von Journalisten hören ... Verlieren wir, sind wir die überbezahlten Volldeppen. Alle prügeln auf uns ein, wir sind Idioten und Vollpenner ... Wenn das meine Schuld ist und wir wegen mir verloren haben, ist mir das wurscht. Fußball ist schließlich ein Mannschaftssport. *(nach der 0:3-Niederlage in Wolfsburg auf seine Fehler angesprochen)*

Ich bin stolz, heute der einzige Deutsche in unserem Team gewesen zu sein.

Das weiß ich nicht und kann es Ihnen auch beim besten Willen nicht sagen. *(auf die Frage nach dem nächsten Länderspieltermin)*

Timo Rost
Wir dürfen den Kopf jetzt nicht stecken lassen.

Joe Royle *(englischer Trainer)*
Ich beschuldige keinen Einzelnen. Ich gebe mir die Schuld.

Altin Rrakli *(Spieler vom SC Freiburg)*
Altin Rrakli, der Mann aus Schwalbanien. *(DSF-Kommentator Markus Höhner)*

Wynton Rufer
Eines Tages dachte ich, als Christ mit dem Fußballspielen aufhören zu müssen. Da zeigte mir ein Freund den Vers in der Bibel, der da lautet: »Jeder von Euch, Brüder, soll an dem Platz bleiben, an dem er war, als Gott ihn rief, und er soll diesen Platz so ausfüllen, wie Gott es gefällt« (1. Korinther 7,24).

Santiago Canizares Ruiz *(Spaniens Nationaltorwart)*
Ein Profi muss sich kontrollieren können und umsichtig mit dem Ejakulat umgehen. *(auf die Frage, wie Fußballer mit der sexuellen Abstinenz während eines WM-Turniers umgehen)*

Spieler

Karl-Heinz Rummenigge
Zwölf meiner zehn Tore habe ich im Vorjahr aus der Linksaußenposition geschossen.

Ian Rush *(irischer Nationalspieler)*
Es war, als würde ich im Ausland spielen. *(über seine Zeit bei Juventus Turin)*

Rolf Rüssmann
Wenn wir hier nicht gewinnen, dann treten wir ihnen wenigstens den Rasen kaputt.

Sie haben einen Fuß wie ein Bügeleisen. *(Rudi Gutendorf)*

Toni Sailer
Ganz rein? *(zu Wolfgang Wolf, der ihn einwechseln wollte)*

Nicky Salapa *(Samoas Torwart)*
Die haben wir in einem australischen Supermarkt gekauft. *(auf die Bemerkung eines Reporters, sein Team habe noch nicht einmal Schuhe und Trikots dabeigehabt)*

Wir mussten gegen die Australier mit einer Jugendmannschaft antreten, weil die Älteren keine richtigen Pässe hatten. *(zur 0:31-Niederlage)*

Hasan Salihamidzic
Zupfgeigenhansel-Brazzo. *(Werner Hansch über Salihamidzic, der wegen Trikotziehens die gelbe Karte sah)*

Matthias Sammer
War okay. *(über den Handschlag mit der englischen Königin vor dem Anpfiff des Endspiels im Londoner Wembley-Stadion)*

Ich habe nichts gegen Elfmeterschießen, solange ich nicht antreten muss. Ich kann mich nämlich nicht entscheiden, ich mag beide Ecken.

Ebbe Sand
Ich habe gehört, der Trainer hat schon angerufen und gratuliert. Er ist stolz auf uns und hat uns einige Tage frei gegeben. Wir treffen uns erst am Samstag in Cottbus wieder. *(zur vermeintlichen Reaktion von Trainer Huub Stevens, der aus privaten Gründen nicht beim Spiel war)*

Der Sandsturm des Vorjahrs ist verebbt. *(Jörg Wontorra über die Torflaute von Ebbe Sand)*

Er ist der beste Stürmer, den Schalke in den letzten 20 Jahren hatte. *(Klaus Fischer über seinen aktuellen Nachfolger)*

Souleyman Sané
Es ist derzeit wohl Mode, dass die Frauen einen verlassen. Ich muss mich jetzt auf den Fußball konzentrieren. *(nach der Trennung von seiner Ehefrau Daniela)*

Roque Santa Cruz
Ich weiß, dass ich ein großer Spieler bin.

Der Jüngste auf dem Platz, der ist ja gerade erst 19 geworden. Das hat ja ewig gedauert, der war ja ewig 18. *(Fritz von Thurn und Taxis)*

Vlado Saric *(Spieler von Rot-Weiß Essen)*
Ich fair Foul gespielt. Ich nicht getreten.

Walter »Schoko« Schachner
Schau'n Sie, es gibt, ähh, drei Wörter hab' ich vor der Rückrunde gesagt: »Wir wollen, wir können, aber müssen nicht«.

Ich blickte kurz auf und banante den Ball zur Mitte.

Wie's halt so ist. Jede Statistik geht einmal zu Ende.

Der Spielverlauf wäre ganz anders verlaufen. Das war eine Spielverzerrung. *(über Entscheidungen des Schiris)*

Hans Schäfer
Meinem 1. FC Köln will ich nahe sein, bis ich 100 werde und dann bei einem Glas Kölsch tot an der Theke umfallen. *(der Weltmeister von 1954 anlässlich seines 75. Geburtstags)*

Uwe Scherr *(Spieler von Schalke 04)*
Bei Ablösesummen will ich kein Häppchen, sondern soviel, dass ein Happyend draus wird.

Matthias Scherz
Ich habe versucht, ihn raus zu köpfen. Ich habe ihn reingemacht, ich bin jetzt der Depp. *(über sein Eigentor)*

Toto Schillaci *(italienischer Nationspieler)*
Früher war ich nach schlechten Spielen eine Woche lang schlecht drauf. Das ist heute nicht mehr so, weil ich nur noch schlechte Spiele habe.

Juri Schlünz
Der Juri Schlünz war früher ein begnadeter Fußballspieler. Aber auch eine lahme Ente. *(Hans Meyer)*

Jörg Schmadtke
Der Schmadtke kann nie Nationaltorwart werden. Der trägt viel zu bunte Trikots und Hosen. *(Bodo Illgner)*

Waleri Schmarow *(Spieler vom Karlsruher SC)*
Deutschland scheenes Land, sauber Land. Vieles gute Mensch.

Peter Schmeichel
Deutsche Spieler sind prinzipiell unbegabt.

Wir brüllen beide so laut, dass wir uns übers Spielfeld unterhalten können. *(Oliver Kahn)*

Edgar Schmitt *(Spieler vom Karlsruher SC)*
Ich bin ein Mann für den Strafraum. Nur muss mich der Trainer erstmal aufs Spielfeld lassen.

Bernd Schneider
Vor der Playstation ist mehr Stimmung. *(nach dem deutschen 8:0 WM-Sieg gegen Saudi-Arabien zur Atmosphäre im Sapporo Dome)*

Es bereitet mir am meisten Kopfzerbrechen, dass es für meine Playstation keinen Anschluss gibt. *(über seine ersten Eindrücke vom WM-Quartier in Miyazaki)*

Früher habe ich zu Lothar Matthäus aufgeschaut. Heute steht er neben mir und holt sich das gleiche Mittagessen. *(nach seinem Länderspieldebüt)*

In dieser Gruppe hatten wir doch von vorneherein gar keine Chance. Ich glaube, die haben wir ganz gut genutzt.

Wir sind schon gefragt worden, ob wir ihm eine Sauerstoff-Tablette gegeben haben. *(Joachim Löw)*

Martin Schneider
Wenn ich den Martin Schneider weiter aufstelle, glauben die Leute am Ende wirklich noch, ich sei schwul. *(Friedel Rausch)*

René Schneider
Darauf war ich gar nicht eingerichtet. Ich bleibe lieber zu Hause. *(auf die Ankündigung von BVB-Trainer Nevio Scala, ihn für das Bielefeld-Spiel zu nominieren)*

Thomas Schneider
Es könnte ja Aua machen, es könnte ja einer mit Watte werfen. Wenn er Angst hat, soll er sich hinter die Mauer stellen. *(Ralf Rangnick über das Abwehrverhalten von Verteidiger Thomas Schneider bei einem Freistoßtor)*

Mathias Schober
Der Torwart hat einfach einen Schuss weg, ist wirklich so.

Meine ganze Familie ist für Schalke. Ich mache Schalke zum Meister. *(vor dem letzten Saisonspiel, in dem ein Fehler von ihm zum entscheidenden Treffer der Bayern führte)*

Mehmet Scholl
25 Jahre alt und schon keine Ziele mehr. *(nach dem gewonnen EM-Finale 1996)*

Die schönsten Tore sind diejenigen, bei denen der Ball schön flach oben rein geht.

Mit der Nationalmannschaft ist es wie mit dem Geld: Jeder muss für sich das rausholen, was drin ist.

Meine Unbekümmertheit wandelte sich in kontrollierte Spontanität.

Da denk ich noch nicht dran. Die WM ist ja erst in 2 Jahren. Und dann bin ich ja auch schon 1½ Jahre älter. *(zu seinen Ambitionen für die WM 2006)*

Wenn ich niese, hacke ich mir ins Knie. *(angesprochen auf seine markanten Zähne)*

Mein Sohn ist wegen dem Rennen hier, ich nur wegen den Boxenludern. *(auf die Frage, warum er beim Großen Preis in Hockenheim sei)*

Oliver Kahn wollte sich gerade ertränken. Da konnte ich ihn soeben noch von abhalten. Und der Rest der Mannschaft hat sich auf der Toilette eingeschlossen. *(auf die Frage nach der Stimmung in der Mannschaft des FC Bayern)*

Wie war noch die zweite Frage? Das ist nicht so einfach, ich bin schließlich Fußballer... *(bei einer Pressekonferenz, nachdem ihm zwei Fragen auf einmal gestellt wurden)*

Spielerfrau. *(auf die Frage nach seinem Lieblingsberuf)*

Vor Krieg und Oliver Kahn. *(auf die Frage, vor was er Angst habe)*

Lieber ewiges Talent als gar kein Talent.

Kameradschaft ist, wenn der Kamerad schafft.

Mein Körper besteht aus 68 Kilogramm stahlharter Erotik.

Hängt die Grünen, solange es noch Bäume gibt! *(auf die Frage nach seinem Lebensmotto)*

Ich kann nicht sagen, dass ich es nicht gesagt habe, weil ich es gesagt habe.

Ich werde nie Golf spielen. Erstens ist das für mich kein Sport, und zweitens habe ich noch regelmäßig Sex.

Was mich in den letzten Tagen am meisten beschäftigt hat, ist meine Frisur. Und die ist Scheiße.

»Prinzessin Fergie möchte an einem Kamelrennen teilnehmen. Nicht entschieden ist, wer sie reitet.« – Das ist Harald Schmidt, das sind Meilensteine guten Humors.

Man muss schon mit dem Arsch zur Wand schlafen... *(über Trainingslager)*

Wir werden was trinken und dann heulen wir alle. Dann tauschen wir die Frauen und dann gehts weiter... *(nach seinem Abschiedsspiel gegen Mainz)*

Meine Besonderheit ist, dass ich das Gleiche wie alle anderen Männer auch tue mit Frauen, nur 20 Minuten kürzer.

Meine Frau und ich, wir sind jetzt seit zwei Jahren verheiratet und bei uns läuft alles gut. *(ausweichend auf die Frage, wann ihm Rehhagel denn mitgeteilt habe, dass er wieder nur Ersatzspieler sein werde)*

Ich sehe mich eher als Spieler in einer Position, die es gar nicht gibt.

Ich fliege irgendwo in den Süden – vielleicht nach Kanada oder so.

Es ist mir völlig egal, was es wird. Hauptsache, er ist gesund. *(als werdender Vater)*

Ich hatte noch nie Streit mit meiner Frau. Bis auf das eine Mal, als sie mit aufs Hochzeitsfoto wollte.

Das ist wie ein Auto, das sechs Monate in der Garage gestanden hat und dann direkt auf die Autobahn fährt. *(zu seiner körperlichen Verfassung nach dem Comeback)*

Eng. *(auf die Frage, wie es war, als Bundeskanzler Kohl nach dem EM-Sieg 1996 in die Kabine kam)*

Der hat sogar Haarschnitt-Freiheit. *(Karl-Heinz Rummenigge über Mehmet Scholl, der mit einem Irokesenschnitt auflief)*

Bis sein Vertrag ausläuft im Jahr 2002, braucht er nicht zu warten. Dann ist er doch auch schon um die 42. *(Didi Hamann auf die Frage, ob sein ehemaliger Bayern-München-Kollege [27] ins Ausland wechseln solle)*

Ich kenne da einen zwölfjährigen Jungen, der ist auf dem Geschwister-Scholl-Gymnasium. Und der hat ernsthaft geglaubt, das seien die Geschwister von Mehmet Scholl. *(WDR-Moderator Manni Breuckmann)*

Heiko Scholz
Hoffentlich denkt der Saftig jetzt nicht: Was hab' ich denn da für eine Blaubeere gekauft! *(als er verletzt von Dresden nach Leverkusen wechselte)*

Ich kriege etwa so viel Geld im Monat, wie Rudi Völler und Lothar Matthäus monatlich vertelefonieren.

Gerald Schröder *(Spieler vom FC Verl)*
Warum nicht, wenn kein Training ist? *(auf die Frage, warum die Fußball-Regionalliga-Akteure beim Aufbau des neuen Klubheims zu Schaufel und Spitzhacke greifen)*

Rayk Schröder *(Spieler von Energie Cottbus)*
Die Gegentore waren nicht unbedingt glücklich.

Spieler

Toni Schumacher
Dann zahl' ich ihm seine Jacketkronen. *(in Bezug auf das Foul an Battiston)*

Seither bemühe ich mich, bei jeder leichten Berührung, bei jedem Zusammenstoß, bei jedem Foul im Gegner zuerst den Menschen zu sehen. *(in Bezug auf das Foul an Battiston)*

Das hätte in der Türkei passieren dürfen, aber nicht in der zivilisierten Welt. *(zum Flutlichtausfall während seines Abschiedsspiels in Köln)*

Ich bin Angestellter des 1. FC Köln und würde auch trainieren, wenn der Trainer Willy Millowitsch hieße.

Wenn man seine Laufbahn beendet, stellt sich endgültig raus: Der Rest des Lebens – das ist der längere Teil.

Wenn du immer verlierst, ist jede Ästhetik im Eimer.

Mir ist doch völlig gleichgültig, wer unter mir Bundestrainer ist. *(1987)*

Es gibt Berichte, die sehen aus wie ihre Autoren.

Wenn ich Trainer wäre und der Torjäger müsste immer bei seiner Frau schlafen, um im Spiel zu treffen, ja lieber Gott, dann soll er doch.

Trainer müssen glücklich sein. Kein anderer Schmutzlappen verdient so viel Geld.

Meine Mutter hat immer gesagt: Immer schick ist nimmer schick. Soll heißen: Wer immer gut aussieht, bei dem fällt es irgendwann nicht mehr auf.

Meine Maxime heißt: den Ball halten.

Lieber ein Ende mit Schrecken als ein Schrecken mit Ende. *(Pierre Littbarski über die Entlassung von Toni Schumacher bei Fortuna Köln)*

Alexander Schur
Unsere Fans müssen fünf Bier getrunken haben, um unser Gekicke auswärts zu ertragen.

Die Schalker machen Picknick in Bremen und wir kämpfen um unsere Existenz. Die Dortmunder haben nicht mal gegrätscht. Für mich ist das alles Mafia. *(der Frankfurter beklagt sich über die Einstellung der Gegner der Abstiegskampfkonkurrenten)*

Wenn ich ihn geschlagen hätte, hätte er das Training nicht verfolgen können. *(auf die Beschuldigungen Serge Brancos, er habe ihn in der Kabine geschlagen)*

Bernd Schuster
Bernd Schuster ist die Liz Taylor des deutschen Fußballs. *(Sportjournalist Helmut Schümann)*

Bernd Schuster wird noch als 50-Jähriger bessere Pässe spielen als andere, die 20 Jahre ins Trainingslager gehen. *(Reiner Calmund)*

Manfred Schwabl *(Spieler von Bayern München)*
Wenn's lafft, dann lafft's. Wenn net, dann net. Aber bei uns lafft's.

Danny Schwarz *(Spieler vom Karlsruher SC)*
In den entscheidenden Momenten hat uns einfach das Pech gefehlt!

»Katsche« Schwarzenbeck
Erst hob i den kaltg'stellt und dann hot er gfrogt, ob i ned zu seim Verein möchte. *(über ein Spiel gegen den Schotten Dennis Law)*

Schwarzenbeck als Libero – das ist so, als ob Willy Millowitsch versucht, den Hamlet zu spielen. *(Kölner Stadt-Anzeiger)*

Sebastian Schweinsteiger
Wir haben leider kein Tor gemacht, sonst wäre das Spiel auch anders ausgegangen.

Wenn du das sagst, dann machen wir das halt so. *(zu Oliver Kahn, der ihm in der Pause einen Treffer prophezeit hatte)*

Den Pokal hatte ich schon mal in der Hand. Der stand bei uns zum Putzen im Aufenthaltsraum, da haben wir ihn hochgehoben.

Damals kannte mich kein Spieler. Oder gerade so viel, dass mir keiner ein Autogramm geben und mich wieder wegschicken wollte. *(der Nachwuchsspieler von Bayern München über sein erstes Training mit der Profimannschaft)*

Jörn Schwinkendorf
Bevor der Elber den Ball reinmacht, mach ich ihn lieber selber rein. *(zu seinem Eigentor beim Spiel Freiburg - Bayern.)*

David Seaman
Wenn er der Beste im Lande ist, dann wird er berufen. Egal, ob er 38 oder 48 ist. *(Sven-Göran Eriksson)*

Schon beim ersten Tor hat man festgestellt, dass er sich bewegt wie eine Bahnschranke. Den zweiten hätte er mit der Mütze halten müssen. Das sind Fehler, die hätte man einem Schülertorwart nicht verziehen. *(Franz Beckenbauer zur Leistung von David Seaman im WM-Viertelfinale 2002 Brasilien - England)*

Seaman – der macht ja vogelwilde Dinge da! *(Gerd Rubenbauer)*

So serviert ein Oberkellner das Essen. *(Gerd Rubenbauer über eine missglückte Faustabwehr des englischen Torhüters)*

Den hätten nicht viele gehalten. David Seaman jedenfalls nicht. *(Franz Beckenbauer über eine Glanzparade von Oliver Kahn)*

Zu verkaufen, Englandhüter-Handschuhe, ein Paar, kaum benutzt. Grund für den Verkauf: Unmittelbar bevorstehender Rücktritt. *(Anzeigentext im »Daily Mirror« in Anspielung auf den viel kritisierten Nationaltorhüter)*

Zoltan Sebescen
Uns kann keiner mehr schlagen, außer wir selbst. Und daran arbeiten wir.

Uwe Seeler
Also, ein normales Foul ist für mich nicht unfair.

Bierhoff, Jancker, das ist natürlich für 'ne Brechstange ... Kopfball ... ich meine, sie haben's oft bewiesen.

Mein Motto war immer: Wer sein Glück nicht richtig genießt, der kriegt garantiert Verdauungsschwierigkeiten.

Die Werte hab ich von meinen Eltern mitbekommen. Besonders von meinem Vater und meiner Mutter.

Das ist keine leichte Frage! Da müssen Sie meine Frau fragen – das ist allein Sache des Bundestrainers! *(auf die Frage, welche Taktik er Helmut Schön für die 2. Halbzeit des WM-Finales gegen die Niederlande empfehlen würde)*

Jochen Seitz
Wir geben Vollgas, egal ob Weißwürste kommen. Ich hoffe, es werden einige kommen, denn wir haben großen Hunger. *(zur Bayern-Prämie für einen Sieg der Unterhachinger gegen Leverkusen)*

Uns hat heute die so genannte Torgeilheit gefehlt.

Paulo Sergio
Ich war noch mit den Haarspitzen dran. Ich wollte vor dem Spiel noch zum Frisör gehen, aber das hat zum Glück nicht geklappt. *(zu einem Tor, bei dem er einen Freistoß noch leicht berührte)*

Der Ball muss gut behandelt werden, sonst behandelt er dich schlecht.

Als ich zuletzt Sergio in Eurosport gesehen habe, dachte ich mir auch nur: Das kann er nicht sein, da muss sich einer maskiert haben. *(Reiner Calmund)*

Ein deutscher Spieler hätte wahrscheinlich einen Hüftschaden. *(Matthias Sammer über eine akrobatische Glanzleistung)*

Den Paulo Sergio haben wir für die wichtigen Tore gekauft. Das gibt er uns jetzt zurück. Er ist ja kein Sozialarbeiter bei uns. *(Uli Hoeneß nach Sergios Treffer kurz vor Schluss zum 1:1 gegen Manchester United)*

Ciriaco Sforza
Ich wünsch mir, dass das Publikum hinter der Mannschaft steht, und zwar von der 1. Sekunde bis zur 90. Ich glaube, wir haben zwei unkonzentrierte Fehler gemacht.

Der Ciri ist ein ruhiger Pol. *(Andreas Brehme)*

(Der Vorstandsvorsitzende Kaiserslauterns, René C. Jäggi, über die Leistung seines Schweizer Landsmanns Ciriaco Sforza:) Heute bin ich zum ersten Mal stolz, dass wir den gleichen Pass haben. *(Sforza darauf:* »Ich habe zwei Pässe, er nicht«)

Ciriaco Sforza ist am Ende, aber am Anfang war er heute auch noch nicht. *(Marcel Reif)*

Alan Shearer
Das Einzige, was sie mir vorwerfen können, ist, dass ich immer mein Bestes getan habe.

Ich möchte den Verein nie verlassen. Ich möchte bis zu meinem Lebensende hier bleiben und am liebsten noch darüber hinaus.

Peter Shilton *(englische Torwart-Legende)*
Ich denke, diesmal gewinnt Brasilien. *(Auf die Frage eines Kommentators: Spanien gegen Dänemark. Was tippen sie?)*

Man muss daran glauben, dass man gewinnt. Ich habe daran geglaubt, dass wir Weltmeister werden, bis zum Schlusspfiff, als wir ausgeschieden waren.

Jan Simak
Wenn Jan wirklich denkt, er kann seine Karriere trotz bestehender Verträge einfach so beenden und in Prag ein Bistro eröffnen, dann stellt sich wirklich die Frage, ob er noch in dieser Welt lebt. *(Ralf Rangnick über die angebliche Aussage des verschollenen Spielers)*

Erst war es der Trainer, dann war es das Geld, dann war es die sportliche Perspektive, dann war es die öde und hässliche Stadt und nächste Woche sind es wahrscheinlich die Frauen, die besser poppen können. *(Ralf Rangnick über Simaks immer neue Gründe für einen Vereinswechsel)*

Da sollte er sehr vorsichtig sein. Mit Fußball kann man mehr Geld verdienen als mit Gläser waschen und mit Tische abputzen. *(Reiner Calmund zu den Plänen von Jan Simak, ein Bistro in Prag zu eröffnen)*

Josip Simunic
Alle Österreicher gemeinsam haben technisch nicht so viel drauf wie ich.

Trevor Sinclair *(englischer Nationalspieler)*
Das war eine professionelle, fast eine deutsche Vorstellung. *(über den Auftritt seines Teams beim 0:0 gegen Nigeria)*

Lothar Sippel
Ich wurde geboren, um Tore zu schießen.

Bernd Sobeck
Buchstabier mal Acapulco! *(der Berliner zu Gegenspielern, die er verwirren wollte)*

Rigobert Song
Herr Merk, wir haben einen Mörder verpflichtet. Da müssen Sie etwas Fingerspitzengefühl zeigen. *(Marco Reich zum Schiedsrichter über seinen neu verpflichteten Mitspieler aus Kamerun, der wegen seines bösen Blicks gefürchtet war)*

Neville Southall *(walisischer Torhüter vom FC Everton)*
Wenn du nicht glaubst, dass du gewinnen kannst, gibt es am Ende des Tages keinen Grund, das Bett verlassen zu haben.

Martin Spanring *(Spieler vom SC Freiburg)*
Immer wieder schön, wenn Fußball-Profis sich selbst verarschen können.

Ohne meinen Kopf würde ich in der Verbandsliga spielen.

Jürgen Sparwasser
Wenn man auf meinen Grabstein eines Tages nur »Hamburg '74« schreibt, weiß jeder, wer da drunter liegt.

Giovanni Speranza *(Spieler von Eintracht Frankfurt)*
Ach Quatsch, eher schon wegen den Zähnen ... *(auf die Frage, ob Ronaldo wegen seiner Haare sein Vorbild sei)*

Harald Spörl *(Spieler vom Hamburger SV)*
Das war ein typisches 0:0-Spiel. *(nach einer 1:2-Niederlage)*

Holger Stanislawski
Die Bayern können im nächsten Spiel auf Oliver Kahn verzichten, denn der Pablo Thiam ist doch prima zum Ball gehechtet. *(der St. Paulianer zu einem nicht gepfiffenen Handelfmeter)*

Marco Stark *(Spieler von Wacker Burghausen)*
Uns hat heute leider das Pech gefehlt. *(nach einem 0:1 in Köln)*

Uli Stein
Es entwickeln sich aus den Duellen richtige Zweikämpfe!

Ich bin Einzelkämpfer, nach mir ist nichts mehr. Ich bin der letzte, bin verantwortlich, mir kann keiner helfen.

Die Rücktritte nach der WM '98 sind als »windige Rücktritte« bezeichnet worden. Aus diesen windigen Rücktritten sind in der Presse Windeier gemacht worden. Später sind die Windeier zu Weicheiern erklärt worden.

Das finde ich an den Journalisten so heimtückisch: Die sagen sich, wenn man zum Interview schon keinen Dummen findet, einen Dümmeren findet man allemal.

Lieber mal die Klappe aufreißen als mit einer Scheu-Klappe durchs Leben gehen.

Ich gebe nicht gern Exklusiv-Interviews. Ich habe da immer das Gefühl, ich störe.

Eigentlich ist es nur die Angst des Tormanns vor dem Elfmeterpfiff.

Paul Steiner
Nein, die spielen immer mittwochs, da habe ich keine Zeit. *(auf die Frage, ob die Nationalmannschaft für ihn ein Thema sei)*

Michael Sternkopf
Ich wollte nur Platz machen. *(zu seiner gelb-roten Karte)*

Miroslav Stevic
Meine Nase wird der von Steffi Graf immer ähnlicher. *(nachdem er einen Nasenbeinbruch erlitten hatte und eine Woche später erneut einen Schlag auf die Nase bekam)*

Ich bin vollblutiger Profi.

Mario Stieglmair *(Spieler der SpVgg Unterhaching)*
Wir sind ein bisschen überglücklich.

Jörg Stiel
Hören Sie mal zu: Es ist einfach so, auswärts haben wir dieses Jahr scheinbar ein Problem. Ich habe ca. 97 Prozent meines Gehirns abgesucht, wo das Problem liegt. Es fehlen nur noch drei Prozent. Geben Sie mir noch eine Woche, dann habe ich die drei Prozent auch noch abgesucht und dann sage ich Ihnen, woran das liegt. *(auf die Frage, warum sein Team nur zu Hause gewinnt)*

Ein Schuljahr hat mir so toll gefallen, dass ich es gleich noch einmal genossen habe. *(auf die Frage, wie er in der Schule gewesen sei)*

Hoffentlich kommt jetzt keiner auf die Idee, dass wir das jede Woche machen. *(zum fünftägigen Trainingslager vor einem Sieg in Wolfsburg)*

Wir haben Dienstag ein wichtiges Spiel. Da brauche ich meine Handschuhe. *(zu einem Fan auf Trophäenjagd)*

Wir dürfen uns jetzt nicht selber Salz in die Augen streuen! *(Gladbachs Keeper nach einem glücklichen Pokalsieg)*

Spieler

Wie soll ich die Szene beurteilen? Ich kann doch keine zwei Meter weit sehen. *(der Kontaktlinsenträger befragt zum Handspiel von Leverkusens Keeper Butt)*

Ich ärgere mich eigentlich über jedes Tor. Nur bringe ich mich mit meinen 33 Jahren auch nicht gleich dafür um. Und das ist auf der anderen Seite das Schöne am Fußball: die Vergänglichkeit. Nichts ist so vergänglich wie Fußball.

Jörg Stiel ist in letzter Zeit ein gefragter Interviewpartner. Er verdient dabei mehr Geld als bei uns. *(Hans Meyer)*

Frantisek Straka
Wenn du zu Frantisek Straka sagst, friss den Gegner auf – dann schluckt der 'ne Portion Knoblauch und frisst den Gegner auf! *(Trainer Uwe Reinders über den tschechischen Nationalspieler)*

Jeff Strasser
Ich werde mir Mühe geben und ab jetzt versuchen, nur noch sympathisch zu grätschen.

Alexander Strehmel *(Spieler vom VfB Stuttgart)*
So ein Tor am Samstag und ich zieh dir die Hose aus. *(im Training nach einem genialen Heber von Altin Rrakli)*

Gerade in einem Spiel, in dem die Nerven blank liegen, muss man sein wahres Gesicht zeigen und die Hosen runter lassen.

Solche Bälle haben wir im Training zur Vergasung immer geübt.

Wir wussten, dass Bochum mit dem neuen Trainer ganz anders auftritt – mit Ruhrpott-Mentalität und Kampf um jeden Grashalm.

Unsere ganz große Stärke ist es, dass wir wissen, was wir nicht können.

Thomas Strunz
Alles andere als die Nicht-Meisterschaft wäre ja eine Katastrophe gewesen.

Das Schönste an Stuttgart ist die Autobahn nach München.

Auf Wiedersehen von der Hochzeitsinsel, ich werde mich jetzt mal nach einer Scheidungsinsel umsehen.

Jedes Spiel hat so seine zwei Seiten, und dann noch 1.000 andere.

Es ist ein Sehnenabriss am Schambeinknochen. Hört sich lustig an – ist aber trotzdem beim Fußball passiert.

Jeder hat so seine Probleme. Auch die blonde Nummer 17 der Deutschen. Der müsste sich die Haare anders färben. *(Lawrie Mc Menemy, Nationaltrainer Nordirlands)*

Reinhard Stumpf *(Spieler vom 1. FC Kaiserslautern)*
Die Trainer können sich am Spielfeldrand noch so produzieren: Nicht wer den Bogen schnitzt, entscheidet alles, sondern der, der ihn spannt.

Rudi Sturz *(Spieler vom 1. FC Nürnberg)*
Rudi Sturz, gerade ausgewechselt, schießt in der 90. Minute das 2:0. *(Sportjournalist Sammy Drechsel)*

Hakan Sükür
Gegen England würde ich auch mit nur einem Fuß auflaufen. *(vor dem entscheidenden WM-Qualifikationsspiel Türkei gegen England zu seiner Verletzung)*

Davor Suker
Der Suker ist natürlich ein Stehgeiger, der rumsteht. *(Franz Beckenbauer)*

Alain Sutter
Sutter hat in den Füßen mehr Gefühl als andere in den Händen. Bei ihm möchte man Ball sein. *(Thomas Klementz)*

(Uli Hoeneß:) Der Alain Sutter muss nur mal ab und zu auf sein Müsli verzichten und sich einen ordentlichen Schweinebraten einverleiben. *(Die Antwort von Sutter:)* »Wie man aussieht, wenn man zu viel Schweinebraten isst, sieht man ja an Herrn Hoeneß.«

Horst Szymaniak
Ein Drittel? Nee, ich will mindestens ein Viertel mehr. *(der deutsche Nationalspieler bei Gehaltsverhandlungen)*

Michael Tarnat
Ein Hund der Familie Tarnat. *(auf die Frage, was er im nächsten Leben gern wäre)*

Ich muss mit einer 10-Euro-Karte auskommen. Mehr erlaubt meine Frau nicht. *(auf die Frage, wie hoch seine monatliche Telefonrechnung sei)*

Kein Problem. Ich lasse mich aushalten. *(auf die Frage, wie er sich mit 5 Euro einen tollen Abend mache)*

Ich will an meinem rechten Fuß feilen.

Spieler

Klaus Täuber
Heute knall ich mir die Birne voll, bis mir das Bier zu den Ohren rausläuft!

Es wird langsam Zeit, dass wir Köpfe mit Nägeln machen.

Jupp Tenhagen
Tenhagen ist der erste Mensch, der die Ecken schießen und auch noch selbst reinköpfen muss. *(Trainer Heinz Höher über den Bochumer)*

Andreas Thom
Wir sind keine Beamtenfußballer oder Pillendreher und auch kein Plastikklub – wenn jemand versteht, was ich damit sagen will.

Trainer müssen nur alles besser wissen, aber wir Spieler müssen es besser machen.

Im Alter von fünf Jahren wurden in der DDR die Kinder vermessen und Sportarten zugeteilt. Mich wundert, dass Thom statt Sprinter überhaupt Fußballer werden durfte. *(Reinhard Saftig)*

Klaus Thomforde *(Spieler vom FC St. Pauli)*
In der 1. Liga die Bälle zu halten find ich total geil. Da geht mir voll einer ab!

Claus Thomsen *(Spieler vom VfL Wolfsburg)*
... holen wir aus den nächsten zwei Spielen mindestens sechs Punkte.

Olaf Thon
Wir lassen uns nicht nervös machen, und das geben wir auch nicht zu!

Um den UEFA-Cup 1997 zu erringen, sind fünf Spieler von uns Sportinvaliden geworden. Alle haben damals bis zum letzten Knorpel gekämpft.

Ich bin für das Wachstum nicht zuständig. Ich bin ausgewachsen. *(auf die Frage, ob auf Schalke etwas heranwächst)*

Ich bleibe lieber im Lande und ernähre mich redlich.

Als Libero kann man meckern, ruhig sein und dirigieren. Ich bin also so eine Art Karajan.

Ja gut, ich sag mal so: Woran hat's gelegen? Das ist natürlich die Frage und ich sag einfach mal: Das fragt man sich nachher natürlich immer! *(auf die Frage nach dem Grund einer Niederlage)*

Wir sprechen hier von '88. Das ist 13 Jahre her. *(in der DSF-Viererkette vom 21.02.2003)*

Man darf das Spiel doch nicht so schlecht reden, wie es wirklich war.

Wir spielen hinten Mann gegen Mann, und ich spiel gegen den Mann.

Mensch, mir ist aber kalt jetzt! Ehrlich! Boah! *(ausweichend auf die Frage, warum das Spiel denn so schlecht gelaufen sei)*

Man soll auch die anderen Mannschaften nicht unter dem Teppich kehren lassen.

In erster Linie stehe ich voll hinter dem Trainer, in zweiter Linie hat er Recht.

Ich habe ihn nur ganz leicht retuschiert.

Wenn ihr so weiterspielt, werdet ihr am Ende Meister. *(nach der 0:3-Niederlage von Schalke 04 am 1. Spieltag der Saison 1998/99 gegen den späteren Absteiger Borussia Mönchengladbach zu deren Trainer Friedel Rausch)*

Ich sehe einen positiven Trend: Tiefer kann es nicht mehr gehen.

Thon ist eine Wurst. *(Stefan Effenberg)*

Michael Thurk
Wir werden spontan eine Kneipe plündern, alles wegsaufen und dann in die nächste ziehen. *(nach einem vorzeitig gesicherten Klassenverbleib)*

Hans Tilkowski *(deutscher Nationaltorhüter)*
Alle, die heute Fußball spielen dürfen, sollten Gott dafür danken.

Christian Timm
Weil die Torhüter immer besser werden. *(auf die Frage, warum er seit der Vertragsverlängerung beim 1. FC Köln kein Tor mehr geschossen habe)*

Von meiner Mutter – direkt nach meiner Geburt. *(über seinen ersten Kuss)*

Vielleicht finden wir für die Kollegen von der Boulevard-Presse ein neues Thema, über das sie die nächsten 1080 Minuten schreiben können. *(Ewald Lienen, nachdem Christian Timm nach 1166 Minuten wieder ein Tor erzielte)*

Razundara Tjikuzu
Ich grüße meine kleine Tochter und meine Ex-Freundin. *(Rostocks Siegtorschütze auf Schalke)*

Jens Todt
Das Tor war wie vernagelt. Du darfst jetzt aber nicht eine Woche rumheulen, sondern Mund abwischen, weiter geht's.

Michael Tönnies *(Spieler vom MSV Duisburg)*
Pommes und Pils, so konnte ich prima leben. Aber man wird reifer, lassen wir also die Pommes ...

Fernando Torres
Junge! Du bist so stark. Was geben sie Dir denn in England zu essen? *(Spaniens König Juan Carlos)*

Francesco Totti
Was soll der Scheiß, ich kann kein Englisch. *(auf die Frage, was er von dem Motto »Carpe diem« halte)*

Ich soll ein Mama-Söhnchen sein? Ich umgebe mich eben gerne mit Menschen, die sich um mich kümmern. Und die Mama bleibt eben immer die Mama!

Vielleicht sollte er sich in der Halbzeit mal diese Mädchenfrisur wegmachen und anfangen wie ein Kerl zu spielen. *(Steffen Simon)*

Der Totti, der hat doch bei fast jedem Turnier die rote Karte bekommen. Wenn du ihm das sagst, spuckt er sofort zurück. *(Andrej Woronin)*

Dragan Trkulja
Wir müssen weiterleben und so. *(nach dem Abstieg des SSV Ulm)*

Toni Turek
Toni, du bist ein Fußballgott. *(Herbert Zimmermann über Toni Tureks Glanzparade Sekunden vor dem Ende des WM-Endspiel 1954)*

Carlos Valderrama
Das da vorn, was aussieht wie eine Klobürste, ist Valderrama. *(Bela Rethy)*

Mark van Bommel
Jetzt holen wir noch einen ohne Bommel. *(Rudi Assauer zu den Gerüchten um eine Verpflichtung des Niederländers Mark van Bommel)*

Dick van Burik
Trainer im Profibereich zu sein ist ziemlich schwer. Du hast 25 Spieler und alle wollen spielen. Und wenn du Pech hast, dann hast du ein paar Holländer im Kader. Die wissen eh' immer alles besser. *(der Niederländer als Begründung, warum er lieber Manager als Trainer werden will)*

Daniel van Buyten
Ich spreche im Schlaf und manchmal schreie ich auch. Die Nacht könnte für den Teamkollegen zum Albtraum werden. *(der belgische Abwehrhüne über den Grund, warum er als einziger Nationalspieler im Quartier in Japan ein Einzelzimmer zugeteilt bekommen hat)*

Rafael van der Vaart
Ich hoffe, da steht gar keiner. *(auf die Frage, welchen Verteidiger er gegen Deutschland auf seiner Seite erwartet)*

Ich zahle gar nichts *(zur Geldstrafe wegen seines Wechseltheaters 2007)*. Die Anwort von HSV-Sportchef Didi Beiersdorfer: Wir haben den Vorteil, dass wir das Gehalt überweisen ...

Rein van Duijnhoven
Ich habe überhaupt kein Talent dazu. Zumindest nicht für die weiten Schläge. Da brauchen wir eigentlich einen Suchhund. *(über seine Versuche als Golf-Spieler)*

Wenn wir jetzt noch absteigen, gebe ich meinen Vertrag zurück und höre auf zu spielen. *(nachdem der VfL Bochum am 20. Spieltag 33 Punkte auf dem Konto hatte und auf Platz fünf stand)*

Gerald Vanenburg
Viel Sex. *(der Niederländer auf die Frage, was er nach seiner aktiven Karriere gemacht habe)*

Marco van Hoogdalem
In Kaiserslautern hab' ich gedacht, es wird ein Roter Teufel, jetzt bin ich froh, dass es kein Frankfurter Würstchen wird. *(in Erwartung der Entbindung seines Kindes)*

Arie van Lent
Ich habe keine Spielerfrau, ich habe eine richtige Frau. *(auf die Frage nach der perfekten Spielerfrau)*

Mein Schatten war heute schneller als ich.

Ruud van Nistelrooy
Wir haben uns den Elfmeterpunkt im Training ganz genau angeschaut. *(über die Vorbereitung auf das Elfmeterschießen vor dem Spiel gegen Schweden bei der EM 2004)*

Seine einzige Schwäche ist die Kopfballstärke. *(Werner Hansch)*

Fatmir Vata
Es ist O.K. Wie hat es Olli Kahn gesagt? Wir brauchen Eier. *(über Ronald Mauls Griff in Vatas Weichteile)*

So'n Mädchen! Also, ich hab ihn wirklich net arg getroffen und dann so fünf Saltos drehen. *(Christian Wörns über Fatmir Vata, der nach einem eher harmlosen Foul theatralisch zu Boden ging)*

Luciano Velardi
Herr Trainer, für mich ist schon an diesem Samstag Weihnachten. *(VfL Bochums Amateurspieler, den Trainer Peter Neururer in den Profi-Kader für das Heimspiel gegen 1860 München berief)*

Barry Venison *(englischer Nationalspieler von Liverpool)*
Ich pflegte immer zuerst meinen rechten Stiefel anzuziehen und dann erst meine rechte Socke.

Es hat nichts mit seiner Fähigkeit zu tun. Es liegt vielmehr an seinem Können.

Frank Verlaat
Verlaat ist der Pilot in unserem Flugzeug, ohne den es nicht fliegt. Da können die Stewardessen noch so schön sein. *(Rolf Fringer)*

Mark Viduka *(australischer Nationalspieler)*
Mich würde es nicht stören, alle Spiele zu verlieren, wenn wir die Meisterschaft gewinnen.

Christian Vieri
Ich hätte niemals 90 Milliarden Lire für mich bezahlt.

Berti Vogts
Ich bin mir sicher, unserer Mannschaft wird nichts passieren. *(als Mannschaftskapitän bei der WM 1978 in Argentinien zur Folterpraxis des dortigen Militärregimes)*

Meine nächste und schwierigste Aufgabe wird sein, dass ich Berti beibringe, sich in das Kombinationsspiel einzuschalten. *(Hennes Weisweiler)*

Wenn mich der Konopka zu sehr geärgert hat, ist der Berti über die Mittellinie gekommen und hat mich gerächt. Das war zwar gegen meine pazifistische Grundeinstellung, aber tief drinnen habe ich eine leichte Genugtuung gespürt. *(Ewald Lienen über die früheren Derbys zwischen Gladbach und Köln)*

Vogts ist doch nur ein Weltklasseverteidiger geworden, weil er wie ein Berserker ausgeteilt hat. *(Friedhelm Funkel)*

Der glaubt, durch sein Geschrei zur Persönlichkeit zu werden. *(Bernd Cullmann bei der WM in Argentinien 1978)*

Ich halte Vogts für einen Pflichtklopper. Wenn der nur ein Bein hätte, würde er weiterlaufen. *(TV-Moderator Erich Böhme)*

Berti Vogts hatte vor jedem Spiel gegen mich Dünnschiss. *(Willi »Ente« Lippens)*

Wenn ich so Fußball gespielt hätte wie Berti Vogts, so als reiner Wadenbeißer, dann hätte ich mit 18 Jahren meine Fußballschuhe verbrannt. *(Klaus Toppmöller)*

Rudi Völler
Als Stürmer darf man keine Nerven zeigen. Aber keine Nerven zu haben, das kostet ganz schön Nerven.

Wenn von hinten nichts kommt, sind wir die einsamsten Leute auf dem Platz.

Mich hat noch niemand ohne Ball zum Laufen gebracht.

Ich kann ihm Brücken bauen. Aber die Angst vorm anderen Ufer, vorm gegnerischen Sturm also – die muss er allein abbauen. *(Hermann Nuber)*

Stijn Vreven
Wir haben unser bestes Saisonspiel gezeigt. *(der Neuzugang von Kaiserslautern nach der 0:1-Heimniederlage zum Bundesliga-Auftakt 2003/04 gegen 1860 München)*

Spieler

Herbert Waas *(Spieler von Bayer Leverkusen)*
Wer nie zuerst an sich denkt, muss noch lange nicht alles für andere tun.

Stefan Wächter
Ohne das 2:1 wäre es niemals zum Ausgleich gekommen. *(der Torwart des HSV nach einem 2:2 gegen Schalke über deren Anschlusstor)*

Martin Wagner *(Spieler vom 1. FC Kaiserslautern)*
Wir werden die Spitze mit Messer und Gabel verteidigen.

Es wird jetzt viel versucht von außen zu interpretieren nach innen.

Tomasz Waldoch
Es kann doch niemand behaupten, dass Sex am richtigen Ort zur richtigen Zeit Schaden anrichtet. *(zur Entscheidung von Trainer Engel, bei der WM den Besuch der Spielerfrauen zu gestatten)*

Alexander Walke
Für Deutschland wird der Torwart wohl nicht mehr spielen. So viel Gras kann darüber so schnell gar nicht wachsen. *(Uli Stielike zum Rauswurf des Cannabis-Konsums überführten Bremer Torhüters aus der U20-Nationalmannschaft)*

Fritz Walter
Ha, auch Walter! *(auf die Frage, wie denn seine Frau heiße)*

Der Jürgen Klinsmann und ich, wir sind ein gutes Trio. *(etwas später dann)* Ich meinte: ein Quartett.

Die Sanitäter haben mir sofort eine Invasion gelegt.

In der Türkei hängt in jeder Kneipe ein Bild von Atatürk. Hier in Kaiserslautern hängt fast überall Fritz Walter. *(Friedel Rausch)*

Fritz, mit dir gewinnt Gott jedes Spiel gegen das Böse! *(»taz« im Nachruf auf Fritz Walter)*

Mit dem Kopf kommst du nur selten durch die gegnerische Verteidigung. Versuch's mal mit Köpfchen. *(Sepp Herberger zu seinem Schützling)*

Fritz Walter jun. *(Spieler vom VfB Stuttgart)*
Wo isch mei Kanohn? *(vor der Ehrung als Torschützenkönig)*

Spieler

Ottmar Walter
Ich habe keinen Fehlgriff gemacht. *(der ehemalige Fußball-Weltmeister an seinem 80. Geburtstag zu seiner 57 Jahre währenden Ehe mit seiner Anneliese)*

Ralf Weber *(Spieler von Eintracht Frankfurt)*
Halt's Maul, du Penner! *(zu einem Eintracht-Fan)*

Gegen Rostock war es unsere letzte, in Freiburg wird es unsere allerletzte Chance sein.

Marcus Wedau
Jetzt kommt der Mann, dessen Name hervorragend zum Wedau-Stadion passt: Marcus Wedau. *(Bela Rethy)*

Jürgen Wegmann
Ich bin giftiger als die giftigste Kobra.

Zuerst hatten wir kein Glück, und dann kam auch noch Pech dazu.

Das muss man verstehen, dass er Schwierigkeiten hat sich einzugewöhnen. Er ist die deutsche Sprache noch nicht mächtig.

Nee, Renault! *(auf die Frage, ob er sich einen Wagen mit oder ohne Katalysator gekauft hat)*

Ich habe immer gesagt, dass ich niemals nach Österreich wechseln würde. *(auf die Frage, ob er zum FC Basel wechsele)*

Carsten Wehlmann
Na, dann brauchst du deiner Freundin ja nicht mehr erzählen, du hättest wieder Kopfschmerzen. *(zu seinem Torwart-Kollegen Simon Henzler, der sich einen Hodeneinriss zugezogen hatte)*

Tobias Weis *(Regionalliga-Spieler vom VfB Stuttgart)*
Ich glaub, die drei, vier Chancen, die wir hatten in der 1. Halbzeit, die haben uns so a bissl das Knie gebrochen.

Patrick Weiser
Ja, ja, und Claus Reitmaier spielt Mittelstürmer, weil wir den Torwart auflösen. *(auf die Frage, ob er jetzt, wo Wolfsburg nicht mehr absteigen kann, klassischen Linksaußen spiele)*

Er hat Probleme mit der Pünktlichkeit. Also habe ich zu einem Trick gegriffen: Bei wirklich wichtigen Themen bestelle ich ihn eine halbe Stunde früher. *(Jörg Berger)*

Markus Weissenberger
Was mich an ihm am besten gefällt ist, dass er auch ein bisschen Deutsch kann. *(über den chinesischen Neuzugang Shao bei 1860 München)*

Wir wollten nicht, dass unsere Kinder und Enkelkinder in den Geschichtsbüchern von dem Rekord lesen und dann sagen: Ihr seid damals dabei gewesen. *(nach Bielefelds erstem Sieg nach zehn Niederlagen)*

Timo Wenzel
Timo Wenzel, der seinen Kasten fast sauber gehalten hat, war einer der Garanten für die drei Punkte. *(Felix Magath nach einem 2:1-Sieg seines VfB Stuttgart, bei dem Timo Hildebrand im Tor stand)*

Andreas Wessels
Wir müssen endlich mal anfangen, uns keine Torchancen zu erspielen.

Stefan Wessels
Es ist nicht immer alles wahr, was stimmt.

Sander Westerveld *(niederländischer Nationalspieler)*
Ich habe davon geträumt für einen Club wie Manchester United zu spielen – und jetzt bin ich da, in Liverpool.

Artur Wichniarek
Er ist torgeil, und das ist auch gut so. *(Benno Möhlmann)*

Tim Wiese *(Kaiserslauterns Torwart)*
Ich wollte ihn nicht verletzen. Mir war aber schon beim Herauslaufen klar: Entweder ich treffe den Ball oder ich fliege vom Platz.

Ein in Fitness-Studios grotesk aufgeblasener und solariumverbrannter Vollprolet, der hin und wieder gut hält und sich ansonsten darauf konzentriert, seinen Gegenspielern die Knochen zu polieren. *(Frankfurter Rundschau)*

Und da liegt er wieder, der Wiese, wie ein pumpender Maikäfer auf dem Rücken. *(Premiere-Kommentator Oliver Forster)*

Ray Wilkins *(englischer Nationalspieler)*
Eines Nachts wird der Tag des Ray Wilkins kommen. *(sein Trainer Bobby Robson)*

Marc Wilmots
Ich freue mich, dass ich nach 33 Jahren und elf Operationen noch so ein Tempo spiele.

Marc Wilmots, der Held vom Borsigplatz. *(Jörg Wontorra)*

Marc handelt immer nach dem Motto: Heute operiert, morgen spielen. Am liebsten würde er noch mit einem offenen Wadenbeinbruch auf den Platz rennen. *(Rudi Assauer zu den Stammplatz-Forderungen des lange verletzten Belgiers)*

Franz Wohlfart
Ich denke, Cola dürfen wir schon trinken – aber ohne Jack Daniels.

Mit mir in absoluter Hochform hätte es ein 0:8 gegeben. *(zu einer 0:9-Pleite Österreichs gegen Spanien)*

Roland Wohlfahrt
Zwei Chancen, ein Tor – das nenne ich hundertprozentige Chancenauswertung.

Spieler

Andreas Wolf
Ich war unwahrscheinlich sauer auf Andi Wolf. Er hat von mir in der Halbzeit fast schon Prügel bekommen. *(Wolfgang Wolf zum Platzverweis seines Abwehrspielers)*

Klaus-Dieter Wollitz *(Spieler von Bayer Uerdingen)*
Grundsätzlich ist es so, dass andere Mannschaften von den Möglichkeiten her mehr Möglichkeiten haben. *(über die Chancen seines Klubs in der Regionalliga)*

Was ist denn mehr? *(auf die Frage, ob er sein Gehalt brutto oder netto haben wolle)*

Jonathan Woodgate
Leeds ist ein großer Verein und es war jahrelang mein Zuhause, obwohl ich in Middlesbrough wohne.

Christian Wörns
Als die Zuschauer mir den Mittelfinger gezeigt haben, wusste ich: Es ist wie immer. *(über das Spiel auf Schalke kurz nach den Terroranschlägen vom 11. September)*

Ich kann versprechen, dass wir bis an die Kotzgrenze gehen. *(vor dem Spiel gegen Tschechien bei der EM 2004)*

Bei so vielen Super-Technikern können sogar Grob-Techniker wie Kohler, Reuter und ich gut mitspielen!

Dariusz Wosz
Alles hat gestimmt: Das Wetter war gut, die Stimmung war gut, der Platz war gut – nur wir waren schlecht.

Ich möchte mich nochmal bei die Leute bedanken, die hinter meinem Rücken gestanden haben.

Niemand spielt absichtlich schlecht. Wir lassen doch kein Geld auf dem Platz liegen. *(zur Kritik, die Bochums Ex-Trainer Bernard Dietz an seinen Leistungen übte)*

Auf dem Platz war es totenstill. Denn Schreien kostet Kraft.

Er wird von seinen Gegenspielern in absolute Einzelhaft genommen. *(Thomas Stickroth über die Sonderbewachung von Wosz)*

Jan Wouters *(niederländischer Nationalspieler)*
Ich will nicht unbedingt zu einem Klub mit Traditionen, sondern zu einem mit Geld.

Ian Wright
Mir fehlen noch genau fünf Treffer bis zum Rekord – aber das zähle ich nicht. *(über den Arsenal Torrekord)*

Wolfram Wuttke
Ich kann doch nicht vor jedem Spiel einen Rhetorik-Kurs besuchen.

Immer, wenn ich breit bin, werde ich spitz.

Das Schlimme für mich sind nicht die Spiele, sondern die Zeit, die ich inzwischen brauche, um mich von diesen Spielen zu erholen.

Ein Stürmer ohne Fantasie ist wie ein Tier ohne Instinkt.

Es kommt wieder die Zeit, da kriegen meine Kritiker keinen Tropfen Tinte mehr in ihren Füller.

Gar nicht so unübel, was der Ernst Happel über mich gesagt hat: »Zauberer am Ball, Gassenjunge im Kopf«.

Dann Wolfram Wuttke. Schuhgröße 38. Aber in diesen krummen Zwergenfüßen steckt so viel Gefühl. *(Jörg Dahlmann)*

Ich muss erst abwarten, wie er drauf ist. Vielleicht hat er sich eine Gehirnzerrung zugezogen. *(Peter Neururer)*

Der Wuttke ist heute Genie und morgen Wurschtl. *(Ernst Happel)*

Erik Wynalda *(Spieler vom 1. FC Saarbrücken)*
Gute Organisation, gutes Essen, gute deutsche Mark – die Bundesliga gefällt mir.

Du bist also hier der Indianerhäuptling. Wo ist deine Feder? *(zum SPD-Landtagschef Klimmt)*

Ikk bin ein Käskopp. *(über seine niederländische Abstammung)*

Der Trainer soll mal ganz ruhig sein – ich habe schließlich bisher mein Übergewicht immer gehalten.

Er spricht zwar kein Wort Deutsch, unterhält aber die ganze Mannschaft. *(Peter Neururer)*

Hakan Yakin
Mir ist am Wochenende was über den Weg gelaufen. *(Felix Magath, zur geplanten Verpflichtung des Schweizer Nationalspielers)*

Chen Yang
Noch Mal. Vielen Dank. *(Frankfurts Deutsch lernender Stürmer aus China auf die Bitte eines Reporters nach einem deutschen Satz)*

Anthony Yeboah
Ich wollte den Ball treffen, aber der Ball war nicht da. *(er hatte gegen Michael Schulz nachgetreten)*

Soll ich etwa ein Lagerfeuer im Wohnzimmer machen? *(auf die Feststellung des »Kicker«, er wohne »wie ein deutscher Musterbürger«)*

Wäre ich kein Star, müsste ich mich auch verprügeln lassen. Ich möchte in Deutschland nicht um Asyl bitten müssen.

Blöd an meinem Job: Ich muss arbeiten, wenn auf NDR 2 Fußball läuft.

Gegen Ausländerfeindlichkeit hilft wohl nur, dass jedes Team einen erstklassigen Afrikaner hätte. Wer dann »Nigger, raus!« brüllt, schadet automatisch auch seiner Mannschaft.

Anthony hat innerhalb der Woche auch andere Termine, wo er längere Zeit sitzt. *(Frank Pagelsdorf auf die Frage, warum Torjäger Yeboah nur auf der Bank saß, in Anspielung auf dessen Gerichtsverhandlung)*

Yeboah blieb heute sehr blass. *(Henry Vogt)*

Da hilft nur: Bein aufsägen und Jahresringe zählen. *(Otto Pfister, deutscher Trainer in Afrika, über das Alter von Anthony Yeboah)*

Theodoros Zagorakis
Theodoros Zagorakis – wie ein Dieter Eilts, der Fußball spielen kann, schloss der Mittelfeldspieler jede Lücke im Defensivverbund der Griechen. *(Frankfurter Allgemeine Zeitung)*

Thomas Zampach *(Abwehrspieler von Eintracht Frankfurt)*
Auch ein blinder Affe findet mal eine Banane, aber wir finden momentan weder eine Banane noch ein Korn.

Es ist unfassbar, was wir hier erleben dürfen. Außerdem: Schönen Gruß an Thomas Strunz! Bayern und Nürnberg haben in die Hose geschissen.

Im Moment klebt bei uns die Scheiße an de Hacke und an de Köpp.

Ich würde barfuß nach Bethlehem laufen, um den Klassenerhalt zu schaffen.

Ich habe einen Sohn, der ist, glaube ich, sieben Wochen alt. Dem habe ich das Tor gewidmet.

David Zdrilic
Gegen Tonga habe ich nur 15 Minuten gespielt. *(auf die Frage, warum er bei Australiens 31:0 gegen Samoa 8, beim 22:0 gegen Tonga aber nur 2 Tore geschossen habe)*

Ned Zelic *(australischer Nationalspieler)*
Ich stehe lieber auf dem Platz. Es ist anstrengend genug, den ganzen Tag mit der Familie zu verbringen. *(nach vier trainingsfreien Tagen)*

Walter Zenga
Vor allem bin ich glücklich darüber, dass ich so einen kurzen Namen habe. Wegen der vielen Autogrammwünsche!

Ze Roberto
Wenn für Ze Roberto jemand 30 Millionen bietet, kann er sein Auto putzen und dann ab über die Alpen. *(Reiner Calmund)*

Spieler

In Leverkusen war es so, dass er aufs Klo rennen wollte und sich kurz zuvor in die Hose machte. *(Luciana, die Ehefrau von Ze Roberto, über die verpassten Titelchancen von Bayer Leverkusen)*

Alexander Zickler
Ich habe damals nicht auf die Signale meines Körpers gehört, weil ich nicht geglaubt habe, dass das Schienbein noch ein drittes Mal brechen könnte.

Wenn ich früher so gespielt hätte, hätte Helmut Schön vielleicht nach dem 26. Spiel angerufen und gesagt: Wenn du so weitermachst, lade ich dich demnächst auch mal ein. *(Uli Hoeneß)*

Mohamed Zidan
Ich weiß selbst, dass ich verrückt bin.

Zinedine Zidane
Ohne Zidane werden die Franzosen menschlicher. *(Franz Beckenbauer)*

Wenn der nicht spielt, dann spiele ich auch nicht. *(Stefan Effenberg über Zidane, der trotz Knöchelverletzung gegen den FC Bayern spielen sollte)*

Zidane hat den Oberkörper eines echten Zweikämpfers, aber die Fußsohlen einer Ballerina. *(Gerd Rubenbauer)*

Wir sind es nicht gewohnt, ohne ihn zu spielen. Er war wie ein Löwe im Käfig und hat sehr darunter gelitten, uns zuzuschauen. Es wäre ein Zeichen des Schicksals, wenn er zurückkommt. *(Bixente Lizarazu über Superstar Zinedine Zidane, der in den ersten beiden WM-Spielen verletzungsbedingt pausieren musste)*

Was Zidane mit dem Ball kann, kann Maradona mit einer Orange. *(Michel Platini)*

Du alter Araber hättest auch etwas früher wach werden können. *(Robert Pires zu seinem algerischstämmigen Mannschaftskapitän Zinedine Zidane, der im Spiel gegen England bei der EM 2004 erst in der Nachspielzeit beide Treffer zum 2:1 erzielte)*

Eine Glatze. *(Rodolfo Esteban Cardoso auf die Frage, was Zinedine Zidane habe, das er nicht hat)*

Gegen Zindane hilft nur beten. *(Gennaro Gattuso)*

Christian Ziege

Ja hallo, hier spricht Carl Lewis. *(damals Hertha Zehlendorf, als Uli Hoeneß anrief)*

Ich bin der linke, mittlere, defensive Offensivspieler.

Ich werde nicht akzeptieren, dass gesagt wird: »Die Mannschaft ist ein Scheißhaufen.« So einfach ist es nicht. Logisch sind wir ein Scheißhaufen. Aber das ist nicht der einzige Punkt.

Ich bin froh, dass ich wieder rumrumpeln darf. *(nach dem Ende des Transfer-Hickhacks zwischen Middlesbrough und seinem neuen Arbeitgeber Liverpool)*

Wer kann sich noch an Ewald Lienens aufgeschlitzten Oberschenkel erinnern? Mit ihm kann ich jetzt im Partnerlook gehen. *(nachdem ihm wegen eines Blutergusses der Oberschenkel aufgeschnitten worden war)*

Ich habe gedacht, dass mich im Urlaub nach der Europameisterschaft die Leute nicht so schnell erkennen, wenn ich blond bin. *(auf die Frage nach seiner veränderten Haarfarbe)*

Ich bin nicht nach Liverpool gekommen, um besser Englisch zu lernen. Ich will Fußball spielen. *(als er vom FC Middlesbrough zum FC Liverpool wechselte und meistens auf der Bank saß)*

Ein Teil des Muskels war verholzt. Der Doc sagte, ihm ist absolut rätselhaft, wie ich mit diesem Bein überhaupt laufen und trainieren konnte. Nun werde ich wieder 14 Tage an Krücken gehen, darf das Bein nicht belasten und meine Frau Pia kann mich im Rollstuhl durch die Gegend schieben. Super!

Alle Leute in allen Schichten müssen kämpfen, da kann ich doch wohl nach ein paar Schlägen auf die Zähne beißen. *(nachdem er trotz eines Blutergusses im Oberschenkel weitergespielt hatte)*

Jetzt sieht er aus wie ein frisch lackierter Totalschaden! *(Mario Basler über den frisch geschorenen Glatzkopf Christian Zieges)*

So viele Fehlpässe, wie er sich gegen Rumänien geleistet hat, unterlaufen mir trotz meines Alters in einer Saison nicht. *(Lothar Matthäus über Christian Ziege, der ihn heftig kritisiert hatte)*

Über Ziege gibt's nichts zu meckern. *(Uli Hoeneß)*

Trainer

Rainer Adrion *(Trainer vom SSV Ulm)*
Wir haben wirklich die Seuche und das Glück verfolgt uns auch nicht gerade.

Das Spiel war ausgeglichen – auf beiden Seiten.

Dick Advocaat
Ich bin großer Amerika-Fan. Ich liebe die Küste und möchte mal von Seattle nach Malibu fahren. Einfach Zeit haben. Keine enge Krawatte um den Hals tragen. Einfach dasitzen, Kaffee trinken, Zeitung lesen. Den ganzen Tag. *(über Zukunftsträume; zwei Wochen später war er entlassen)*

Ich spreche Deutsche mit Fehlern. *(bei seiner Vorstellung im Borussia-Park)*

Martin Andermatt
Da können sie vom Jungen zum Mann werden und Jermaine kann sich an einen geregelten Ablauf gewöhnen. *(zur Einberufung der Spieler Mutzel, Preuß und Jones zur Bundeswehr. Jones war im Winter durch einen Discobesuch kurz vor einem Punktspiel unangenehm aufgefallen)*

Man kann zwar schlecht spielen, aber nicht schlecht kämpfen! *(zu den Anforderungen an die Spieler, die er verpflichten möchte)*

Samstag ist ein freier Tag. Wir nutzen den Tag, um in die Schweiz zu fahren. *(am Vortag der Abreise zum Trainingslager in der Schweiz)*

Luis Aragonés *(Trainer von Atlético Madrid)*
Im Fußball ist das Gewinnen verdammt schwer. Das gilt auch für ein Team, von dem es heißt, es sei von einer anderen Galaxie. *(zur Krise bei der »Supermannschaft« des Lokalrivalen Real)*

Wenn meine Spieler auf dem Platz sterben müssen, um gegen Italien zu gewinnen, dann werden sie das tun.

Bruce Arena *(Nationaltrainer der USA)*
Er hat uns geholfen. Vielleicht sollte er am Freitag nochmal anrufen. *(über US-Präsident George W. Bush, der dem US-Team vor dem 2:0 in der WM-Qualifikation gegen Mexiko via Telefon viel Glück gewünscht hatte)*

Acht Tore in einem Spiel – ich bin nicht scharf darauf, dass die Deutschen mich so unterhalten. *(vor dem Viertelfinalspiel gegen Deutschland)*

Klaus Augenthaler
Entweder haben wir einen Auswärtskomplex oder Höhenangst. Ich weiß aber nicht, wie hoch der Betzenberg ist. *(nach Leverkusens 0:0 in Kaiserslautern)*

Eine Spitzenmannschaft agiert einfach ruhiger und cleverer. Ich kenne das aus meiner Bayern-Zeit: Man spielt 75 bis 80 Minuten hinten zu null und vorne macht dann schon einer das Ding rein. *(über die fehlende Abgeklärtheit seiner Spieler)*

Wir leben alle auf dieser Erde, aber eben auf verschiedenen Spielhälften.

Ich kenne doch meine Pappenheimer. Gegen Madrid geben sie wieder Gas. *(nach der 0:2-Schlappe gegen Aufsteiger Mainz zum kommenden Champions-League-Spiel)*

Es ist so wie mit kleinen Kindern. Meiner vierjährigen Tochter muss ich auch jedes Mal wieder auf die Finger hauen, damit sie die Blüten nicht abreißt. *(zu den Leistungsschwankungen seiner Spieler)*

Mir war der Anzug zu schade, sonst wär ich unter die Dusche rein. *(zu der Tatsache, dass einige seiner Spieler drei Minuten nach einem Grottenspiel lachend unter der Dusche gestanden hätten)*

Ich fahre jetzt zum Rathaus. Ich bekomme vom Bürgermeister die Tapferkeitsmedaille für drei Jahre Nürnberg. *(zu seiner Entlassung beim 1. FC Nürnberg)*

Ich kann meine Mannschaft jetzt nicht verteufeln, ich brauche sie ja nächste Woche wieder.

Wenn sie glauben, sie haben einen Blöden vor sich, dann sind sie bei mir an der richtigen Adresse.

Ich hoffe nicht, dass meine Spieler jetzt jeden Donnerstag kegeln gehen wollen. *(nachdem er vor einem Sieg gegen Wolfsburg Kegeln auf den Trainingsplan gesetzt hatte)*

Wir arbeiten uns in der Tabelle kontinuierlich nach hinten.

Egal, wie man es macht, man macht es verkehrt, also machen wir es richtig.

Ich habe doch kein Alkoholproblem. Das ist Rufmord. Hier wird der Eindruck erweckt, ich hätte beim Club nur gesoffen, nie gearbeitet. Was in Nürnberg abgeht, ist unterste Schublade. Da wird eine Kampagne gegen mich gefahren. Das ist eine gemeine Rufschädigung, da wird mein guter Name kaputt gemacht. *(zu angeblichen Alkoholeskapaden)*

Wenn ich nach dem Spiel in die Kabine komme und es braucht keiner einen Verband, dann hab' ich was verkehrt gemacht. *(über mangelnden Einsatz seiner Mannschaft)*

Die vielen jungen Spieler wie Balakow, Soldo und Bordon hätte ich auch gerne. *(Durchschnittsalter 33 Jahre, nach einem Sieg seiner Nürnberger bei den Stuttgarter »jungen Wilden«)*

Ich trinke heute Abend ein schönes Mineralwasser. *(auf die Frage, wie er den Klassenerhalt mit Bayer feiern wird. In Nürnberg wurde ihm zuvor überhöhter Weizenbier-Konsum nachgesagt)*

Die eigentliche Gefahr ist, dass ich in die falsche Kabine gehe. *(über das letzte Saisonspiel als Trainer Leverkusens in Nürnberg, wo er erst wenige Wochen vorher entlassen worden war)*

Ich habe jetzt zwei Wochen zu Hause gesessen, das war schon zu lang. Ich kann nicht jeden Tag Rasen mähen. Die Fische beißen zwar, aber das reicht mir nicht. *(nachdem er kurz nach seiner Entlassung in Nürnberg in Leverkusen angeheuert wurde)*

In Nürnberg fast jede Woche. *(auf die Frage, ob er schon einmal so eine schwierige Situation erlebt habe)*

Heute im Training hab ich 1 Promille gegen 2 Promille spielen lassen. – Und, wer hat gewonnen? – 2 Promille. *(im Interview mit Waldi Hartmann am Tag nach dem Aufstieg und der Feier der Nürnberger)*

Wir sind voll im Soll mit null Punkten. *(nach einem 0:2 in Dortmund am 1. Spieltag)*

Mich kennt keiner wirklich. Selbst meine Frau fragt mich manchmal: Bist du wirklich so?

Wenn ihr abends nicht einschlafen könnt, dürft ihr euch ruhig ein Bierchen als Schlafmittel reinzwitschern. *(Rezept für seine Mannschaft)*

Wir haben ganz schwach begonnen und dann ganz stark nachgelassen.

Ich bin vom Trainer überzeugt. Er hat bis Sonntag volle Rückendeckung. *(Michael A. Roth, Präsident des abstiegsgefährdeten Fußball-Bundesligisten 1. FC Nürnberg, nach einem Krisengespräch mit Klaus Augenthaler)*

Osvaldo Bagnoli *(Trainer von Inter Mailand)*
Viele Profis wissen nicht, was es heißt, Schlange zu stehen, um die Gasrechnungen zu bezahlen oder den Pass zu erneuern.

Otto Baric *(kroatischer Bundesliga-Trainer)*
Diese Spieler, was können nicht, können nicht deshalb nicht, weil sie nicht wollen.

Mein Schwein ist das Glückssymbol. Aber das hat überhaupt nichts mit meinem Charakter zu tun.

Ich weiß nicht, ob ich Intelligenz mag, ganz ehrlich. Zu klug zu sein, ist auch nicht gut. Die zu klug sind, verwandeln auch auf dem Spielfeld ziemlich klare Sachen in eine sehr komplizierte Angelegenheit.

Mario Basler
Lauf mal, du bewegst dich ja wie ich. *(als Jugendcoach beim SC Olching im Training)*

Der Bock will Gärtner werden. *(RTL-Videotext zu Mario Baslers Trainerplänen)*

Es wird spannend zu beobachten sein, ob das bisherige Rauchverbot im VIP-Raum von Jahn Regensburg nicht nur für den Bürgermeister, die Sponsoren oder sonstige Häppchenjäger gilt – sondern auch für ihn, den bekanntesten Fußballprofi unter den Rauchern. *(Spiegel Online)*

Franz Beckenbauer
Wieder Teamchef? Eher springe ich vom Balkon!

Derart viele Verletzungen! Das ist ein Schlag gegen Norbert Blüms Gesundheitsreform.

Wer zu neuen Ufern will, der muss erstmal ins Wasser steigen.

Also, ich bitte Sie: Wo kein Unkraut wächst, da gedeiht schließlich auch kein Weizen. *(über Disziplinarprobleme bei Nationalspielern)*

Ich war an den Erfolgen von Olympique Marseille völlig schuldlos, bitte, glauben Sie mir das.

Der Wermut des Lebens ist gar kein schlechtes Tröpflein.

»Fragt der eine Spanner den anderen: Du, was machen wir heute Nachmittag? Antwortet der andere: Schau mer mal.« Ich muss Ihnen sicher nicht weiter erläutern, dass das mein Lieblingswitz ist.

Was heißt hier richtige Ernährung! Wenn einer den Ball nicht richtig stoppen kann, dann kann er sich noch so gut ernähren und wird den Ball trotzdem nicht richtig stoppen können.

Wenn der Kaiser die Unterlippe vor die Oberlippe schiebt, dann ist Gefahr im Verzug. *(Gerd Rubenbauer)*

Auch ein Franz Beckenbauer kann einmal den Spielern in den so genannten Hintern treten. *(Lothar Matthäus)*

Beckenbauer wäre die Idealbesetzung. Leider hat er erklärt, er würde jeden erschießen, der ihn noch einmal mit dem Traineramt in Verbindung bringt. *(Reiner Calmund über die Aussichten, dass Franz Beckenbauer DFB-Teamchef wird)*

Der kommt in einen Raum und das Licht geht an. Bei mir aber passiert erst mal gar nichts. *(Berti Vogts)*

Leo Beenhakker *(Polens Nationaltrainer)*
Wir machen alles wie immer. Wir laufen nicht nackt durch den Park, nur weil wir jetzt bei der EURO sind.

Klaus Berge *(Trainer von RW Essen)*
Die Reservebank ist leer gefegt. Dann müssen wir noch enger zusammenrücken. *(zur Verletztenmisere)*

Jörg Berger
Dass wir heute verloren haben, ärgert mich noch viel mehr, als dass ich morgen Geburtstag habe!

Man kann wirklich nicht immer seiner eigenen Meinung sein!

Natürlich kann ich Ihnen nur Plattheiten sagen! Was verlangen Sie denn von jemandem ganz unten?! *(im Abstiegskampf)*

Resignation ist der Egoismus der Schwachen.

Ich wollte nicht, dass meine Tochter sächsisch lernt. *(zu seiner Absage, zu Dynamo Dresden zu wechseln)*

Viererkette, Dreierkette, es gibt auch noch Perlenketten ... Ich sage, man soll immer das spielen, was man kann.

Genauso wie Sie! *(auf die Frage, wie er das Gegentor seiner Mannschaft gesehen habe)*

Wenn die UEFA zwei Bälle einführen will, spielen wir auch damit. *(kommentiert die Einführung der Drei-Punkte-Regel)*

Sieht so aus, dass die Titanic doch leichter zu retten gewesen wäre als die Hansa-Kogge. *(in Anspielung auf Fjörtofts Aussage)*

Jörg Berger hätte sogar die Titanic gerettet. *(Jan-Aage Fjörtoft)*

Er kann nicht aus seiner Haut, er ist gelernter DDR-Bürger: immer ein gehöriges Maß an Verbissenheit. *(Jörg Wontorra)*

Ramon Berndroth
Der Schritt erscheint mir nicht so unvernünftig. Ich fühle mich vom Verein fair behandelt. *(nach seiner Entlassung in Offenbach nach nur fünf Spieltagen)*

Ganz frisch und ganz neu musste heute Morgen der Patrick Falk das Training abbrechen. Er hat sich gestern im Stadion, ist er mit Dexter Langen Knie an Knie.

Wir brauchen gegen die schnellen Karlsruher Stürmer, ich habe einige Spiele von Karlsruhe gesehen, für mich ist eigentlich ein wenig überraschend, dass die noch kein Tor in ihrer Punktrunde geschossen haben.

Carlos Bilardo *(argentinischer Nationaltrainer)*
Wenn die Presse kommt, sage ich mir: Nichtssagendes Gerede ist immerhin noch ehrlicher als vielsagendes Schweigen.

Es gibt Zwerge, die verlangen doch glatt vom Riesen, dass er zu ihnen aufschauen möge. *(nach dem 0:1 von Argentinien gegen Kamerun bei der WM 1990)*

Slaven Bilic
Ich suche nicht nach Alibis, aber die Luftfeuchtigkeit war hoch.

Oleg Blochin
Ich danke den Journalisten für ihre vielen aufschlussreichen Artikel über das ukrainische Team. Dies alles zu lesen, war für mich wie Science-Fiction-Literatur.

Hristo Bonev *(bulgarischer Nationaltrainer)*
Dieser Sieg hat eine große Süßigkeit für uns.

Hannes Bongartz
Natürlich bin ich auch ein Zweifler. Aber ich sage Ihnen auch: Der Zweifelnde zweifelt an sich selbst zuletzt.

Ich gratuliere dem SV Werder, aber auch der Bremer Wäschefrau, denn sie kann die Torwartkluft von Oliver Reck wieder ungenutzt in den Schrank hängen. *(nach einer Niederlage in Bremen)*

Wat nix kost, dat is auch nix. *(über Spielereinkäufe)*

Der müsste mal eine Woche lang mit Franz Beckenbauer essen gehen, damit er Nonchalance lernt. *(Jörg Wontorra)*

Lieber steige ich ab, als Hannes Bongartz in die Wüste zu schicken. *(Klaus Steilmann)*

Rainer Bonhof
Sylvester Stallone und Arnold Schwarzenegger in der Abwehr, Bruce Willis im Mittelfeld und Jean Claude van Damme im Sturm. *(auf die Frage, wie er die verletzten Spieler zu ersetzen gedenke)*

Bernhard Langer hat mal gesagt, Leistungssport spielt sich zwischen den Ohren ab. *(zur Nervenschwäche seines Teams)*

Wir müssen die Basis fundieren.

Aus den eigenen Fehlern zu lernen ist recht und teuer, aus den Fehlern anderer zu lernen recht und billig.

Andreas Brehme
Zum Glück ist die Mannschaft nach dem Spiel besser ins Spiel gekommen.

Einfacher ist es als Spieler. Auf der Trainerbank wird man manchmal bekloppt.

Ich bin bärenstolz auf meine Mannschaft.

Wir haben mit einem Arbeitssieg das Spiel gewonnen.

Uns steht ein hartes Programm ins Gesicht.

Wenn Sie mich heute Scheiße fragen, wissen Sie auch nicht, ob Sie morgen noch Ihren Job haben. *(nach einer Niederlage auf die Frage, ob er glaube, am nächsten Tag noch Trainer des 1. FC Kaiserslautern zu sein)*

Wir waren immer überzeugt von ihn.

Die Flanken von außen sind auch Roberto Carlos und Cafu denen ihre Spezialität.

Bedanken möchten wir uns auch bei den Fans, auf denen wir uns immer verlassen konnten.

Vor dem Torwandschießen: Also bei mir geht das mit dem linken Fuß genauer und mit dem rechten fester! *(Moderator: »Und mit welchem Fuß schießen sie jetzt auf die Torwand?«)* Ja, mit dem rechten!

Den Rat, den ich weiterzugeben habe: Wenn junge Profis träumen, sollten sie auf keinen Fall schlafen.

Wir müssen die deutsch-holländische Feindschaft wieder aufleben lassen. *(nach dem UEFA-Cup-Spiel Eindhoven - Kaiserslautern, das wegen Zuschauerausschreitungen unterbrochen werden musste)*

Das Unmögliche möglich zu machen, wird ein Ding der Unmöglichkeit.

Wir hatten viele Verletzte, aber das soll den Sieg der Freiburger in keinster Weise schmeicheln.

Von der Einstellung her stimmt die Einstellung.

Es war die Chancenauswertung, die wir nicht verwertet haben.

Der Dings ist auch in der 2. Halbzeit immer besser geworden. *(über einen seiner Spieler)*

Ich habe gesehen, dass die Mannschaft 90 Minuten auf dem Platz war.

Was ich schon alles gewonnen habe... Da brauch' ich nicht die Tabelle ausschneiden.

Das sind alles alte Karamellen. *(über die Statistik von Rekordmeister Bayern München, der trotz des Startrekords von 1995 damals nicht Meister wurde)*

Es gibt keine zwei Fraktionen, nur ein paar Wahnsinnige, die Unruhe in den Verein tragen – darunter auch die Presse. *(zur Vermutung, dass verschiedene Spielerberater einen Keil in die Mannschaft treiben)*

Was mir ja an Andy Brehme so imponiert, ist, dass er nicht ständig den Intellektuellen raushängen lässt. *(Harald Schmidt)*

Hans-Peter Briegel

Da macht man den Rudi Völler zum Kasper von Daum, und nun sucht man noch ein Kasperle für den Kasper. Unglaublich, was da geschieht! *(zur Ribbeck-Nachfolge)*

Die Regeln der Vereinspolitik sind doch ganz einfach: Im Vordergrund spielt sich einer auf, aber im Hintergrund spielt sich alles ab.

Überhaupt nicht. Ich wäre aber auch nicht überrascht gewesen, wenn Frau Rehhagel diese Position übernommen hätte. *(nach seinem Rücktritt als Sportlicher Leiter des 1. FC Kaiserslautern auf die Frage, ob er überrascht sei, dass seine bisherige Stelle nicht neu besetzt werde)*

Karel Brückner *(Nationaltrainer Tschechiens)*

Auf die Griechen wollte ich mich nicht vorbereiten, bevor wir nicht das Halbfinale erreicht haben, denn ich wollte die Fußballgötter nicht erzürnen. *(nach dem 3:0 im Viertelfinale der EM 2004 gegen Dänemark)*

Guido Buchwald

Ich bin der einzige Trainer, der darauf hinarbeitet, entlassen zu werden. (als Interimstrainer in Karlsruhe)

Horst Buhtz *(Trainer von Bayer Uerdingen)*

Es ist ein Muskelfaserriss in der Schamgegend. Da können Sie sich viel drunter vorstellen: Das geht vorne los und hört hinten auf. *(über eine Verletzung seines Spielers Paul Hahn)*

Tschik Cajkovski

Winschte, Maschine stirzt ab. *(der Trainer nach einem 1:8 des 1. FC Köln in Dundee)*

Wenn einer auf so einer Pressekonferenz geschwollen daherredet, sind am wenigsten seine Mandeln schuld.

Das ist kein Unvermögen. Bei uns ist das Kunst. *(nach mehreren vergebenen Torchancen seines Spielers Dieter Müller)*

Rauschender Beifall interessiert mich nicht mehr. Der erinnert mich nur noch an eine nachhaltig betätigte Wasserspülung.

Die Torhüter spinnen alle ein bisschen. Ich kannte mal einen, der schrieb einen Brief deshalb langsam, weil er wusste, dass seine Mutter nur langsam lesen konnte.

José Antonio Camacho
Wir waren besonders motiviert. Dieser Trainer Camacho, Caramba oder wie der heißt, hat vor dem Spiel im spanischen Fernsehen gesagt, Fußball in Deutschland ist nur bumm, bumm, bumm. Nächstes Mal soll er die Fresse halten. *(Giovane Elber nach dem 4:2-Sieg seiner Bayern bei Real Madrid)*

Slobodan Cendic
Du kannst nichts dafür, du nicht. Ich bin der Idiot, der dich aufgestellt hat. (der Schalker Trainer zu einem Spieler)

Bobby Charlton
Ich mag Spieler, die sich mir gegenüber als Trainer leidenschaftlich allen Zustimmungen unterwerfen.

Jack Charlton
Die Verteidigung Arsenals segelt hart am Wind.

Ich habe die Spiele sonntags im Fernsehen gesehen, fast jeden Tag der Woche.

Brian Clough
Akne ist ein größeres Problem als Verletzungen.

Brasilien ist der Favorit, wenn sie der Favorit sind, der sie sind.

Der beste Nationaltrainer, den England nie hatte. *(»Neue Züricher Zeitung« über den verstorbenen englischen Erfolgstrainer von Nottingham Forest, der nie Nationalcoach war)*

Egon Coordes
Körperlich haben wir keine Probleme – physisch müssen wir was tun.

Interpretieren Sie, wie Sie wollen. Aber bitte richtig.

Serse Cosmi
Dann stelle ich mein Spielsystem eben auf 90-60-90 um. *(Trainer des AC Perugia, dessen Präsident nach der Verpflichtung von Al Saadi Gaddafi auch eine Frau für die Mannschaft des italienischen Erstligisten gewinnen will)*

Dettmar Cramer
Man kann den Ball bis zu einer gewissen Grenze vollkommen regieren, aber es bleibt immer ein Rest von Zufall, von Chaos, von Unberechenbarkeit.

Meine Mutter ist schon 90 Jahre alt, aber sie versteht immer noch alles. Nur mit dem Abseits hat sie Probleme. Sie hat mal zu mir gesagt: »Du bist doch bei der FIFA, schaff' endlich diese blöde Regel ab.«

Das Finale war doch in Glasgow. Das kann höchstens Whiskey gewesen sein. *(der Karl-Heinz Rummenigge vor dem Landesmeister-Finale 1976 zwei Cognacs zur Beruhigung gegeben haben soll)*

☺

Der Dettmar Cramer hat doch nur den Schwarzen im Senegal beigebracht, wie man Kakteen umdribbelt. *(Max Merkel)*
(Die Antwort von Dettmar Cramer:) Hier ist der Kollege Merkel schlecht in Geografie: Im Senegal gibt es gar keine Kakteen.

Johan Cruyff
Acht Niederländer in einer Mannschaft sind wie eine Zeitbombe. *(über die Situation beim FC Barcelona)*

Fragen Sie mich nicht nach nächster Woche! Für gewöhnlich hält schon der übernächste Tag nicht das, was der gestrige versprach und der heutige auf den morgigen verschiebt.

Ein Titel ist gut, zwei Titel sind aber besser: Da läuft sich der Held, wenn er seine Orden trägt, die Absätze wenigstens gleichmäßig schief.

Fußballer von der Straße sind wichtiger als studierte Trainer.

Ich habe zwei Masseure, einer spielte in der zweiten, einer in der dritten Division. Beide schießen links wie rechts problemlos. Wer aber ist von meiner Mannschaft beidfüßig? Das verstehe ich unter Technik.

Pal Csernai *(Trainer von Eintracht Frankfurt)*
In der Bundesliga wird ein Fußball gespielt, wie sie in China Anzüge tragen: einheitlich, alles gleich.

Konkurrenz macht Ärger, aber vor allem flinke Beine.

☺

Er sollte sich vor allem mal Gedanken darüber machen, warum ihn bisher jeder Bundesligist gefeuert hat. *(Winfried Schäfer)*

 D

Christoph Daum
Wir haben ungefähr 27 Gruppen im Kader. Wir treten an unter der Prämisse der Artenvielfalt. *(über die Grüppchenbildung in seinem Team)*

Die Beurteilung haben Sie vorweggenommen. Und wenn ich hier nur zum Bestätigen hier bin, muss ich sagen: dafür bin ich mir zu schade.

Das Flackern in meinen Augen werde ich auch in Zukunft nicht ändern können. *(im Zusammenhang mit seinem Drogengeständnis)*

Die Wahrnehmung des Menschen erfolgt über die Augen: Was man sieht, will man haben. Wenn ich 35.000 Mark verspreche, ist das eine abstrakte Summe. Profis müssen Geldscheine sehen. Ich bin sogar einen Schritt weiter gegangen: Woher kommt das Wort »begreifen«? Ein Kind lernt seine Umwelt kennen, indem es greift, anfasst, eben begreift. Ich habe also die Banknoten auf Pappe geklebt und die Spieler anfassen lassen. Da werden ganz andere körperliche Prozesse ausgelöst, als wenn ich nur sage: Jungs, es geht um 35 Mille.

Ob Rotationsprinzip oder Detonationsprinzip: Hauptsache wir gewinnen!

Im Vergleich zu den Artikeln, die sie schreiben, sind die Märchen aus Tausendundeiner Nacht empirische Untersuchungen. *(über türkische Sportjournalisten)*

Mein Lieblingstier ist der Elefant. Er hat eine dicke Haut und einen breiten Rücken.

Zur Entwicklung jedes normalen Menschen gehört es jawohl, dass er eine Sturm-und-Drang-Phase hat. Da bin ich jetzt, na und?! *(im Oktober 1992, 39-jährig)*

Vielleicht bin ich der Lautsprecher der Liga. Aber ich sage allen, die an irgendwelchen Knöpfen zu drehen versuchen: Ich schalte mich selber an – oder auch nicht.

Wie soll ich mich fühlen!? Ich freue mich immer über Niederlagen! *(nach einer Niederlage auf seine Gefühle angesprochen)*

Der Erfolg eines Clubs fängt dort an, wo auch der Platzwart zum Siegertyp wird.

Ich werde das Rad nicht neu erfinden. Aber ich werde wieder Profil auf einen Reifen geben, der abgefahren ist. *(über seine damals noch akute, zukünftige Aufgabe als Bundestrainer)*

Mir ist es egal, ob es ein Brasilianer, Pole, Kroate, Norddeutscher oder Süddeutscher ist. Die Leistung entscheidet, nicht irgendeine Blutgruppe.

Christoph Daum steht für die Position als Bundestrainer nicht zur Verfügung und damit verabschiede ich mich aus dieser Diskussion – und das endgültig.

Andere erziehen ihre Kinder zweisprachig, ich beidfüßig.

Wir überlegten, jemanden vom Arbeitsamt zu holen, der den Spielern Alternativberufe zeigt. *(zum Thema Motivation)*

Man muss nicht immer die absolute Mehrheit hinter sich haben, manchmal reichen auch 51 Prozent.

Das ist wie bei einem Elektriker, der hinkommt und nur einen Wackelkontakt beheben muss, weil eigentlich alles vorhanden ist. Er fügt die richtigen Stecker zusammen und plötzlich ist alles wieder unter Höchstspannung. *(über seine Rolle bei Bayer Leverkusen)*

Ich bin ein Mensch, der gern die Gelegenheiten beim Schopf packt. Aber ich passe schon auf, dass ich plötzlich nicht nur Perücken in der Hand halte.

In der Schlussphase war der Pfosten der Einzige, auf den wir uns hundertprozentig verlassen konnten.

Was haben sich die Leute dafür zu interessieren, dass mein Lieblingsschriftsteller der Max Frisch ist, dass ich Bertolt Brecht sehr schätze, dass ich Tucholsky als sehr lehrreich empfinde? Soll ich mir einen intellektuellen Touch geben? Brauch' ich den? Wen interessiert es denn, dass ich derzeit anfange, junge, unbekannte Maler zu kaufen? Wer muss wissen, wie viel ich mit meinen Kindern bastle?

Ich bin kein Übermensch. Auch, wenn mir das keiner glaubt.

Nun gut, wir haben 0:0 gespielt. Aber das Spiel hätte auch andersherum ausgehen können.

Wann wird endlich die Wegwerfpfanne erfunden? *(als Strohwitwer)*

Ich bin Leidenschaft, Begeisterung, Engagement!

Ich werde jetzt ruhiger, weil ich gemerkt habe, wie klein der Schritt ist vom Messias zum Spruchbeutel.

Eigentlich bin ich nur nach Österreich gegangen, um eine neue Sprache zu lernen. *(auf die Frage nach seiner Zukunft bei Austria Wien)*

Wahrscheinlich muss der Bundestrainer etwas Bajuwarisches haben. Vielleicht reicht eine Lederhose. *(über das Amt des Bundestrainers aus Sicht der Bayern)*

Normalerweise sind Trainer Optimisten. Aber das sind ja die meisten schon. Also musst du auch dort wieder einen draufsetzen – und die Steigerung von Optimismus ist eben Utopie.

Ein schlechter Trainer ist man offenbar schon dann, wenn man in diesem Geschäft ein schlechter Schauspieler ist. Aber ich habe doch keinen Vertrag mit dem Stadttheater.

Gestern war ich noch der Größte, hatte ich alles, was ich wollte. Heute habe ich nichts und bin erledigt. *(zu einem Hotelangestellten in den USA)*

☺

Ich hätte mir die Haare gewaschen. *(Felix Magath auf die Frage, was er an Daums Stelle mit seinen Haaren gemacht hätte)*

Ja, wenn Gras über die Sache gewachsen ist. *(Franz Beckenbauer auf die Frage, ob Christoph Daum nach den Drogenvorwürfen noch einmal Trainer werden könne)*

Der Christoph Daum, der sollte mal eine Erziehungskur machen. *(Franz Beckenbauer)*

Christoph, lass das Koksen sein. Das macht den Kopf hohl. Ich weiß, von was ich rede! *(Jimmy Hartwig zum Kokainkonsum von Daum)*

Sein Geständnis war richtig. Jetzt stehen ihm in der Bundesliga wieder alle Türen offen. *(Karl-Heinz Wildmoser)*

Wichtig ist, dass er nun eine klare Linie in sein Leben bringt. *(Lothar Matthäus zum Kokaingeständnis von Christoph Daum)*

Er benutzt die Medien wie jemand, der den Politikern äußerst aufmerksam zugeschaut hat. *(Jörg Wontorra)*

Er sieht aus wie ein moderner Elvis Presley. Fehlt nur ein bisschen Glitzer. *(Reiner Calmund zu Christoph Daums blauem Anzug)*

Mit dem verglichen zu werden – das ist eine Beleidigung. *(Peter Neururer)*

Dann müsst ihr das mit der Versicherung klarmachen, dass er nicht mehr schnupft. *(Rudi Assauer gegenüber Journalisten, die Christoph Daum als neuen Trainer ins Gespräch gebracht hatten)*

Den Äußerungen eines Schwachsinnigen brauche ich nicht zuzustimmen. *(Bochums Trainer Peter Neururer über Christoph Daum, der den VfL als Abstiegskandidaten bezeichnet hatte)*

Ob der da ist oder der Natz von Dülem, ist mir egal. *(Rudi Assauer zu Christoph Daums Auftritt im Aktuellen Sportstudio)*

Mit einem richtigen Sportpsychologen war es das erste Mal, aber ich hatte schon mal eine ähnliche Begegnung mit Christoph Daum. *(Michael Ballack auf die Frage, ob er vor Hans Dieter Hermann, der sich in Japan dem Nationalteam vorstellte, schon mal Kontakt mit Sportpsychologen hatte)*

Vicente del Bosque
Spiel doch selber, du Hurensohn! *(Fernando Morientes zu seinem Trainer, als dieser ihn kurz vor Spielende einwechseln wollte)*

Aad de Mos *(niederländischer Trainer von Werder Bremen)*
Ich spiele weiterhin mit Risiko. Schließlich profitieren alle davon: Wir, das Publikum und auch der Gegner.

Dietmar Demuth
Ich muss mich noch bei meinem Präsidium entschuldigen, weil wir das Saisonziel »Klassenerhalt« nicht geschafft haben. (zum überraschenden Aufstieg des FC St. Pauli)

Selbst wenn ich wollte: ich habe ja gar keinen Beton, den ich anrühren könnte. (über die Abwehr von St. Pauli)

Eine Tafel Schokolade esse ich wie ein Stück Brot.

Unsere Tabellensituation hat sich über Weihnachten leider nicht gebessert.

Wir steigen jetzt in den Bus ein und heulen im Kollektiv. Dann fallen wir uns in die Arme. Dann ist es vergessen. *(nach einer 0:4-Niederlage)*

Jupp Derwall
Es gibt Jobs, da fallen die Leute die Treppe hinauf: Wir stolpern meist über Treppen, die es gar nicht gibt.

Da steckste nich drin. *(zu Spielabläufen)*

Man muss im Leben mehrmals seinen Zeitgeist aufgeben, um am Leben zu bleiben.

Die Stimmung in einer Mannschaft muss stimmen. Denn vom Miesmacher zum Mistmacher ist es nur ein kleiner Schritt.

Niederlagen sind sehr heilsam, solange sie nicht zum Sieg führen.

Bernhard Dietz
Wenn ein 16-Jähriger, der mit Ach und Krach unfallfrei den Ball stoppen kann, mit drei Beratern erscheint, um einen Millionenvertrag auszuhandeln, ertrage ich das einfach nicht. *(auf die Frage, warum er nicht weiter die Profis des VfL Bochum trainiere, sondern wieder die Amateurmannschaft übernehme)*

Wir holen unsere Leute aus dem Sauerland. Das ist unspektakulär. Aber es geht.

Das Vereinslied können wir nicht mehr singen. Bei uns sind zu viele Spieler im Stimmbruch. *(als Trainer des MSV Duisburg über seine stark verjüngte Mannschaft)*

Entweder schaffe ich die Mannschaft oder die mich.

Rolf Dohmen
Ich muss mir wohl beim DFB ein Zimmer suchen! *(nach dem zweiten strittigen Platzverweis innerhalb kürzester Zeit)*

Rolf, wenn du deine Mannschaft nicht sehn willst, kannst du mit uns fahren. Du darfst auch vorne sitzen. *(Fans von Eintracht Frankfurt zu ihrem Interimstrainer nach einem 2:5 in Freiburg)*

Rolf Dohmen ist jetzt unser Rudi Völler. *(Reinhard Gödel, Aufsichtsrat Eintracht Frankfurt)*

Raymond Domenech
Wir leben in Frankreich, da ist es normal, dass Köpfe rollen! *(Emmanuel Petit, Weltmeister von 1998, fordert den Rauswurf des Trainers)*

Ich bin nicht abergläubisch. Das bringt Unglück.

Es gibt einige Sachen, die wir hätten besser machen können: die Torchancen nutzen und dem Schiedsrichter eine Brille kaufen.

Carlos Dunga
Ihr seid nie zufrieden. Ihr würdet noch klagen, wenn ich Jesus Christus berufen würde. *(zu Journalisten)*

Horst Ehrmantraut
Zufriedenheit bedeutet Stillstand. Und Stillstand bedeutet Rückschritt.

Früher war es Hitlerjugend und jetzt ist es korrekt! *(Jan-Aage Fjörtoft über die Methoden des Trainers)*

Willi Entenmann
Elf Freunde müsst ihr sein? Ich wäre momentan schon froh, hätte ich elf Gesunde!

Keiner fragt, was man arbeitet, jeder schaut nur auf die Tabelle.

Als ich beim VfB war, hat der fortwährend an meinem Stuhl gesägt. Ein Sägeknecht! *(Arie Haan)*

Sven-Göran Eriksson
Wenn wir das Spiel noch einmal spielen müssten, würde ich alles genauso machen. Nur in der Nachspielzeit würde ich den Ball hoch auf die Tribüne dreschen. *(nach der 1:2-Last-Minute-Niederlage gegen Frankreich bei der EM 2004)*

Ich wünschte, ich hätte viel Geld
darauf gewettet, dass Frankreich
bei dieser WM ohne Torerfolg
ausscheidet. Dann hätte ich jetzt
eine schöne Summe verdient.
*(Englands Trainer nach Frankreichs
WM-Aus)*

Holger Fach
Und trotzdem gefällt mir meine
Mannschaft. *(nach einem mageren
1:1 gegen Rostock)*

Ja, aber das war kurz nach dem
2. Weltkrieg. *(auf die Frage, ob er
schon einmal vor dem DFB-Sportgericht stand)*

Geldscheine an die Kabinentür zu
hängen oder über Glasscherben zu
laufen: Mir ist so etwas zu platt.
Das entspricht dem Klischee des
doofen Fußballspielers. Solche
Dinge auszuprobieren ist balla balla.
*(über so genannte Motivations-
künstler in der Bundesliga)*

Kann mich auch mal einer was
fragen? *(während der Pressekonferenz nach einer Niederlage bei
Schalke 04, weil sich alle Reporter für
Schalkes Interimstrainer Achterberg
interessierten)*

Auf eine bessere Zukunft.
*(Trinkspruch des scheidenden
Torhüters Jörg Stiel auf seinen
Trainer)*

Reinhold Fanz
Die Fans werden von außen
aufgehetzt. *(über Rufe nach
Vorgänger Horst Ehrmantraut)*

Frank Farina *(Australiens
Nationalcoach)*
Die deutschen Abwehrspieler sind
zumindest schneller als ich. *(über
die Innenverteidigung der deutschen
Fußball-Nationalmannschaft, die
sein Spieler David Zdrilic als zu
langsam kritisiert hatte)*

Karl-Heinz Feldkamp
Man muss ihn hautnah nehmen,
sonst wird's schwierig.

Was heißt, die Türken bauen mir
ein Denkmal! Auch in Istanbul
sind Denkmäler letzten Endes
nur dazu da, damit die Tauben
wissen, wohin sie bestimmte Reste
absondern können.

Wenn das Wasser kochen soll,
muss man Feuer machen.

Klug wird man als Trainer
hinterher, aber klüger ist man
meistens vorher.

Mit jungen Talenten bin ich
erstmal sehr vorsichtig. Schon so
mancher, der zunächst mächtig
Staub aufwirbelte, war, als sich die
Staubwolke verflüchtigt hatte, nicht
mehr auffindbar.

Alex Ferguson

Das war ein Unfall. Wenn ich es eine Million Mal wiederholen würde, würde es nie wieder so ablaufen. Könnte ich so gut zielen, würde ich heute immer noch spielen. *(über den Zwischenfall, bei dem er mit einem durch die Luft getretenen Fußballschuh David Beckham an der Augenbraue verletzte)*

Wenn wir jede Woche genau so spielen wie heute, dann haben wir eine gewisse Konstanz erreicht.

Incey war ein wenig protzig, bis er zu uns nach Manchester kam. Beckham ist ein gebürtiger Londoner, und er ist auch ein wenig protzig. Ich denke, das muss an dem Wasser in London liegen.

Ich nehme meine Winterpause von euch, Jungs. Das Resultat spricht für sich selbst. *(Notiz von Manchesters Teammanager, die den verblüfften Journalisten bei der Pressekonferenz nach einem 2:0 gegen Leicester vorgelesen wurde)*

Alex Ferguson ist der beste Trainer, den ich in dieser Liga je gehabt habe. Hmm, er ist bisher mein einziger Trainer in dieser Liga. Aber er ist der beste Trainer, den ich je hatte. *(David Beckham)*

Donnerwetter, hat der 'ne Frequenz! *(Fritz von Thurn und Taxis über den Kaugummi kauenden Trainer)*

Volker Finke

Es ist für mich nicht so, dass ich ins Tal der Tränen ausbreche.

Ich bedanke mich bei der lebendigen Rasenheizung in Freiburg.

Trainer ist ein Job auf Zeit. In dieser Mischung aus Sport und Show können sich Gesichter verbrauchen, wenn man es ein paar Jahre macht. *(1992)*

Ich finde, in dem kleinen Leben, das man hat, muss man sich nicht quälen, nur um zu sagen: Ich bin Bundesliga-Trainer.

Im Augenblick ist der Trainerjob ein Stück Erweiterung der Lebensqualität. Aber das gilt nur für ein paar Jahre, weil es stinklangweilig ist, 30 Jahre dasselbe zu machen.

Ich bin froh, dass ich einen Präsidenten habe, mit dem ich Tag und Nacht über Fußball reden kann.

Ich habe zwei verschiedene Halbzeiten gesehen.

Die Abteilung Platzwart muss Grippe gehabt haben. *(zum Zustand des Rasens im Münchner Olympiastadion)*

Wir geben eine Pressemappe heraus, in der alle Antworten auf die Fragen nach unserer Auswärtsschwäche gegeben werden. *(Freiburgs Trainer nach einer 1:4-Niederlage des SC in Rostock)*

Trainer

Mir persönlich ist eine unheimliche Last von den Schultern gefallen. Wenn das schief gegangen wäre, hätte ich in die Rückenschule gemusst. *(zum Klassenverbleib des SC Freiburg)*

Ich musste zwei Kilometer laufen. *(über die Strecke von der Trainerbank zur Pressekonferenz auf der Baustelle Frankfurter Waldstadion)*

Die Berichterstattung in der Bundesliga ist keine Spaßgesellschaft. Deswegen muss ich aufpassen, was ich sage. *(nach einer 1:3-Heimniederlage)*

Ganz, ganz viele laufen sehr viel und helfen sich gegenseitig. *(Erklärung seines »Chinesischen Modells«, mit dem die Breisgauer eine Überzahl im Mittelfeld erreichen wollen)*

Ich hoffe, dass die Spieler nicht den neuen Bus vollqualmen. Bevor sie ihre Zigarren rauchen, sollen sie doch bitte rechts ranfahren. *(Vorgabe für die Feierlichkeiten zum Bundesliga-Aufstieg des SC Freiburg)*

Dass Marihuana auf der Dopingliste steht und Alkohol nicht – das ist der klassische Fall von Doppelmoral. *(über den Umgang mit dem Dopingfall Ibrahim Tanko)*

Gerry Francis *(englischer Trainer von Queens Park Rangers)*
Was ich in der Halbzeit erzählt habe, darf man nicht im Radio drucken.

Rolf Fringer *(Schweizer Trainer vom VfB Stuttgart)*
Wenn ich sehe, dass wir in Dortmund 3:6 verloren haben und diesmal in München nur 3:5, dann sind wir auf dem richtigen Weg. Übrigens, das war ironisch.

Friedhelm Funkel
Wer jetzt noch träumt, ist ein Träumer.

Wir haben uns dilettantisch wie eine Schülermannschaft angestellt, wobei ich nichts gegen Schüler habe.

Die Situation ist bedrohlich, aber nicht bedenklich.

Er sollte sich zu 90 Prozent um Rosicky kümmern. Hätte er das zu 100 Prozent gemacht, wäre nichts passiert. *(über seinen Spieler Emara)*

Der Sieg war hoch verdient. Dabei haben wir noch nicht einmal Beton angerührt. *(über seine Taktik bei einem Sieg gegen Dortmund)*

Wenn ein solcher Spieler unser Trainingsgelände sieht, hat er schon keine Lust mehr. *(als Trainer des MSV Duisburg zur Forderung, der Verein solle einmal einen absoluten Topspieler verpflichten)*

Ich habe früher auch Elfmeter gegen Leute geschossen, die ich 1.000 Jahre kannte. *(auf die Frage, warum sich ausgerechnet Dirk Lottner gegen seinen alten Bekannten Tim Wiese als Strafstoß-Schütze versuchte – und scheiterte)*

Uns fehlte in München die Geilheit.

Da müsst ihr ihn fragen. Wenn er nichts sagt, ist das natürlich schwer. *(Rayk Schröder auf die Frage, warum sein Trainer Friedhelm Funkel nicht zur Pressekonferenz erschienen sei)*

Jürgen Gelsdorf

Das geht nun seit Jahren so: Wenn ich höre, dass neue Impulse kommen sollen, weiß ich immer schon, dass ich zu gehen habe. *(zum Thema Trainerkarussell)*

Wie der nach Siegen auf dem Platz herumspringt und die Spieler umarmt – lächerlich. Gewinnen ist doch unser Job, oder? (Timo Konietzka)

Eric Gerets

Wenn es Konsequenzen gibt, werde ich die bestimmt aus der Bild erfahren. *(auf die Frage, ob die rote Karte Konsequenzen für Andres d'Alessandro hat)*

Schade, dass das Stuttgarter UEFA-Cup-Spiel gegen Budapest nicht zwei Stunden dauerte. Ich hätte zugeschaut, ohne auf die Toilette zu gehen. *(zur Spielstärke des VfB Stuttgart)*

So ein Irrer gehört nicht auf die Trainerbank. *(Lothar Matthäus über den neuen Trainer von Kaiserslautern)*

Hermann Gerland

Wenn einer die Hosen voll hat, sehe ich das. *(um seinen Spielern die Angst vor dem Betzenberg zu nehmen)*

Auf so eine Krücke wäre ich früher nicht reingefallen. *(über einen Fehler seines Spielers Jörg Böhme)*

Nach 20 Minuten waren zwei von denen angeschlagen. Die sind gehumpelt! Aber die sind schneller gehumpelt als wir gelaufen!

Fußball heißt Tore schießen und Tore verhindern. Wir schießen zu wenige und wir verhindern zu wenige. Das zwischen den Toren sieht allerdings manchmal wie Fußball aus. *(zur Misere des SSV Ulm)*

Der Trainer hat gut gearbeitet, die Mannschaft hat gut gespielt. Was soll ich eigentlich hier? *(nachdem er sein neues Team bei einem 2:0-Pokalsieg gegen Cottbus beobachtet hatte)*

Heute hatten wir Scheiße anne Füße!

Auf Gefühle gebe ich gar nichts. Dreimal hatte ich das Gefühl einen Sohn gezeugt zu haben und wir haben drei Töchter zu Hause.

Ruhe habe ich später, wenn ich tot bin, noch genug.

Hätte, wenn und aber, alles nur blödes Gelaber!

Bevor man untern Torf kommt, macht man einiges mit im Leben.

Sicher, Reina hat das Tor erstklassig erzielt. Aber er durfte die Kugel doch gleich dreimal wie ein Artist hochhalten und dann reinhauen. Das hätte es früher nicht gegeben. Da wäre einer dazwischen gefegt und Billy wäre erst wieder vor seiner alten Haustür in Unna gelandet.

Die haben doch heute Verletzungen, die gab es bei uns damals gar nicht.

Im Training lasse ich sie statt zehn nur neun Runden laufen. *(auf die Frage, wie er seine Spieler belohnt)*

Ein unglücklicher General ist auch ein schlechter General.

Als das Gummiband-Training im Fernsehen kam, habe ich mich gefragt, ob wir den 1. April haben. *(zu den Trainingsmethoden von Jürgen Klinsmann)*

Ich kann nicht rechnen, ich habe nur die Mittlere Reife. *(als Trainer von Arminia Bielefeld nach einem 3:0-Sieg, der die rechnerischen Chancen im Abstiegskampf wieder ein wenig erhöhte)*

Eduard Geyer
Wir haben zu wenig Spiel ins Tempo gebracht.

Der hat doch jedes Mal gepfiffen, wenn ein Maulwurf gehustet hat!

Die werden genügend von ihren Frauen und Verwandten geküsst und gelobt. Deshalb braucht der Trainer das nicht zu tun. Der muss ansprechen, was noch nicht so gut lief.

Der Schuss, des war 'n Hundsfotzdingens!

Da muss ich erst mal in mein Buch gucken. *(auf die Frage, welcher Cottbuser Spieler ihn in dieser Saison überzeugt hat)*

In Rumänisch. *(auf die Frage in welcher Sprache er das Training leite, nachdem Cottbus mit elf Ausländern gespielt hatte)*

Wer das macht, dem reiße ich die Rübe runter. *(auf die Frage, ob Cottbus bereits den Klassenerhalt feiere)*

Seit es diese bunten Schuhe gibt, silber, blau und so weiter, da glauben manche Spieler, die laufen von ganz alleine, wie der kleine Muck.

Unsere Heimschwäche rührt vielleicht auch daher, dass wir diese beschissene Tribüne hier neu gebaut haben.

Vom Willen her hat die Mannschaft schon gewollt.

Er hätte ruhig bei mir vorbeikommen können auf ein Bier. Das hatte er mir versprochen. Er muss wieder her, wir holen ihn sogar ab. Er soll seine anderen Termine so legen. *(zum Besuch von Bundeskanzler Gerhard Schröder beim Heimsieg gegen Unterhaching)*

Es ist traurig, wie sich Minderjährige eines solchen Spiels bemächtigen können. Wenn der Rechtsstaat ein bisschen mehr erlauben würde: Ich hätte die Rotznasen alleine rausgeprügelt. Am liebsten hätte ich die Rowdies per Lastwagen in den Braunkohle-Tagebau abtransportiert.

Ich kann doch nicht schon jetzt die Aufstellung vom nächsten Wochenende sagen. Der eine kriegt eine Grippe, beim anderen kriegt die Oma einen Zahn.

Von Trennkost halte ich nichts. *(auf die Frage, ob er sich neben der Bratwurst nun auch ein Freibier gönnen würde)*

Wir sind doch schon zufrieden, wenn einer den Ball von A nach B spielt. Doch wenn ich fünf Millionen verdiene, bin ich eigentlich perfekt. Da kann ich nicht singen wie eine Elster, sondern muss trällern wie eine Nachtigall.

Die Bundesliga wollte mich nicht, also musste ich in die Bundesliga kommen.

Ich brauche echte Männer und keine Abziehbilder.

Ich komme mir vor wie ein Querschnittsgelähmter: Alle bedauern dich, aber keiner gibt dir was. *(zur finanziellen Situation von Energie Cottbus)*

Vor allen Dingen nach vorne hatten wir wenig Chancen.

Wir machen viele elementare Fehler. Manchmal musst du bei einigen Spielern beim Urschleim anfangen, und so viel Zeit hast du gar nicht, aus manchen Spielern noch bundesligataugliche Männer zu machen.

Wenn man in den Saal reinschreit: »Es gibt Geld!« – das versteht jeder. *(auf die Frage, wie die Verständigung bei Energie Cottbus klappe)*

Wir lernen jetzt auch regelmäßig weiter Deutsch. *(nachdem Cottbus wiederum nur einen deutschen Spieler im Kader hatte)*

Ich wollte die nicht sehen. *(als Erklärung, weshalb er seiner Mannschaft nach einer Niederlage zwei Tage frei gab)*

Wir holen einen Psychologen, dazu ein bisschen Vollmilch. Und Malzextrakt soll auch gut sein. *(auf die Frage, wie er die flatternden Nerven seiner Spieler beruhigen will)*

Ich muss erwarten, dass die Spieler zumindest bei der Einsatzbereitschaft bis an die Leistungsgrenze gehen. Aber ich habe noch keinen gesehen, der in der Kabine gekotzt hat.

Ich spreche erst wieder bei Licht über Fußball, sonst denken die Leute, dass wir uns vergraben wollen. *(nach einem Stromausfall im dunklen Presseraum während seiner Analyse)*

Wir bräuchten zwei neue Stürmer, aber wir haben kein Geld – wir müssen uns aus unseren Leuten einen Goalgetter kneten oder gießen.

Die Fans wollen solche Spiele nicht sehen, bei denen man erkennt, dass manche Spieler nachher kein Deo brauchen.

Einige bei uns überschätzen sich. Die haben wohl einen Rietz an der Dattel.

Es wurden so viele Pappnasen ins Spiel gebracht, da fragt man sich, warum kein Trainer aus dem Osten dabei war. *(über die Bundestrainersuche des DFB 2004)*

Das kann ich mir nicht vorstellen. Obwohl: Ich könnte jetzt sagen: Eduard Geyer. Der hat im Tal der Ahnungslosen gewohnt und konnte kein Westfernsehen empfangen. Das würde dann auch erklären, warum er Uli Hoeneß in den Europapokalspielen mit Dresden gegen die Bayern hat davonlaufen lassen. Der Ede wusste vielleicht gar nicht, wie schnell Hoeneß war. *(Hans Meyer auf die Frage, ob es in der DDR Trainer gegeben habe, die keine »Sportschau« geguckt hätten)*

Ich bin ja kein Wessi mehr. Wenn man acht Wochen mit dem Ede Geyer trainiert hat, dann ist man ein richtiger Ossi. *(Georg Koch)*

Der Bruder, ich will nicht sagen: das Schwein! *(Hans Meyer über seinen Trainerkollegen)*

St. Paulis bester Freier – Ede Geyer. *(Transparent der Fans des FC St. Pauli beim Spiel gegen Cottbus)*

Dass der Trainer etwas temperamentvoller ist als andere, das wissen wir. *(Steffen Baumgart)*

Hernan Dario Gomez *(Ekuadors Nationaltrainer)*
Auf einer Party will man doch auch sofort mit der Schönsten tanzen. *(auf die Frage, ob es kein Nachteil sei, schon im ersten Gruppenspiel auf Topfavorit Italien zu treffen)*

Falko Götz
Ich glaube nicht, dass Zehetmair die Befugnis dazu hat. *(zu seiner Entlassung, die vom Vizepräsidenten Hans Zehetmair ausgesprochen wurde)*

Ich bin es nicht mehr gewohnt, englische Wochen zu spielen. *(über seine angegriffene Stimme)*

☺

Falko Götz ist in Berlin der Nachfolger des Nachfolgers seines Nachfolgers. *(RBB-Kommentator Nikolaus Hillmann)*

Ron Greenwood *(englischer Nationaltrainer)*
Hoddle war heute nicht der Hoddle wie wir ihn sonst kennen – und Robson auch nicht.

Senol Günes
Hier sind wir Gäste, 2006 laden wir ein. *(Nationaltrainer der Türkei in Japan 2002 zur WM in Deutschland)*

Rudi Gutendorf
Ich kann machen, was ich will.
Ich bin hier der König. *(über seine Beschäftigung als Nationaltrainer Samoas)*

Es stimmt nicht, dass ich in Spanien mit vielen Frauen poussiert habe. Es gibt viele Fotos, wo ich alleine unter Pinien stehe. *(zu Vorwürfen, man hätte ihn wegen Frauengeschichten als Trainer entlassen)*

Auch in einem Land mit schlechten Astronomen regnet es mal – aber ein Land mit schlechten Gastronomen ist eine Wüste.

Wenn ihr nicht mehr wisst, wohin mit dem Ball, dann haut ihm den Gegner rein!

Im Bett kann eine Frau so herrlich sein. Auf dem Fußballplatz wird sie mir aber immer schrecklich vorkommen.

Arie Haan
Das Problem ist folgendes: Schaffst du es als Trainer, den Spielern ständig etwas zu erzählen, was die noch nicht wissen? Nein? Dann pack deine Sachen, und erzähl, was du zu erzählen hast, doch bitte woanders.

Wenn in einem Theater die Heizung nicht funktioniert, fällt die Vorstellung aus. Wir aber »zwingen« die Zuschauer, bei Eis und Schnee ins Stadion zu kommen. Wir sind eben die härteren Schauspieler, und wir haben ein abgehärtetes Publikum.

Als der in die Bundesliga kam, meinte er, dass hier mehr trainiert werden müsse. Er selbst aber macht am wenigsten. *(Winfried Schäfer)*

Ernst-Günther Habig *(Ex-Spieler von Viktoria Köln)*
Vor der schriftlichen Prüfung hatte ich etwas Angst, denn ich habe bisher nur Autogramme geschrieben. *(über sein Fußballlehrer-Diplom)*

Ernst Happel
(Hansi Müller zu ihm: »Trainer, wir müssen miteinander reden.«)
Wann's red'n wollen, müssen's Staubsaugervertreter werden. Ich brauche nur Fußballer.

Wenn man seiner Meinung mal richtig nachgeht, trifft man meist auf eine bessere.

Spezialisten des Fußballs sind nur bedingt einsetzbar. Das beunruhigt mich. Dilettanten sind überall einsetzbar. Das beruhigt mich.

Mein erster Trainer-Lehrer hat zu mir gesagt: Keine Angst, Ernstl! Bei näherer Betrachtung schrumpft so mancher wilde Stier auf ein harmloses Öchslein zusammen.

Ich sehe es am Hintern, ob einer das Letzte bringt.

Wichtig war für mich, wie ein Verein geführt ist. Je weniger im Vorstand, umso besser. Sind es 18, habe ich sowieso kein Interesse.

Für mich hat sich alles gelohnt, und ich bereue nichts.

Spielst Manndeckung, dann hast elf Esel auf dem Platz.

Ich möchte nicht, dass der Fußball mein Hobby ist. Da bliebe mir ja viel zu wenig Zeit zum Briefmarkensammeln!

Meine schlaflosesten Nächte habe ich jeden Sonnabendnachmittag am Spielfeldrand.

Angst steht bei mir in keinem Lexikon.

Ein guter Mittelfeldspieler hat Augen im Rücken, das ist das ganze Geheimnis.

Ich bin kein Freund der Spieler. Ich arbeite auf Distanz.

Wie ich höre, hat Max Merkel mich als Nationaltrainer Österreichs vorgeschlagen. Ich mache es nur, wenn ich den Merkel als Zeugwart bekomme.

Bei der Umwelt bin ich froh, dass ich schon 67 Joar worden bin.

Trainer

Mein Anspruch: Die Spieler müssen 90 Minuten arbeiten, laufen. Und ich verlange Disziplin. Wir brauchen Spieler von bestimmtem Format: 80 Prozent Hirn, 20 Prozent Technik. Heute sind es oft 20 Prozent Hirn ohne Technik.

Es sind immer die kleinen Rechthabereien, die eine große Liebe zerstören.

Die 1. Halbzeit in Athen – da habe ich die Arme verschränkt und hab' gedacht: Es gibt nichts Schöneres. In einer Kirche ist es auch nicht schöner.

Man soll nicht gleich eine Mauer machen um das Spielerhotel. Aber ein paar Ziegel sollte man immer dabeihaben.

Gott? Was ist Gott? Viele Menschen, die Säufer beispielsweise, die glauben an die Schnapsflaschen. Das ist ihr lieber Gott.

Haut's Eich in Schnee! *(während einer Pressekonferenz zu den Reportern; steht auf und geht)*

Da stimmte das Verhältnis Arbeit/Schnaps. *(Horst Hrubesch)*

Der Zebec trinkt aus dem Glas und der Happel gleich aus der Flasche. *(Max Merkel)*

Trainer Ernst Happel versteht es auch, dass ein Spieler nach 14 Tagen Trainingslager Schweißausbrüche kriegt, wenn er eine Frau sieht. *(Jimmy Hartwig)*

Dieter Hecking *(Trainer von Alemannia Aachen)*
Vor der Leistung einiger Spieler muss ich wirklich den Hut zollen.

Michael Henke
Ich genieße den Abstieg hier. *(nachdem er wie Chefcoach Ottmar Hitzfeld Abschied vom FC Bayern genommen hatte)*

Ich habe Ottmar Hitzfeld gefragt, der hatte aber keine Zeit. *(Michael Henke bei seiner Präsentation als neuer Chefcoach von Bundesligist 1. FC Kaiserslautern auf die Frage nach seinem Co-Trainer)*

Sepp Herberger
Das Spiel dauert 90 Minuten.

Eine Mannschaft ist immer so gut wie die Stimmung auf der Bank.

Nach dem Spiel ist vor dem Spiel.

Ein Stürmer muss mit gutem Beispiel vorangehen wollen. Das heißt also: Er darf keinen anderen an sich vorbeilassen.

Der Ball ist rund.

Ein hartes Herz ist Gold wert. Denn die meisten im Profifußball haben gar keins.

Auch die Trainer ernten Lorbeer, aber säen müssen ihn elf Mann auf dem Rasen.

Wer sich selbst keine Grube gräbt, fällt immerhin in eine Grube weniger.

Ob nun tot oder lebendig – ohne Fußball werde ich nicht leben können.

Hans, trinken Sie nicht so viel! In acht Wochen haben wir ein schweres Spiel in Brüssel gegen Belgien. *(zu Hans Schäfer bei der Siegesfeier nach dem Gewinn der Fußball-Weltmeisterschaft 1954)*

Über die Größe entscheiden immer die letzten paar Zentimeter Kopf.

Es gibt im Sport nur eine einzige Moral. Was darüber hinausgeht, ist halbe Moral.

Das nächste Spiel ist das schwerste Spiel.

Wer viel schaffen will, der darf nicht zu viel fragen.

Manche Leute denken, wenn sie über das Denken sprechen, dächten sie schon.

Junge Leute wissen immer alles besser. Gut so, sonst hätten sie ja keinerlei Lust, alles besser zu machen.

Die annere kenne aach kicke.

Freilich muss ich Dummheiten verhindern. Aber doch nicht alle! Wer meint, er könne alle Dummheiten vorher wegtrainieren, der ist ein Dummkopf.

Tore schießen und Tore verhindern – das ist die einzige Forderung.

Die Hochzeitsnacht verbrachten wir im Zug nach Zürich zu einem Fußballspiel. *(Eva Herberger)*

Sepp Herberger wollte das Amt. Er wollte es mit aller Macht. Herberger intrigierte und antichambrierte, und als er seinen Freund und Förderer Otto Nerz endlich als Reichstrainer des DFBs ablösen konnte, soll Nerz über seinen Trauzeugen gesagt haben: »Ich habe an meinem Herzen eine Natter großgezogen und habe es nicht gewusst.« *(Tagesspiegel)*

Jupp Heynckes
In Spanien gelten erstmal alle Deutschen als Kleinbürger. Aber ich bin doch kein Kleinbürger! Ein Kleinbürger ist für mich einer, der beim Anbrennen einer Suppe Selbstmordgedanken kriegt!

Seit meiner Rückkehr aus Portugal merke ich erst, wie wenig Sonne Deutschland hat. *(der Ex-Real-Madrid- und Benfica-Lissabon-Trainer)*

Solange du die Musik der Spieler noch hörst, kannst du Trainer sein.

Vor der Saison hat man mir mitgeteilt, dass wir vorne gut bestückt sind. *(über nicht erfüllte Erwartungen auf Schalke)*

An Pressekonferenzen mag ich nicht, dass aus einem richtigen Fehler dann meist eine völlig falsche Selbstkritik gemacht wird.

Beim Trainerkarussell kommt mir immer die alte Graf-Bobby-Witz-Manier in den Sinn: Graf Bobby und der Poldi fahren Eisenbahn. Bobby sitzt in Fahrtrichtung, Poldi ihm gegenüber. Nach der Hälfte der Strecke sagt Bobby: »Poldi, lass uns die Plätze wechseln, ich kann dein Gesicht nicht mehr sehen.« *(drei Tage vor seiner Entlassung in München)*

Ein Spieler, der eigentlich nicht violent ist. *(über Asamoah, der wegen Nachtretens des Feldes verwiesen wurde)*

Fußballer sind schöpferische Wesen. Die erschließen sich ständig neue Gebiete, auf denen sie Fehler machen können.

Meine Spieler haben heute während des Spiels die Zeit totgeschlagen und dabei leider auch einige Mitglieder der Gegenmannschaft verletzt.

Meine Zukunft ist klar. In zehn Jahren bin ich Pensionär. Noch Fragen?

Fußball-Profis haben Woche für Woche Höhepunkte.

Der Wagen ist gewaschen und vollgetankt. *(seine letzten Worte nach dem Rücktritt bei Borussia Mönchengladbach und der Rückgabe des Dienstwagens)*

Mein Bruder weint heute noch, wenn er den Namen Jupp Heynckes hört. *(Dieter Hoeneß)*

Osram. *(Wolfram Wuttke über Jupp Heynckes' roten Kopf)*

Hey Heynckes, gehen wir mal gerade vor die Tür! *(Stefan Effenberg in der Kabine zu Trainer Jupp Heynckes)*

Wir sind hier nicht Real Madrid oder Benfica Lissabon oder Bayern München. Hier ist gefordert, erstmal hart zu arbeiten. Die Zauberei am Schlangenfluss kannst du machen, wenn du 6:1 führst. *(Rudi Assauer über die Arbeit des entlassenen Trainers)*

Jeder Wetterbericht ist aussagekräftiger als ein Gespräch mit Heynckes. Der soll lieber Schlafmittel verkaufen. *(Christoph Daum)*

Der Jupp Heynckes ist lockerer geworden. Der hatte früher sogar einen Rückspiegel im Bus, um auch auf den hinteren Rängen alles mitzukriegen. *(Reinhard Saftig)*

Josef Hickersberger *(Trainer aus Österreich)*
Ich lese gerade »Das Schweigen der Lämmer«, und ich wünschte mir, das sei ein Anleitungsbuch für Bundesligaspieler.

Ich bin zu nett für die Bundesliga. Ich beherrsche den Arschtritt nicht.

Ich wollte das Training wegen der vielen Pfützen auf dem Platz schon abbrechen. Aber meine Uhr ist bis auf 300 m Tiefe wasserdicht, das war also kein Problem.

Wir haben nur unsere Stärken trainiert, deswegen war das Training heute nach 15 Minuten abgeschlossen.

Guus Hiddink
Wir kommunizieren über Transpiration. Die Spieler sehen mich schwitzen und sind bereit, das Gleiche zu tun.

Diejenigen, die an Doping denken, sollen Beweise bringen oder über schlechten Journalismus nachdenken. Jeder Skeptiker ist bei uns willkommen. *(zu Spekulationen über angebliches Doping in seinem Team)*

Zu Beginn waren meine Spieler so naiv, dass ich gesagt habe: »Ich liebe euch, aber ich könnte euch umbringen.« *(Südkoreas Nationaltrainer nach dem Ausscheiden im Halbfinale der WM 2002)*

Wenn man keinen Plan hat, muss man Glück haben. Aber ich hatte den Plan, das Glück zu erzwingen.

Klar würden wir unsere Witze über unsere verzweifelten Nachbarn machen. *(Youri Mulder zu den Plänen, seinen Landsmann als neuen Bundestrainer zu verpflichten)*

Am Ende hat der bessere Holländer gewonnen. *(Andrej Arschawin nach dem Viertelfinal-Sieg gegen die Niederlande bei der EM 2008)*

Er schafft eine gute Atmosphäre. Wir können uns mit unseren Freunden in eine Bar setzen, wir können trinken und machen, was wir wollen. Das war zu Zeiten der Sowjetunion nie so. *(Dinijar Biljaletdinow)*

Ottmar Hitzfeld
Das ist doch bloß wieder eine dieser Gruppen, die damit versucht, bekannt zu werden. *(über den Song »Bayern« der »Toten Hosen«)*

Ein Sieg der Mannschaft macht auch aus mir einen glücklichen, besseren Menschen.

Das war ein Gefühl wie in der Hochzeitsnacht. *(nach einem Sieg in letzter Sekunde)*

Von einem Profi verlange ich, dass er sich stark fühlt. Sonst soll er sich ins Bett legen und von Omi pflegen lassen.

Wenn ich bei Bayern fertig bin, muss ich vielleicht für ein Jahr ins Sanatorium.

Wir brauchen das Geld. *(auf die Frage, warum Bayern München die Talente Alexander Bugera und Berkant Göktan vorläufig abgegeben habe)*

Ich muss mir überlegen, ob ich mir noch einen rot-weißen Anzug kaufe – weiße Hose, rotes Sakko. *(nachdem Bayern München alle Fans vor dem letzten Bundesliga-Heimspiel aufgefordert hatte, in roten oder weißen Shirts ins Olympiastadion zu kommen)*

Die Ausnüchterung ist ab heute beendet. *(am ersten Trainingstag nach Gewinn und Feier der deutschen Meisterschaft)*

Wer das Aufstehen gelernt hat, dem fällt das Stolpern nicht schwer.

Sie sagte mir, dass ich der Vater sei. Theoretisch wäre das möglich. *(über seine Affäre mit einem brasilianischen Model)*

Meister wird der FC Bayern München, also landet meine Mannschaft auf Platz eins.

Ich muss mir überlegen, ob ich den Franz Beckenbauer noch einmal reaktiviere. Das wäre eine optimale Verstärkung für uns. *(zum Trainer-Team bei Bayer Leverkusen)*

Er kam in die Kabine und hat der Mannschaft mal so richtig die Leviten geblasen.

Die Meisterschaft ist nie ein Selbstläufer, dahinter steckt immer viel Arbeit. Sonst müsste Real Madrid jedes Jahr Deutscher Meister werden. *(nach Bayerns Titelgewinn am 30. Spieltag)*

Mit Torwarthandschuhen kann man sowieso nicht richtig zupacken. *(nachdem sein Torhüter Oliver Kahn Gegenspieler Thomas Brdaric gewürgt hatte)*

Ich dachte, er kommt mit dem Hubschrauber. *(nachdem er versehentlich seinen Wagen auf dem Parkplatz von Lothar Matthäus abgestellt hatte)*

Dortmund hat große Klasse und ist zu Hause sehr heimstark.

Eher negative 50 zu 50. *(befragt über die Einsatzwahrscheinlichkeit von Sebastian Deisler)*

Fünf-Jahres-Pläne sind schon in der UdSSR nicht aufgegangen. *(Karl-Heinz Rummenigge auf die Frage, warum der Klub nicht jetzt den 2004 auslaufenden Vertrag mit Trainer Ottmar Hitzfeld verlängere)*

Beim Ottmar Hitzfeld ist das ja nicht so wie beim George Bush, wo alle froh sind, wenn der endlich weg ist. *(Uli Hoeneß)*

Ich wünsche uns und dir alles Gute. *(Uli Hoeneß in einer Rede anlässlich des 53. Geburtstages von Ottmar Hitzfeld)*

Ich werde nie das Standing eines Ottmar Hitzfeld haben, den ich als Trainer und Mensch respektiere. Hitzfeld war dafür nicht so ein guter Spieler wie ich. *(Lothar Matthäus)*

Glenn Hoddle *(englischer Nationaltrainer)*
Okay, wir haben verloren, aber dem können gute Dinge folgen, positive wie negative.

Wenn wir meinen, die Spieler haben es nötig, dann lassen wir ihre Frauen und Freundinnen hierher holen, um die Jungs wieder hoch zu kriegen.

Heinz Höher
Es hat nur zweimal geregnet: einmal fünf Tage, einmal acht Tage. *(über ein Trainingslager auf Sylt)*

Thomas Hörster
Nach der Leistung heute, muss ich sagen, habe ich aufgegeben. *(über die Perspektive seiner Elf)*

Ich habe gar nichts unternommen. *(auf die Frage, was er denn bei der plötzlich erfolgreichen Mannschaft anders gemacht habe)*

Er ist ja nicht gerade Dieter Thomas Heck. *(Premiere-Kommentator zu Jörg Butt über den Trainer)*

Wenn ich ihn so sehe, wirkt er für mich wie ein verschüchtertes Würmchen. *(Udo Lattek)*

Er ist ein knallharter Hund, ein richtiges kleines Ekelpaket. *(Reiner Calmund über den neuen Trainer Thomas Hörster)*

Thomas Hörster gehört nicht entlassen, er gehört erschossen. *(Udo Lattek)*

Wir brauchen keinen Vergnügungsminister. *(Reiner Calmund über seinen spröden Trainer)*

Die Pressekonferenzen werden jetzt kürzer. *(Reiner Calmund über den neuen Trainer, dessen Spielanalysen kurz und knapp ausfallen)*

Ivica Horvath *(Trainer von Schalke 04)*
Wenn's kalt wird, legt euch einfach auf den Boden. Die haben hier eine Rasenheizung. *(zu seinen Spielern bei einer Partie im Münchner Olympiastadion)*

Horst Hrubesch
Ich sage nur ein Wort: »Vielen Dank!«

Wir müssen das Spiel noch einmal Paroli ziehen lassen.

☺

Es ist für mich nicht wichtig, ob einer gelernter Dachdecker oder Anstreicher ist. Wichtig ist, ob er mit Spielern umgehen kann. *(DFB-Teamchef Ribbeck zur Kritik an seinem Assistenten Horst Hrubesch, einem gelernten Dachdecker)*

Kurt Jara
Wenn dies das Sieg-Rezept ist, schalte ich schon am Mittwoch die Sprenkleranlage ein, damit am Samstag viel Wasser auf dem Rasen ist. *(zu dem vom Dauerregen aufgeweichten Boden bei einem 3:2 gegen den VfL Wolfsburg im Abstiegskampf)*

Eigentlich hätte der Arzt noch zehn andere Spieler mitnehmen müssen. *(nachdem einer seiner Spieler auf der Trage aus dem Stadion gebracht worden war)*

Ich mache mir Gedanken, wie ich die Mannschaft vor dem Spiel wecken kann. Vielleicht sage ich dem Busfahrer, er muss vor einem Auswärtsspiel gegen eine Mauer fahren. *(zu den Auswärtsleistungen des Hamburger SV)*

Vielleicht dürfen wir nicht so einen langen Mittagsschlaf machen. *(zum verschlafenen Spielbeginn)*

Ich bin froh, dass der Hässlichere gewonnen hat. *(zur Bemerkung von Mönchengladbachs Coach Hans Meyer:»Kurt, alle Kameras waren vor dem Spiel auf dich gerichtet. So schön bist du doch gar nicht.«)*

Zu Hause bin ich Macho. Da finde ich nicht mal den Knopf der Kaffeemaschine.

Wenn bei mir zu Hause die Tür ins Schloss fällt und wir haben verloren, weiß meine Frau, was sie zu tun hat.

Paul McCartney hat drei Tore für uns verhindert. *(zum Zustand des Rasens in der AOL-Arena drei Tage nach dessen Konzert)*

Sind Sie wirklich so cool? Es wirkt, als könnten Sie Eiswürfel urinieren. *(DSF-Moderator Frank Buschmann nach dem Sieg gegen Bielefeld zu Jara, der ihm vorerst den Job sicherte)*

Das war geplanter Mord. *(Willi Reimann zur Entlassung von Jara beim Hamburger SV)*

Helmut Johannsen *(Trainer des VfL Bochum)*
Das wird seinen Heilungsprozess beschleunigen. *(zu einer Gehaltskürzung für einen seit Monaten verletzten Spieler)*

Christoph John *(Trainer bei den Amateuren des 1. FC Köln)*
Das ist absolut sekundär, ja tertiär, oder sogar quartiär!

Tim Kamp *(Trainer von Fortuna Düsseldorf)*
Ich sollte auf dem Geburtstag meiner Oma Akkordeon spielen – da hab' ich mir absichtlich die Finger aufgeschnitten. *(über seine harte Kindheit in Rumänien)*

Kevin Keegan
Wenn sie nicht aufpassen, werden die 33- oder 34-Jährigen bei der nächsten Weltmeisterschaft 36 oder 37 sein.

Die Deutschen haben nur einen Spieler unter 22, und der ist 23.

Aber klar – zwei bis drei Meter. *(auf die Frage, ob der Ball beim umstrittenen dritten Tor der Engländer im WM-Finale 1966 gegen Deutschland hinter der Linie landete)*

Torhüter werden heutzutage nicht geboren, bevor sie ihre späten 20er oder ihre 30er erreicht haben.

Ich glaube nicht, dass irgendwer größer oder kleiner als Maradona ist.

Ich weiß, was um die Ecke passiert, ich weiß nur nicht, wo die Ecke ist.

Ich bin nicht enttäuscht, sondern nur enttäuscht.

Der Ersatzspieler kommt gleich rein – es handelt sich um einen Spieler, der nicht in der Anfangsformation stand.

In der Pause hatte ich schon gefragt: Wo ist das nächste Arbeitsamt? *(der Manchester-City-Coach nach dem 4:3-Sieg seiner Mannschaft bei Tottenham Hotspur nach 0:3-Halbzeit-Rückstand)*

Chile hat drei Möglichkeiten: Sie können gewinnen oder verlieren.

Als ich vor zwei Jahren nach Nantes kam, war es das Gleiche wie jetzt, wenn man davon absieht, dass es total unterschiedlich ist.

Auf eine Art sind Krämpfe schlimmer als ein gebrochenes Bein.

Ein wunderbares Spiel. Portugal spielt Fußball, wie ich ihn gerne sehe, und als Neutraler war es toll zuzusehen. Aber leider bin ich kein Neutraler. *(nach der 2:3-Niederlage Englands gegen Portugal bei der EM 2000)*

Während der Halbzeitpause wäre ich in der Kabine von Liverpool nur zu gerne der Maulwurf an der Wand.

Ich habe mich mein ganzes Leben lang für Pferderennen interessiert, ja, eigentlich sogar schon länger.

Keegan gehört, wie zuvor Glenn Hoddle, einer Generation an, von der viele junge Männer und Frauen zu früh von der Schule abgegangen sind. *(The Guardian)*

Gerhard Kleppinger *(Trainer von Rot-Weiß Oberhausen)*
Ich habe der Mannschaft bis Montag freigegeben, weil ich sie nicht mehr sehen kann.

Uwe Klimaschefski
Das ist nicht nötig, das weiß man inzwischen bis in München. *(auf die Bitte, er möge den Zuschauern erklären, wo Homburg liegt, nachdem der FC Homburg die Bayern aus dem DFB-Pokal geworfen hatte)*

Weitere Fragen kann ich nicht beantworten. Ich muss jetzt zu meinen Spielern. Die sind so blind, dass sie den Weg von der Kabine zum Bus nicht finden.

Jetzt zieht euch warm an! Jetzt reiß' ich euch den Arsch auf! Bis zur Naht! *(nach einer Niederlage im Hallenturnier zu seinen Spielern)*

Ich bin etwas ruhiger geworden, werde auch nicht mehr den Platzwart beim Schusstraining an den Pfosten binden wie damals in Homburg.

Was will der, Geld? Der soll froh sein, wenn er auf unserem Platz den Sauerstoff kostenlos einatmen darf.

Ich hatte Kontakte nach Frankreich, aber da hätte ich als Trainer einen Dolmetscher gebraucht. Jetzt sehe ich mich in Berlin um und hoffe, dort geht es ohne.

Unsere Spieler können 50-Meter-Pässe spielen: 5 Meter weit und 45 Meter hoch.

Meine Spieler sind Intellektuelle. Die haben Maos Tod letzte Woche noch nicht verkraftet.

Jürgen Klinsmann
Die haben auf natürliche Art und Weise zusammengefunden. Die bleiben ja sogar am Tisch sitzen, wenn die anderen schon weg sind. *(über die angebliche Annäherung der Torhüter Kahn und Lehmann)*

Der Kaiser hat gesagt: »Mach ja weiter!« Und ich habe gesagt: »Schau'n mer mal.« *(kurz vor seinem Rücktritt als Bundestrainer)*

Die 18. Wahl wäre mir lieber gewesen. Denn 18 ist meine Glückszahl. *(auf die Frage, ob er sich nach diversen Absagen als dritte, vierte oder fünfte Wahl fühlen würde)*

Das ist wie Phönix aus der Asche aus dem Hut gezaubert. *(Ottmar Hitzfeld über Klinsmanns Ernennung zum Bundestrainer)*

Wenn er den WM-Titel holt, dann kann er sogar nach Hawaii ziehen. *(Stefan Effenberg zur Diskussion über den Wohnsitz von Fußball-Bundestrainer Jürgen Klinsmann in Kalifornien)*

Menschlich ist das ein sehr großer Verlust für den DFB, aber dort geht es ja schon seit Jahren nicht mehr um Menschlichkeit. Gerade seit Jürgen da ist. Er ist ein Killer. *(Lothar Matthäus über den Abgang von Sepp Maier als Torwarttrainer des DFB)*

Ohne mich wäre Jürgen Klinsmann heute noch mit dem Surfbrett unterwegs. *(Berti Vogts empfahl dem DFB Klinsmann nach der EM 2004 als Nachfolger für den zurückgetretenen Rudi Völler)*

Nee, das habe ich noch nicht gewusst. Ach du scheiße! *(Martha Klinsmann zur Verpflichtung ihres Sohnes als Trainer des FC Bayern)*

Jürgen Klopp
Bei uns ist alles im Lack. Immerhin haben wir ja die 2. Halbzeit 2:2 gespielt. *(nach einer 2:4-Niederlage)*

Fußball habe ich schon recht früh verstanden, ich konnte es nur nicht umsetzen. Über dem Hals war ich stärker als drunter.

Wir werden die Velberter nicht unterschätzen, weil wir nicht bescheuert sind. *(vor dem Mainzer Pokalaus in Velbert)*

Mir war es leider nie vergönnt, vor so einer Kulisse wie im Westfalenstadion zu spielen. Bei mir waren es vielleicht in der gesamten Karriere 80.000 Zuschauer. *(vor einem Spiel in Dortmund)*

Im Spiel denken die Spieler ab und zu selbstständig, und man sieht ja, was dabei rauskommt.

Advocaat wird wohl nicht so wahnsinnig viel verändern. Ich hätte es schlimmer gefunden, wenn sie van Nistelrooy verpflichtet hätten. *(vor dem Punktspiel seiner Mannschaft gegen Borussia Mönchengladbach mit dem neuen Trainer Dick Advocaat)*

Am Wochenende sind drei große Serien zu Ende gegangen: Die von Arsenal London, die vom VfB Stuttgart und die von Mainz 05.

Ich muss jetzt Champions League gucken. Das ist wichtig, denn da sind ja potenzielle Gegner von uns dabei. *(als Begründung für sein vorzeitiges Verlassen der Jahreshauptversammlung)*

Ich hatte das Talent für die Landesliga und den Kopf für die Bundesliga – herausgekommen ist die zweite Liga.

Wenn die Zuschauer Emotionen wollen, du aber Rasenschach anbietest, muss sich einer von beiden ein neues Stadion suchen.

Kuno Klötzer
Da sitzt unser Trainer dick und fett und rührt sich nicht. *(HSV-Manager Peter Krohn)*

Udo Klug *(Trainer vom FC Homburg)*
Wir brauchen keinen Trainer, wir brauchen einen Blindenhund.

Timo Konietzka *(Trainer vom KFC Uerdingen)*
Die Bayern sind gespickt mit Weltmeistern, wir haben nur ein paar Hausmeister.

Ich kann zu dem Spiel, das wir heute verloren haben, absolut nichts sagen. Ich bin ja offenbar allein angereist. Meine Mannschaft war gar nicht auf dem Platz. Oder hat sie jemand gesehen?

Die beste Tarnung eines Trainers besteht darin, sich durchschauen zu lassen.

Horst Köppel
Ich war ja nicht im Altersheim. *(nach seiner Rückkehr als Cheftrainer)*

Karl-Heinz Körbel
Den größten Fehler, den wir jetzt machen könnten, wäre, die Schuld beim Trainer zu suchen.

Da kommen manche Berater mit ganzen Listen, Spieler aus Kamerun, der Slowakei, Kroatien oder den USA. Alles Weltklassespieler. Und wenn du mal hinterfragst, fällst du fast in Ohnmacht.

Mit dieser phantastisch kämpfenden Mannschaft ist die Meisterschaft bald drin! *(nach der Vorrunde in der Abstiegssaison von Eintracht Frankfurt)*

Die Eintracht ist vom Pech begünstigt.

Ein Teil meines Lebens geht zu Ende. *(nach der Entlassung bei Eintracht Frankfurt)*

Lorenz-Günther Köstner
Die holen sich einen Popel aus der Nase und brechen sich noch den Finger dabei. *(über seine unglücklich agierenden Spieler)*

In einer toten Mannschaft ist einfach kein Leben mehr drin.

Wir sind doch schon wieder abgestiegen worden.

Gut, in dieser Szene hat er sich debütieren lassen.

Wir haben die fehlende Cleverness vermissen lassen.

Manfred Krafft *(Trainer vom 1. FC Kaiserslautern)*
Meine Mannschaft ist 15- oder 16-mal ins Abseits gerannt. Das haben wir auch die ganze Woche geübt.

Hans Krankl
Wir müssen gewinnen, alles andere ist primär.

Ich habe bei der WM in Frankreich keine Probleme mit der Verständigung, ich kann kein Französisch.

Ich habe hier gut gearbeitet, habe viel zustande gebracht. Ich habe mir als Trainer in Deutschland einen Namen gemacht. *(nachdem er in elf Spielen mit Fortuna Köln elf Punkte gewann, den Abstieg aber nicht verhindern konnte)*

Schön muss man im Fußball nicht sein. Das sieht man. *(Gustl Starek, österreichischer Bundesligatrainer)*

Bernd Krauss
Wir wollten unbedingt einen frühen Rückstand vermeiden. Das ist uns auch gelungen. Der VfB Stuttgart hat in den ersten zweieinhalb Minuten kein Tor geschossen.

Vielleicht liegt das Geheimnis unseres Erfolges darin, dass mich meine Spieler nicht verstehen. *(als Trainer in Spanien)*

Ich glaube, Dede hatte gar keine Stollenschuhe an. Aber wenn ich mich in Zukunft auch noch um die Schuhe der Spieler kümmern muss, kann ich demnächst vor dem Spiel ja auch noch den Platz abkreiden. *(als BVB-Trainer über die Standprobleme seiner Profis)*

Die Farbe hat mir sowieso nicht gefallen. *(nachdem er seinen Wagen zu Schrott gefahren hatte)*

Wie das im Sport halt so ist: erst gratulieren, dann den Schläger zertrümmern – und anschließend geht's weiter. *(auf die Frage, wie er beim Tennis mit Niederlagen umgehe)*

Auch die Journalisten haben es vielleicht nicht so leicht, weil ihnen den ganzen Sommer die Sonne auf den Kopf scheint. *(zur heftigen Medienkritik an ihm auf Mallorca)*

Hansi Kreische
Aus Scheiße kann man keine Bonbons machen! *(nach einer Niederlage seiner Mannschaft Dynamo Dresden)*

Rudi Kröner *(Trainer von Hessen Kassel)*
Wir haben heute ein neues System kreiert: vorne zu- und hinten aufgemacht. *(nach einer 0:4 Pleite)*

Jürgen Krust *(Trainer des FCR Duisburg)*
Wir haben extra frische Unterwäsche mitgenommen für den Fall, dass sich unsere Mädchen in die Hosen machen. *(vor dem DFB-Pokalfinale der Frauen gegen den Favoriten 1. FFC Frankfurt)*

Köbi Kuhn
Köbi Kuhn war vor zwei Jahren »Schweizer des Jahres«. Das schafft man nicht einfach so. Dafür muss man schon Schweizer sein. *(Urs Meyer)*

Fritz Langner *(Trainer von Werder Bremen)*
Ihr fünf spielt jetzt vier gegen drei.

Udo Lattek
Die Deckung hat Angst vor ihrem schwachen Torwart. Deshalb spielt sie so gut!

Zukunft, das ist die Zeit, in der du bereust, dass du das, was du heute tun kannst, nicht getan hast.

Wenn in einem Verein mal der Haussegen schief hängt, sollte ein Trainer nicht versuchen, bedingungslos die Wände danach auszurichten.

Ich habe alle gekriegt, die ich wollte. Nur bei meiner Frau: Da war ich es, der eingekauft wurde.

Ich bin der Hans Albers der Bundesliga. Der konnte saufen wie ich und auch arbeiten.

Das Schlimmste ist, wenn sich ein Trainer nach dem Präsidium richten muss, weil er Angst vorm Rausschmiss haben muss. Uli Hoeneß hat mal versucht, mir reinzureden. Da habe ich gesagt: »Pass auf, Uli, geh du lieber in dein Büro zum Erbsenzählen und Geldschichten. Wenn du noch mal was auf der Bank sagst, fliegst du runter.« Da war das Thema erledigt.

Ich bin an der Schwelle zum Lebensabend angelangt, und abends wird es bekanntlich dämmrig. Aber wenn im Stadion die Flutlichtanlage angeht, dann wird's wieder hell in meinem Leben – als käme da noch mal so was wie ein Morgen.

Sie können ruhig etwas lauter nicken!

Ich habe festgestellt, dass ich ein Fachidiot bin. Ich habe Trainer gelernt, und ich kann auch nichts anderes.

Manchen Trainerkollegen kann ich nur sagen: Hätten sie was Gescheites gelernt, dann müssten sie sich dem Stress nicht aussetzen.

Das sind spanische Gurken, die viel Sonne gekriegt haben, aber längst vertrocknet sind. *(über drei spanische Neuzugänge bei Hannover 96)*

Die großen Trainer haben schließlich alle gesoffen: Weisweiler, Happel, Zebec. Und ich gehöre ja auch zu den Großen.

Ich gehe in kein Casino, meine Spielhölle ist der Fußballplatz, da bin ich voll ausgelastet.

Es gibt Stunden, wo einem absolut nichts einfällt, aber es gibt Jahre, wo einem noch weit weniger einfällt.

Ich bin kein Bürositzer, das ist nicht meine Welt. Als Sportdirektor in Köln habe ich dagesessen, Kaffee getrunken, telefoniert, Zeitung gelesen. Und draußen trainierten die Jungs an der frischen Luft. Da kannst du sie loben oder in den Arsch treten – aber es ist in jedem Falle Leben drin.

Man muss den Fuß auf die Beine stellen.

Eine Unverschämtheit. Jeder weiß, dass ich so was nie tun würde. Aber es war ja schon nach elf Uhr morgens – da wird der Lattek wieder genug getrunken haben. Vielleicht hat er in der Werbepause dann noch zwei Kurze getrunken, damit er in Fahrt kommt. *(Bernd Schneider zur Behauptung von Udo Lattek, er könnte den Platzverweis sieben Minuten nach seiner Einwechslung beim 1:4 in Hamburg provoziert haben, um Bayer im Abstiegskampf nicht mehr helfen zu müssen)*

Lattek ist ein hervorragender Trainer. Das zeigt sich schon alleine daran, dass er den Herren Neudecker und Schwan jahrelang das Gefühl vermittelte, sie verstünden etwas vom Fußball. *(Helmut »Fiffi« Kronsbein)*

Jupp Heynckes weiß genau, wer raucht, und zählt deine Bierchen. Das war bei Udo Lattek anders. Der hat selbst am meisten gesoffen. *(Klaus Augenthaler)*

Dieser Mensch siegt von Niederlage zu Niederlage. *(Jürgen Gelsdorf)*

Wir haben vieles richtig gemacht. Dann kam er, machte was falsch und wollte auch noch als Original bestaunt werden. *(Maurice Banach, Spieler vom 1. FC Köln)*

Der soll sein Weißbier trinken und die Klappe halten. *(Rudi Assauer)*

Dem Lattek ist der Verein scheißegal. Der denkt immer nur daran, noch mehr Geld zu verdienen. *(Uli Hoeneß)*

Zu einem Mann, der wochenlang denselben Pullover trägt und schließlich sogar selbst daran glaubt, dass er mit diesem Schwachsinn Spiele gewinnen kann, fällt mir sowieso nichts mehr ein. *(Karlheinz Feldkamp)*

Lattek ist eine Stimmungskanone. Durch die Bank mit Schwatzpulver geladen. *(BILD-Zeitung)*

Ewald Lienen

Als Trainer habe ich schnell gelernt: man kann sich nichts notieren, wenn man keinen Zettel hat.

Wenn du heute in die Fußgängerzone gehst, musst du aufpassen, dass nicht jeder Dritte dich anspricht und dir einen Spieler andrehen will.

Wir haben 90 Minuten seriös um die Punkte gekämpft.

Man kann von bestimmten Leuten derart geschickt ein Bein gestellt bekommen, dass man sein Leben lang hinfällt.

Mein Thema heute ist das Spiel gegen den 1. FC Stuttgart.

Stuttgart hat sich im Prinzip den Finger in der Nase abgebrochen.

Wenn wir heute Abend schon mit Karneval anfangen, am 11.11., in welchem Zustand sollen wir dann im März sein?

Manchmal denk' ich, was da auf meinem Hals sitzt, ist nur ein riesiger Fußball.

Wir sind auf dem richtigen Weg! *(nach fünf verlorenen Spielen mit dem MSV Duisburg in Folge)*

Als ich in Duisburg war, war Friedhelm Funkel in Uerdingen. Dann war er in Duisburg und ich in Rostock. Jetzt ist er in Rostock und ich in Köln. Ich hoffe nur, dass er nicht bald nach Köln kommt. *(was kurze Zeit später tatsächlich geschah)*

Ich habe ihn ausgewechselt, weil ich einen anderen Spieler einwechseln wollte. Da musste ich einen auswechseln.

Der neue Rahmenterminkalender ist so voll, da gibt es in den nächsten zwei Jahren keinen Termin, an dem man mit seiner Frau Kaffee trinken kann.

Mein Stuhl in Köln ist aber sicherer. *(nachdem er bei der Pressekonferenz nach dem 2:1 beim FC St. Pauli einen kaputten Stuhl erwischt hatte, von dem er nur noch knapp über die Tischkante gucken konnte)*

Das Spiel heute war ein wichtiges Spiel. Die elf Spiele zuvor waren wichtige Spiele, das Spiel am Freitag gegen Mönchengladbach wird ein wichtiges Spiel, und die folgenden 21 Spiele werden auch wichtige Spiele. Alle Spiele sind wichtig.

Wer es wagen sollte, am Weiberdonnerstag rauszugehen, der braucht hier, solange ich Trainer bin, nicht mehr aufzulaufen. *(zu seinen Spielern nach drei Niederlagen in Serie)*

Das sah ja nicht sehr attraktiv aus, wie der Ball so über mich hinweggeflogen ist und die Mittelfeldspieler fast eine Halsentzündung bekommen hätten. *(über die Spielweise seines Teams)*

So eine Serie hatte ich zuletzt als 13-Jähriger bei TuS Schloß Holte. *(über den Höhenflug seines Teams)*

Ich werde einen Teufel tun und Ewald widersprechen. Er hat sich ja alles ganz genau notiert. *(Felix Magath zur Spielanalyse von Ewald Lienen)*

Der Ewald Lienen saß früher auf der Trainerbank mit Bleistift, Block und einem Gesicht wie bei einer Vollbremsung. *(Max Merkel)*

Vielen Dank, dass Sie bei uns waren und trotzdem noch einen schönen Abend. *(SAT1-Ran zu Interview-Partner Lienen)*

Pierre Littbarski
Hansa hat den Platz wie angekündigt umgegraben, obwohl der das ja eigentlich vorher schon war. *(über den Zustand des Rasens und die Spielweise von Hansa im Ostseestadion)*

Valeri Lobanowski
Valeri Lobanowski hat sich bewegt! Wir schreiben die 14. Spielminute! *(begeisterter Ausruf von Bela Rethy)*

Mich würde mal interessieren, ob Lobanowski auch in einem anderen sozialen Hinterfeld Erfolg haben könnte. *(Stefan Kuntz über den Trainer von Dynamo Kiew)*

Gyula Lorant *(ungarischer Bundesligatrainer)*
Wenn ich ihm sein linkes Bein wegnehme, fällt er einfach um, weil kein rechtes Bein da ist.

Werner Lorant
Bis Montagnachmittag kann sich die Mannschaft erholen, dann geht es raus in den Wald. *(nachdem er seiner Mannschaft zwei Tage trainingsfrei gegeben hatte)*

Die meinen ich bin doof, oder was? *(über seine Spieler)*

Das war kein Fußball, das war Osterhasen-Spielweise.

Wenn das Handy klingelt, kann man aus dem Bus aussteigen – und wir fahren weiter. Der hat ja ein Handy und kann sich ein Taxi rufen. *(über das Handyverbot bei 1860 München)*

Bei uns ist das Zähneputzen ab sofort verboten. *(in Anspielung auf die Dopingaffäre von Leichtathlet Dieter Baumann)*

Wenn mich der DFB ändern will, dann bin ich verkehrt im deutschen Fußball. *(zur möglichen Sperre durch den DFB)*

Ich wechsle nur aus, wenn sich einer ein Bein bricht.

Was soll ich mit den Spielern reden, ich bin doch kein Pfarrer.

Das ist doch alles der größte Blödsinn, das wird doch alles nur immer wieder von den Medien reindementiert.

Schlimm ist dieses Gejammer. Tut hier weh, tut da weh. Aber solange sie das Handy halten können, muss ja noch genug Kraft da sein.

Spieler haben vielleicht ein Problem mit mir, aber ich nicht mit ihnen.

Trainer

Vieles, was darin geschrieben wurde, ist auch wahr. *(über sein Buch »Eine beinharte Story«)*

Die Spieler freuen sich darauf. Sie haben schon ihre Laufschuhe eingepackt. Manche sogar zwei Paar. *(zum Lauftraining mit seiner Mannschaft)*

Drei Punkte geholt, Mund abputzen, danke schön, schönen Abend noch. *(zu einem 3:1-Sieg des TSV 1860 München gegen den 1. FC Köln)*

Ich glaube, ich bin ein bisschen braun geworden. *(nach einem 0:0 bei Hansa Rostock)*

Mit kleinen Blessuren muss man immer aus dem Spiel kommen, sonst hat man nicht richtig gespielt.

So etwas wie in den letzten Wochen habe ich noch nie erlebt. Das geht unter die Gürtellinie, ich bin doch nicht straffällig geworden. *(nachdem der Aufsichtsrat seine Entlassung gefordert hatte)*

1860 München und sein ehemaliger Trainer Werner Lorant, 53, bleiben sich in herzlicher Abneigung verbunden. Nachdem die Löwen gegen Nürnberg verloren hatten, rief Lorant auf dem Handy von Club-Manager Edgar Geenen an: Um schadenfroh seine Gratulation zu übermitteln. *(Welt am Sonntag)*

Auch für ihn ist der Ernst des Lebens zurückgekehrt – seit einigen Wochen ist Werner Lorant sein Trainer! *(Bela Rethy über Israels Stürmer Revivo von Fenerbahce Istanbul)*

Seine Härte war gefürchtet. Wenn mich mal ein Gegenspieler nervte, drohte ich ihm mit Werner. Nach dem Motto: »Ich hetz' den Lorant auf dich.« Schon war Ruhe. *(Bernd Hölzenbein über seinen früheren Mitspieler)*

Ich hab' keine Probleme mit Werner Lorant mal ein Bier zu trinken – oder auch mal ein Kaugummi zu kauen! *(Lothar Matthäus)*

Seine Frisur sieht aus, als sei sie mit der Trompete gefönt. *(Max Merkel)*

Joachim »Jogi« Löw

Auch ein Roman Weidenfelder, ein Timo Rost und ein Simon Jentzsch sind nah dran. *(Der Bundestrainer-Assistent zu den Chancen der Nationaltorhüter. Er meinte Roman Weidenfeller und Frank Rost.)*

M

Felix Magath

Ich überlege, ob ich konvertiere und vom christlichen Glauben wechsele. Es gibt ja Religionen, in denen man mehrere Frauen heiraten kann. *(der mit dem FC Bayern in Champions League, Bundesliga und Pokal noch auf »drei Hochzeiten tanzt«, auf die Frage, für welche »Braut« er sich am liebsten entscheiden würde)*

Und wir bleiben unzufrieden hier. *(zu Thomas Schaafs Statement: »Wir fahren zufrieden nach Hause« nach einem Bremer Sieg in Stuttgart)*

IMG hat eine Analyse machen lassen, die besagt, dass ich sehr sympathisch, beliebt und sehr werbewirksam sei. Ich hoffe, dass das noch lange so bleibt. *(über eine Analyse seiner neuen Vermarktungsagentur)*

Ich wurde dafür bezahlt, hier zu arbeiten. Nun werde ich dafür bezahlt, dass ich gehe. *(nach seiner Entlassung bei Eintracht Frankfurt, bei der er mit angeblich zwei Millionen Mark abgefunden werden sollte)*

Ich hatte schon vorher das Gefühl, dass die Mannschaft noch nicht reif für die Bundesliga ist. Aber, dass einige Spieler so weich in der Birne sind, hätte ich nicht gedacht. *(nach einer 1:2-Niederlage der Frankfurter Eintracht beim Oberligisten KSV Klein-Kerber.)*

Wenn ich als 48-Jähriger noch mithalten kann beim Konditionstraining, dann kann ich das auch von meinen Spielern verlangen. *(zu seinen Schleifer-Methoden)*

Dieses Spiel muss sich wirklich keiner mehr anschauen. *(als ihm ein Kameramann die Videokassette vom 1:0-Sieg gegen Cottbus überreichte)*

Ich bin kein Masochist, dem das Leiden Spaß macht. *(auf die Frage, ob er sich das Spiel von Stuttgart gegen Dortmund noch einmal als Video ansehen werde)*

Grundsätzlich ist es mir egal, was meine Spieler essen und trinken. Hauptsache sie nehmen mir bei McDonalds keinen Platz weg.

Es wird nicht ganz zur Routine, weil ich ja mittlerweile auch die Mütter gewechselt habe! *(auf die Frage, ob Geburten ab dem fünften Kind schon zur Routine werden)*

Langsam geht es wieder Richtung Wand. *(nach drei Niederlagen in Folge)*

Da werden Peanuts aufgebauscht. *(zur Torwartfrage in der Nationalmannschaft)*

Der Lake Michigan ist so groß, der drängt sich als Trainingsoption förmlich auf. *(über die Fitness-Möglichkeiten der Münchner Bayern auf ihrer Chicago-Reise)*

Trainer

Sie stehen lange vor dem Spiegel, schmieren sich Gel in die Haare. Hier wollen zu viele nur selbst gut aussehen, anstatt für den anderen zu laufen. *(der Bayern-Trainer über seine Mannschaft)*

Sie machen sich Gedanken, wie sie Tore bejubeln, und keine, wie man ein Tor schießen kann.

Zuletzt wurde mir vorgeworfen, ich würde zu spät auswechseln. Aber ich bin ja lernwillig ... *(nachdem er Gerd Wimmer schon nach 29 Minuten vom Platz geholt hatte)*

Um was soll ich mir alles Gedanken machen? Ich habe hier genug zu tun und mittlerweile sechs Kinder. *(zum Dopingskandal bei Juventus Turin)*

Weil wir so wenig trainieren. *(auf die Frage, warum seine Mannschaft trotz 28 Saisonspielen so fit sei)*

Die Kabine ist so groß, deshalb muss man hier ein bisschen lauter reden. *(auf die Frage, ob er in der Halbzeitpause des Spiels gegen Hertha BSC laut geworden ist)*

Ein weiteres Indiz dafür, dass ich hier bleiben will, ist die Tatsache, dass ich mich letzte Woche gegen Zeckenbisse impfen ließ. In Norddeutschland oder in Gelsenkirchen braucht man dies nicht. *(zu den Gerüchten, er würde in der nächsten Bundesliga-Saison den FC Schalke 04 trainieren)*

Schach ist für mich neben Fußball der schönste Sport, weil es aufgrund der Figuren auch ein Mannschaftssport ist.

Das war europäische Weltklasse!

Die Spieler können so lange Ostereier suchen, wie sie wollen. Vor lauter Training werden sie keine finden.

Ich habe ihn beim Warmmachen beobachtet. Er war heiß.

Ich habe geguckt, wie man so eine Meisterschaft feiert. Ich wollte das mal wissen für später. *(auf die Frage, warum er den Bayern bei der Feier mit der Meisterschale zugesehen habe)*

Wenn aus einem Golfloch auf dem Klubgelände des Präsidenten Öl sprudelt, könnte es sein, dass wir da tätig werden. Aber damit ist nicht zu rechnen. *(zur Chance auf hochkarätige Neuverpflichtungen)*

Mich hat es gestört, dass man von denen, die man aus dem Dreck gezogen hat, nachher auch noch mit Dreck beworfen wird. *(über seine Ex-Vereine)*

Ja, bis morgen früh um acht. *(nach einem großen Sieg auf die Frage, ob er seiner Mannschaft jetzt frei gebe)*

Wenn die Spieler im Urlaub etwas getan haben, dann können wir uns in Dubai Waldläufe ersparen.

Der Vorteil von Trainern wie Branko Zebec und Ernst Happel war ihre kuriose Sprache. Die Spieler mussten sich stark konzentrieren, um zu verstehen, was sie meinten. Deshalb kam ihre Botschaft so gut rüber.

Die Österreicher wollten mich gleich dort behalten, als Ersatz für Hermann Maier. *(nach der Rückkehr aus einem Skiurlaub)*

Ein Weltklassespieler – Linksfuß! Ganz starker Mann! Wie Magath früher ...

Es war von vornherein klar, dass Leverkusen die stärkere Mannschaft ist. Wir haben derzeit niemanden, der gegen Neuville hätte spielen können – außer mir vielleicht.

Ein besserer Tag als im Hinspiel sollte genügen, um gegen Chelsea mit zwei Toren Unterschied zu gewinnen – aber nicht 6:4. *(zum Viertelfinal-Rückspiel in der Champions League gegen Chelsea London)*

Ich habe das Los Chelsea London nicht mit Champagner gefeiert, sondern nur mit einer Banane. *(nach der Auslosung der Viertelfinalspiele in der Champions League)*

Wenn wir erfolgreich sind, verdiene ich gut. Wenn wir nicht erfolgreich sind, verdiene ich auch gut. *(nach Bekanntgabe seines neuen Zweijahres-Vertrags mit dem VfB Stuttgart)*

Ich kann damit leben, dass die FIFA das abgeschmettert hat. Ich weiß ja heute schon gar nicht, was ich eine Viertelstunde lang erzählen soll. *(zur Entscheidung, die Halbzeitpausen nicht von 15 auf 20 Minuten zu verlängern)*

Ich habe schon einmal für ein halbes Jahr Spanisch gelernt. Dann wurde die Lehrerin schwanger. So wurde ich um die Chance gebracht, Trainer bei Real Madrid zu werden.

Felix Magath ist der letzte Diktator Europas. *(Bachirou Salou)*

Mit Quälix kriegt Bayern wieder dicke Eier! *(Max Merkel)*

Nix mehr mit Zerrungen nachts in der Disco. Nix mehr mit Nasebohren am Mittelkreis. Jetzt wird wieder marschiert! *(Max Merkel über die Marschroute des neuen Bayern-Trainers Felix Magath)*

Ich war die ersten drei Wochen nicht da. Ich glaube, das war auch besser so. *(Roy Makaay auf die Frage, wie hart das Training unter dem neuen Trainer Felix Magath gewesen sei)*

Es lohnt sich wieder, die Trainingsklamotten zu waschen, sie sind wieder nass. *(Jochen Seitz, Zeugwart des VfB Stuttgart über Veränderungen unter dem neuen Trainer)*

Ich habe ihm guten Tag gesagt und gratuliert, dass er einen Schal trug, damit er sich nicht erkältet. *(Rudi Assauer über die Begegnung mit seinem Dauerrivalen)*

Wir verdienen so viel Geld, da können wir uns auch mal richtig auskotzen. *(Ralf Weber, Spieler von Eintracht Frankfurt, zur Vorbereitung unter Felix Magath)*

Magaths Training ist wie ein Zahnarzttermin. Man fürchtet sich vorher, aber danach fühlt man sich besser! *(Jan-Aage Fjörtoft)*

Wenn man zurückschaut, freut man sich nur noch, ich kann mich gar nicht mehr erinnern, dass es bei Magath hart war, aber ich glaube schon. *(Jan-Aage Fjörtoft)*

Ob Felix Magath die Titanic gerettet hätte, weiß ich nicht – aber die Überlebenden wären topfit gewesen. *(Jan-Aage Fjörtoft)*

Wenn er sich bei Interna nicht zurückhalten kann, gibt es nur einen Verlierer. Wenn er weiter attackiert, werde ich auspacken, und das ist so wie bei Star Wars, wenn das Imperium zurückschlägt! *(Jan-Aage Fjörtoft zu einigen Äußerungen von Felix Magath nach dessen Entlassung)*

Unsere Spieler sind abends etwas müder und gehen nicht mehr gerne ins P1. *(Uli Hoeneß zur Trainingsintensität unter Coach Felix Magath)*

Sepp Maier
Mit den Torhütern ist es wie mit dem Whiskey: Je älter, je besser.

Zu meiner Zeit wären wir auf unser Zimmer geflüchtet, hätten uns die Bettdecke über den Kopf gezogen und hätten uns geschämt. *(zur Leistung der Nationalmannschaft bei der Euro 2000)*

Morgens um sieben ist die Welt noch in Dortmund.

Ein Torhüter muss Ruhe ausstrahlen. Er muss aber aufpassen, dass er dabei nicht einschläft.

So wie die spielen, brauche ich die Kamera nicht. Da ist mir jeder Millimeter Film zu schade. *(auf die Frage, warum er seine Video-Kamera zur EM 2004 zu Hause gelassen hat)*

Demnächst verpflichten wir Vitali Klitschko als Co-Trainer. *(nach einer erneuten Boxeinlage im Training des FC Bayern)*

Ich habe ihm gesagt, dass er BTT wie Bundes-Torwart-Trainer und nicht KT wie Kahn-Trainer ist. *(Teamchef Erich Ribbeck über den Bundes-Torwart-Trainer Sepp Maier)*

Uli Maslo *(Trainer von St. Pauli)*
Ich habe eine gute und eine schlechte Nachricht. Die schlechte: der Trainingsplatz stand unter Wasser. Die gute: es ist keiner ertrunken.

☺

Okay, Uli, du hast deine Meinung und ich hab meine. Und ich habe Recht. *(Friedel Rausch)*

Lothar Matthäus
Gewollt hab ich schon gemocht, aber gedurft ham sie mich nicht gelassen. *(erklärt, warum er nicht deutscher Bundestrainer wurde)*

Das ist das erste Interview, wo sie macht. *(über seine Freundin Maren Müller-Wohlfahrt)*

Nur so kann ich die Mannschaft aus ihrer Ekstase holen. *(zur Maßnahme, sein Team zukünftig schon fünf Stunden vor dem Spiel zu versammeln)*

Einmal bringe ich einen um! *(über seine Gefühle als neuer Trainer)*

Ich bin alt genug als Bundestrainer. *(zur Nachfolge als Bundestrainer von Rudi Völler, bei der er sich selbst als Kandidat ins Spiel gebracht hatte)*

Ein Lothar Matthäus hat es nicht nötig von sich in der dritten Person zu sprechen. *(auf die Frage bei einer Pressekonferenz, warum er öfter von sich in der dritten Person spreche)*

I look not back, I look in front.

I'm a german record-player.

Obwohl es im Alpenraum viele Berge gibt, möchte ich mit meiner Meinung nicht hinter selbigen halten.

☺

Bei der ersten Niederlage unter ihm hieße es dann: Dieser rote Bazi führt uns zum Abstieg. *(Karl-Heinz Wildmoser zu den Gerüchten, Lothar Matthäus werde neuer Löwen-Trainer)*

Ich selbst bin zu jung für diesen Job. Ich denke, es läuft auf Lothar hinaus. *(Klaus Augenthaler, 46, über Matthäus, 43, der Bundestrainer werden will)*

Solange Karl-Heinz Rummenigge und ich etwas beim FC Bayern zu sagen haben, wird Lothar Matthäus bei diesem Verein nicht mal Greenkeeper im neuen Stadion. *(Uli Hoeneß)*

Wenn Matthäus Bundestrainer geworden wäre, das wäre, wie wenn der Chefspion des KGB Bundeskanzler geworden wäre. *(Uli Hoeneß in Anspielung auf Loddars Beziehungen zur »BILD«)*

Warum nicht? Jedes Stadion braucht einen Greenkeeper. *(Berti Vogts auf die Frage, ob Lothar Matthäus Trainer von Bayern München werden könne)*

Ich habe gedacht, dass man mit einem 40-Jährigen einen reifen Mann auf die Trainerbank setzt. Aber er ist nicht geeignet für eine Mannschaft mit einer Jugendabteilung. *(Rudolf Edlinger, Präsident von Rapid Wien über seinen Ex-Trainer, dem er zu viele Sex-Affären vorwirft)*

Was stört es die Eiche, wenn sich eine Sau an ihr reibt. *(Oliver Kahn zu Matthäus, der meinte, er solle die Kapitänsbinde wegen seiner privaten Eskapaden ablegen)*

Als Spieler war er fantastisch, aber gäbe es ihn nur als Trainer, würde ich sagen, dass ich keinen größeren Tölpel gesehen habe. Alle bei Rapid – von der Putzfrau angefangen – atmen auf, dass er verschwunden ist. *(Ladislav Maier, der Torhüter von Rapid Wien, über seinen Ex-Trainer)*

Für mich hat Lothar die idealen Voraussetzungen, ein großartiger Trainer zu werden. Ich bin froh, dass er das macht, was er kann und nicht etwas anderes. *(Franz Beckenbauer über den neuen Trainer von Rapid Wien)*

Mick McCarthy *(Nationaltrainer Irlands)*
Man darf den Gegner nicht köpfen lassen. Und wenn er zum Köpfen kommt, muss man dafür sorgen, dass er deine Schuppen im Gesicht hat. *(zum Duell mit der deutschen Fußball-Nationalmannschaft)*

Lawrie McMenemy *(Nationaltrainer Nordirlands)*
Nach Stan Mortensen wurde ein Pokalfinale genannt: Das Matthew-Finale.

Cesar Louis Menotti *(Nationaltrainer Argentiniens)*
Napoleon Bonaparte war der beste Trainer der Geschichte. Für seine Feinde war er immer für eine Überraschung gut. Er ließ sich immer wieder etwas Neues einfallen und konnte seine Truppen anfeuern wie kein Zweiter. Er hatte Fortune und ein Konzept.

Ich schaue mit Unverständnis auf diese wilden Jahre. *(über seine Jahrzehnte als Kettenraucher)*

Das wahre Talent sensibilisiert mich. Overath, Cruyff, Maradona – da kriege ich eine Gänsehaut.

Nehmen Sie Cesar Louis Menotti, ein Toptrainer, aber wenn er mit einem Spieler geredet hat, hat er gefragt, ob es Frau und Kindern gut geht. Ansonsten saß er auf der Bank und rauchte 50 Zigaretten. *(Bernd Schuster)*

Max Merkel
Im Training habe ich mal die Alkoholiker meiner Mannschaft gegen die Antialkoholiker spielen lassen. Die Alkoholiker gewannen 7:1. Da war's mir wurscht. Da hab i g'sagt:»Sauft's weiter.«

Eine Samba-Schnecke neben Stehgeiger Nowotny. Da wünsch' ich Sportsfreund Ramelow viel Spaß beim Dauer-Grätschen. *(über die Abwehrreihe von Bayer Leverkusen)*

Der neue BVB-Chefeinkäufer kann da nur Harry Hungermann heißen. *(über die Neuzugänge bei Borussia Dortmund)*

Wenn die Herren Niebaum / Meier erzählen: »morgen scheint die Sonne«, packst am besten gleich den Regenschirm ein. Die verkaufen einem auch eine Banane als Blasinstrument...

Spielt der neue HSV nur Senf, ist Toppi die Wurst der Liga.

Wenn i a Obst ess', spür' i a Druck. *(auf die Frage, ob er Erfolgsdruck verspüre)*

Ein Titel muss her, hat Berti in Leverkusen gesagt. Einen hat er schon: Tribünen-Adler des Jahres.

Deutsche Funktionäre wissen nicht einmal, dass im Ball Luft ist. Die glauben doch, der springt, weil ein Frosch drin ist.

Bei VW Wolfsburg ist sogar der Gärtner Millionär... *(in Anspielung darauf, dass Stürmer Roy Präger für Spielmacher D'Alessandro den Rasen mähte, als dieser mit der argentinischen Nationalelf unterwegs war)*

Spanien wäre ein schönes Land, wenn nicht so viele Spanier dort leben würden. *(Merkel wurde daraufhin trotz Tabellenführung bei Atlético Madrid entlassen)*

Viele alte Leute haben das Glück, körperlich und geistig gesund Ratschläge und Erkenntnisse weitergeben zu können. Herr Merkel gehört leider nicht dazu. Ihm ist aber zu wünschen, dass er wenigstens körperlich unversehrt bleibt. *(Benno Möhlmann)*

Bruno Metsu *(Nationaltrainer Senegals)*
Ich bin ein Weißer mit einem schwarzen Herzen. *(über sein Leben in Afrika)*

Hans Meyer
Reiner Calmund und ich wären super Partner, um schön essen zu gehen und über Fußball zu quatschen. *(zu den Gerüchten, er würde Sportdirektor bei Bayer Leverkusen)*

Danke für die Glückwünsche beim Unternehmen Aufstieg. Sie werden sich noch schwarz ärgern, wenn wir es wirklich schaffen, dann guckt nämlich keine Sau mehr Ihre Sendung. *(zu Gladbacher Zweitliga-Zeiten zu einem DSF-Reporter)*

Torwart Jörg Stiel sagte mal, ich wäre sein bester Trainer gewesen. Später erfuhr ich, dass er nur zwei hatte.

Trainer

Weil ich so geldgeil bin. *(auf die Frage, warum er seinen Vertrag noch einmal verlängert habe)*

Nein, es finden montags wirklich keine Parteiversammlungen statt. *(in einem Interview auf die Frage: »Merken Ihre Spieler, dass da ein Trainer aus einer anderen Welt kommt?«)*

Vielleicht erledigen sie ihre ehelichen Pflichten. Das wäre nicht das Schlimmste. *(über das Programm seiner Profis in der Mittagspause)*

Das Profigeschäft ist hart, und die Umwandlung des DDR-Sports geschieht wie in der Wirtschaft. Aber zum Glück haben wir keine Treufußanstalt!

Wenn es gar nicht mehr läuft, können wir ja immer noch den Trainer entlassen. *(als Trainer von Borussia Mönchengladbach nach einer Niederlage)*

Ich weiß, wie schnell man Denkmäler aufbaut und wie schnell man sie anpinkelt. *(nach zwei Siegen in Folge im Abstiegskampf)*

Wir haben in der einen oder anderen Situation unsere Impotenz bewiesen.

Wenn ich eine ganze Flasche Rotkäppchen getrunken habe, wurde meine Frau danach regelmäßig schwanger.

Jetzt gehe ich erst einmal nach Hause und mache ein Fläschchen von dem Sechs-Mark-Sekt auf. Wir sind nämlich arme Leute und kaufen bei Aldi. *(nach dem Auftaktsieg der Gladbacher gegen die Bayern)*

Nein, der ist mir zu teuer geworden. Die haben den Preis um einen halben Euro erhöht. *(der Hertha-Trainer auf die Frage, ob er wie bei Borussia Mönchengladbach für den Siegfall gegen Bayern eine Flasche Rotkäppchen-Sekt im Kühlschrank hätte)*

Es ist in Berlin angekommen. Aber noch nicht in meinem Schlafzimmer. *(auf die Frage, ob er das Abstiegsgespenst schon durch sein Haus habe geistern sehen)*

Ganz Deutschland zittert und wartet, was da rauskommt am Montag. Möglicherweise sogar geht das über Deutschlands Grenzen hinaus. *(auf die Frage, ob er noch eine Saison in Berlin bleibe)*

In jedem Kader gibt es fünf richtig blöde Spieler. Von denen würde einer auf jeden Fall unter der Brücke landen, wenn er nicht Fußball spielen würde. *(über den Bildungsstand der deutschen Profis)*

Das wird eine schöne Heimfahrt. Einen Punkt geholt und zudem waren die Jungs eine Woche nicht bei der Mutti. *(nach Gladbachs 1:1 in Stuttgart)*

Trainer

Ja, sicher. Wir im Trainerstab benoten allerdings nach »holländischen Noten«. Das heißt, eine 1 ist die schlechteste Note und eine 10 die beste. Allerdings werden die 1 und 2 nie vergeben. Eine 3 erhält z.b. ein Spieler, den ich einwechsle und der sich dann so anstellt, dass ich ihn eigentlich sofort wieder rausnehmen müsste. Eine 5 ist die Durchschnittsnote und eine 8 gibt es immer nur für den Trainer. Die 9 und 10 gibt's auch nicht – die sind für die Götter. *(auf die Frage, ob er seine Spieler nach den Spielen benote)*

Nur 20 Prozent der Spieler halten sich im Urlaub an die Vorgaben des Trainers. Mindestens 50 Prozent erholen sich nach dem Motto: Wer sich bewegt, der wird erschossen.

Ich habe Möhlmann vorher gesagt, dass wir uns auf eine Punkteteilung einigen können. Aber das hat der Schweinehund nicht mitgemacht. *(nach einer 0:1-Heimniederlage gegen Arminia Bielefeld)*

Dass ich bei Twente später eine Vertragsverlängerung bekam, war dann kein Zufall mehr. Offensichtlich waren sie von meiner Schönheit so begeistert. Das Trainingsgelände war hier mein Heiligtum. Platzwart Erich Hage hat mit der Gartenschere das Unkraut gerupft. Wenn sich ein Rabe auf dem Rasen niedergelassen hatte, wurde der erschossen. *(über alte Jenaer Zeiten)*

Überall in Mitteleuropa fehlen die Bedingungen für den Straßenfußball – deshalb müssen wir ihn im Training simulieren. Bisher wird nur jeder Mist von oben kopiert: Die haben noch keine Muskeln zum Stretchen, da dehnen die schon.

Seit drei, vier Wochen haben die Spieler keine Angst mehr vor mir. *(auf die Frage, warum es bei Borussia Mönchengladbach so gut läuft)*

Ich bin heute noch nicht darüber weg, dass wir damals das Europacup-Finale in Düsseldorf verloren haben. Aber zum Glück reißen sie ja das Rheinstadion jetzt ab. *(über das Europacup-Finale 1981 Carl Zeiss Jena - Dynamo Tiflis)*

... und ihr Fans habt es am allermeisten verdient, dass die Mannschaft demnächst nicht mehr in dieser Scheiß-2.-Liga spielen muss! *(beim Empfang der Aufstiegsmannschaft auf dem Alten Markt in Mönchengladbach)*

Dann werde ich sagen: »86 Prozent.« *(auf die Frage, ob man ihn im Falle eines Heimsiegs über Nürnberg auf den Aufstieg ansprechen dürfe)*

Bemerkenswert finde ich die Tatsache, dass 3.000 unserer Fans in St. Pauli waren und davon waren höchstens 2.000 wegen der Reeperbahn da.

Trainer

Ich gehe in keine Spielbank, kaufe keine Schweinefarm, wo mir die Schweinepest später alles kaputtmacht. Ich mache keine Weltreisen, gebe keine Party für 50.000. Ich gehe alle vier Jahre mal für 5.000 Mark Klamotten einkaufen, das war's. *(auf die Frage, wie er privat sei)*

Ich kann saufen ohne Ende.

Wir mussten das Training abbrechen, weil einige Spieler vor Freude in Tränen ausgebrochen sind. *(nach einer Vertragsverlängerung)*

Wenn ich mit dem System Weihnachten im gesicherten Mittelfeld bin, dann können wir drüber reden. Aber nach einem Spieltag werde ich mich hüten, meinen Kopf so weit aus dem Fenster zu halten. Doch wenn Sie schreiben, Hans Meyer hat ganz alleine gewonnen, dann haben Sie natürlich Recht. *(nach einem 1:0 gegen Bayern München im ersten Saisonspiel)*

In meinem grenzenlosen Optimismus habe ich damals nach der Wende geglaubt, dass morgen oder spätestens übermorgen die Bayern bei mir anrufen.

Wir sind völlig unverständlich auf den Pfad der Verunsicherung geraten.

Ich wünsche mir artige Spieler. *(sein Wunsch zum 60. Geburtstag)*

Vor zwei Jahren gab es hier auf der Pressekonferenz noch Brötchen. Ich denke, das sind die ersten Auswirkungen der Kirch-Krise.

Der Butterkuchen hier ist wirklich ausgezeichnet, den hat bestimmt Frau Demuth gebacken. *(über den Kuchen im Presseraum des FC St. Pauli)*

Das kann ich jetzt nicht sagen. Sonst bekomme ich Probleme, wenn meine Frau an Heiligabend mit dem Päckchen mit der Feinripp-Unterwäsche ankommt. *(auf die Frage, ob der Punkt bei den Bayern das schönste Weihnachtsgeschenk sei)*

Danke. Das sagen zu mir sonst nur 60-Jährige. *(bei einer Talkshow zu Box-Schönheit Daisy Lang, die ihm das Kompliment gemacht hatte, er sei ein charmanter Mann)*

Ich musste lesen, dass sich der Meyer für klassische Musik interessiert. Da lachen sich ja alle, die mich kennen, halbkrank! Fürs Kulturelle ist eher meine Frau zuständig.

Ich werde nicht vorher bekannt geben, wer spielt, sonst hat Bayern-Trainer Ottmar Hitzfeld noch eine schlaflose Nacht. *(Borussia Mönchengladbachs Trainer vor einem Spiel des Aufsteigers gegen Rekordmeister München)*

Ich möchte mich entschuldigen, dass die Pressekonferenz so spät anfängt. Aber da seine Spieler kein Wort mehr sprechen, quatscht jetzt der Slomka ohne Ende. *(Nürnbergs Trainer nach dem 0:0 gegen Schalke 04, das sich im Presseboykott befand)*

Ich verspreche euch: Wir verlieren nie wieder! *(am Ende der Saison 2005/06 zu den Fans)*

Meine Frau lässt mich nicht in den Garten, weil ich die Rosen nicht vom Blumenkohl unterscheiden kann.

Hier hat dreieinhalb Jahre ein fantastischer Trainer gearbeitet, der unter anderen politischen Umständen heute Trainer bei Bayern München oder Borussia Dortmund sein könnte. *(Ewald Lienen über seinen Vorgänger)*

Rinus Michels

Wenn Holland gegen Deutschland spielt, muss ich keine Spielersitzung machen, sondern nur eins: meine Jungs beruhigen, beruhigen, beruhigen.

Drückt man erst einmal ein Auge zu, kommt man aus dem Blinzeln nicht mehr heraus.

Er setzte sich für alle anderen ein. Aber er vergaß auch nie sich selbst. Und dann setzte er alle anderen für sich ein. *(Frank Rijkaard)*

Ernst Middendorp

Hauen Sie ab, Sie Arschloch, Sie Schwein, nehmen Sie das Mikro weg. *(der Bielefelder Trainer zu einem Reporter)*

Knien Sie nieder, Sie Bratwurst. *(zu einem Lokalreporter)*

Ich habe rechts einen gebrochenen Mittelfußknochen mit einem Tumor und was weiß ich noch alles.

Velibor »Bora« Milutinovic
(Nationaltrainer Chinas)
Ich habe meinem Dolmetscher gesagt, mir nur die angenehmen Sachen zu übersetzen. Das gibt weniger Probleme.

Benno Möhlmann

Die Basis im Abstiegskampf ist der Kampf.

Bayern München verdient Respekt und hat als Aushängeschild des deutschen Fußballs viel erreicht. Wir werden dieser Tatsache beim Frühstück zehn Minuten gedenken und dann unsere eigenen Möglichkeiten ausloten. *(vor einem Spiel gegen die Bayern)*

Richard Möller-Nielsen *(Nationaltrainer Finnlands)*
Vielleicht spielen wir 4711. *(zu seiner Taktik)*

José Mourinho *(portugiesischer Trainer des FC Chelsea London)*
Ein gefeuerter Trainer hat den besten Job. Du stehst um halb elf auf, frühstückst und surfst in aller Ruhe auf den Sportseiten im Internet. Nach dem Mittagessen besuchst du die Bank, um zu sehen, ob das Gehalt, das dein Klub dir noch zahlt, auf dem Konto ist. Da bleibt genug Zeit, Leute zu kritisieren, die du nicht kennst. *(als erwiderte Kritik in Richtung Hitzfeld)*

Er ist ein Feind des Fußballs. *(Schiedsrichter-Obmann Volker Roth)*

Silvia Neid *(Co-Trainerin der Frauen-Fußballnationalmannschaft)*
Es gibt immer noch irgendwelche Fans, die nach Spielen rufen: »Trikots tauschen.«

Klaus-Peter Nemet *(FC-St.-Pauli-Trainer)*
Wir hatten von vornherein keine Chance und haben sie etwas genutzt. *(nach einer 0:3-Niederlage gegen den VfB Stuttgart)*

Frank Neubarth
Wenn man es sich einfach machen will, sagt man: »Es liegt am Trainer.« Aber wer glaubt denn schon tatsächlich im Ernst, dass es an mir liegt?

Da springen schon mal die Gallensteine rauf und runter. *(über die schwache Chancenauswertung seiner Stürmer)*

Diesmal haben wir nur 2:1 verloren. Dein Vorgänger war deutlich besser. *(Gladbachs Trainer Hans Meyer zu seinem Schalker Kollegen Frank Neubarth in Anspielung auf die 0:2-Niederlage in der Vorsaison)*

Peter Neururer
Die Anatomie hat dem Menschen Hände gegeben. *(zu einem Handelfmeter gegen Bochum)*

Ich werfe elf Trikots hoch. Wer eins fängt, darf spielen.

Ich kann meiner Mannschaft keinen Vorwurf machen. Höchstens dem Platzwart. Der soll beim nächsten Mal die Torpfosten versetzen. *(nach einer 0:1-Heimniederlage, bei der sein Team dreimal den Pfosten getroffen hatte)*

Wenn ich auf dem Platz stehe, könnte mich sogar meine Frau verlassen.

Wenn das Telefon klingelte, hechtete ich zum Hörer wie Toni Schumacher, nur ohne Torwarthandschuhe. Meistens waren aber nur Bekannte dran. *(zu seiner Verfassung, als er bei Schalke gefeuert wurde)*

Trainer

Und wenn sie mich mit Kohle zuschütten: Man kann mich bezahlen, aber man kann mich nicht kaufen.

Die Droge Bundesliga fasziniert mich – und sie finanziert mich.

Wenn zwei über Fußball reden, kommen drei Meinungen heraus.

Ich wollte eigentlich einen Eilantrag beim DFB einreichen, so dass ich in der Pause acht Spieler auswechseln kann. *(nach einem schlechten Spiel)*

Es gibt halt diese Seuchentage, an denen man lieber im Bett bleiben sollte. Aber leider hatte der DFB ein Spiel angesetzt.

Den Pass hätte sogar ich mit einem Spurt von der Bank noch abfangen können. *(zur Lethargie seiner Abwehrspieler bei einem 40-Meter-Pass)*

Ich kriege keine Probleme mit den Spielern. Ich bin ja selber ein Problemfall.

Ich bin Trainer und nicht Bewegungstherapeut der Sponsoren.

Wir wollten uns auf die Situation einstellen und haben bei 45 Grad trainiert. Das hat nicht geklappt, heute waren es 47.

Wir waren alle vorher überzeugt davon, dass wir das Spiel gewinnen. So war auch das Auftreten meiner Mannschaft – zumindest in den ersten zweieinhalb Minuten.

Wir feiern nicht, bis der Arzt kommt. Den nehmen wir gleich mit auf die Party.

Alte Statistiker können ihre alten Statistiken beiseite legen. *(nach dem ersten Bundesliga-Heimsieg gegen Kaiserslautern seit 14 Jahren)*

Die Stimmung ist eigentlich wie vor dem Spiel. Mit dem kleinen Unterschied, dass wir aus dieser äußerst großen Minimalchance, minimaler geht's gar nicht mehr, eine etwas kleinere gemacht haben, die größer geworden ist.

Wir haben Schalke die Tore geschenkt. Da spielen wir hinten 3 gegen 1 und jeder wünscht dem anderen viel Glück.

Wäre es kälter gewesen, wär' vielleicht einer von ihnen am Boden festgefroren. *(nach einer 0:3-Niederlage seines 1. FC Köln beim MSV Duisburg über seine Spieler)*

Trainer

Wenn wir ein Quiz machen würden unter den Trainern in Deutschland, wer am meisten Ahnung hat von Trainingslehre, Psychologie, und der Trainer mit den besten Ergebnissen kriegt den besten Klub – dann wäre ich bald bei Real Madrid.

Das letzte Mal, dass ich so hoch verloren hab', war gegen meinen Bruder im Tipp-Kick *(nach einer 0:7-Niederlage mit Rot-Weiß Essen)*

In diesem Beruf komme ich mir nicht selten vor, als würde mir jemand dauernd mit einer Pfanne von vorn, von hinten, von oben auf den Kopf schlagen.

Auswärtsspiele sind keine Butterfahrt.

Im Gegensatz zu dem, was ich damals auf Schalke als Trainer erlebt habe, ist das in Köln ein Kururlaub und keine Krise.

Ich werde mir eine Schaf-Farm in Neuseeland kaufen und Schafswurst herstellen, um sie nach Bayern zu exportieren. Nee, mal im Ernst, was für eine blöde Frage ist das? Wie denkt man sich solche Fragen aus? Gibt man sein Hirn schon vor oder erst nach dem Journalistikstudium ab? *(auf die Frage nach seinen Plänen nach dem geschafften Wiederaufstieg in die Bundesliga)*

Ihr könnt Eimer zum Kotzen mitnehmen. *(bei der Ankündigung eines Trainingslagers)*

Besonders sexy bin ich ja bestimmt nicht, aber seit ich als Trainer arbeite, beherrsche ich zumindest die Verbalerotik.

Ich habe früher auch die großen Philosophen gelesen. Doch dann habe ich gemerkt, dass die von meinem normalen Denken absolut abweichen. Jetzt lese ich nur noch Fußballfachbücher.

Ich bin Idealist. Wenn das Leben nicht so teuer wäre, würde ich alles umsonst machen.

Wenn ich darauf reagieren würde, müsste ich wie ein Zitteraal durch die Gegend laufen. *(auf die Frage, wie er mit Spekulationen über seine Entlassung umgehe)*

Sowohl als auch. Einer, der auf Abseits gespielt hat, hat gepennt. *(auf die Frage: »Haben die da auf Abseits gespielt oder gepennt?«)*

Wynalda und daneben Sawitschew – das ist gewissermaßen mein Blauhelm-Sturm.

Zu Hause bin ich die absolute Weichbirne.

Wir fahren hin, hau'n die weg und fahren wieder zurück.

Bei mir zu Hause auf Schalke kann ich nicht einmal mehr die Mannschaftsaufstellung lesen. *(über Nachwuchsarbeit in Deutschland)*

Der Genuss von Zuckerlimonade beeinträchtigt die Trainingsadaption.

Eine richtig schlaue Analyse fällt mir schwer. Ich bräuchte eine Stunde, um auf den Punkt zu kommen, aber mein Abendessen steht um acht auf dem Tisch.

Rassismus ist bei uns nicht mal denkbar, nicht mal im Spaß. Wenn so was in meiner Gegenwart fallen würde, dann gäbe es nur eins: Der wird direkt gefeuert. Ob das ein Leistungsträger ist oder irgendein Abspritzer im siebten Glied. *(über den Fall Oliseh)*

Meine Frau hat irgendwann einen hässlichen Vogel kennen- und lieben gelernt und sogar geheiratet. Meine Kinder lachen mich zwar aus, aber sie kann damit leben. Mir ist egal, wie ich aussehe. Ich bin kein Dressman für Zwischengrößen, sondern Trainer vom VfL Bochum.

Bei meiner versteckten Hasenscharte und den ganzen Sprachfehlern bleibe ich lieber in dem Metier, in dem ich mich auskenne. *(auf die Frage nach einem späteren TV-Engagement)*

Ich gebe es zu, das sah aus wie Breakdance für Arme. *(über seine Freudentänze an der Seitenlinie)*

Einen hatte ich mal. Ein ganz wunderbarer Typ! Aber er hat sich über seine eigene Situation, über die Situation seines Gegenspielers, über die Sozialstrukturen in seiner Mannschaft so viele Gedanken gemacht, er hat mitten im Spiel alles so bilateral und multilateral behandelt – da war immer der Ball weg. *(auf die Frage, ob es Spieler gibt, die zu klug für Fußball sind)*

Um Gottes willen! Ich habe mal einen Spieler gehabt, einen Kapitän, der war so was von dumm, der war dumm wie... dumm wie... *(Einwurf des Interviewpartners: »Brot?«)* Ach, der hatte einen IQ, der so einzuordnen war wie die Temperaturen, die wir im Moment draußen haben, der war fast schon debil. Aber ein ü-ber-ra-gen-der Fußballer! Dem musste ich nichts erklären, der hat alles immer richtig gemacht. Intuitiv. Seine Fußballintelligenz war sensationell. Aber vom normalen Intellekt: katastrophal. Der hat gehupt, wenn er gegen einen Baum gefahren ist. *(auf die Frage, ob der Intellektuellste in der Mannschaft stets Kapitän sein solle)*

Nach den heutigen Regeln hätte ich damals schon beim Aufwärmen eine gelbe Karte gekriegt. *(auf die gleiche Frage)*

Trainer

Okay, und wenn ich erwachsen werde, lese ich auch mal Ihre Zeitung. *(am Ende eines Interviews mit der »Zeit«)*

Warm gemacht hab ich mich wie Maradona, aber gespielt hab ich wie Katsche Schwarzenbeck. *(auf die Frage, was er für ein Fußballertyp gewesen sei)*

Wir hätten nach 14 Minuten das Ergebnis unterschreiben und nach Hause fahren sollen. *(nach einer Niederlage)*

Wer jetzt noch vom Klassenverbleib spricht, den schicke ich zum Psychiater. *(in auswegloser Situation)*

Der erste Gegner im Abstiegskampf sind wir selber. Und es ist egal, ob wir jetzt gegen Bayern München oder Vorwärts Nippes spielen.

So hoch können wir gegen Hannover 96 gar nicht verlieren, dass ich rausgeworfen werde. *(kurze Zeit danach wurde er als Absteiger entlassen)*

Wir sind 2005 noch ungeschlagen. (nach einem 2:2 zum Rückrundenauftakt gegen Hertha BSC Berlin)

Wenn neben mir eine Bombe einschlägt, zucke ich nicht mal zusammen. Immerhin bin ich schon eineinhalb Jahre Trainer des 1. FC Saarbrücken.

Labern ist Peter – siegen ist Gold. *(ein Transparent der Fans des VfL Bochum über ihren gesprächigen Trainer Neururer im Abstiegskampf)*

Wie ich gelesen habe, wird es sehr schwer für uns in Bochum. Mein Kollege weiß ja, wie das Spiel ausgeht. Deswegen fahren wir dahin, um die Niederlage in Grenzen zu halten. *(Bayern-Trainer Felix Magath zu Äußerungen des Bochumer Trainers)*

Es wird Zeit, dass wir Peter Neururer seine große Klappe stopfen. *(Andreas Müller)*

Ich schäme mich dafür, mit so einem Mann gearbeitet zu haben. Er hat die Chance gesehen, mich kaputtzumachen. *(Sunday Oliseh)*

Unglaublich, wie Peter der Größte den Ruhrpott-Tango o.P. *(ohne Partner)* hinlegt. Wie der im Jubel über den Platz stakst – so was kenn' ich sonst nur von liebeskranken Störchen... *(Max Merkel über die Tanzkünste von Bochum-Coach Peter Neururer)*

Morton Olsen

Wir hätten den Afrikanern niemals das Fußballspielen beibringen dürfen. Sie haben eine genetische Veranlagung zu hartem Spiel.

Herrn Olsen scheint die Hitze zu Kopf gestiegen zu sein. Er sollte sich für den Unsinn, den er da gesagt hat, entschuldigen. *(die dänische Politikerin Pernille Rosenkrantz-Theil über Olsens ebendiese in Dänemark als rassistisch verurteilte Aussage)*

Holger Osieck *(ehemaliger Bundestrainer des DFB)*
Ich gehe als Coach stets davon aus, dass Nichtwissen durch Wissen besser zu heilen ist als durch Besserwisserei.

Peter Pacult
Nein danke. Ich habe am Montag eine Psychologieprüfung. *(zur Einladung seines Kollegen Thomas Schaaf zum Werder-Vereinsvergnügen)*

Wir sind ja nicht in Deutschland, wo sich zwei Volldepperte um den Posten streiten. *(nach einem Fehler seines Torhüters auf die Frage des Reporters, ob es jetzt eine Torhüterdiskussion gäbe)*

Ich bin kein Streichler. Nur bei meiner Frau, sporadisch.

Meine Spieler haben alle einen Zipfel. *(nachdem Präsident Wildmoser gezweifelt hatte, ob die Münchner Spieler »echte Männer« sind)*

Für den Peter ist es doch ein Geschenk, dass er in der 1. Liga Trainer ist. *(Karl-Heinz Wildmoser auf die Frage, ob sein Trainer zum einjährigen Dienstjubiläum ein Geschenk bekommen habe)*

Frank Pagelsdorf
Das Verhältnis von Wirtschaftlichkeit und Verletzungsgefahr stimmt einfach nicht. *(über Hallenfußball)*

Ich glaube nicht, dass meine Person einen Schatten wirft. Vielleicht von der Figur her, aber sonst nicht. *(zu der angeblichen Bürde für seinen Nachfolger Ewald Lienen in Rostock)*

Es ist uns gelungen, unsere Torgefährlichkeit im Vergleich zum letzten Jahr auszumerzen.

Schicksalsspiele haben wir 34 am Stück in der Saison. *(über die Bedeutung des nächsten Heimspiels)*

Es hat sich gezeigt, dass Haching gerade zu Hause so heimstark ist.

Ich weiß nicht, ob er hier Verwandte hat. Ich habe ihn seit einem Jahr nicht mehr gesehen. *(Reiner Calmund zu den Gerüchten, Frank Pagelsdorf sei zu Verhandlungen in Leverkusen gewesen)*

Bert Papon *(Trainer von Dumfernline/Schottland)*
Irgendwelche Fragen, bevor ich gehe und mich aufhänge? *(auf einer Pressekonferenz nach einer 0:7-Niederlage)*

Slavko Petrovic *(Trainer von Waldhof Mannheim)*
Ich muss mir jetzt wohl wieder etwas ausdenken, um die Spieler auf dem Boden zu halten. Vielleicht muss ich einmal einen Spieler schlagen.

Sepp Piontek
Das stimmt, ich bekomme kein Geld. Ich darf dafür aber in Grönland Seehunde und Rentiere jagen, darf mit meiner Familie, was ja sonst sehr teuer ist, jederzeit dorthin reisen. Und ich werde mit Fisch bezahlt, hin und wieder kommt ein Laster von der Firma »Royal Greenland«, liefert Lachs und Hummer und die seltenen Schneekrabben – die erhält sonst nur die dänische Königin. *(zu der Tatsache, dass er für seine Trainerarbeit in Grönland kein Geld bekommt)*

Michel Platini
Ich glaube an die Spieler, nicht an den Trainer.

Meine Spieler machten technische Fehler wie eine Knabenmannschaft, taktische Fehler wie eine Schülermannschaft und kämpferische Fehler wie eine Damenmannschaft.

Streichhölzer und Stürmer brauchen ihre Reibung.

Ich habe eine ganze Menge erreicht. Aber ich weiß inzwischen, dass der beschwerlichste Weg der Weg zu sich selbst ist.

Harry Pleß *(Trainer von RW Essen)*
Morgen kann ich erst sagen, wer Kapitän wird, und dann könnt ihr euch mit Sachsi unterhalten. *(vertraulich zur »Lüneburger Zeitung«)*

Wie wir spielen wollten, stand ja im Grunde genommen heute in der Zeitung.

Ich lobe viel, aber ich kitzle die Jungs auch unter die Gürtellinie.

Herbert Prohaska *(Nationaltrainer Österreichs)*
Das Spiel war ausgeglichen, darum ist die Führung der Engländer verdient. *(in der Halbzeit-Analyse des Spiels Frankreich-England)*

Ralf Rangnick

Wenn es nicht so bitter und grausam wäre, könnte man fast darüber lachen. Aber zum Lachen ist der Anlass zu grausam. *(nach einem 1:2 in Schalke)*

Uns haben teilweise Zentimeter gefehlt, teilweise aber auch die Präzision.

Ich habe einmal drei Spieler auf einen Schlag ausgewechselt. Das wurde mir anschließend als Völkerwanderung ausgelegt. *(auf die Frage, warum er nur zwei statt drei Profis in der Halbzeit neu ins Spiel gebracht habe)*

Unser Zwei- beziehungsweise Dreikampfverhalten war ungenügend.

Die Spieler lagen sich in den Armen, haben geschunkelt und lustige Lieder gesungen. *(auf die Frage, wie die Stimmung innerhalb seiner Mannschaft nach der 1:3-Heimniederlage gegen Energie Cottbus gewesen sei)*

Meister wird der SSV Ulm, absteigen werden Bayern München, Leverkusen und Dortmund.

Von der B-Note haben wir klar gewonnen, aber wir sind in Schönheit gestorben. *(über die fehlende Entschlossenheit seiner Profis)*

Sie dürfen heute feiern, aber im nicht-exzessiven Bereich.

Ich glaube, das Team hat sich im Trainingsplan in der Spalte geirrt. »Tag der offenen Tür« ist erst am Sonntag. *(nach einem 0:4 in Freiburg)*

In der Arena ist es so laut, da machen wir eben Flaschenpost. *(nachdem er Lewan Kobiaschwili während des Spiels einen Zettel mit veränderter taktischer Ausrichtung gegeben hatte)*

In den Sommerferien habe ich mit meiner Familie vier Wochen Urlaub in Florida gemacht und am Ende sogar einen Hurrikan erlebt. Ich bin also sturmerprobt. *(bei seiner Vorstellung als Trainer auf Schalke)*

Zumindest sprechen wir beide die gleiche Fremdsprache. Wie der Slogan: »Wir können alles, außer hochdeutsch.« *(auf die Frage nach einer möglichen Zusammenarbeit mit seinem schwäbischen Landsmann Jürgen Klinsmann)*

Es gibt so viele Trainer, die kommen und gehen. Irgendwann vergisst du mal die Vornamen. *(Rudi Assauer auf den Hinweis, er hätte den neuen Schalke-Trainer bei dessen Präsentation konsequent Rolf genannt)*

Uwe Rapolder

Ich habe kaum drei echte Abwehrspieler, da kann ich ja nicht mit einer Viererkette spielen.

Uwe Rapolder bleibt einer meiner Lieblingskollegen, aber nicht wegen der schönen Ergebnisse. *(Peter Neururer nach einem Sieg gegen seinen Kollegen)*

Friedel Rausch

Der Abstieg trifft sicher eine Mannschaft, die noch gar nicht damit rechnet. *(kurz bevor er mit Nürnberg abstieg)*

Melken sie doch mal 'ne Kuh, die keinen Euter hat. *(über seine Mannschaft)*

Gut, dass ich nicht so pessimistisch bin, sonst hätte ich mir schon das Leben genommen. *(nach einem schlechten Saisonstart)*

Ich sehe Licht am Himmel.

Zu meiner Spielerzeit hätte ich dann einen ganzen Schrank voll Karten gehabt. *(nach einem Platzverweis für einen seiner Spieler)*

Es gibt Leute, die mit 70 noch in der Politik sind, die jeden Tag was um die Ohren gehauen bekommen, aber die brauchen das. Und ich brauch das im Fußball auch. *(auf die Frage, warum er sich den Job als Manager von Eintracht Frankfurt in der 2. Liga antun will)*

Ich will jetzt nicht noch zusätzlich Feuer ins Öl gießen.

Ich war es leid, nur noch mit dem Hund spazieren zu gehen, Golf und Tennis zu spielen. *(nach einer neuen Anstellung als Manager)*

Der Rausch, das ist ein erfahrener Cowboy. Dem kann man nicht in die Satteltasche pinkeln. *(Stefan Kuntz)*

Otto Rehhagel

Es bringt nichts, wenn ein Spieler zu seiner Frau sagt, ich habe klasse gespielt, aber wir haben 1:8 verloren. *(nach einem 6:2-Sieg in Karlsruhe)*

Frauen sind das beste Trainingslager.

Ein Spiel ist doch keine Modenschau! Deshalb trage ich auch jeden Sonnabend zur TV-Zeit einen Trainings-, also einen Arbeitsanzug.

Wenn ich heute fünf Talente einbaue und mehrere Spiele hintereinander verliere, dann lassen die Leute an den Blumen, die sie mir zuwerfen, plötzlich die Töpfe dran.

Mein Freund Jürgen Flimm wohnt in Hamburg-Blankenese, und dann schauen wir raus und träumen davon, dass noch einmal ein Schiff kommt und uns mitnimmt.

Wer Erster ist, hat immer Recht.
Ich habe also Recht. Und wenn ich
Fünfter bin, können Sie wieder mit
mir reden.

Am Anfang war ich ein Vulkan,
jetzt bin ich ein Diplomat. So
enden alle Karrieren, in denen es
um viel Geld geht.

Ich brauche Spieler, die am Ball
besser sind als am Mikro.

Wer mit links nicht schießen kann,
trifft den Ball auch nicht, wenn er
100 Tabletten schluckt.

Ich lasse mich nicht als Fußmatte
benutzen. Wenn Manager und
Präsident rumtanzen, und ich darf
die Gymnastik vormachen – das ist
nicht meine Welt.

Jeder kann sagen, was ich will.

Als wir heute aus der Sackgasse
raus wollten, war der Sack leider
schon zu.

Das war nichts Außergewöhn-
liches ... Ein Straftrainingslager mit
fünf Sternen. *(auf die Frage, was in
der Klausur nach einem schlechten
Bundesligastart geschehen sei)*

Ich entscheide als Trainer so,
wie ich denke. Und dann setzt
ein großes Geschrei ein. Das
bewegt mich kaum. Aber ich muss
sagen, ins Gewissen reden mir oft
diejenigen am wirksamsten, die
einfach schweigen.

Die tägliche Umgangssprache
im Sport ist hart, abgehackt
und unvollkommen. Da ist es
für mich geradezu wohltuend,
die einzigartige Sprache und die
wohlgestalteten Formulierungen
dieses großen deutschen Dichters
zu lesen. Einen Gedichtband von
ihm trage ich häufig bei mir. *(in
einer Umfrage zu Goethe)*

Ich bleibe Optimist. Ich hänge
mich wirklich erst auf, wenn alle
Stricke reißen.

Der Wahrheit die Ehre zu geben –
das heißt noch lange nicht, sie auch
zu sagen ...

Ich habe meinen Jungs gesagt:
Wenn euch nachts Thierry Henry
im Traum erscheint, habt nicht zu
viel Angst. *(vor dem Viertelfinale
gegen Frankreich bei der EM 2004)*

Außerdem darf ich schon mal über
die Busspur mit meinem Auto
fahren. *(über seine Popularität in
Griechenland)*

Im Fußball gibt es längst keine
Geheimnisse mehr: Heute kann
der Trainer dem Verteidiger
sagen, welches Rasierwasser der
gegnerische Stürmer verwendet.

Alle, die nicht mit links schießen
konnten, können jetzt mit links
schießen. Alle, die zuvor 12,3
gelaufen sind, laufen nun 10,1. *(zu
den Auswirkungen des Trainer-
wechsels in Rostock)*

Die von der südlichen Halbkugel, also die mit dem braunhäutigen Blut ... *(über schwarze Fußballer)*

Ich habe als Junge des Ruhrgebiets den Satz in Erinnerung: »Erst mit 65 hast du die Rente durch.« *(auf die Frage, warum er mit 63 die Stelle als griechischer Nationaltrainer angenommen habe)*

Die sollen sich nicht so anstellen, bei mir zählen nur glatte Brüche als Verletzungen.

Bei Werder habe ich sechs Jahre um ein eigenes Klo gekämpft. Bei Real würden sie mich fragen: Welche von den zehn Toiletten möchten Sie benutzen?

Ich bin ein Kind der Bundesliga. Das gibt sogar meine Mutter zu.

Wozu braucht meine Mannschaft Doping? Sie hat ja mich.

Ich muss von jedem Spieler in Europa wissen, was für ein Duftwasser er benutzt.

Mich haben noch nie so viele Menschen geküsst wie am Samstag. Es waren aber leider nur Männer. *(Rehhagel, der mit Griechenland sensationell die EM-Endrunde erreichte, bei einem Regierungsempfang in Athen)*

Niemand wurde verboten, nicht offensiv zu spielen.

Alles, was Sie im Kopf haben, weiß ich, bevor Sie es ausgesprochen haben. *(auf einer Pressekonferenz zu Journalisten)*

Die Akropolis steht seit 3000 Jahren, und wenn wir in 200 Jahren nicht mehr da sind, dann steht sie immer noch. *(relativiert das frühe EM-Aus der Griechen)*

Mit 50 bist du als Fußballtrainer reif für die Klapsmühle. Wenn du genug Geld verdient hast, kannst du wenigstens erster Klasse liegen.

Trainer. *(Beate Rehhagel redet so ihren Mann Otto an)*

Herr Rehhagel, mit welcher Farbe muss ich zu Hause bei mir die Wände streichen? *(ein Journalist auf einer Pressekonferenz, nachdem Rehhagel gesagt hatte, er antworte nur noch auf Fachfragen)*

Notfalls werden wir Sie am Dach des Olympiastadions festbinden, damit Sie nicht weggehen. *(Griechenlands stellvertretende Kulturministerin Fani Palli-Petralia in Athen zum umworbenen griechischen Nationaltrainer)*

Wenn es geregnet hat, sind wir schon mal frühstücken gegangen statt auf den Trainingsplatz. Und es hat oft geregnet in Bremen. *(Rudi Völler über seinen Ex-Trainer, dessen Trainingsmethodik er sehr schätzt)*

Rehhagel geht mit Goethe ins Bett, ich mit meiner Frau. *(Friedel Rausch)*

Der Otto ist nun mal kein Thekentrainer. *(Willi Lemke)*

Ich habe mich genüsslich zurückgelehnt. *(Klaus Hilpert über Otto Rehhagels Wechselfehler)*

Halt die Fresse. *(Jorginho)*

Will Reimann
Was hilft ein Kracher, wenn drum herum zehn Pflaumen spielen? *(zur Transferpolitik)*

Einige müssen ihre Bauchmuskeln trainieren, obwohl sie nicht mal wissen, was das ist. Wenn wir die trainieren, kommen sie am nächsten Tag an und meinen, sie haben was mit dem Blinddarm. *(über den Trainingseifer seiner Spieler)*

Haben Sie genug Zeit? *(auf die Frage, was er beim HSV alles verbessern müsse)*

Ich müsste als Hellseher auch Geld bekommen. Ich habe gewusst, wenn wir in Rückstand geraten, verlieren wir das Spiel.

Demnächst werden Ungeborene unter Vertrag genommen. *(über das Verhalten von Bayer Leverkusen und Jermaine Jones: Der Stürmer hatte über ein Jahr vor Vertragsende in Leverkusen unterschrieben)*

Ich könnte mir auch einen Trainerwechsel vorstellen. *(auf die Frage, ob er sich nach einem schweren Patzer einen Torwartwechsel vorstellen könne)*

Einige meinen, dass sie Fieber haben, wenn sie schwitzen ... *(Kritik an Pawel Kryszalowicz und den jungen Spielern)*

Früher hat die Eintracht für den Betrag, um den es hier geht, Toilettenpapier bestellt und heute spielen sich einige als Retter des Vereinsvermögens auf. Und das alles wegen 3.000 Euro. *(zur sich hinziehenden Verpflichtung von Jean Tsoumou-Madza)*

Wir bräuchten einen, der hinten den Ball raushaut, im Mittelfeld den entscheidenden Pass spielt und ihn vorne ins Tor schießt. *(auf die Frage, welcher Spieler helfen würde)*

Die waren besoffen! *(zu den Gründen für die Suspendierung der Spieler Jermaine Jones und David Montero)*

Dann werde ich wohl meinen Pass wieder rauskramen müssen. *(zur Stürmernot)*

Wenn ein Ochse schreit, schreien die anderen mit. *(zu »Reimann raus!«-Rufen nach der Niederlage in Bremen)*

Da macht sich die Gehaltserhöhung bezahlt. *(über seinen Anzug beim*

Bundesligaauftakt, den er gegen den Trainingsanzug aus vergangenen Zweitligajahren getauscht hatte)

Das entscheide ich am Sonntagvormittag, wenn ich weiß, dass alle gesund und pünktlich zum Frühstück erschienen sind. *(auf die Frage nach der Aufstellung im nächsten Spiel, nachdem kurz zuvor zwei Spieler das Abschlusstraining verschlafen hatten)*

Sollen Spieler, die in Gran Canaria am Strand liegen, für uns die Kastanien aus dem Feuer holen? *(über die Gerüchte, Eintracht Frankfurt sei an einer Verpflichtung von Andreas Möller und Miroslav Stevic interessiert)*

Schlecht eingekauft. *(zu den Neuzugängen Hertzsch und Amanatidis, die die Siegtreffer beim 2:1-Sieg bei ihrem Debüt erzielten)*

Reimann ist stil- und respektlos. Er hat nicht die Größe, einen Topmann an seiner Seite zu haben, er duldet keine Götter neben sich. *(Klaus Gerster)*

Uwe Reinders *(Trainer von Hansa Rostock)*
Man kann nicht bei jedem Heimspiel erwarten, dass wir 90 Minuten sensationellen Fußball spielen. Wobei auch das Problem da war, dass der eine oder andere auch körperlich erkältet war.

Natürlich habe ich auch für den Bundeskanzler einen guten Trainertipp: Der soll seiner Mannschaft mal tüchtig in den Arsch treten!

Ich sage meinen Spielern immer: Ihr spielt für den Mann im Stadion. Jedes Tor, das ihr mehr schießt, bringt euch mehr Freunde.

Natürlich haben einige Spieler Freiheit mit Freizeit verwechselt, aber das habe ich ihnen bald ausgetrieben.

Irgendwann höre ich als Trainer auf und werde Manager – und das nur, weil ich keine Lust habe, auch noch mit 50 durch die Scheiße zu waten.

Fußball kann offenbar auch der interessante Test sein, wie es elf Mann innerhalb 90 Minuten gelingt, zu gleicher Zeit und gleich tief ein kräftiges Nickerchen zu machen. Aber dazu brauchen meine Jungs doch nicht einen wie mich zum Trainer!

Trainer sind für dreimal Halten zuständig: Handtuchhalten, Wasserhalten, Mundhalten.

Wenn einer erzählt, der Reinders hat in der Kneipe 1 Bier getrunken, macht der nächste 17 daraus, und in der Zeitung steht, er war voll wie ein Eimer. Das ist meine Erfahrung mit der Wahrheit.

Ich sage meinen Spielern immer, sie sollen aufpassen, wenn die Journalisten kommen. Denn mit leerem Kopf spricht man nicht.

Ich habe den Spielern versucht klarzumachen, dass sie bei entsprechender Leistung ihre Familien gut ernähren und sich Dinge werden leisten können, von denen sie bis vor kurzem noch träumten.

Ich werde Hornhaut am Hintern bekommen von den vielen Busreisen. *(zum Mammutprogramm in der 2. Liga 1992/93)*

Entweder man schafft es nach oben, oder man fällt ins Nichts. So ist das Leben, und ich finde das in Ordnung. Solange ich selber oben bin.

Erst haben meine Spieler im Bus immer »Micky Maus« gelesen, jetzt lesen sie »Wie spare ich Steuern?«

Wie ich zu Frauen stehe? Naja, um ehrlich zu sein: Sie liegen mir.

Was heißt, nur wer warten kann, kommt ans Ziel. Loslaufen muss er schon!

Der kann seine flinke Zunge behalten! Aber er sollte gewarnt sein: Eine flinke Zunge wird selten vom Verstand eingeholt. Das Schicksal wird auch ihn ereilen. *(Gerd Kische)*

Der ist am Ende noch stolz auf die Erfahrungen, die wir mit ihm machen mussten. *(Hansa-Manager Gerd Kische)*

Unser Verhältnis? Liebe vielleicht auf den ersten Blick, Ehe auf den zweiten, Scheidung auf den dritten. *(Gerd Kische)*

Erich Ribbeck
Bei uns wird auf dem Platz zu wenig gesprochen. Das könnte an der Kommunikation liegen.

Dies kann ein Nachteil oder ein Vorteil sein, sowohl für uns als auch für die gegnerische Mannschaft. *(über die aufgeladene Atmosphäre vor einem Länderspiel)*

Konzepte sind Kokolores.

Die Tür zum Bad stand offen. Da sind überall Kacheln – deshalb dröhnt es, auch wenn man leise redet. *(nach einer lautstarken Halbzeit-Predigt)*

Trainer

Die perfekteste Fälscherin aller Spielkonzepte ist die Wirklichkeit.

Wer anderen auf unfaire Weise ein Bein stellt, macht sich dabei immer auch die Hände schmutzig.

Wen ich in ein Spiel mitnehme, von dem verlange ich, dass er nach diesem Spiel mitgenommen aussieht.

Grundsätzlich werde ich versuchen zu erkennen, ob die subjektiv geäußerten Meinungen subjektiv sind oder objektiv. Wenn sie subjektiv sind, werde ich an meinen objektiven festhalten. Wenn sie objektiv sind, werde ich überlegen und vielleicht die objektiven subjektiv geäußerten Meinungen der Spieler mit in meine objektiven einfließen lassen.

Nein, ein Denker bin ich bestimmt nicht. Ich kann im entscheidenden Moment dann doch nicht schweigen.

Im »Kicker« stand über mich, der hatte soundsoviele Oberligaspiele. Damit kann ja keiner mehr etwas anfangen. Da sagen die Leute: »Oje, noch so'n Amateur.«

Wenn man das Spiel heute sieht, hat man einiges gesehen.

Große Ansprüche müssen nicht unbedingt mit großen Aussprüchen groß gehalten werden.

Ich muss mich laufend entscheiden, ob ich die richtigen oder die falschen Spieler mit zur EM nehmen soll.

Manchmal ist es ja so: Je mehr Prügel man kriegt, desto enger rückt man im Familienkreis zusammen.

Was hätte ich mir doch für ein schönes Leben machen können!

Muss ich das jetzt als Frage verstehen oder die Antwort so beantworten, wie Sie sie in Ihre Frage reingelegt haben? Sie haben Ihre Frage so gestellt, dass ich das Gefühl haben muss, als wenn ich das, was Sie gerade gesagt haben, vorher schon gesagt hätte. Das habe ich aber nicht gesagt. Dem, was ich gesagt habe, möchte ich nichts hinzufügen.

Viele Spieler haben in dieser Saison schon drei Champions-Spiele, nein Champions-Spiel-League – jetzt aber – Champions-League-Spiele bestritten.

Diese Frage ist selbst auf Deutsch schwer zu beantworten. *(auf die Frage einer englischen Journalistin, wie man den deutschen Fußball bis zur Euro 2000 verbessern könne)*

Es ist egal, ob ein Spieler bei Bayern München spielt oder sonstwo im Ausland.

Ich föhne mich nicht, wenn ich auf den Platz gehe. Ich föhne mich überhaupt nicht. Meine Haare sind einfach so. *(Ribbeck, der sich gegen Medienberichte wehrt, in denen er als frisch geföhnt beschrieben wird)*

Wenn ich »Ja« sagen würde, dann müsste ich mich selbst entlassen. Das wäre auch mal eine Idee. *(auf die Frage, ob die Nominierung des Wolfsburgers Zoltan Sebescen nicht zu früh sei)*

Ich wusste gar nicht, dass es 14 sind, ich hatte aber schon gedacht, dass es mehr als zehn sind. *(zur Absageflut bei der deutschen Fußball-Nationalmannschaft)*

Ich hoffe, dass Rudi Völler den Job noch lange macht und nicht Erich Ribbeck zurückkommt. *(Christian Wörns zu Rudi Völlers Wutausbruch nach dem 0:0 in Island in der EM-Qualifikation)*

Jetzt weiß man, dass Erich Ribbeck wirklich keine Ahnung hat. *(Mario Basler nach dem Aus der deutschen Nationalmannschaft bei der EM 2000)*

Erich Ribbeck ist vom Fußball so weit weg wie die Erde vom Mars. *(Werner Lorant)*

Vergiss den Trainer. Der spielt doch bei so einem Turnier nicht die wichtigste Rolle. *(Franz Beckenbauer)*

Das braucht man nicht zu kommentieren, da fällt mir nichts mehr ein. *(Paul Breitner zur Berufung von Erich Ribbeck als DFB-Teamchef)*

Ihre Zeit ist seit zwei Jahren vorbei. *(TV-Kommentator Michael Palme)*

Aleksander Ristic *(jugoslawischer Bundesligatrainer)*
Weisweiler und Happel sind tot, Hitzfeld ist bei den Bayern. RWO hat den besten Trainer, den man kriegen kann. *(zur Diskussion um seine Person)*

Bei manchen Spielern fehlt etwas, deshalb spielen sie auch bei mir und nicht in Barcelona.

Spieler haben Scheiße gespielt! Tut mir leid, kann ich nichts für, würde ich auch gerne anders sagen, aber Spieler haben Scheiße gespielt! Absolute Scheiße!

Ich habe zu meiner Mannschaft gesagt: Stürmen. Sie haben wohl türmen verstanden.

Wir sind genauso gut wie Osnabrück oder genauso schlecht, aber heute haben wir gezeigt, dass wir besser sind. *(zu einem Sieg seiner Mannschaft beim Tabellennachbarn)*

Alle Chancen ausgelassen! Dabei haben wir das im Training überhaupt nicht geübt.

Musst du trinken, wirst du Meister. *(Aleksander Ristic, als Schalke-Trainer, schiebt auf einer Pressekonferenz einen Becher Müller-Milch, damals Sponsor der Schalker, zu Dragoslav Stepanovic)*

Ich bin wie ein harter Hund. Aber von gesunder Härte ist noch keiner gestorben.

Ja, ich habe die Spieler schlecht behandelt. Sie mussten aufstehen, auf dem Trainingsplatz laufen und Gewichte stemmen. Ich hätte auch mit ihnen ins Cafe gehen oder Filme gucken können. *(zu seiner Entlassung wegen einer Spielerrevolte)*

Ich hasse Pressekonferenzen: Zum Schweigen fehlen mir immer die richtigen Worte.

Ich habe absichtlich falsch ausgewechselt, damit wir nicht zu hoch gewinnen.

Er ist in Düsseldorf nicht mehr König Aleks, sondern abgesetzt worden. Wie alle Könige. *(sein Nachfolger der Österreicher Josef Hickersberger)*

Bobby Robson *(englischer Nationaltrainer)*
Er ist wirklich sehr schnell und wenn er auch an sich selber vorbeikommt, fängt ihn keiner mehr ab.

Wir haben neun Tore geschossen – mehr kann auch der Gegner nicht treffen.

Jürgen Röber
Wir sind der Sympathieträger der Stadt. Wir geben sympathisch die Punkte her.

Nach dem 1:3 gingen bei uns die Jalousien runter.

Wir haben zurzeit einen Lauf, wo es nicht so läuft.

Wir müssen jetzt mit dem Boden auf den Füßen bleiben.

Der muss sich nach so einem Spiel sowieso 14 Tage erholen. *(zur Gelbsperre eines seiner Spieler)*

Wilhelm Röcker *(Trainer des TV Unterboihingen)*
Beckenbauer läuft oft breitbeinig im Strafraum herum. Vielleicht kann man ihm mal durch die Beine schießen. *(über die Chancen im DFB-Pokalspiel gegen Bayern München)*

Erich Rutemöller
Wenn ich nach einer Begegnung die Spieler einschätze, gibt es immer zwei Gruppen: die einen haben das Spiel erlebt, die anderen waren nur dabei.

Man kann einen Spieler ganz schnell zum Aufwachen zwingen, man muss ihn bloß auf die Transferliste setzen.

Mach et, Otze! *(Ordenewitz hatte im Pokal-Halbfinale die zweite gelbe Karte im laufenden Wettbewerb gesehen und wäre für das Finale gesperrt gewesen; nicht so aber bei einer gelb-roten Karte, die er sich jetzt »holen« durfte)*

Beim Weg vom Training zum Punktspiel stelle ich immer wieder fest: Am schnellsten vergessen die Spieler jene Taten, die sie hätten tun müssen.

Erst haben die Fans gerufen »Erich, wir danken dir!«. Jetzt rufen sie »Rute, wir danken dir!« Das ist mir lieber, der alte Spruch hat mich doch irgendwie an Erich Honecker erinnert. *(als Trainer von Hansa Rostock)*

Arrigo Sacci *(italienischer Nationaltrainer)*
Für mich sind Fußballprofis wie Schauspieler. Dabei ist es wichtig, dass die Spieler nicht egoistisch, sondern für die zehn Kollegen denken und handeln. Das Publikum will den Star sehen, nur darf er die Mitspieler nicht in ihrer Entfaltung behindern. Im Theater würde man sagen: Er darf die anderen nicht an die Wand spielen. Jeder Fußballer hat im taktischen Konzept eine Rolle, aber wie er das Drehbuch interpretiert, liegt an ihm. Es ist wie bei einer Jazz-Session: Einer, der Trainer, gibt das Motiv vor, und alle spielen drauflos.

Reinhard Saftig
Auf die Einstellung kommt es an, nicht auf die Aufstellung.

Mit der Zunge darf man schon mal ins Fettnäpfchen treten. Nur nicht allzu oft mit dem Fuß.

Als Redner gefällt er mir am besten, weil er einer derjenigen ist, die drei Sätze unfallfrei geradeaus reden können. *(Jörg Wontorra)*

Klaus Sammer
In die Mannschaft zieht ein neuer Geist ein. Aber so ein Umzug dauert eben seine Zeit.

Ist es Ihnen denn noch nie passiert, dass Sie neunmal klug und einmal dumm waren? *(bei einem Presseinterview)*

Matthias Sammer
Ich will kein guter Verlierer sein. Nichts ist ärgerlicher als Niederlagen. Sie machen mich rasend.

Der Gegenspieler schmeißt sich in der Szene hin, als hätte er einen Goldbarren gefunden. *(über einen seiner Ansicht nach unberechtigten Pfiff)*

Niemanden. *(auf die Frage, wen er gerne kennen lernen würde)*

Ein Säugling kann auch keinen Mercedes fahren. *(über den verstärkten Einsatz von Regionalliga-Spielern)*

Kritik bedeutet nicht automatisch Erschießung.

Es fragt morgen keiner nach dem Wie. Maximal wird im »Doppelpass« irgendein Käse erzählt.

Man kommt in die Kabine und muss sich erst orientieren, ob man überhaupt alle kennt – das ist Wahnsinn. *(zur Personalmisere, die ihn zum verstärkten Einsatz von Regionalliga-Spielern zwingt)*

Wenn so viele Menschen kommen, verdrücke ich mich gern. Aber beim Bankett am Abend werde ich die Polonaise anführen. *(Dortmunds Meistertrainer, der sich nach dem Abpfiff der Partie gegen Werder Bremen ohne Jubel zunächst zurückzog)*

Unser Stadion mitnehmen. *(auf die Frage, was er vor dem UEFA-Cup-Auswärtsspiel in Wien machen könne)*

Wenn wir heute nicht gewonnen hätten? Hätte ich jemanden erschießen müssen, damit es weiter geht. *(nach Dortmunds 4:2-Sieg in Wolfsburg)*

Die Spieler wollten heute schon für mich sammeln, weil ich nichts bekommen habe. Aber das Konto läuft auf den Namen meiner Frau. Ich darf mir ab und an was nehmen. *(zur Veröffentlichung von Gehältern der Dortmunder Spieler in der »Sport-Bild«)*

Ich habe eine Sehschwäche. Vielleicht waren meine Kontaktlinsen verrutscht. *(auf die Frage, ob er den Schlag eines seiner Spieler nicht gesehen habe)*

Kein Problem. Das nächste Mal darfst du auf die Bank. *(auf die Frage eines Journalisten, warum er nicht ausgewechselt habe)*

Den Ball halte ich in dieser Situation so lange in der Ecke, bis keine Luft mehr drin ist. *(über seinen Spieler Dede, der sich in der 92. Minute noch auf ein Dribbling eingelassen hatte)*

Weil drei Verteidiger ausgefallen sind. *(auf die Frage, warum Stürmer Jan Koller auf der Bank saß)*

Man kann nicht immer erwarten, dass in unserem Spiel alles leuchtet und den Leuten der Mund offen stehen bleibt.

Grundsätzlich haben Frauen mehr Tiefe als Männer.

Ich habe gestern wieder Ergebnisse getippt. Wenn Sie die hören würden, glauben Sie, ich habe gar keine Ahnung.

Ich habe vergessen, dass ich Trainer bin. *(auf die Frage, was er bei der Rangelei von Borussia- und St.-Pauli-Spielern auf dem Platz zu suchen hatte)*

Mir ist ein geschmackloser Sieg lieber als eine rauschende Niederlage.

Sicherlich haben wir im Moment einen kleinen Lauf, aber Lauf heißt ja bekanntlich Lauf, weil's von laufen kommt.

Ich wusste selbst nicht, dass ich noch in der Lage bin, so hart zu schießen. *(zu seinem Schuss in Richtung eines gegnerischen Spielers, für den er auf die Tribüne verbannt wurde)*

Ich habe mich wohl gefühlt auf der Tribüne. Die Hamburger waren nett und loyal. *(zu seiner Verbannung auf die Tribüne)*

Eine gute Mannschaft kommt auch ohne Trainer aus. *(nach einem Sieg, bei dem er wieder mal auf die Tribüne verbannt wurde)*

Wir haben einen Stand erreicht, wo man die Keule rausholen und eine Drecksau sein muss, damit die Mannschaft richtig erschrickt.

Ganz ehrlich, Platz zwei wäre mir viel, viel lieber. *(nachdem sein Team am vierten Spieltag die Tabellenspitze erobert hat)*

Ich brauche Spieler, die auf dem Platz die Rute rausholen.

Ich habe heute erstmals einen Brasilianer mit Wadenkrampf gesehen. Das sagt doch alles. *(über den Kräfteverschleiß seiner Mannschaft in den »englischen« Wochen)*

Wenn ich abends um 18 Uhr bei »Pommes rot-weiß« und Cola auf dem Sofa liege, muss ich mich nicht wundern, wenn ich ab der 70. Minute körperlich nicht mehr zusetzen kann.

Wenn ich am Ende vorn stehe, können mich die Leute auch »Arschloch« nennen. Das ist mir egal. *(über seinen Spitznamen »Motzki«)*

Der Matthias ist noch ein junger Mann. Er wird auch noch aufhören, euch alles zu erklären. *(Hans Meyer)*

Ab und zu schon, glaub ich. Kann ich mich jetzt nicht dran erinnern. *(Jens Lehmann auf die Frage, ob Sammer die Borussen wenigstens intern mal lobt)*

Petrik Sander
Ich bin doch kein Schlagersänger. *(wollte bei einer Pressekonferenz das Mikrofon nicht in die Hand nehmen)*

Ich sage dasselbe, was ich vor einer Woche gesagt hätte.

Jacques Santini *(Coach der französischen Nationalelf)*
Nach diesem Spiel erhalten meine Spieler die Erlaubnis, ihre Ehefrauen und Partnerinnen zu treffen. Es ist besser, ihnen mit der erreichten Qualifikation gegenüberzutreten, denn sie sind die Ersten, die uns ansonsten kritisieren. *(nach der Qualifikation für das EM-Viertelfinale 2004)*

Nevio Scala
Nevio Scala ist ein phantastischer Trainer und er hat eine tolle Mannschaft. Dortmund wird ganz sicher Weltmeister! *(Giovanni Trapattoni)*

Thomas Schaaf
Da müssen wir uns um 1.000 Grad drehen. *(über die Chancen Werders, den UEFA-Cup noch zu erreichen)*

Von 30 Millionen Mark für Einkäufe in der Winterpause wie bei Bayer kann ich nur träumen. Und wenn, dann wache ich schweißgebadet auf.

Ich hätte mir die wenigen Haare auf meinem Kopf ausreißen können. *(nach dem Auslassen zahlreicher Torchancen seiner Mannschaft)*

Dass ich den Richtigen eingewechselt habe, haben ja alle mitgekriegt. *(zur Einwechslung von Miroslav Klose, der in der 2. Halbzeit Werder mit drei Toren und einer Vorlage zum 4:1-Sieg in Bochum schoss)*

Wir haben zumindest die Zweikämpfe nicht verloren. Aber nur, weil wir nicht in sie hineingekommen sind.

Hier gab es heute Licht und Schatten. *(zur Strompanne beim Spiel gegen Schalke 04, das wegen Flutlichtausfalls mit über einer Stunde Verspätung begann)*

Prinzipiell ist es egal, ob es der Posemuckelpokal ist oder die Champions League: Wir wollen uns überall beweisen und überall bestehen. *(über Bremens Ambitionen in der europäischen Königsklasse)*

In der 1. Halbzeit waren wir beim Feiern, nach dem Wechsel sind wir kurz aus dem Tanzsaal raus. Dann hat uns jemand wieder reingezogen. *(zur kurzzeitigen Leistungssteigerung bei der 2:6-Niederlage gegen Leverkusen)*

Ich hätte ihn von der ersten Minute an vollgetextet und so in seiner Konzentration versucht zu stören. *(auf die Frage, wie er als gelernter Verteidiger früher gegen einen Spieler wie Ailton agiert hätte)*

Es ist ja bekannt, dass unser Trainer auf junge Spieler steht. *(Frank Rost über seinen Trainer)*

Ein Vorbild, nicht nur, was den Haarwuchs betrifft ... *(Edmund Becker)*

Winfried Schäfer

Es können ja nicht alle zu 100 Prozent auf den Trainer fliegen. *(zu »Schäfer-raus«-Rufen)*

Ich falle wohl wegen meiner langen Haare mehr auf. Der Jupp Heynckes konnte einem Ordner in den Hintern treten und bekam keine Anklage. *(über das DFB-Sportgericht)*

Ich lasse die Spieler mitarbeiten und mitdenken. Einmal im Trainingslager habe ich meinen Spielern Papier und Bleistift gegeben und gesagt: »Jetzt macht euch mal Gedanken darüber, wie ich eine Abseitsfalle aushebeln kann.«

Ein guter Eckball ist wie eine Traumfrau: Starke Kurve und unheimlich scharf.

Ich habe auch einen Präsidenten, mit dem ich über Fußball reden kann. Aber nachts lasse ich ihn schlafen.

Du musst denen immer wieder zeigen, dass es nur über Maloche geht. Das zu erreichen, das Umdenken im Kopf herbeizuführen, war das Härteste. Deshalb turne ich immer noch an der Seitenlinie rum. Das ist vor allem ein Signal an die Leute.

Das Einzige, was jetzt klar ist, ist, dass es draußen jetzt dunkel ist.

Ich sage meinen Spielern immer: Wollt ihr im Flugzeug zu Europa-Cup-Spielen oder mit dem Bus nach Uerdingen? So steht doch die Frage.

Vier Jahre lang hat mir dieser Trainer in Karlsruhe nur auf die Fresse gegeben und hat sich dabei ständig hingestellt, als hätte er den Fußball erfunden. *(Claus Reitmaier über Winnie Schäfer von TB Berlin)*

Durch ihn wurde aus einer grauen eine weiße Maus. *(KSC-Präsident Roland Schmider)*

Wenn ich im Fernsehen sehe, wie er an der Linie herumrennt und herumhüpft, wenn der KSC ein Tor geschossen hat, dann erschrecke ich. *(Angelika Schäfer)*

Rolf Schafstall

Wir haben 2:1 verloren. *(auf der Pressekonferenz nach einer Niederlage. Auf den Hinweis, dass das Spiel 3:1 endete:)* Ach so? Ich bin schon mit 2:1 in die Kabine gegangen.

Richtigen Druck spüre ich nur beim Stau auf der B1.

Wir Trainer sind nun mal gerade auf Pressekonferenzen von ganz unterschiedlicher Natur. Der eine trägt sein Herz auf der Zunge, der andere nimmt lediglich den Mund voll.

Dreck, wo du hinguckst. Denen hab' ich erstmal den Marsch geblasen: Besen in die Hand nehmen, auskehren, Hygiene herbeibringen. Dem Zeugwart muss man in den Arsch treten, dass er seinen Job macht und nicht in den Tag reinquasselt und von alten Zeiten erzählt. Das sind lauter Spinner hier. Da stehen die Galoschen im Regal, voller Mist. Da hab' ich gesagt: »Jetzt kauft euch zwei Behälter mit Wasser drin und zehn Wurzelbürsten und macht die Schuhe draußen sauber, ja?« Die sehen keinen Dreck hier. Das haben die früher nicht sehen müssen. Die sind nicht zur Arbeit, nicht zur Ordnung, zu nichts erzogen worden hier. Das stinkt zum Himmel ... Vor Wochen komm' ich vor dem Training in die Umkleide, da sitzen die da und knobeln. Ich sag': »Morgen«, die sagen: »Morgen.« Da steht keiner auf, da hört keiner zu – kein Anstand. Lauter Ossis. Soll ich dafür Sorge tragen, dass die im richtigen Moment nicht den Tritt in den Arsch bekommen haben? Ich weiß: Das ist befristet. Und dann mache ich den Abflug hier. *(bei Dynamo Dresden; kurze Zeit später wurde er entlassen)*

Ich war überrascht, dass die Coaching-Zone bis zum Spielfeld geht. Ich dachte, die wäre kleiner. *(bei seinem Comeback in Bochum zu den Veränderungen in der Bundesliga)*

Ein Handschlag ist gut, aber ein Vertrag ist immer besser.

Ja. Das kann sein. *(auf die Frage, ob er manchmal Journalisten anlügt)*

Der über Kinowelt als Feuerwehrmann installierte Rolf Schafstall war nur 57 Tage im Amt, 56 davon waren schon zu viel, so krass muss man das sagen. Sportlich hat er nichts bewegt, aber in der Mannschaft, im ganzen Klub und im Umfeld für helle Empörung gesorgt mit einer Folge an schlimmsten Beleidigungen. Er hat den Super-Besserwessi gespielt, alles und jeden niedergemacht. Dabei sorgte er für alle Eskapaden, die seinem Ruf vorausgingen, bis hin zum Alkoholmissbrauch. *(Dieter Riedel, Ex-Präsident von Dynamo Dresden)*

Das unterscheidet mich von Ihnen, Trainer. Sie haben nie eine große Zeit gehabt! *(Torsten Gütschow auf Rolf Schafstalls Äußerung zu ihm: »Ihre große Zeit ist vorbei!«)*

Ich höre mir den Kollegen Schafstall ganz ruhig an. Wer wenig zu sagen hat, redet eben besonders viel. *(Karl-Heinz Feldkamp)*

Ralf Schehr
Ich bin glücklich darüber, dass ich der einzige ungeschlagene Bundesliga-Trainer bleibe. *(der HSV-Interimscoach nach seinem zweiten und letzten Spiel bei den Hanseaten)*

Trainer

Klaus Schlappner *(ehemaliger Bundesliga-Trainer Mannheim und Saarbrücken)*
Ich komme kaum noch zum Lesen. Aber das liegt daran, dass auch die Literatur an einer typischen Zeitkrankheit leidet: Die Bücher sind alle viel zu dickleibig.

Mich wundert überhaupt nicht, dass die Frauen so wenig Zeit haben. Man muss sich ja nur ihre kleinen Uhren angucken.

Geld allein macht nicht glücklich. Aber glücklich allein macht eben auch nicht Geld.

Der Zweck heiligt zwar manchmal die Mittel, aber nicht die Mittelmäßigkeit.

Ab und zu muss man schon mit zwei Zungen reden – damit man sich die eine nicht verbrennt.

Es gibt hier schon T-Shirts mit meiner Birne. *(über seine Erfolge als Nationaltrainer Chinas)*

Juri Schlünz
Oh, das ist ein guter Trainer. *(Alexander Hleb, nachdem Rostocks Trainer ihn als besten Mann auf dem Platz bezeichnet hatte)*

Gerd-Volker Schock *(Trainer vom Hamburger SV)*
Die Mannschaft braucht eine starke Hand. Noch besser, wenn's ein Fuß wäre.

Eine Profimannschaft ist kein Parlament. Ich kann einfach nicht zulassen, dass in der Elf genauso blöd und durcheinander gequakt wird.

Helmut Schön
Wenn man sich die Autogramme der Spieler ansieht, dann fühlt man sich wie auf einem Apothekerkongress.

Da gehe ich mit Ihnen ganz chloroform.

Ein Volk, das gute Fußballer hat, kann auf schlechte Politiker verzichten.

Von der Höhe der Ideale zum Tal des Möglichen führt der Pfad der Erfahrung.

Wenn man einem Sportler einhämmert, er solle immer schön brav sein, dann erzieht man ihn zur Lüge.

Helmut Schulte
Vor der Saison haben alle gedacht, dass wir gegen Bayern kleine Brötchen kochen müssen. Aber wie man sieht, backen die auch nur mit Wasser.

Bananen muss man besonders nach verlorenen Spielen essen, denn sie machen wieder glücklich.

Ich sehe die Hauptaufgabe eines Trainers nicht darin, Geld zu verdienen, sondern andere Menschen glücklich zu machen.

Ach wissen Sie, das ist 'ne richtige Scheißfrage. *(auf die Frage, ob er am Montag noch Trainer des FC St. Pauli sei)*

Uli Schulz *(Trainer des Oberligisten SC Vorwärts / Wacker 04 Billstedt aus Hamburg)*
Jungs, lasst den Ball laufen, der hat die meiste Luft.

Toni Schumacher
Wir stecken zurzeit in einer Ergebniskrise. *(als Trainer von Fortuna Köln)*

Du hast hier nichts mehr zu sagen, du Wichser! *(Fortuna Kölns Präsident Jean Löring bei der Entlassung von Toni Schumacher während der Halbzeitpause)*

Bernd Schuster
Keiner muss so super spielen wie ich früher.

Luiz Felipe Scolari
Wir entschuldigen uns bei der portugiesischen Öffentlichkeit. Das hat sie nicht verdient. *(der brasilianische Nationaltrainer der Portugiesen nach der 1:2-Pleite gegen Griechenland bei der EM 2004)*

Wir haben uns heute verheiratet. Wir haben die Ringe getauscht und ich habe »Ja« gesagt. *(Portugals Nationaltrainer zur Einigung mit Verbandschef Gilberto Madail über die Vertragsverlängerung bis 2006)*

Wir müssen einfach mehr Fouls als der Gegner machen, dann sind wir besser.

Einer wird sterben, einer wird töten. Einer fährt nach Hause, einer darf bleiben. *(Portugals Coach vor dem Spiel gegen Nachbar Spanien bei der EM 2004)*

Wenn die Journalisten aus Brasilien mit mir einzeln sprechen, gibt es Blumen und freundliche Gesichter, aber von hinten hauen sie voll rein. *(über das Verhältnis zu den Medienvertretern seines Landes)*

Wolfgang Sidka
Wir wohnen in 5-Sterne-Hotels und die Mannschaft läuft durch die Hotelhalle wie ein Kegelclub am Ballermann 6. *(auf die Frage, warum er seiner Mannschaft eine Anzugspflicht verordnete)*

Franz Böhmert hat versucht, Wolfgang Sidka den Abgang so schön wie möglich zu machen. *(Felix Magath)*

Moshe Sinai
Für englischen Fußball. *(der ehemalige israelische Nationalspieler und heutige Trainer auf die Frage, für was er sich – außer Fußball – noch interessiere)*

Michael Skibbe
Wir werden uns bemühen, zur Weltmeisterschaft zu wollen.

Trainer

Ich bin immer offen für Kritik, nur sie muss konstruktivistisch sein.

☺

Skibbe zieht auf dem Podium die ganze Zeit die Stirn so kraus, dass dort mindestens drei Viererketten aus der Haut wachsen. *(Handelsblatt)*

Walter Smith *(Nationaltrainer Schottlands)*
Er ist der Kapitän der Rangers und das ist einer der Gründe, warum er Kapitän ist.

Jomo Sono *(Nationaltrainer Südafrikas)*
Sie wären auf der Stelle gestorben. *(über seine Spieler, denen er wenige Minuten vor dem Spielende verschwiegen hatte, dass sie noch ein Tor brauchen, um ins Achtelfinale zu gelangen)*

Ich bin sicher, dass die Spieler gerade dann heiß werden würden, wenn es nicht erlaubt wäre. *(zum Grund, warum ein Sexverbot für seine Spieler während der Fußball-WM keinen Sinn machen würde)*

Bernd Stange
Ich freue mich auf eine sinnvolle Tätigkeit außerhalb meines Gartens in Jena. Außerdem ist es schön, nicht länger dem Staat auf der Tasche zu liegen. *(zu seinem neuen Job beim zypriotischen Fußball-Erstligisten Apollon Limassol)*

Aleksandrs Starkovs *(Nationaltrainer Lettlands)*
Das ist ein historischer Sieg – ich meine natürlich Unentschieden... *(nach dem 0:0 gegen Deutschland bei der EM 2004)*

Dragoslav Stepanovic
Ich glaube, er ist DIN A4. *(auf die Frage, wie sein neuer Trainer-Vertrag in Frankfurt aussehe)*

Wir haben gerade den Marcio von Mainz geholt. Der ist Stürmer. Der ist doch Stürmer, oder?

Das Wichtigste ist, dass wir drei Punkte mit nach Frankfurt bringen. *(vor seinem ersten Spiel als Trainer bei Kickers Offenbach)*

Aber meine Herren, warum kritisieren Sie mich so? Auch das Chaos will schließlich komponiert sein. *(nach einer Niederlage)*

Ich habe die Erlaubnis meiner Frau. *(über seine Vorteile als Völler-Nachfolger)*

Wenn einer Tore schießt, bin ich bereit, ihn vom Platz zu tragen.

Hatte merr am Schluss Niederlaach errunge.

Montag, Dienstag, Mittwoch, Donnerstag ... *(auf die Frage eines Reporters, was die kommende Woche bringe)*

Seit sie wissen, dass man bei schlechten Laktatwerten müde sein muss, sind sie auch müde.

Lebbe geht wieder.

Ich würde Helmut Kohl gerne einmal kennen lernen. Der wird genauso oft angefeindet wie ich. Aber da habe ich wohl keine Chance, weil der Bundeskanzler ja schon Berti Vogts adoptiert hat.

Erste Pass, gleich Scheiße! *(beim ersten Training nach seinem Comeback in Frankfurt)*

Stepi ist ein sensibler Mensch, dem nicht die Herzlichkeit entgegengebracht wird, die er liebt. Er hatte das Image des Bierzapfers. Bei Niederlagen wird das schnell wieder aus der Schublade herausgezogen. Das nimmt ihn mit. *(Wolfgang Steubing, Sponsor von Eintracht Frankfurt)*

Sein Wortschatz ist klein, aber große Worte findet er immer. *(Aleksandar Ristic)*

Der sieht beim Spiel immer so aus, als würde er sich freuen, dass er keinen Eintritt zahlen muss. *(Jörg Wontorra)*

Der Mann hat Stallgeruch. *(Reiner Calmund)*

Huub Stevens
Dass Ihre Wunschspieler nicht spielen, dafür entschuldige ich mich. *(auf die Frage eines Journalisten, warum Kapitän Dick van Burik nicht in der Startelf stand)*

Die Fans können ja nicht jeden Spieler beim Namen nennen, das sind zu viele. *(zu den Fan-Rufen »Stevens raus«)*

Weil sie so toll gespielt haben. *(über die Gründe der Auswechslungen von Marko Rehmer und Pal Dardai)*

Wenn ein Schiedsrichter vor dem Spiel in die Kabine kommt und fragt, ob wir in Gelb spielen, dann frage ich mich, wo er hingegangen ist, welches Spiel er pfeifen wollte.

Ich werde bei den Trainingseinheiten nicht selber mitmachen. Schließlich will ich nicht noch mehr Verletzte haben.

Es sind Worte gefallen. Jetzt werden Taten fallen.

Wer nicht reich ist, muss schlau sein.

Trainer

Wir werden wegen Stevens keine Holzschuhe tragen. *(Dieter Hoeneß)*

Er hat ja Alternativen – er kann aufhören! *(Hans Meyer über die Lage des Hertha-Trainers)*

Was willst du jetzt machen, Huub? Wenn du weiter so gut arbeitest, steigen wir nächstes Jahr ab. *(ein Fan von Schalke 04 zu Trainer Huub Stevens, dem vom Vorstand sehr gute Arbeit bescheinigt wurde)*

Uli Stielike *(ehemaliger Bundestrainer)*
Mal ist die Suppe dick, mal ist sie dünn ... nur wenn nix Flüssiges drin ist, gibt es einen ätzenden Geruch.

Muss man jemandem mit Engelszungen zureden, hat ihn meist schon der Teufel an den Hammelbeinen.

Ein Spiel gewinnt man am besten mit dem Konzept des Gegners.

Schuld ist der Mangel der Quantität an Qualität.

Im Wort »verdienen« ist auch »dienen« mitinbegriffen. Und ich weiß noch, was das bedeutet. Auch wenn ich damit in der heutigen Zeit vielleicht eine Ausnahme bin.

In meinem Vertrag steht nicht, dass ich die U21 trainieren muss. Es kann auch die U17 oder U18 sein. Bei einer Zurückstufung breche ich mir keinen Zacken aus der Krone.

Dieses fehlende Gespräch hat uns eben gefehlt. *(zur Aufgabe seines Jobs als Ribbeck-Assistent)*

Allein wegen seiner Sakkos müsste man ihn entlassen. *(Hans Krankl zu Uli Stielikes Geschmack in Sachen Bekleidung)*

Als er das Sakko kaufte, hat sogar der Blindenhund geknurrt. *(Sepp Maier)*

Jürgen Sundermann *(Trainer von Hannover 96)*
Wenn der Trainer Erfolg hat, kann er die Spieler auch zwei Stunden lang Kopfstände machen lassen.

Fatih Terim
Wir haben vermutet, dass der Rasen rutschig wird, wenn es regnet.

Fatih Terim war damals Verteidiger und trat auf alles hin, was sich bewegte. Gut, da hatte ich nichts zu befürchten. *(Toni Polster)*

Andreas Thom
Thom gilt als glänzender zweiter Mann, er ist der Harry. Für ein paar Spiele muss er nun den Derrick geben. *(»Berliner Zeitung« über Herthas Interimstrainer)*

227

Trainer

Hans-Georg Thomale *(Coach von Rot-Weiß Erfurt)*
Wir brauchen Zugpferde, keine Paradehengste.

Colin Todd *(Trainer von Derby County FC)*
Ich suche regelmäßig neue Spieler, nur rede ich nie darüber. Zurzeit suche ich einen Stürmer und einen Mittelfeldspieler.

Klaus Toppmöller
Aus der Ferne betrachtet, ist es alles nur eine Frage der Distanz.

Ich habe viel in Bochum gearbeitet. Da konnte ich mir nur einen Anzug leisten. *(auf die Frage, warum er seit elf Spielen immer den gleichen Anzug trägt)*

Ich hab hier unterschrieben, weil ich den Traum vom Titel in mir trage...

Andere Leute haben rote und weiße Blutkörperchen, ich habe lauter kleine Fußbällchen im Blut.

Durch unsere Reihen konnte man locker mit einem Lkw fahren und bequem drehen. *(über das Abwehrverhalten von Bayer Leverkusen)*

Ich wäre als aktiver Spieler sogar mit einem Holzbein aufgelaufen. *(zur Motivation von Fußballern)*

Nach dem 0:2 sind wir aufgewacht, haben frech nach vorn gespielt und hinten einen Mann aufgelöst.

Ich will nicht noch 50 Jahre warten, um den ersten Sieg gegen die Bayern zu landen. *(einen Tag vor seinem 50. Geburtstag)*

Meine Jungs sitzen noch in der Kabine. Sie wollen alle hier bleiben und nächste Woche wieder hier spielen. *(nach zwei kurz aufeinanderfolgenden Auswärtssiegen – Pokal- und Punktspiel – mit dem VfL Bochum beim 1. FC Kaiserslautern)*

Wenn das so weitergeht, dann können wir mit zwei Pkw zum VfB Stuttgart fahren. *(über die Verletzungssorgen beim HSV)*

Ich habe mich als kleiner Spieler bis in die Nationalelf gekämpft und als kleiner Trainer von Salmrohr bis in die Bundesliga. *(zu seiner Kämpfernatur nach einer Pokalpleite in Paderborn)*

Ich musste meine Jungs ins kalte Feuer werfen.

Ein Frühling macht noch keinen Sommer.

Glauben Sie, ich würde Fahnen schwenkend durchs Land ziehen, wenn wir Meister werden? Ich brauche keine Schlagzeilen und trinke mein Bier auch viel lieber allein in der Ecke. Mir persönlich ist der Titel wirklich egal. *(auf die Frage, was ihm die Meisterschaft persönlich bedeute)*

Ich kann nicht viel falsch machen. Ich hole den Würfelbecher raus und ermittele so die Spieler, die ich in der Abwehr aufbiete. *(angesichts der Verletzungsprobleme bei Bayer Leverkusen)*

Wir sind zu stark, um da unten wieder rauszukommen.

Wenn ein deutscher gegen einen englischen Klub spielt, ist das immer was Besonderes. Da sitzt man doch mit dem Nationaltrikot vor dem Fernseher.

Ich kann nur mit den Mädchen tanzen, die auf der Kirmes sind. *(als er in der neuen Saison ohne Michael Ballack und Ze Roberto auskommen musste)*

»Ich will, dass ihr geil seid.« Untertitel: »Der neue Heilsbringer bläst seinen Profis die Köpfe frei.« *(»Hamburger Morgenpost« über den neuen HSV-Trainer)*

Toppmöller kommt gut an. Bei den Schlauen und bei den Doofen. *(Reiner Calmund)*

Er ist mal Kumpel und mal Schweinehund. *(Reiner Calmund)*

Er ist clever und routiniert, aber kein Schweinepriester. *(Reiner Calmund)*

John Toshack *(Trainer von Real Madrid)*
Am Montag nehme ich mir vor, zur nächsten Partie zehn Spieler auszuwechseln. Am Dienstag sind es sieben oder acht, am Donnerstag noch vier Spieler. Wenn es dann Samstag wird, stelle ich fest, dass ich doch wieder dieselben elf Scheißkerle einsetzen muss wie in der Vorwoche.

Die ganze Zeit zu gewinnen ist nicht unbedingt gut für die Mannschaft.

Das würde mich auch interessieren. *(auf die Frage, wie lange er noch Trainer von Real Madrid sei)*

Giovanni Trapattoni
Manchmal löse ich ganz gerne ein Erdbeben aus.

Ich kann meine Frau nicht alleine lassen mit meinen Kindern. Die sind sehr temperamentvoll. Am Ende komme ich nach Hause, und meine Frau ist gestorben.

So viel Wärme freut mich natürlich, aber ich bin weder Marilyn Monroe noch Sophia Loren. *(nach der Vorstellung des neuen Trainers der italienischen Nationalelf, dem der Enthusiasmus seiner Landsleute um seine Person zu viel wird)*

Ich bin sicher, überall haben sie Probleme. Ich lege meine Hand ins Feuer: Bumm, bumm, bumm.

Ich fürchte keine Tomaten. *(vor der Rückkehr mit seinen schon im WM-Achtelfinale gescheiterten Spielern nach Italien)*

Ich glaube, ich habe heute zwei Spiele gesehen. Eines in der ersten Hälfte, das andere in der zweiten.

Ich habe fertig.

☺

Der Trapattoni spricht mittlerweile besser deutsch als der Augenthaler bei der Brotzeit. *(Max Merkel)*

Philippe Troussier
Man schmeißt nur mit Steinen auf Bäume, die Früchte tragen. *(zu verbalen Angriffen von den Medien)*

Klaus Urbanczyk *(Trainer von FSV Lok Altmark Stendal)*
Mir gehen nicht die Ideen aus, viel schlimmer: Mir gehen die Spieler aus.

Louis van Gaal
Es ist zum Totlachen, wenn ich Louis van Gaal, den Trainer vom FC Barcelona, sehe. Der hat tolle Spieler um sich herum und schreibt während eines Spiels einen Roman. Erfolg hat er nicht. Warum? Er sieht vom Spiel nichts. *(Aleksander Ristic)*

Bert van Marwijk
Die haben mir keins gegeben. *(auf die Frage, warum er im Anschluss an ein Spiel auf sein obligatorisches Bier verzichtet habe)*

☺

Der muss völlig angst- und schmerzfrei sein. *(Max Merkel)*

Van Marwijk schadet Mannschaft und Verein, weil er mich nicht aufstellt. *(Lars Ricken)*

Armin Veh
Ich möchte nicht wissen, was die Journalisten berichten, wenn wir jetzt die Flasche Sekt köpfen und dann doch noch absteigen. *(über den nur noch theoretisch möglichen Abstieg von Hansa Rostock)*

Terri Venables *(englischer Nationaltrainer)*
Ich denke, wenn die Geschichte sich wiederholt, können wir noch mal das Gleiche erwarten.

Sie haben die Positionen nicht verändert. Sie haben sich nur anders aufgestellt.

Bestimmte Leute sind für mich und andere stehen auf meiner Seite.

Eberhard Vogel *(Trainer von Carl Zeiss Jena)*
Vor allen Dingen nach vorne hatten wir wenig Chancen.

Ausgerechnet, wenn auf dem Platz Windstille ist, werden die meisten Warnungen in den Wind geschlagen.

Berti Vogts
Wenn ich das gewusst hätte, hätte ich die Aufstellung geändert. *(zu der Feststellung, er hätte mit der Wunschelf von Paul Breitner gespielt)*

Nach dem dritten Pils sagt man sich in der Mannschaft vielleicht auch mal die Wahrheit. Aber ich kann doch keine Fete anordnen.

Ich habe den Fehler gemacht, sieben Spielern zu sagen, ihre Verträge werden nicht verlängert. Der Einzige, der ging, war ich. *(über sein kurzes Traineregangement bei Bayer Leverkusen)*

Wohlstandsjünglinge! Fußballer müssen wieder lernen, dass Qualität von Qual kommt.

Nein, ich bin nicht enteiert.

Die Stimmung ist nach wie vor gut. Das war schon bei der Niederlage bei 1860 München zu spüren.

Wir standen wie vom Donner gerührt, als uns Dänemark abblitzen ließ. *(nach der EM-Niederlage 1992)*

Wie der Afrikaner lebt, so spielt er auch Fußball.

Ich befinde mich im Anflug, allerdings noch in der Warteschleife. Aber das »Okay« vom Tower kann schnell kommen. *(Vogts, der nach einem Jahr Pause irgendwann wieder zum Fußball zurückkehren will)*

Das war ein Jahrhundertspiel, in dem der Ball viele Liebhaber hatte.

Wir haben in den Bergen des Urwaldes Gorillas gesehen, haben uns flach auf den Boden gelegt, um sie nicht zu provozieren. Wenn ich so was vor der Presse erzählte, da sagen doch alle: Hoffentlich geht er bald zurück zu den Affen.

Bei einem Sieg werden sie von der Wolke der Euphorie getragen, ja.

Der Mörder bin ich nicht. Und mit Fußball hat meine Rolle auch nichts zu tun – das können andere ja besser. *(über seine Rolle in einem Kriminalfilm)*

Es ist schwer, Jürgen Kohler zu verkraften. *(gemeint: Jürgen Kohlers Ausfall zu verkraften)*

Diese Siegermentalität wollen wir auch mental rüberbringen.

Die Fans können ja nicht rufen: »Berti bravo.« *(zu den »Bertiraus«-Rufen in der BayArena)*

Da wir nicht voll auf Niederlage spielen, spielen wir voll auf Sieg.

Sex vor einem Spiel? Das können meine Jungs halten, wie sie wollen. Nur in der Halbzeit, da geht nichts.

Wir haben ein Abstimmungsproblem – das müssen wir automatisieren.

Wirklich, glauben Sie mir: Ich kann weiter als nur bis zur Nasenspitze denken.

Wenn wir Deutschen tanzen, und nebenan tanzen Brasilianer, dann sieht das bei uns eben aus wie bei Kühlschränken.

Schalke hat das Mittelfeld schnell überbrückt, mit schnellen, äh, Mittelfeldspielern.

Ich bin eigentlich ganz anders. Nur habe ich leider überhaupt keine Zeit dazu.

Wenn ich übers Wasser laufe, dann sagen meine Kritiker: »Nicht mal schwimmen kann er.«

Ich bringe eine Voraussetzung mit, die in Schottland besonders geschätzt wird: Wo auch immer ich als Nationaltrainer tätig war, wurden meine Teams nie von England bezwungen.

Ich gratuliere die Bayern.

Vielleicht war es mit mir wie mit Helmut Kohl. Dessen Gesicht haben sie ja auch nicht mehr gewollt.

Hinten spielt die deutsche Mannschaft Mann gegen Mann. *(bei der Frauen-WM in den USA)*

Meine Kritiker mögen ja alle Recht haben; ich glaube trotzdem, dass ich etwas Rechter habe.

Bitte nennt mich Berti McVogts, wenn wir gegen Deutschland spielen.

Im Halbfinale haben wir die ersten 40 Minuten hervorragenden Fußball gespielt. *(nach der WM 1998 im Sportstudio: Deutschland war im Viertelfinale ausgeschieden)*

Das Spielfeld war zu lang für Doppelpässe.

Hass gehört nicht ins Stadion. Solche Gefühle soll man gemeinsam mit seiner Frau daheim im Wohnzimmer ausleben.

Ein Spieler wie Michael Ballack sollte sich mal selbstkritisch selber hinterfragen.

Du musst positiv denken. Und der positivste Gedanke: Dem nehme ich jetzt den Ball weg! *(zu Thomas Berthold)*

Trainer

Ich glaube, dass der Tabellenerste jederzeit den Spitzenreiter schlagen kann.

Bei Umfragen schneide ich besser ab als der Kanzler.

Wenn ich einmal ein Buch schreibe, dann schreibt das meine Frau.

☺

Lieber eine Nase voll Koks als Berti Vogts. *(Fans von Bayer Leverkusen)*

Die rechte Außenbahn: die Problemzone von Berti Vogts. *(Bela Rethy)*

Mama, sag Papa nicht, wie sehr ich mich auf Paris gefreut habe. *(Justin Vogts, WM 1998)*

Er hat für die UEFA vor 50 europäischen Trainern die EM analysiert. Das machst du nicht, bloß weil du früher ein paar Gegner abgegrätscht hast. *(Reiner Calmund)*

Berti Vogts ist die arme Sau, die von den Medien durchs Dorf getrieben wird. *(Reiner Calmund)*

Früher passten seine Freunde in einen Eisenbahnwaggon, heute in ein Goggomobil. *(Reiner Calmund)*

Wenn der Berti Direktricen ausgibt, da müssen sich alle dran halten! *(Heinz Kwiatkowski über Berti Vogts Trainingsmethoden)*

Freundschaften zählen für mich sehr, aber nicht in diesem Geschäft. Ich habe Jürgen Gelsdorf vor die Tür gesetzt, und der war sogar mein Trauzeuge. *(Reiner Calmund über die Zukunft von Vogts)*

Entweder hatte er eine schlechte Fernsehübertragung oder ein Sandkorn im Auge. *(Reiner Calmund an die Adresse von Kuwaits Nationaltrainer Berti Vogts, der die Leistung von Nationalspieler Carsten Ramelow kritisiert hatte)*

Der Vogts hat wohl zu lange auf einem Kamel geritten. *(Carsten Ramelow auf die Kritik von Kuwaits Nationalcoach Berti Vogts)*

Vogts, du Arschloch! *(Carsten Jancker nach einem Tor gegen Leverkusen zu deren damaligem Trainer)*

Ich habe Berti Vogts viel Glück gewünscht für seine Arbeit in Leverkusen und ihm gewünscht, dass er diesmal wieder Zweiter wird. *(Stefan Effenberg auf die Frage, worüber er sich mit dem ehemaligen Bundestrainer beim Spitzenspiel zwischen Bayern und Bayer Leverkusen unterhalten hatte)*

Wir wollen doch keinen Komiker verpflichten. *(David Taylor, Präsident des schottischen Fußball-Verbandes, zu der Tatsache, dass sein Wunschtrainer Berti Vogts zwar als Fußballexperte, aber weniger als PR-Fachmann gilt)*

Er ist die Korrektheit in Person. Ich glaube, der bügelt sogar jeden Morgen seine Sorgenfalten glatt. *(Bernd Schuster)*

Wenn wir ihn haben, brauchen wir wenigstens Deutschland nicht beobachten zu lassen. *(Dick Graham, Manager des Schottischen Fußball-Verbandes)*

Jetzt sollen sie den Berti noch wegputzen, dann können sie in Urlaub fahren. *(Karl-Heinz Rummenigge über die Münchner Nationalspieler, die in der EM-Qualifikation noch gegen die von Berti Vogts betreuten Schotten spielen mussten)*

Rudi Völler
Nicht jeder, der einen Führerschein hat, kann Auto fahren. *(auf die Frage nach seinem fehlenden Trainerschein)*

Das mit dem Jetlag ist nicht so einfach. Ich war heute früh um kurz nach vier Uhr wach. Da habe ich mir zum ersten Mal im Leben den Schlager-Grand-Prix angeschaut. Da bin ich zwischendurch wieder eingenickt. *(über die Zeitumstellung)*

Zu 50 Prozent stehen wir im Viertelfinale, aber die halbe Miete ist das noch lange nicht!

Ich werde kratzen und beißen. *(zur Medienkritik nach dem 0:0 gegen Finnland)*

Grundsätzlich muss man sich überlegen, ob man dann weitermacht. Aber ich lasse mir da Zeit, ich denke da kurzfristig. *(nach dem 1:5 gegen England)*

In der Nacht vor dem Spiel träume ich bestimmt nicht von Claudia Schiffer oder Linda Evangelista. Da sehe ich eher Jens Nowotny oder Marko Rehmer vor mir. *(vor dem Spiel gegen England)*

Danke an das hannoveranische Publikum.

Zum Leid der Ehefrauen wird man wieder mehr vor dem Fernseher sitzen. Das ist doch super für die Männer. *(vor der EM 2004)*

Wie immer, wenn man Koffer packt, ist das alles nicht so spaßig, Hemden zusammenlegen oder Hosen. Vor allem, wenn die eigene Frau nicht dabei ist. *(zum Auszug aus dem WM-Quartier)*

Wenn Kritik aus England kommt, dann freut uns das. Dann weiß man, dass man alles richtig gemacht hat. *(zu den Kommentaren der englischen Presse nach dem Spiel gegen Paraguay bei der WM 2002)*

Es ist wichtig, dass wir nach diesem hohen Sieg den Ball flach halten.

Was meine Frisur betrifft, da bin ich Realist.

Man erschreckt ja manchmal selbst, wenn man sich nochmal im Fernsehen sieht, wie man die Gesichtszüge verändert. *(über seine erkennbare Anspannung während des Spiels)*

Wir spielen besseren Fußball als 1986. Da war ich bei einigen Krückenspielen selbst dabei.

Es gibt jetzt gerade überall auf anderen Pressekonferenzen Trainer, die denselben Käse erzählen wie ich. *(nach dem Spiel gegen die Färöer-Inseln)*

Das ist meine Hausstrecke. Auf der A3 von Leverkusen nach Frankfurt kenne ich jede Ausfahrt, jede Gaststätte, jedes Schnitzel und jede Currywurst.

Klar, ich hätte auch »Nein« sagen können. Doch ich konnte nicht. *(über seinen neuen Job bei AS Rom)*

Ich hatte das Gefühl, dass durch die WM im eigenen Land es nur jemand machen kann, der unbefleckt ist. *(Begründung seines Rücktritts als Teamchef der Deutschen Nationalmannschaft)*

Wie so oft liegt auch hier die Mitte in der Wahrheit.

Manche werfen mir schon vor, dass ich immer noch mit der gleichen Frau verheiratet bin. Auch ganz schön spießig.

Man darf über ihn jetzt nicht das Knie brechen.

Ich kriege viel, aber ich habe auch eine große Familie. Zwei Frauen müssen ernährt werden und vier Kinder.

Dieses Spiel hat überhaupt keine Rückschlüsse gezogen. *(über ein 2:0 gegen die Schweiz)*

Wir spielen hier doch kein Schach. Es kann doch nicht sein, dass alle fünf Minuten einer umfällt. *(über die zunehmenden Schwalben und Schauspieleinlagen in der Bundesliga)*

Alle vier! *(angesichts des Titelkampfs zwischen Bremen, Bayern München, Leverkusen und Stuttgart auf die Frage, wer deutscher Meister werde)*

Ich habe versucht, den Spielern das Gefühl zu geben, dass sie Fehler machen dürfen. Das haben sie bis auf wenige Ausnahmen gut gemacht. *(nach dem 4:2-Sieg in Griechenland)*

Er hatte blonde Haare und trug den so genannten Rudi-Völler-Schnitt. *(Aktenzeichen XY ungelöst bei der Beschreibung eines gesuchten Verbrechers)*

Frankie Heyduk hat die Zeit genützt, über seine Frisur nachzudenken, bei Rudi Völler hat das keinen Sinn mehr. *(Marcel Reif)*

Völler ist menschlich großartig. Als Trainer haben wir ihn aber noch nicht verstanden. *(Simone Perrotta, AS Rom, vor dem Saisonstart über den Roma-Trainer)*

Tante Käthe, die Trümmerfrau! *(Neue Westfälische Zeitung)*

Muss jeder, der früher fünfmal den Ball hochgehalten hat, automatisch auch gleich ein guter Trainer sein? *(Peter Neururer zur Qualifikation von Bundestrainer Rudi Völler)*

Rudi Völler wird weiterhin unsere Infrastruktur samt Sekretärin nutzen können. *(Reiner Calmund)*

Ach, Leverkusen! Dass Völler auch dort ein Angebot hat, wissen sie in Rom. Aber Leverkusen! Völlers Frau Sabrina ist Römerin. Und in einer Stadt, in der es gute Sitte ist, der Ehefrau erst nach Vollendung des 70. Lebensjahres zu widersprechen, haben sie zwei und zwei zusammengezählt. *(die »Süddeutsche Zeitung« rechnete mit einem Engagement Rudi Völlers in Rom)*

Jetzt darf er in seiner Heimatstadt umsonst Bus fahren und umsonst ins Freibad gehen. *(SAT-1-Sportnachrichtensprecher Klaus Gronewald zur Verleihung der Ehrenbürgerschaft der Stadt Hanau an DFB-Teamchef Rudi Völler)*

Gerd von Bruch *(Trainer von Borussia Mönchengladbach)*
Mein Trost, wenn ich Sportsendungen im Fernsehen gucke: Jeder Redefluss verläuft im Sande.

Dass wir vielleicht in einer Sackgasse sind, ist doch nicht das Problem. Aber die nimmt einfach kein Ende!

Hennes Weisweiler
'ne Roote will isch han! *(daraufhin verpflichtete Gladbach Winnie Schäfer)*

Gibt sich einer zu bunt, wird er gar zu früh grau.

Eine Mannschaft braucht drei Jahre, um zu wachsen, spielt drei Jahre stark und zerfällt in den folgenden zwei Jahren.

Das Leben ist ja manchmal komisch. Ich habe schon Bekannte auf der Straße nicht gegrüßt, weil ich sie nicht erkannte; dafür grüßte ich Unbekannte, von denen ich annahm, ich müsse sie kennen. Ich hoffe nur, die Leute tauschen sich untereinander mal aus.

Zeige mir einen zufriedenen Zweiten, und ich zeige dir den ewigen Verlierer.

Trainer

Ein vollkommenes Fragment – das ist das Größte, was ein Trainer aus einer Mannschaft machen kann.

Manchem Journalisten möchte man mitunter zwar für seine Erscheinung, nicht aber unbedingt für sein Erscheinen danken.

Wir dürfen es im Fußball nicht so weit kommen lassen, dass die Praktiker aussterben. Mit einer Eins in Mathematik und einer weiteren Eins in Chemie, aber mit einer Fünf in Sport kann niemand Sportler ausbilden.

Rückgrat haben ist eine Gesamtheit. Einzelne Wirbel nützen gar nichts.

Ein plötzlicher Umschlag des Wetters bedingt oft einen Wechsel in den taktischen Plänen.

Der beherrscht zwar bestimmt die deutsche Sprache, aber ich bin der bessere Taktiker. Auch wenn ich Training mit »e« schreibe. *(Gyula Lorant)*

Horst Wohlers *(Trainer von Bayer Uerdingen)*
Der hat doch die Trainingslager nur nach Golfplätzen ausgesucht! *(Timo Konietzka)*

Rudi Wojtowicz
Nun bitte ich Rudi um seinen letzten Kommentar. *(Stadionsprecher bei Fortuna Düsssldorf auf der Pressekonferenz zu Trainer Rudi Wojtowicz)*

Wolfgang Wolf
Ich war als Gegner schon immer dagegen.

Wir haben unsere Fans heute endlich einmal mit Toren verdient.

Gegen Schiedsrichter, Journalisten und deine Frau hast du eh keine Chance. Da verlierst du immer. *(zu einer vergeblichen Schiedsrichter-Kritik)*

Bei uns springen vorne ja schon genug kleine Leute herum, was nützt mir da noch ein weiterer, dem du eine Leiter hinstellen musst, wenn er köpfen will?

Acht Spiele mit drei Punkten – da wäre ich noch blasser geworden, als ich ohnehin schon bin. *(nach dem ersten Saisonsieg)*

Trainer

Ich wollte viel sagen, aber Werner Lorant hat mich aus dem Konzept gebracht. *(nach der Analyse des 1860-Trainers in Wolfsburg)*

Bei solch einem Spiel steckt das Messer im Schienbeinschützer.

Das interessiert mich so viel wie Bauchweh. *(zu der Tatsache, dass er bei Buchmachern hoher Favorit auf die nächste Trainerentlassung ist)*

Es ist immer schön, wenn man in seinem Wohnzimmer gewinnt. *(nach einem 3:1-Sieg beim 1. FC Kaiserslautern, für den er von 1978 bis 1988 248 Bundesligaspiele bestritt)*

Branko Zebec *(jugoslawischer Bundesligatrainer)*
Verloren, macht nichts. Nächstes Spiel gewinnen! *(beim Halbzeitstand von 0:2)*

Rainer Zobel
Ich bin zu stark und zu abgebrüht, um mich überraschen zu lassen. Ich muss im Training schärfer werden. Wenn man alles zu locker nimmt, denken die Jungs an Bud Spencer und nicht an Fußball.

Erstmal habe ich hier einen Zweijahres-Vertrag zu erfüllen. Möglicherweise droht mir der Verein mit Bargeld, damit ich länger bleibe.

Dino Zoff *(italienischer Nationaltrainer)*
Es ist das Schicksal aller Trainer, früher oder später mit Tomaten beworfen zu werden.

Nur der Sportler findet zu sich selbst, der wirklich ein Publikum gesucht hat.

Erfolg macht schläfrig.

Uns verbietet der Trainer nicht das Denken, nein, er hält nichts von Diktatur. Er möchte eben bloß, dass wir alle ausnahmslos in eine ganz bestimmte Richtung denken. *(Thomas Doll)*

Ralf Zumdick
Ralf ist menschlich okay, im Grunde ein lieber und netter Typ. Aber viel zu schwach. Vielleicht ein guter Torwart-Trainer. *(Achim Weber über seinen Trainer Ralf Zumdick)*

Die Katze zieht 'ne Fratze. *(TV-Kommentator Markus Höhner)*

Schiedsrichter

Schiedsrichter

Wolf-Dieter Ahlenfelder
Und du spielst wie ein Arsch! *(auf Paul Breitners Beleidigung »Du pfeifst wie ein Arsch!«)*

Wenn der Reimann mich so angefasst hätte, dann hätte ich ihm eine gepflastert. Der hätte eine zurückgekriegt. So ein Mann gehört doch auch nicht auf die Trainerbank.

Diese Funktionäre. Das ist so. Mit 50 Depp im Ruhrgebiet, mit 75 eine Karriere beim DFB.

Der Schiedsrichter muss Designer des Regelwerkes sein.

Das Ausland lacht sich tot. Weil es bei uns wie im Mädchenpensionat zugeht, und es international was auf die Socken gibt, dass es kracht.

Wenn jeder nach Fingerspitzengefühl pfeift, dann brauchen wir keine Schiedsrichter mehr. Dann kann jeder so pfeifen wie Herr Ahlenfelder. *(Johannes Malka, DFB-Schiedsrichter-Obmann)*

Manfred Amerell *(Mitglied des Schiedsrichterausschusses des DFB)*
Im Schnitt sind die Schiris vom IQ und ihrem Beruf her den meisten Profis turmhoch überlegen. Sie müssen das aber auch rüberbringen.

Fingerspitzengefühl? Das gibt es nur zu Hause bei der Frau!

Ich werde beim DFB den Vorschlag machen, dass wir künftig gelbe oder rote Hemden anziehen dürfen. Das würde einiges erleichtern: »Gelbe Sau« ruft keiner.

Ingo Anderbrügge
Ich habe zum ersten Mal gegen eine Mannschaft mit schwarzen Trikots gespielt. Das ist ja schlimm, man denkt, da laufen lauter Schiedsrichter herum.

Rudi Assauer
Wir sind in der Arena der Buhmann der Nation. Es geht um Millionen, und die Fehlentscheidungen häufen sich. Sobald es strittig wird, wird gegen uns gepfiffen. Da müssen wir das Ding eben wieder abreißen.

Ron Atkinson (Ex-Spieler und Trainer von Manchester United)
Ich mache nie Kommentare über Schiedsrichter, und diese lebenslange Gewohnheit werde ich für diesen Arsch nicht aufgeben. *(auf die Frage nach der Leistung des Schiedsrichters)*

Klaus Augenthaler
Der vierte Schiedsrichter kam abwechselnd zu mir und Peter Neururer, weil ihm langweilig war.

Wenn Mädchen gegeneinander spielen, ist das vielleicht ein Foul, aber keine gelbe Karte.

Wenn man bei solchen Fouls immer die rote Karte gibt, spielen wir bald Drei gegen Drei. *(zu einem Platzverweis von Ze Roberto)*

Ich habe nichts gesehen, der Schiedsrichter hat nichts gesehen. Aber das kleine grüne Männchen an der Linie, das hat mit der Fahne gewedelt. Der, der am weitesten wegstand, hat es am besten gesehen.

Anthony Baffoe
Mann, wir Schwatten müssen doch zusammenhalten! *(der Düsseldorfer nach einer gelben Karte zum Schiri)*

Mario Basler
Was? Wie? Ich? Moment mal. Ich ruf mal eben meinen Anwalt an und frag, ob ich das sagen darf. *(auf die Frage eines Journalisten, ob er den Schiedsrichter einen »Sack« genannt habe)*

Da konnte ich mich bislang noch nicht drum kümmern. *(vom DFB zur Stellungnahme wegen einer Schiedsrichter-Kritik aufgefordert)*

Manfred Bender
Kaiserslautern ist eine Spitzenmannschaft. Warum? Weil die Fans auf dem Betzenberg jeden Schiedsrichter zum Wackeln bringen.

Dieter Birlenbach (DFB-Schiedsrichter)
Auch im Fußball sind die Paragrafen die älteste Auslegware.

Miroslav Blasevic (kroatischer Nationaltrainer)
Fußball ist schneller geworden. Um richtig zu pfeifen, braucht man heute statt Schiedsrichter eher Radarschirme.

Fredi Bobic
Blinde Bratwurst. *(zu einem Schiedsrichter)*

Rune Bratseth (norwegischer Nationalspieler von Werder Bremen)
Ich habe gegen den Schiedsrichter ein unschönes deutsches Wort benutzt. Was es bedeutet, muss ich erstmal im Wörterbuch nachschauen.

Schiedsrichter

Andreas Brehme
Wenn der Schiri den Elfmeter gibt, dann hätten wir noch was zerreißen können.

Wenn der Mann in Schwarz pfeift, kann der Schiedsrichter auch nichts mehr machen.

Paul Breitner
Die meisten Schiris gehören leider ins Finanzamt!

Schiri, pfeif ab. I mog nimmer. *(nach 30 Minuten in einem Europacupspiel beim Stand von 3:0 gegen die Bayern)*

Winfried Buchhart
Der Schiedsrichter ist ein Bruder von Stevie Wonder. *(Igor Dobrowolski, Fortuna Düsseldorf)*

Reiner Calmund
Bei diesem Schiedsrichter hätte auch unser Busfahrer eine gelbe Karte bekommen.

Das war nicht nur eine Fehlentscheidung, das war Denkmalschutz. *(zu einer umstrittenen Freistoßentscheidung nach einer Schwalbe von Pierre Littbarski)*

Stephane Chapuisat
»Mein Freund ist Ausländer« ist eine gute Aktion. Aber zurück zum Alltag! Wenn das so weitergeht, brauchen wir in der Bundesliga das Transparent: »Mein Freund ist Schiedsrichter«.

Bobby Charlton *(englischer Nationalspieler)*
Der ideale Schiedsrichter ist wie das Ungeheuer von Loch Ness. Jeder kann ihn beschreiben, aber keiner hat ihn gesehen.

E. González Chavez
Die Angaben variieren zwischen 1,68 und 1,75, je nachdem wie er sich fühlt. *(Johannes B. Kerner über Schiedsrichter Chavez, von Beruf Kosmetiker)*

Keith Cooper *(FIFA-Mediendirektor)*
In der FIFA-Sprache gibt es das Wort »nach Hause schicken« nicht. Wir sprechen nur von denen, die wir hier behalten. *(auf die Frage, wann entschieden wird, welche der 36 WM-Referees in der Endphase noch in Japan und Südkorea bleiben)*

Ich kenne einige sehr gute Dorfschiedsrichter. Vielleicht war es ein Kompliment. *(zur Kritik des Italieners Christian Vieri, der Engländer Graham Poll habe gegen Kroatien wie ein Dorfschiedsrichter gepfiffen)*

George Cumming *(FIFA-Direktor für das Schiedsrichterwesen)*
You must have Fingerspitzengefühl. *(auf die Frage nach den besonderen Eigenschaften der WM-Schiedsrichter)*

Christoph Daum
Mann! Mehr Abseits geht nicht! Also ehrlich! *(zum Linienrichter)*

Das ist so, als wenn dir einer ein Messer in den Bauch rammt, und du musst noch dabei lächeln. *(zur Leistung des Schiedsrichters)*

Aad de Mos *(niederländischer Bundesligatrainer)*
Auf Abseits zu spielen, ist in Deutschland sehr gefährlich. Die Spieler können das, aber die Linienrichter sind oft nicht dabei.

Peter-Michael Diestel
Die Schiedsrichter-Problematik kommt in der öffentlichen Meinung vor Kinderschändung und Brandstiftung. *(Anwalt von Schiedsrichter Torsten Koop, der drei Monate rückwirkend gesperrt wurde)*

Willi Entenmann
Die Schiris können ruhig mal Fehlentscheidungen treffen. Was ich allerdings vermisse: dass sich Schiedsrichter gelegentlich für Fehler entschuldigen, darauf warte ich seit Jahren.

Walter Eschweiler
Die Leistung eines Schiedsrichters ist mit irdischen Gütern nicht zu bezahlen.
Die Augen sehen sowieso nicht viel. Ein guter Schiedsrichter sieht immer auch mit seinem Herzen.

So spät kann man keinen Elfmeter mehr geben. *(in der 86. Spielminute zu Herbert Büssers, Spieler vom MSV Duisburg, der einen Elfmeter reklamierte)*

Herbert Fandel
Ich weiß nicht, ob Herr Fandel ein gutes Verhältnis zu Nowotny hat. Vielleicht mag er seine Musik nicht. *(Klaus Augenthaler zu einer umstrittenen roten Karte von Jens Nowotny)*

Helmut Fleischer
Schau'n mer mal, ob er am Wochenende spielt. *(nachdem Borussia Dortmunds Torhüter Jens Lehmann gefordert hatte, Schiris nach schwachen Spielen erst einmal aus dem Verkehr zu ziehen)*

Lutz Michael Fröhlich

Lutz Michael Fröhlich: Siebenmal pfiff er die Eintracht auswärts, kein Mal konnte sie gewinnen und er tat wirklich alles dafür, dass diese Serie hält. Was hat Herr Fröhlich nur gegen die Frankfurter. Hat ihm in der Jugend mal ein Frankfurter die Freundin ausgespannt? *(DSF-Kommentator)*

Entweder stellt er den runter oder pfeift Tischtennis. *(Eduard Geyer)*

Ich werde alles tun, damit Sie nie wieder ein Bundesligaspiel leiten! *(Uli Hoeneß)*

Der Falko Götz und Schiedsrichter Fröhlich kennen sich zu gut. *(Klaus Augenthaler zur seiner Meinung nach zu kurz bemessenen Nachspielzeit gegen die von Götz trainierten Löwen)*

Lutz Gagelmann

Der Schiedsrichter hat nach allen Regeln der Kunst die Entscheidungen ausgelegt. *(Juri Schlünz nach einem 0:4 in Köln, bei dem der Referee zwei Hansa-Profis vom Platz stellte)*

Jürgen Gelsdorf

Immer mehr werden die Schiedsrichter zu Leuten, die am meisten auf die Lebenserwartung von uns Trainern drücken.

John Gregory *(Trainer von Aston Villa)*

Schiedsrichter sollten an eine Reihe von Elektroden angeschlossen werden, und man sollte ihnen erlauben, drei Fehlentscheidungen zu treffen, ehe man 50.000 Volt durch ihre Genitalien jagt.

Mathias Hain

Es war erst mal ein Foulspiel und dann haut der den mit der Hand rein. Und der Linienrichter, dem soll der Arm abfaulen, den er nicht gehoben hat! Ey, sowas Blindes hab' ich ... also das ... ich muss mich echt zügeln, weil ansonsten, ich weiß es nicht. Also wenn man sowas Klares nicht sieht, der schubst den Dammeier von hinten weg, ja, und dann haut der den so mit der Hand rein, ey, da frag ich mich, wieso der da überhaupt draußen an der Linie steht und auch noch Geld bekommt. Das ist 'ne Oberfrechheit, 'ne Sauerei ist das.

Werner Hansch

Da bellten jetzt die Blindenhunde im Umkreis von zehn Kilometern. *(kommentiert eine Fehlentscheidung des Schiedsrichters)*

Thomas Häßler

Denen wurde anscheinend kalt da draußen. Da haben sie halt hin und wieder die Fahne gehoben, damit sie nicht einfrieren! *(über die Schiedsrichter-Assistenten)*

Thomas Hermann
Jancker und sein Pendant, der Schiri-Assi. Die Glatzerten fühlen sich zueinander hingezogen. Doppelkopf!

Bernd Heynemann *(ehemaliger FIFA-Schiedsrichter)*
Manchmal gibt es auch Rudelbildung im Deutschen Bundestag, aber die möchte ich nicht genauer definieren. *(auf die Frage, ob er als neuer Bundestagsabgeordneter in der Politik Parallelen zum Fußball sieht)*

Ich konnte ihm doch nicht schon wieder Rot geben. *(befragt zu einer gelben Karte für Jens Lehmann)*

Wer einmal Porsche gefahren ist, steigt nicht mehr aufs Fahrrad. *(der seine Bundesliga-Karriere aus Altersgründen beenden muss und nicht mehr in der Amateurliga pfeifen will)*

Dieter Hildebrandt
Fairplay bedeutet: das Foul so versteckt machen, dass der Schiedsrichter es nicht sieht.

Die finden so einen Platz für ihre Aggressionen, für ihr Selbstbewusstsein und ihren Machtwillen. Zu Hause, bei Muttern, sind sie dann wieder ausgeglichen, gehorsam, fleißig und vor allem bescheiden. *(der Kabarettist über Schiedsrichter)*

Horst Hilpert
Für mich sind Schwalben ebenso wie die Notbremse und das Handspiel zur Torverhinderung eine wichtige sportpolitische Angelegenheit. *(Chef des DFB-Kontrollausschusses)*

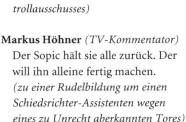

Markus Höhner *(TV-Kommentator)*
Der Sopic hält sie alle zurück. Der will ihn alleine fertig machen. *(zu einer Rudelbildung um einen Schiedsrichter-Assistenten wegen eines zu Unrecht aberkannten Tores)*

Uli Hoeneß
Für die Schiedsrichter heißt es nicht »in dubio pro reo«, sondern »in dubio contra Bayern«. *(zu Refereeleistungen)*

Robert Hoyzer
Ich habe die rote Karte gegen Mpenza gegeben, weil er zweimal »Arschloch« zu mir gesagt hat – das kam mir sehr gelegen, war aber gerechtfertigt. *(der Mpenza in Paderborn vom Platz stellte)*

Dass aus meinem Nachnamen ein Schimpfwort wird, ist sehr bitter. Aber ich werde ihn nicht ändern.

☺

Wer hat euch denn den Hoyzer aufgeschwatzt? Kriegt ihr in der nächsten Pokalrunde ein Freilos? *(Eintrag im Gästebuch auf der Homepage der Sportfreunde Steele 09, die Robert Hoyzer in ihren Verein aufgenommen haben)*

Auch eine andere Führungsebene hätte mit diesem Kriminalfall ihre Probleme gehabt. *(Theo Zwanziger zur Kritik an der »Doppelspitze«, die durch den Wettskandal um Robert Hoyzer ausgelöst wurde)*

Wenn ich höre, dass Hoyzer an seinen Memoiren schreibt, bekomme ich das Kotzen. *(Uli Hoeneß zu dem Vorhaben von Hoyzer, ein Buch zu schreiben)*

Wenn der weggesperrt wird, dann ist das alles schon in Ordnung, weil er sonst vielleicht noch das Bundesverdienstkreuz beantragen wird, weil er der Erste war, der Spiele auf diesem Niveau derart verpfiffen hat. *(DFB-Schiedsrichtersprecher Manfred Amerell)*

Ich warte nur noch darauf, dass er sich ein Schild umhängt mit der Aufschrift: »Bin unschuldig«. *(Amerell zum Fernsehauftritt des im Wettskandal geständigen Schiedsrichters)*

In diesem kriminellen Milieu gibt es natürlich auch unseriöse Informanten. So komisch das klingt: Der für mich momentan am seriösesten erscheinende Informant ist der Herr Hoyzer. *(Theo Zwanziger)*

Jürgen Jansen

In so eine Bude gehe ich im Leben nicht rein. Die haben ja alle eine Knarre dabei. *(auf die Frage, ob er Wettbüros besuche)*

Oliver Kahn

Wenn ein Schiedsrichter in England so ein Tor abpfeifen würde, müsste er sich zwei Wochen verstecken. *(zu einem nicht anerkannten Treffer)*

Kevin Keegan
Die Brusttasche des Schiedsrichters ist wie ein Toaster. Bei jedem Tackling springt eine gelbe Karte raus.

Uwe Kemmling
Wer dem Druck nicht standhält, soll Samstagnachmittags spazieren gehen.

Der Schiedsrichter hatte heute ein sehr gelbes Hemd an! *(Horst Heldt nach dem 1:6 bei Borussia Dortmund)*

Der Herr Kemmling müsste heute normalerweise richtig auf die Fresse kriegen. *(Mario Basler)*

Ich werde mal gucken, ob wir noch zwei, drei Euro übrig haben. Ich weiß nicht, wie viel eine Uhr kostet, die wir Herrn Kemmling schenken können. *(Peter Neururer meinte, dass eine verlorene Partie viel zu früh abgepfiffen worden sei)*

Mann, Herr Kemmling muss eine Lupe als Auge haben. Ach was! Ein Elektronenmikroskop. *(TV-Kommentator Thomas Hermann)*

Jörg Keßler
Wenn der Ball wirklich drin war, ist das große Scheiße. *(nachdem er ein reguläres Tor nicht anerkannt hatte)*

Hans Kindermann *(»Chefankläger des DFB«)*
Wer Schiedsrichter beleidigt, handelt kriminell. Wenn ein Spieler zum Schiedsrichter »du Arschloch« sagt, dann ist das eine Beleidigung nach § 185 Strafgesetzbuch.

Jürgen Kohler
Ich werde dem Schiedsrichter meinen Optiker empfehlen.

Karl-Heinz Körbel
Wir haben heute nur eine Chance mit der vollen Unterstützung des Schi... äh der Zuschauer.

Hans Krankl
Ich habe zum Schiedsrichter gesagt: »Da müssen Sie entscheiden wie ein Mensch und nicht wie ein Schiedsrichter.«

Dieter Krein
Ich kann darüber nur noch lachen. Das Schlimme ist: Wenn Leute in Berlin nur in der Straßenbahn sitzen und am Café King vorbeifahren, sind sie schon verdächtig. *(Präsident von Energie Cottbus über den »Fall Hoyzer«)*

Hellmut Krug
Sie mussten allein schon wegen Dummheit vom Platz. *(Schiedsrichter Hellmut Krug in einem Disput mit dem Duisburger Torsten Wohlert, der gegen Hertha BSC Berlin in der 90. Minute die gelb-rote-Karte sah)*

Schiedsrichter

Der pfeift jetzt, bis er 60 ist. *(Eduard Geyer zur Leistung des Schiedsrichters nach zwei nicht gegebenen Elfmetern für Cottbus)*

Ich fand den Schiedsrichter heute natürlich Klasse. *(Ewald Lienen nach zwei nicht gegebenen Elfmetern für Cottbus)*

Udo Lattek
Ich hasse Schiedsrichter, ich könnte sie manchmal sogar umbringen.

Ewald Lienen
Wir haben nicht das Recht, jede Entscheidung des Schiedsrichters zu kommentieren. Der lacht sich ja auch nicht tot, wenn wir einen Fehlpass spielen.

Werner Lorant
Da haben beide gezogen. Das kann ich einmal so entscheiden und einmal so entscheiden, aber darf es nie so entscheiden. *(zu einem Elfmeter gegen seine Mannschaft)*

Der Schiri kann froh sein, dass ich ihm keine geschmiert habe.

Lothar Löwer
Ich habe ihm kein Geld weggenommen und auch nicht die Ehefrau ausgespannt – ich weiß nicht, warum er uns so bestraft hat. *(Rainer Zobel, Stuttgarter Kickers)*

Johannes Malka
Kameraden, beantwortet keine Fragen, wenn ihr verschwitzt vom Platz kommt. Das macht keinen guten Eindruck. Erst duschen und umziehen, dann reden. *(Ratschlag vom DFB-Schiedsrichter-Obmann an seine Kollegen)*

Lothar Matthäus
Schiedsrichter kommt für mich nicht in Frage, schon eher etwas, das mit Fußball zu tun hat. *(auf die Frage, was er nach seiner Karriere plane)*

Gerhard Mayer-Vorfelder
Die Schiedsrichter-Assistenten müssen heutzutage einen Sehfehler haben, um beide Situationen sehen zu können.

Markus Merk
Ich kann nicht sagen, es war nur ein bisschen Elfmeter. Für mich gibt es kein Grau, sondern nur Schwarz oder Weiß. *(über einen umstrittenen Elfmeterpfiff)*

Er wollte mir nur »Guten Tag« sagen und mir ein kleines Andenken bringen. *(auf die Frage, warum der erboste Bayern-Manager Hoeneß nach der 0:2-Niederlage in Dortmund in seiner Kabine war)*

Ich hoffe immer noch, dass ich eine besondere Eintrittskarte für das Finale bekomme. *(mit der Hoffnung auf einen Einsatz im WM-Finale)*

Schiedsrichter

Ich habe fünf Lieblingsrestaurants, darunter ist ein griechisches und ein portugiesisches. Ich möchte in beiden auch in Zukunft essen gehen können. *(der deutsche EM-Schiedsrichter vor dem Finale 2004 Portugal - Griechenland)*

Schiedsrichter sind nette Menschen. Wir wollen nicht, dass ein Spieler im Strafraum in ein Loch fällt. *(zu Ausbesserungsarbeiten während des Spiels auf einem »Acker«)*

Fußball spielt in der Praxis eine große Rolle. Die Patienten machen den Mund auf und ich erzähle ihnen was. *(Merk als Zahnarzt und Schiedsrichter)*

Von dem würde ich mich nicht behandeln lassen. Ich gehe nur zu Ärzten meines Vertrauens. *(Bernd Krauss über den Zahnarzt und Schiedsrichter)*

Der Merk hat mich noch nie gepfiffen, aber er hat mir schon einen Zahn gezogen. *(Thomas Riedl)*

Er ist ja Europas bester Schiedsrichter, er wird schon alles richtig machen. Ihn zu kritisieren, ist ja fast Majestätsbeleidigung. *(Fredi Bobic)*

So, wie Markus Merk das entschieden hat. *(Matthias Sammer auf die Frage, wie er die zum Elfmeter führende Situation gesehen habe)*

Schiedsrichter Merk hat bisher nur einen Fehler gemacht: Er ist mit einem blauen Trikot auf den Platz. Das sollte man hier in Dortmund lieber nicht tun. *(Michael Meier)*

Trink endlich einen Whiskey, damit du eine rauchigere Stimme bekommst. *(Schiedsrichterkollege Günther Benkö)*

Max Merkel

Schiris: Bringen kostenlos ein bisschen Kino ins Stadion. Die Herren in Schwarz wollten eigentlich Karriere beim Film machen. Wer durchgefallen ist, versucht es eben als Schiedsrichter.

Frank Mill

Der Linienrichter hatte wohl einen Holzarm. *(nach einem Spiel, in dem ständig Abseits gegeben wurde)*

Schiedsrichter

Ralf Minge *(Trainer von Dynamo Dresden)*
Ich kann mir keine Äußerung zur Leistung des Schiedsrichters erlauben, sonst müsste ich einen Kredit aufnehmen.

Benno Möhlmann
Er hat gesagt: »Geh mal einen Schritt weiter raus, damit ich auch was zu tun bekomme.« *(über den vierten Schiedsrichter)*

Wilfried Mohren
… und auch die Schiedsrichter-Assistenten an der Linie haben heute ganz ordentlich gepfiffen.

Andreas Müller
Es gibt ja Optiker in Deutschland. *(zur Schiedsrichter-Kritik von HSV-Trainer Huub Stevens)*

Nieto *(spanischer WM-Schiedsrichter)*
Der Nieto war eine Niete. *(Franz Beckenbauer)*

Jochen Osmers
Vorsicht mit den einfachen Wahrheiten! Es gibt eigentlich auch über Fußballspiele nur eine einzige einfache Wahrheit: Die Wahrheit ist kompliziert.

Markus Osthoff
Daran sind nur die Schiedsrichter schuld, da bin ich ganz selbstkritisch. *(zu seinen vielen gelben Karten)*

Nico Patschinski
Der an der Linie hat, glaub ich, 'ne Curry gegessen während des Spiels. *(zur Leistung des Schiedsrichtergespanns)*

Dieter Pauly
Ich pfeife live, nicht Zeitlupe.

Graham Poll
Wenn das ein italienischer Schiedsrichter gepfiffen hätte, wäre er schon längst auf dem Scheiterhaufen gelandet. *(Paolo Maldini vom AC Mailand über zwei nicht anerkannte Treffer)*

Otto Rehhagel
Was soll man schon erwarten? Der hat früher immer Dynamo Ost-Berlin zum Titel gepfiffen.

Willi Reimann
Der Schiedsrichter muss sich mir ja nicht in den Weg stellen. Er kann sagen: »Herr Reimann, verlassen Sie nicht die Coaching-Zone«, aber er muss ja nicht Rambo sein. *(zu seinem Ausraster gegen den vierten Offiziellen)*

Im Vergleich zu Matthias Sammer, der pausenlos Linienrichter attackiert und wie ein HB-Männchen auftritt, bin ich doch ein Waisenknabe. Da müsste ich eigentlich eine Medaille bekommen.

Wenn der Schiedsrichter in der 90. Minute so einen Elfmeter pfeift, dann muss man sagen »Prost Mahlzeit, Fußball«. Es ist unglaublich, mit welcher Arroganz solche Leute zu Werke gehen. Als Aufsteiger hat man bei den Schiedsrichtern immer wieder die Arschkarte gezogen. Ich weiß, das gibt eine Geldstrafe. Schiet wat drauf – ich habe gespart.

Es spricht alles für Willi Reimann, außer die Tat... *(der Anwalt Christoph Schickhardt zur Bestrafung wegen seiner Attacke gegen den vierten Schiedsrichter)*

Uwe Reinders
Ein Computer kann Augen und Gehirn einiger Schiedsrichter garantiert nicht ersetzen. Engstirnigkeit kann unmöglich simuliert werden.

Stefan Reuter
Zur Schiedsrichterleistung will ich gar nichts sagen, aber das war eine Frechheit, was da gepfiffen wurde!

Zwei Blinde sehen auch nicht blinder als einer. *(über den Vorschlag, zwei Schiedsrichter einzusetzen)*

Gernot Rohr *(Trainer von O.G.C. Nizza)*
Zwei Schiedsrichter sind mehr als ein Schiedsrichter.

Frank Rost
Wahrscheinlich hat der Schiedsrichter in Borussen-Bettwäsche geschlafen. *(nach einem 0:2 gegen Gladbach)*

Volker Roth
Ich spreche kein Spanisch. *(der DFB-Schiedsrichter-Obmann zur Rücktrittsankündigung seines spanischen Kommissions-Mitgliedes Angel Villar-Llona)*

Die begnadeten Schauspieler überwiegen längst die begnadeten Fußballspieler.

Die Trainer, die uns Probleme gemacht haben, sind entweder beurlaubt oder in der Türkei. *(der Vorsitzende des DFB-Schiedsrichter-Ausschusses im Januar 2002)*

Richard Rufus *(Spieler von Charlton Athletic)*
Ich habe den Eindruck, der Schiedsrichter hatte eine neue gelbe Karte und wollte sehen, ob sie auch funktioniert.

Karl-Heinz Rummenigge
Ihr drei kleinen Schweine habt uns den Sieg geklaut! Das könnt ihr ruhig dem DFB melden. *(im Kabinengang zum Schiedsrichtergespann)*

Matthias Sammer
Zu den Schiedsrichtern sag ich gar nichts mehr. Das sind alles meine Freunde.

Wir wussten, dass er da ist. Er hätte sich nicht auch noch extra bemerkbar machen müssen. *(über den Schiedsrichter, der Cacau mit einer gelb-roten Karte vom Platz schickte)*

Wenn der da draußen an der Linie zehn Sekunden braucht, um die Fahne zu heben, erbost mich das schon.

Kleine Kinder machen immer so viel, wie sie dürfen. *(Kritik von VfB Stuttgarts Trainer an der Leistung des niederländischen Schiedsrichters Peter Vink, der die raue Gangart der Budapester Spieler nicht unterbunden habe)*

Thomas Schaaf
Die ganze 1. Halbzeit hat der Schiedsrichter-Assistent den Arm nicht runter gekriegt. Aber in einer so entscheidenden Szene ist er nicht da.

Aron Schmidhuber
Was heißt, die Spieler bewegen sich zu wenig? Und das dauernde Umgehen der fairen Spielregeln?

Geschauspielert wird in der Bundesliga so schlimm wie nirgends.

Wer der Welt oder mir etwas nachzuschreien hat, der sage es bitte deutlich, aber leise.

Toni Schumacher
Der Schiedsrichter ist auf dem Rasen einfach der Allmächtige.

Uwe Seeler
Erst wenn der Schiedsrichter abpfeift, ist das Spiel zu Ende oder gewonnen!

Markus Siegler
Das ist ein bisschen viel. *(der FIFA-Mediendirektor zu den drei gelben Karten, die der englische Schiedsrichter Graham Poll dem Kroaten Josip Simunic zeigte)*

Ebi Smolarek
Wetten tun in Deutschland nur die Schiedsrichter. *(der polnische Nationalspieler auf die Frage, ob er mit seinen Dortmunder Mannschaftskollegen auf einen Sieg gegen Deutschland gewettet habe)*

Holger Stanislawski
Das hat der Schiri wirklich super gesehen. Egal, ob es jetzt ein Elfer war oder nicht. *(als Co-Kommentator zu einem umstrittenen Elfer)*

Wolfgang Stark
Da kriegt einer Husten im Schwarzwald und der pfeift für Kaiserslautern. *(Eduard Geyer zur Leistung des Schiedsrichters)*

Ein Schiri, der Stark heißt, sollte auch mal so handeln. *(Andreas Neuendorf)*

Dragoslav Stepanovic
Der ganze Fußball, wir alle leben von den Schiedsrichtern. Ohne sie gäbe es keine Fußballspiele.

Hartmut Strampe
Ich könnte noch mehr sagen und voll reinlangen. Dann würde der Amerell zu Hause aber vom Stuhl fallen. *(Fredi Bobic über den Referee)*

Craig Thomson
Also, das Einzige, was hier läuft, ist der Schweiß von Schiedsrichter Thomson. *(Gerd Rubenbauer)*

Michael Thurk
Es war unglaublich schön! Ich hab' das Tor nur für ihn geschossen, er hat so eine Scheiße gepfiffen, also unglaublich, was er gemacht hat, so einen Rotz kann man gar nicht zusammenpfeifen in einem Spiel, aber er hat's geschafft, unglaublich! *(auf die Frage, warum er nach seinem Tor zum Schiedsrichter gelaufen sei; diese Äußerung kostete Thurk 2.000 Euro.)*

Rolf Töpperwien
Rote Karte! Das war ein rüdes Foul von vorne und von der Seite.

Angel Maria Villar Llona
Es gibt die 18. Spielregel, das ist der Menschenverstand. Den dürfen die Schiedsrichter auch anwenden. *(der Vorsitzende der FIFA-Schiedsrichter-Kommission, zu den Vorgaben des Weltverbandes für die Unparteiischen)*

Dr. Franz-Xaver Wack
Es wäre viel schlimmer gewesen, wenn ich meinen Patienten den falschen Zahn gezogen hätte. *(der Zahnarzt und Schiedsrichter, der Düsseldorf gegen Schalke einen Handelfmeter zugesprochen hatte, obwohl ein Düsseldorfer Spieler handgespielt hatte und nicht der Schalker)*

Ich hätte meinen Weisheitszahn und meine Schwiegermutter verwettet, dass der Schalker Kurz das Handspiel begangen hat. *(zur selben Szene)*

Mach dich doch gleich zum Volkshelden! *(Fredi Bobic, nachdem ihm Schiedsrichter Dr. Wack Gelb wegen Meckerns gezeigt hatte, was das Publikum mit Beifall bedachte. Dr. Wack zeigte ihm daraufhin Rot)*

Ralf Weber
Typisch Betzenberg, typisch DFB, der Schiedsrichter war ein Blindfisch.

Stefan Weber
Ich wollte dem Spiel meinen Stempel aufdrücken. *(nach neun gelben Karten und drei gelb-roten Karten)*

Michael Weiner
Das ist einer der blindesten Schiedsrichter, die wir je hatten. *(Jens Lehmann)*

Timo Wenzel
Ich habe zu Michael Preetz »Halt's Maul!« gesagt. Der Schiedsrichter-Assistent hat's aber auf sich bezogen und verstanden: »Halt die Fresse, du Penner!«

Hans-Joachim Weyland
Pfeifen begeistert und macht mich glücklich.

Schiedsrichter Weyland pfeift am Wochenende in Moskau das Spiel Sowjetunion gegen UdSSR. *(Kurt Emmerich)*

Brian Wright *(Londoner Schiedsrichter)*
Eine stumme Mannschaft ist eine dumme Mannschaft. *(über Beschwerden von Kollegen, Fußballspiele würden immer lautstärker)*

Wolfram Wuttke
Jetzt scheiß dir mal nicht vor dir selber in die Hose, Mann! *(zu einem Linienrichter)*

Michel Zen-Ruffinen *(FIFA-Generalsekretär)*
Ein Schiedsrichter, der neun von zehn Entscheidungen richtig trifft, ist immer noch besser als der beste Mittelstürmer.

Manager und Funktionäre

Roman Abramowitsch
Die Ölquellen sind nicht richtig verteilt. Er hat alle, ich keine. *(Franz Beckenbauer, zum Unterschied zwischen sich und dem Chef des FC Chelsea London)*

Helge Achenbach *(Vorstandssprecher von Fortuna Düsseldorf)*
Die Arschlöcher spielen, als wären sie gerade von einer Silvesterfeier zurückgekommen. *(nach einer Niederlage beim Zweitligisten Uerdingen)*

Giovanni Agnelli
Unser Koch hat gerade Inter Mailand gekauft. *(der »Koch« war Großküchen-Betreiber Pellegrini)*

Klaus Allofs
Letzte Woche mal eine Minute mehr, heute mal früher Schluss gemacht. Alle wollen flexible Arbeitszeiten. In der Bundesliga haben wir sie. *(aufgrund eines Schiri, der überpünktlich abpfiff)*

Man muss aufpassen, dass man nicht in Panik gerät und alles verpflichtet, was sich bewegt. *(zur Situation vor dem Transferschluss am 31. August)*

Werner Altegoer *(Präsident des VfL Bochum)*
Ich sage nichts zur Situation des Trainers. Es wird mir doch anders ausgelegt, wie ich es gemeint habe.

Um viermal aus der 1. Liga abzusteigen, muss man erst einmal dreimal aufgestiegen sein.

Rudi Assauer
Das hat alles mit der Atmosphäre in der Arena zu tun. Wir müssen sie abreißen und wieder im Parkstadion spielen. *(zur Hektik im Derby)*

Bis DFB und DFL etwas umsetzen, ist es Weihnachten nächstes Jahr. *(zum schleppenden Kartenvorverkauf vor dem Benefizspiel der deutschen Nationalelf gegen eine internationale Bundesliga-Auswahl)*

Sie hat zehn Jahre Arbeit von mir kaputtgemacht. *(über die Mannschaft von Schalke 04)*

Die einvernehmliche Trennung ist erfolgt, nachdem ich gesagt habe, wir machen nicht weiter. *(zur Entlassung von Frank Neubarth)*

Wenn du auch am Ende noch Vierter bist, dann wäre es noch grausamer. Dann guckst in die Röhre. Aber solange sich keiner im Kanal erträndt ... *(zu Platz vier in der Bundesliga)*

Klar. Neben ihm holen wir noch Zidane und den Natz von Dülmen. *(auf die Frage, ob er an der Verpflichtung von Diego Klimowicz interessiert sei)*

Heute herrscht schweigende Stille. *(zum Fanverhalten nach einem 2:2 gegen Freiburg)*

Nachdem ich dieses Spiel gesehen habe, bin ich stolz, dass keine Schalker dabei waren. *(nach einem Länderspiel gegen die Niederlande)*

Ich dachte schon, Fußballer seien ein besonderes Völkchen. Aber gegen die Künstler ist das ja nur Pipifax. Dem einen ist das Klopapier zu hart, dem anderen die Schuhbox zu klein. *(über neue Erfahrungen bei der Termingestaltung für die neue Arena)*

Wir gewinnen am Samstag den Pokal und dann feiern wir gemeinsam mit Dortmund in Castrop-Rauxel. *(zur Meisterschaft vom Lokalrivalen Borussia Dortmund)*

In der Nacht von Samstag auf Montag. *(auf die Frage, wann die Entscheidung Frank Neubarth zu entlassen gefallen sei)*

Wer vorher Kreismeister in Dinslaken war, war hier plötzlich Pokalsieger. *(zur Selbstüberschätzung und Überheblichkeit einiger Profis)*

Falls es so kommt, schlafen wir zur Not auch in Zelten. *(zur Frage, ob fürs DFB-Pokalfinale in Berlin schon jetzt dasselbe Hotel gebucht worden sei, in dem die Mannschaft beim Endspiel 2001 gewohnt hatte)*

Dann hätte Schalke die Lizenzspielermannschaft aus der Bundesliga abgezogen und in Holland angemeldet. *(auf die Frage, was passiert wäre, wenn Lothar Matthäus die Nationalmannschaft übernommen hätte)*

Wir sollten einen Professor holen. Oder einen vom Sozialamt. Und wenn es ein Balletttänzer ist, der uns nach vorne bringt, dann holen wir einen Balletttänzer. *(über die Anforderungen an den neuen Trainer von Schalke 04)*

Wenn wir die Schale haben, haue ich die so was von kaputt. *(nicht ganz ernst gemeinte »Drohung« des Schalke-Managers, der bei den Feierlichkeiten nach dem DFB-Pokal-Triumph den »Pott« fallen gelassen und demoliert hatte)*

Einmal in der Woche 90 Minuten konzentriert – das kann ich ja wohl erwarten. *(zur Einstellung seiner Spieler)*

Das Arbeitsgericht auf Schalke bin ich. *(nach der kurzfristigen Suspendierung und »Begnadigung« von Nationalspieler Jörg Böhme)*

Wenn wir den Rasen einmal rein- und wieder rausschieben, ist das Geld schon weg. *(über die UI-Cup-Einnahmen von Schalke 04)*

In der 1. Halbzeit hatten sie die Schlafpille. Dann gab es die Bullenspritze. *(nach einem Sieg)*

Wenn du die Treppe runtergehst, musst du immer nach unten schauen, sonst fällst du runter! *(nach einem 0:1 zu Hause gegen Hansa Rostock)*

Auch wenn es unter den Schnee geschissen wird – bei Tauwetter kommt alles wieder zum Vorschein. *(zur »Aufdeckung« des Geheimvertrages zwischen Bayern München und der Gruppe Kirch-Media)*

Bochum spielt nächstes Jahr in der Champions League und wir im Döner-Cup. Wenn wir Glück haben, können wir wieder den gesamten Nahen Osten bereisen. *(befürchtet, dass für Schalke im Rennen um die UEFA-Cup-Teilnahme nur ein UI-Cup-Platz bleibt)*

Erst wenn wir Meister geworden sind, nehmen wir das Wort in den Mund.

Wir haben das Dach der Arena jetzt extra so eng gebaut, dass er nicht mehr durchkommt. *(über Jürgen Möllemanns Fallschirm-Auftritte)*

Ich habe erfahren, es wurden mehr Blautannen als sonst vor Weihnachten verkauft. *(zur Euphorie um den Bundesliga-Wintermeister)*

Wir haben den Schriftzug in unserem Vereinslogo in »Hosenscheißer 04« geändert.

Wir konnten ein großes Sponsoringpaket mit einer Windelfirma schnüren.

Herzlichen Glückwunsch, Union Berlin. Ihr werdet sicher in die 2. Liga aufsteigen und steht im UEFA-Cup – also lasst uns den Pott. *(vor dem ungleichen DFB-Pokalfinale zwischen Erst- und Drittligist)*

Kaum können die Fans den Namen aussprechen, ist er wieder weg. *(zum außerordentlichen Kündigungsrecht für Profis)*

Es war schwierig heute Fußball zu spielen, und wir haben trotzdem nicht gut gespielt, trotzdem der Gegner alles versucht hat, es zu verhindern.

Dann müssen wir in der nächsten Woche eben mit Assauer und Stevens in der Innenverteidigung spielen. *(der Schalke-Manager angesichts der vielen verletzten und gesperrten Defensivspieler)*

Das Wort »mental« gab es zu meiner Zeit als Fußballspieler noch gar nicht. Nur eine Zahnpasta, die so ähnlich hieß.

Über Trainer rede ich nicht in der Öffentlichkeit. Es sei denn, ich stelle einen ein oder werfe einen raus. *(zur Lage von Huub Stevens)*

Manager und Funktionäre

Die Alte ist trotzdem unheimlich in Ordnung! Ich habe sie kennen gelernt, als ihr Zahnarzt mir das Esszimmer neu tapeziert hat. Kerstin merkte sofort, dass ich bei der Behandlung ein bisschen Schiss hatte. Sie hielt mir ganz lieb das Händchen. *(über seine neue 24-jährige Lebensgefährtin, die als Zahnarzthelferin arbeitet)*

Mein altes Prinzip – beim Genießen nicht nach dem Morgen fragen. *(über die Zukunft mit der Schauspielerin Simone Thomalla)*

Die Bezüge von Frank Neubarth werden in Kürze in Kopie nachgereicht. Wie bei Dortmund und der Deutschen Bank.

Ich wollte nur schlichten, kein Foul begehen. *(zu einer Verbannung auf die Tribüne, weil er bei einer Rangelei auf das Spielfeld gestürmt war)*

Schalke war immer und bleibt auch fahrlässig. *(auf die Frage, ob auch er an Nationalstürmer Miroslav Klose interessiert sei; BVB-Manager Michael Meier hatte erklärt, es wäre fahrlässig, sich nicht darum zu kümmern)*

Wenn Schalke Meister würde, dann läuten im ganzen Revier die Glocken.

Wenn er wieder im Weg steht, geht er wieder kaputt. Wir sind zwar versichert, aber ich bezahle das dann gerne aus meiner Tasche. *(über den DFB-Pokal, den er beim letzten Sieg 2002 demoliert hatte)*

Wir haben das Hinspiel mit 1:0 gewonnen. Schon wenn wir am Freitag ein Unentschieden erreichen, sind wir in dieser Saison westfälischer Meister. *(vor einem Revierderby bei Borussia Dortmund)*

Ich heiße doch nicht Assauer, der immer nach Ausreden sucht. Mal ist es der Schiedsrichter, mal der Rasen. *(Ansgar Brinkmann auf die Frage nach der Schiedsrichterleistung)*

Nicht alles, was sich in einem feinen Zwirn verbirgt, ist ein feiner Mensch. *(Rene C. Jäggi)*

Ich hoffe, dass es kein Selbstmordversuch war. *(Frank Rost zum Treppensturz des Managers)*

Assauer und unser Aufsichtsrat Dr. Böhmert sind seit fast 30 Jahren befreundet. Und dann kommt der hierher ins Stadion, trinkt kostenlos Bier und pflügt nebenbei noch die besten Spieler ab. *(Jürgen L. Born, Vorsitzender der Geschäftsführung Werder Bremens)*

Bei ihm im Büro zu sitzen, ist kein Vergnügen. Was der wegqualmt ... *(Huub Stevens)*

Ich gebe ihm noch fünf Jahre, wenn er so weitermacht. *(Schalke-Spieler Hannibal Matellan über den arbeitswütigen Manager und dauerrauchenden Zigarrenfreund)*

Wenn der Kleine mit der Zigarre frech wird, gibt's von mir Feuer. *(Michael Huber, vom Schalke-Sponsor Veltins)*

Erst mal abwarten, wohin ich ihn treffe. *(Jürgen L. Born auf die Frage, wie er reagiere, wenn er Assauer das nächste Mal träfe)*

Ich habe Herrn Assauer nie als »Kaschmirproleten« bezeichnet. Ich habe Herrn Assauer »Kaschmirhooligan« genannt. *(Michael Meier)*

Unser Manager meint, er hat das größte Adlerauge. *(Olaf Thon)*

Manager Rudi Assauer sitzt bei den Spielen neben mir. Er gehört mit auf die Bank, wie die Schalke-Arena zu Gelsenkirchen gehört. *(Jupp Heynckes, der die gewohnte »Sitzordnung« auf der Bank nicht verändern will)*

Raimond Aumann
Im Freistaat Bayern herrschen nun mal andere Regeln und Richtlinien. *(der Fanbeauftragte von Bayern München begründet das Verbot der Totenkopffahnen der St.-Pauli-Fans)*

B

Martin Bader
Hier lernt man immer wieder Demut. *(der Sportdirektor des 1. FC Nürnberg nach einer 2:3-Pokalheimpleite gegen LR Ahlen)*

Franz Beckenbauer
Dümmer kann man eine Presseerklärung nicht formulieren. *(zur Pressemitteilung der DFL über den Vergleich in der Kirch-Affäre)*

Ich habe extra meinen Bauernhof umgebaut, denn wenn man älter wird, kommen die Auszeichnungen von ganz allein. *(der bei der Wahl zum Weltfußballer hinter Pele und Johan Cruyff auf Platz drei landete)*

Fragen Sie mich bitte nicht, wann ich zuletzt Bahn gefahren bin. *(WM-Organisationschef Beckenbauer bei der Vorstellung der Deutschen Bahn als letztem nationalen Förderer für die Fußball-WM 2006)*

Es wird viel geredet über den Aufbau Ost, aber wir Bayern geben wirklich was. Wer hat denn die Punkte nach Rostock und Cottbus gegeben?

Arroganz ist die Perücke der Unwissenheit.

Mein Gott, ob du den DFB-Pokal hast oder nicht, darauf kommt es nicht an. *(vor einem Berliner Finale zwischen Werder Bremen und dem FC Bayern)*

Ich habe mal einen Stammbaum machen lassen: Die Wurzeln der Beckenbauers liegen in Franken. Das waren lustige Familien, alles uneheliche Kinder. Wir sind dabei geblieben.

Wir müssen uns was einfallen lassen, aber ich weiß nicht, was.

Ich bin immer noch am Überlegen, welche Sportart meine Mannschaft an diesem Abend ausgeübt hat. Fußball war's mit Sicherheit nicht. *(nach einer Bayern-Niederlage)*

Mein größter Wunsch ist Frieden auf der Welt. Wir sind immer noch am Beginn der Evolution. Wir sind den Tieren immer noch sehr ähnlich. Der einzige Unterschied ist, dass Gott uns die Stimme gab. *(über seinen Geburtstagswunsch)*

Ja gut, am Ergebnis wird sich nicht mehr viel ändern, es sei denn, es schießt einer ein Tor.

Wenn einer keinen Anzug hat, dem kaufe ich einen. *(als ihm vor allem die Kleidung von Mannschaftskapitän Stefan Effenberg bei der letzten Weihnachtsfeier des Klubs nicht gefiel)*

Damals hat die halbe Nation hinter dem Fernseher gestanden. *(über das WM-Finale 1990)*

Das ist Weltrekord in der Türkei. *(über den Präsidenten von Besiktas Istanbul, der seit 14 Jahren im Amt war)*

Als eine preußische Frau. Das wär schon was! *(zum Thema Wiedergeburt)*

Der Grund war nicht die Ursache, sondern der Auslöser.

In einem Jahr hab ich mal 15 Monate durchgespielt.

Kaiserslautern wird mit Sicherheit nicht ins blinde Messer laufen.

Wer ein Trio vorne hat wie Ronaldo, Ronaldinho und ehm ehm ehm und die anderen Brasilianer, Roberto Carlos, das ist ehm, das ist ehm Rivaldo dazu noch, Rivaldo ehm ehm ehm Rivaldo und Ronaldinho und Ronaldo, also das dann verloren zu haben, das ist zwar bitter, aber nicht so bitter.

Es wird sich doch wohl bald ein Terrorist finden, der das Olympiastadion in die Luft sprengt. *(genervt von der Diskussion über den Münchner Stadionneubau)*

Der kann nichts dafür. *(als er mit einem Kugelschreiber der DFL Autogramme schrieb)*

Da hat sich die deutsche Auswahl glücklicherweise qualifiziert, was nicht selbstverständlich ist, und dann wird von dieser WM keine Notiz genommen, nur weil sie in Afrika oder Südamerika stattfindet. *(über die U20-WM in den Vereinigten Arabischen Emiraten)*

Ich weiß gar nicht, ob ich die überhaupt alle kenne, die da heute spielen… *(über den eigenen FC Bayern München, als der Mannschaft neun Stammspieler gegen FC Dynamo Kiew fehlten)*

Nicht einen Tag! Wenn es anfängt zu riechen, ist das Sache der Mutter. *(auf die Frage, wie lange er Mutter sein könnte)*

Wie kommt man von 36 auf 16 Mannschaften? Es gibt dafür keine mathematische Lösung und das öffnet der Manipulation die Tür. *(über den Vorschlag der FIFA, bei der Fußball-WM 2006 in Deutschland 36 Mannschaften statt wie geplant 32 Teams antreten zu lassen)*

Wir haben noch einen Platzwart, den wir abgeben könnten.

München ist eine einzige Quatschküche, das war schon früher so. Aber in der nächsten Saison muss die Quatscherei aufhören.

Ich würd' sagen: irgendwo dazwischen. *(als Antwort auf die Nennung einer Note zwischen 1 und 6)*

Ach, mir fehlen so sehr meine beiden Schäferhunde. *(auf die Frage, wie er den Siegestrubel verkrafte)*

Bloß nicht! *(auf die Frage, ob er noch gern Fußball spiele)*

Der Lothar Matthäus hat als erster seine Schuhe ausgezogen und in die Ecke gepfeffert. Andy Brehme den zweiten hinterher – und die haben rumgeschrien. Da war Leben drin. Jetzt sitzt da jeder in der Kabine, zieht seine Schuhe aus, es macht keiner ein Muh, keiner ein Mäh, nichts.

Wir geben den Herren keine Chance zum Schlafen. Das können sie anschließend in England tun. *(über das Besuchsprogramm der FIFA-Funktionäre zur WM 2006)*

Es muss nicht in Großaufnahme zu sehen sein, wie zum Zwecke der Blutstillung ein Tampon in die Nase von Riedle eingeführt wird.

Ich bin als Präsident nur noch für die Schachspieler und Geräteturner zuständig. *(nach der Ausgliederung der Profifußballer aus dem Verein)*

Das ist Obergiesing gegen Untergiesing. *(in der Halbzeit eines Grottenkicks zwischen dem FC Bayern und Köln)*

Wir sollten nicht alles ins Korn schmeißen.

Ich finde es großartig, dass sich die Frauen immer mehr vermehren in der Bundesliga.

Ich habe noch nie eine große Rede gehalten. Ich habe immer nur gesagt, was mir gerade eingefallen ist. *(nach einem Wutausbruch)*

Da sieht man die Kunst der Ärzte. Zu meiner Zeit wäre eine Amputation nötig gewesen. *(über die schnelle Genesung von Elber und Jeremies vor einem CL-Halbfinale gegen Real Madrid)*

Es muss nur genug regnen, dann kann man Wasserball spielen. *(zur Nutzung des Olympiastadions bei einem Auszug von Bayern München)*

Ob es das Manchester-Syndrom war, das weiß ich nicht. Ich glaube, es war sehr schwerer Föhn. *(zur verpatzten Generalprobe der Bayern für ein Champions-League-Halbfinale gegen Manchester)*

So darf in Zukunft nicht gespielt werden, sonst könnt ihr euch einen anderen Beruf suchen. Wenn einer Nachhilfe braucht, stehe ich zur Verfügung. *(über die Konsequenzen aus der 0:3-Pleite in Lyon in der Champions League)*

Das ist eine Uwe-Seeler-Traditionself, das war reiner Altherren-Fußball. Wir haben Fußball wie vor 30 Jahren gespielt. *(nach ebendieser Pleite)*

Es war eigentlich bis auf das Spiel ein schöner Ausflug. *(zum selben Spiel)*

Der liebe Gott freut sich über jedes Kind. *(auf sein uneheliches Kind angesprochen)*

Ja. Aber meine Enkel wurden mittlerweile enterbt. *(auf die Frage, ob es in seiner Familie auch Fans von Werder Bremen gibt)*

Ich spreche nur englisch und bayerisch oder umgekehrt, that's it.

Ich habe das so genossen, nach dem Argentinien-Spiel die Bundeskanzlerin im Arm zu halten. Ich hätte das gerne noch ein zweites Mal getan. Aber die Italiener haben mir einen Strich durch die Rechnung gemacht. Das werde ich ihnen nie vergessen.

Was ist das? *(beim Sportpresseball 2001 auf die Frage, ob er mit Bohlens Ex, Naddel, tanzen wolle)*

Als wir die Kampagne vor vier Jahren begonnen haben, standen wir bei null Komma null Point null Prozent. *(über die deutsche WM-Bewerbung 2006)*

Ich möchte wissen, wer ich wirklich bin.

Ich habe gerade »Sofies Welt« gelesen, diesen dicken philosophischen Schinken. Sokrates, Aristoteles, Platon und diese Leute haben sich vor 2.000 Jahren Gedanken gemacht, da sind wir noch auf den Bäumen gesessen und haben uns vor den Wildschweinen gefürchtet. Seither haben sich nur ganz wenige weiterentwickelt.

Wenn man alle außer Kahn in einen Sack steckt und draufhaut, findet man immer die Richtigen. *(nach dem 1:0 gegen die USA bei der WM 2002)*

Konfuzius hat gesagt, alles, was man braucht, ist Wasser zum Trinken, Brot zum Essen und einen Arm zum Anlehnen. Dem würde ich mich anschließen. *(über die wichtigen Dinge des Lebens)*

Eine Schweinshaxe um 23 Uhr vor einem wichtigen Spiel war früher nahezu das Normalste der Welt. *(über veränderte Ernährungsmethoden im Profifußball)*

Ich sehe keine Probleme, das Achtelfinale nicht zu erreichen.

Wir haben immerhin gegen Norwich City gespielt und nicht gegen Domoprowski oder wie der Käs' da heißt ... *(1993/94 nach dem UEFA-Cup-Aus des FC Bayern gegen Norwich City, während Eintracht Frankfurt gegen Dnjepr Dnjepopetrovsk in die nächste Runde einzog)*

Meine Interview-Devise ist immer: Fass dich kurz, wenn du lange gelesen werden willst.

Ich esse meinen Schweinsbraten und meine Würstl trotzdem. Vor was soll ich denn Angst haben? Ich habe nur Angst, dass ich 100 Jahre alt werde. *(zum Thema BSE und Fleischverzehr)*

Ich werde weniger als ein Frühstücksdirektor sein. Ein Frühstücksdirektor ist wenigstens hin und wieder da. *(der Noch-Präsident des FC Bayern München über seinen künftigen Posten als Aufsichtsratschef)*

Man kann sich in diesem Geschäft nur wenige Ausrutscher leisten – bis auf Beckenbauer, der kann sagen, was er will. Und wenn er sagt, die Wand ist blau statt grün, glauben ihm die Leute auch das. *(HSV-Spieler Marinus Bester)*

Wenn der Kaiser spricht, legen sogar die Engel ihre Harfen beiseite. *(Max Merkel)*

Er hat ja Ahnung – manchmal. *(Oliver Kahn)*

Franz ist wie Marlene Dietrich. Ein alternder Star, den man nach wie vor bewundern muss. *(Otto Rehhagel)*

Ich hoffe, dass ich mit 47 Jahren schlauer bin als Beckenbauer. *(Stefan Effenberg)*

Bei Franz Beckenbauer sagen alle: Du bist der Kaiser. Auf dich hören sie. Du machst nichts falsch, und wenn du was falsch machst, sagen alle, das war richtig. *(Reiner Calmund)*

Ja, wenn der Franz das sagt, dann stimmt das auch. *(Stefan Kuntz)*

Wenn er sagt, wir spielen künftig mit viereckigen Bällen, dann wird mit viereckigen Bällen gespielt. *(Rudi Assauer)*

Ich habe meinen Vater im Fernsehen weggeschaltet, weil ich ihn nicht mehr hören konnte. *(Stefan Beckenbauer)*

Mit dem Licht, das er ausstrahlt, blendet er die Journalisten. *(Gerhard Mayer-Vorfelder)*

Von Beckenbauer habe ich sehr viel gelernt. Vor allem, dass es eigentlich egal ist, was ich gestern gesagt habe. *(Klaus Augenthaler)*

Beckenbauer redet gerne viel bei solchen Anlässen, und manchmal versteckt sich zwischen all den Anekdoten ein wenig Information. *(»Süddeutsche Zeitung« zum WM-Auftakt in Frankfurt mit der FIFA und dem DFB)*

Rhetorisch präzise wie ein Markenbohrer. *(Werner Hansch über Beckenbauers Standpauke nach der 0:3-Niederlage im Champions-League-Spiel in Lyon)*

Der Kaiser selbst trägt sein Reich in sich. *(Playboy)*

Beckenbauer hat mir beigebracht: Fehler darf man nie zugeben. *(Andreas Brehme)*

Wenn Franz Beckenbauer heute sagt: »Morgen ist Freitag«, dann ist in Deutschland morgen Freitag. *(Meinolf Sprink)*

Vom Franz sind schon Interviews veröffentlicht worden, wenn er Selbstgespräche führte. *(DFB-Pressechef Wolfgang Niersbach)*

Herbert Becker *(Aufsichtsrat von Eintracht Frankfurt)*
Es ist doch schöner, gegen Bayern München 1:3 zu verlieren, als gegen Burg Wackerhausen zu spielen.

Dietmar Beiersdorfer
Bei selbst verschuldeten roten Karten gibt es Strafen. Da muss man den Garten fegen, das Laub zusammenharken.

Thomas Berthold
Ich werde bestimmt nicht wie Reiner Calmund in der Halbzeit in die Kabine laufen oder wie Jürgen Kohler auf dem Platz die Spieler umarmen.

Was nützt es mir, wenn ich beim FC Bayern arbeite, aber dem Uli Hoeneß nur die Kaffeetasse reichen darf? Hier gibt es keine Instanz über mir. *(als »General Manager« des Viertligisten Fortuna Düsseldorf)*

Josef Blatter *(FIFA-Präsident)*
Rückblickend muss ich sagen, ich bin fürs Eheleben nicht geschaffen, weil ich schon eine Verlobte habe: Sie ist 96 Jahre alt und heißt FIFA.

Die Deutschen wollten mich schon bei meiner Wahl vor drei Jahren mit Bestechungsvorwürfen fertig machen. *(zu den Meldungen, er habe Schmiergelder angenommen)*

☺

Herr Blatter hat viele Ideen. Aber wenn er größere Tore will, wäre es billiger, eine Regel einzuführen, die festlegt, dass Torhüter nicht größer als 1,50 Meter sein dürfen. *(UEFA-Präsident Lennart Johansson zum Vorschlag Blatters, die Fußballtore zu vergrößern)*

Jürgen Born
Da muss in der Halbzeit einer gestrickt haben. *(der Vorstandsvorsitzende bei Werder auf die Anmerkung, dass entgegen der Ankündigung Meister-T-Shirts für die Mannschaft vorbereitet waren)*

Es gibt andere Branchen, in denen wesentlich mehr verdient wird. Zum Beispiel Michael Schumacher, und der sitzt dabei noch gemütlich im Auto. *(zur Diskussion um Gehaltskürzungen wegen der Kirch-Krise)*

Egidius Braun *(ehemaliger DFB-Präsident)*
Bescheiden gewinnen, anständig verlieren.

Ach was, Tragödien im Sport! Man darf das alles nicht so ernst nehmen. Obwohl: Als ich einst mit dem SV Breinig in die 2. Kreisklasse abstieg – das war wirklich eine Tragödie!

Mit der englischen Sprache ist es wie mit meiner Frau: Ich liebe sie, habe sie aber nicht immer unter Kontrolle.

In der Nationalelf sind Spieler, die waren bei der Taufe zum letzten Mal in der Kirche.

Ich bin kürzlich in Privataudienz beim Papst gewesen. Da kommt der Papst auf mich zu und sagt auf Deutsch zu mir:»Der deutsche Fußball ist der beste!« Nun lachen Sie mal nicht, nach den Regeln der Kirche hat der Papst immer Recht. Jedenfalls habe ich dann zu ihm gesagt:»Heiliger Vater, dann beten Sie für uns!«

Wenn man damit ausdrücken will, dass ich Menschlichkeit sehr hoch einschätze, bin ich stolz auf die Bezeichnung Pater. Wenn man aber damit gedanklich verbindet, ich wäre einer, der zu allem Ja und Amen sagt, dann liegt man völlig schief. *(zu seinem Spitznamen »Pater Braun«)*

Als Kind wollte ich immer Lokführer werden. Jetzt bin ich Weichensteller geworden.

Heribert Bruchhagen
Keine Angst, die Eintracht gehört zu den besten 18 der Liga. *(bei seinem ersten Auftritt als neuer Manager von Eintracht Frankfurt)*

Manager und Funktionäre

Simon Bullard
Er war besser als einige unserer Spieler. Wenigstens zeigte er etwas Aggressivität. *(der Präsident des englischen Klubs Old Dunstablians, nachdem im Spiel ein Weißkopfgeier auf dem Feld gelandet war)*

Tony Burri
Ich fürchte fast, wir steigen auf. *(der Präsident des finanzschwachen Vereins SC Kriens)*

Reiner Calmund
Wenn einer auf der Intensivstation liegt, spricht man ja auch nicht über den Namen des Beerdigungsinstituts. *(zu Spekulationen um einen möglichen Nachfolger des umstrittenen Trainers Klaus Toppmöller)*

Wenn ich wirklich die Mannschaft nach deren schlechter Vorstellung in Stuttgart über die Zukunft von Hörster hätte abstimmen lassen, dann müsste ich 110 die grüne Minna anrufen.

Wenn jemand unter Manipulationsvorwurf steht, dann wir – weil wir so viele Torchancen ausgelassen haben. *(nach den Manipulationsvorwürfen aus Bielefeld)*

Bis zum 25. Mai werden wir uns nicht mit Personalien beschäftigen. Dann werden wir sehen, ob Willi Schmitz oder Tutti Frutti aus Südamerika zu uns kommen werden.

Wenn er sich mit Fans einen geballert hat, ist das besser, als wenn er sich im Frust verkrochen hätte. Bei uns war im Zug nach dem 1:4 beim HSV auch keiner von den Offiziellen nüchtern. Nur ich, weil ich krank war. *(zu den Vorwürfen von Club-Präsident Michael A. Roth, Klaus Augenthaler habe nach der 0:4-Niederlage Nürnbergs in Hamburg einige Bierchen zu viel gehabt)*

Das Trainerthema ist bei uns pasta.

Wenn du auf dem Balkon sitzt und gehst rein, guckst in den Kühlschrank, dann sitzt da schon das Abstiegsgespenst.

Ich werde nicht auf der Bank sitzen, da nehme ich zu viel Platz weg.

Mir ist ein Felsen vom Körper gefallen.

Wir hatten ein dreistündiges Arbeitsessen.

Manager und Funktionäre

Ich war selbst Jugendtrainer, bevor ich den Medizinball verschluckt habe.

Ich will ein abschreckendes Beispiel vor allem für die Jugend sein. Wenn man ein solches Gewicht hat wie ich, dann wird es brutal schwer, wieder davon runterzukommen. Das müssen Kinder wissen, wenn sie vorm Fernseher ihre Chips mampfen.

Für den Titel würde ich 20 Kilo Fett absaugen lassen!

Für die deutsche Meisterschaft würde ich ein halbes Jahr nix essen. *(zur Abhilfe bei seinen Gewichtsproblemen)*

Ich möchte nach einer Diät nicht aussehen wie ein Biafra-Kind.

Ich möchte nicht als dickster Manager, der in der Bundesliga auf der Trainerbank sitzt, ins Guiness-Buch der Rekorde eingehen. *(auf die Frage, ob er Berti Vogts auf der Bank unterstützen werde)*

Am Sonntag um 13 Uhr haben wir ein Weißwurst-Wettfressen mit der Bayern-Spitze. Da bin ich gut dabei.

Es heißt doch immer, Geld soll in die Wirtschaft gesteckt werden. Und daran halte ich mich. *(Reiner Calmund, der trotz seines Übergewichts nicht an eine radikale Diät-Kur denkt)*

Wir haben zu viele Häuptlinge und zu wenig Indianer. Wir werden ohne Wenn und Aber alles ansprechen. Und wenn jemand beleidigt ist, kriegt er Nuckel und Windeln an.

Jetzt müssen wir nicht durch die Botanik. *(zur gesicherten UEFA-Cup-Teilnahme)*

Man soll nicht höher pissen als man kann, und da halte ich mich auch dran. *(über Bayer Leverkusens Möglichkeiten, die Topstars zu halten)*

Wer nicht schnell genug verschwindet, der spielt. *(zur Verletztenmisere in seinem Team)*

Bevor wir für einen Torwart 15 bis 20 Millionen Mark bezahlen, stelle ich mich selbst ins Tor.

Wenn hier ein Spieler sagt, ich will lieber mit dem Kind im Garten spielen, dem bring ich dann den Nuckel mit und steck ihm den tief rein in den Hals, dass er erstickt.

Achterbahnfahren ist bei uns gratis. *(ein Jahr nach dem Fast-Abstieg zum Erreichen der Champions-League-Qualifikation)*

Wir sind nur Underducks.

Kontrollierter Käse! *(zur Vorstellung von Bayer Leverkusen bei Bayern München)*

Diese Jammertitten. *(über die Dortmunder Spieler)*

Okay, wir sind jetzt Tabellenführer, aber deswegen wollen wir nicht den roten Teppich ausrollen, mit Blümchen schmeißen, die Blaskapelle bestellen und Autogramme abholen.

Am liebsten würde ich zu Hause die Rolladen runterlassen, aus der Konservendose essen und dann mit dem Sack über dem Kopf nur Feldwege laufen. *(nach einer 1:3-Heimniederlage gegen Cottbus)*

Bei uns kann jeder Spieler eine Rolex tragen, Ferrari fahren und Gucci-Unterhosen tragen. Doch wenn er sich auszieht und spielt, muss er Dreck fressen.

Wir haben einen schleichenden Bazillus namens Egoismus. *(zur Situation in der Mannschaft)*

Wer jetzt wieder die Schlittschuhe rausholt und schaulaufen will, gehört erschlagen.

Bei uns waren Oliver Kahn und der Papst die besten Spieler. *(nach dem glücklichen Sieg über die USA bei der WM 2002)*

Ich sehe nicht ein, die Stürmer, die uns noch vor einem halben Jahr in den Fußballhimmel geschossen haben, jetzt auf die Müllkippe zu verfrachten. *(zur Frage der Stürmerneuverpflichtung)*

In der Not müssen wir alle den Gürtel enger schnallen. Da flankt eben einer für 300.000 statt für 400.000 Euro hinter das Tor. *(über Konsequenzen aus der Kirch-Insolvenz)*

Ich ziehe mir jetzt keinen schwarzen Anzug an und sage: Was bin ich für eine arme Socke. *(nachdem Bayer Leverkusen immer tiefer in den Abstiegskampf gerutscht ist)*

Dat is doch 'ne Familien-Glucke! *(über Rosi Toppmöller, die dem Klub Unehrlichkeit vorwirft)*

Ich kann nicht einfach die Tür zu- und die Lampe ausmachen, denn das Abstiegsgespenst liegt in meinem Bett.

Ich kann nicht jeden Chemiker fragen, ob er es auch so sieht. *(auf die Frage nach der Rückendeckung aus der Bayer AG)*

Unter den Einäugigen ist der Dreibeinige der König.

Wenn wir das Gleiche wie in der Saison 1999/2000 erreichen, mache ich einen 68fachen Salto. *(zu den Perspektiven von Bayer Leverkusen, die in der Spielzeit 1999/2000 Vizemeister wurden)*

Wir müssen die Birne freischalten, um alle Energien freizusetzen. *(nach der Niederlage im Pokalfinale im Hinblick auf das Champions-League-Finale vier Tage danach)*

Manager und Funktionäre

Das Prinzip war: Kamerad, greif du an, ich gehe Proviant holen. *(zum Abwehrverhalten bei einem 0:3 in München)*

Das ist ein Evergreen. Den pressen wir auf Platte und vermarkten ihn. *(zu den Gesängen: »Ihr werdet nie Deutscher Meister...«)*

Alle kriegen jetzt noch einmal ein bisschen Sauerstoff in den Hintern geblasen. *(zur Vorbereitung auf das letzte Saisonspiel)*

Jetzt stehen unsere Chancen im Viertelfinale 50:50 oder sogar 60:60.

Ich muss noch in der Buchhaltung nachgucken, aber ich glaube, wir sind jetzt quitt. *(nach der Verpflichtung von Jürgen Kohler als Nachfolger des seinerzeit zum DFB gewechselten Rudi Völler)*

Am Anfang der Woche war trainingsfrei, aber einige Spieler kamen trotzdem mit ihren Taschen an. Die konnten gar nicht glauben, dass wir mal keine »englische Woche« haben.

Reiner betreibt Selbstmord mit Messer und Gabel. *(Dieter Trzolek, Physiotherapeut Bayer Leverkusen, über den stark übergewichtigen Manager)*

Kleines, dickes Bandito. *(Tita)*

Reiner Calmund. *(Ulf Kirsten auf die Frage, wem er niemals in der Sauna begegnen möchte)*

Einfach mal anrollen *(Günter Jauch zu Rainer Calmund, der das Studio betrat und durchs Bild laufen musste)*

Die Vorsätze Leverkusens, anders zu wirtschaften, sind so ernsthaft wie die Vorsätze Reiner Calmunds abzunehmen. *(Klaus Allofs)*

So ein Rad gibt es gar nicht. *(Klaus Augenthaler zur Ankündigung des Managers bei einer Champions-League-Qualifikation per Rad zu einem Heimspiel des 1. FC Köln zu fahren)*

Der Calli wäre sicher breit genug, um ins Tor zu gehen. *(Klaus Toppmöller auf die Aussage von Dortmunds Präsident Niebaum, die Leverkusener würden sogar Meister, wenn sie in den restlichen Spielen Manager Calmund ins Tor stellen)*

Ohne Calli ist mir Bayer zu dünn. *(Max Merkel)*

In der Bundesliga ist Big Calli berühmter geworden als die Wildecker Herzbuben mit ihrem Herzilein-Heuler. *(Max Merkel)*

Der sagt zu allem irgendwas. Stoßen in Tschechien zwei Spieler mit dem Kopf zusammen, weiß er, dass das in Leverkusen 1934 auch schon passiert ist. *(Uli Hoeneß über Leverkusens Manager)*

Enrico Castellacci
Längere Sauna-Aufenthalte sind ungesund. Deshalb nur ganz kurz: Nesta kann nicht spielen. *(Italiens Teamarzt im heißen Presseraum während der WM 2006)*

Karl-Heinz Drygalsky *(Präsident von Borussia Mönchengladbach)*
Man kann doch Spieler nicht nach der Devise einkaufen:»Den wollen wir, den kriegen wir nicht, also nehmen wir den nächsten.«

Dirk Dufner *(1860-Sportdirektor)*
Das gibt es in keinem Karnickel-Verein, dass der Vizepräsident etwas sagt vor dem Präsidenten. *(zu der von Löwen-Vizepräsident Hans Zehetmair ausgesprochenen Entlassung von Trainer Falko Götz)*

Wir sind überzeugt, dass wir mit diesem Trainer den Nicht-Abstieg vermeiden. *(zur Situation von Falko Götz)*

Günter Eichberg *(Präsident von Schalke 04)*
Ich mag ehrgeizige, willensstarke Spieler. Obwohl man natürlich auch sagen muss: Ein allzu eiserner Wille fängt leicht zu rosten an.

Ich komme von ganz unten. Deshalb passe ich oben ganz genau auf.

Eine tote Maus wird nicht mehr gebraucht. *(über das Thema Trainerwechsel)*

Er kann nicht »Nein« sagen. Wenn er eine Frau wäre, hätte er bestimmt schon 20 Kinder. *(Charly Neumann)*

Werner Faßbender *(Geschäftsführer von Fortuna Düsseldorf)*
Am liebsten hätten wir alle Stadiontore zugemacht und die Leute bis zum HSV-Spiel drin-behalten. *(nachdem anlässlich des Deutschen Katholikentages 50.000 Zuschauer im Rheinstadion gewesen waren)*

Edi Finger
Obbusseln möcht I eam, den braven Abramczik! *(als bei der WM 1978 in Cordoba Rüdiger Abramczik in der Nachspielzeit die Riesenchance zum Ausgleich vergab)*

Peter Fischer *(Präsident von Eintracht Frankfurt)*
Man kann nicht von Pech reden. Wir sind souverän aus dieser Liga verschwunden! *(nach dem Abstieg)*

Wenn ich gekonnt hätte, hätte ich von der Tribüne das Handtuch geworfen.

Unsinn, die Zeit ist uns schon längst davongelaufen. *(auf die Frage, ob er nicht Angst habe, dass der Eintracht in der Investorenfrage die Zeit davonlaufen könne)*

Du kannst nicht Badeklamotten oder Sonnenmilch mit Schutzfaktor zwölf kaufen, wenn du kein Ticket für die Karibik hast.

Jürgen Friedrich *(Kaiserslauterns Vorstandschef)*
Wir brauchen mehr Kopfhunde.

Wir haben früher auch mit elf Deutschen einen schönen Scheißdreck gespielt. *(auf die Frage, ob durch die vielen Ausländer die typischen Betzenberg-Tugenden verloren gegangen seien)*

Wir waren früher härter – bei uns gab's keine Verletzungen, sondern nur glatte Brüche.

Wir brauchen wieder Spieler, die Gras fressen. Und wenn es sein muss, rohes!

Joan Gaspart
Tschin-tschan, tschin-tschun, tschan-tschin. *(auf die wiederholte Frage nach einem Verkauf des brasilianischen Weltfußballers Rivaldo)*

Luciano Gaucci *(Präsident des AC Perugia)*
Freunde, denen ich vertraue, berichten, dass sie in Osteuropa Fußballerinnen gesehen haben, die stärker als Männer sind. Ich habe Beobachter beauftragt, mir einige Namen vorzulegen. *(über seine Pläne, demnächst eine Spielerin für seine Profimannschaft zu verpflichten)*

Edgar Geenen
Ich habe es so klar gemacht, dass es auch ein Fußballer versteht. Sehen will ich sie auch nur noch, wenn wir ihre Verträge verbrennen. Sie können alle gehen, für die will ich noch nicht mal Flaschenpfand. Die sind das Pulver nicht wert, um sie abzuschießen. *(über seine Nürnberger Spieler)*

Ihr seid Dreck. Ihr seid die Lepra. Am liebsten würde ich einige von euch in die Fresse hauen. Verpisst Euch. *(der Nürnberger Manager zu seinen Spielern)*

Wir gewinnen heute 1:1.

Alles, was mir jetzt noch einfällt, bringt mich mindestens fünf Jahre ins Gefängnis. *(auf die Frage, was man noch gegen den Abstieg unternehmen könne)*

Er stört ja nirgendwo. *(Michael A. Roth auf die Frage, warum der beurlaubte Manager nicht entlassen werde)*

Klaus Gerster
Dieser Herr Gerster ist ein fürchterlicher Schmutzfink, das muss man ihm mal wirklich sagen. Und mit solchen Äußerungen zeigt er nur, dass er ein ganz, ganz dummer Mensch ist. Der gehört vom Hof gejagt, geteert und gefedert. *(Frankfurts Trainer Willi Reimann)*

Jesus Gil y Gil *(Präsident von Atletico Madrid)*
Ich hatte noch keinen. *(auf die Frage, warum er sich einen sündhaft teuren, alten Flugzeugträger gekauft habe)*

Habt ihr alle ein Glück, dass ich kein Maschinengewehr besitze. Sonst würde ich euch jetzt alle erschießen. *(nach einer Heimniederlage zu seiner Mannschaft)*

Einige von unseren Spielern haben es nicht verdient zu leben.

Paolo Giuliani *(Manager von Inter Mailand)*
Wenn wir jede falsche Information dementieren wollten, bräuchten wir eine eigene Zeitung.

Thomas Gulich *(Präsident der Grasshoppers Zürich)*
Der Grund für die Entlassung ist mangelnde Erfolgslosigkeit. *(auf der Pressekonferenz zur Entlassung des Trainers Alain Geiger)*

Manfred Haas *(Präsident vom VfB Stuttgart)*
Das war eine schwäbische Gratulation: Wir haben viel über die 200 Bundesligaspiele geredet, aber nichts geschenkt. *(über die ausgebliebene Ehrung Krassimir Balakows für sein 200. Bundesliga-Spiel)*

Das wird langsam ein positives traumatisches Erlebnis. *(nach vier Siegen in Folge)*

Choi Han-Gwon *(koreanischer Funktionär)*
Wir haben die Absicht, den europäischen Zuschauern Hundefleischsaft während der Spiele gratis auf ihren Plätzen anzubieten. Ich bin sicher, die Fans werden dieses Getränk mögen. Es soll Coca-Cola ersetzen. *(vor der WM 2002)*

Manager und Funktionäre

Angela Häßler *(Ehefrau und Managerin von Thomas Häßler)*
Wenn das Geld für einen Häßler nicht mehr reicht, können sie den Laden gleich zumachen. Lorant können sie schließlich auch durchschleppen. Sollen sie doch billigere Fenster in ihrem Jugendinternat einbauen, ihrem Sportdirektor die Weihnachtsgratifikation streichen oder zwei Leute in der Marketingabteilung entlassen. Was weiß ich? Die Häßlers spielen jedenfalls nicht die Wohlfahrt für Sechzig. *(bei Vertragsverhandlungen)*

Von finanziellen Dingen mag sie ja Ahnung haben, aber im Fußball sollte sie nicht mitreden. Da gehört die Frau an den Herd. *(Peter Pacult)*

Klaus Hartmann *(Präsident des 1. FC Köln)*
Bei manchem Trainer kann man nicht fragen, wie und wo er am meisten nützt, sondern wo er am meisten schadet. Wenn das eintritt, sollte man Schluss machen!

Zurzeit leben wir in einem Rückschlag.

Christian Heidel *(Manager des FSV Mainz 05)*
Die Tabelle ist uns ohnehin egal, solange wir vor den Bayern stehen. *(befragt zur guten Platzierung)*

Walter Hellmich *(Vorstandsvorsitzender des MSV Duisburg)*
Wir haben kein Problem, nur zu wenig Punkte und zu wenig Tore.

Holger Hieronymus
Einen Abstieg betrachte ich als die absolut falsche Lösung.

Manchmal muss man auch mit weniger oder so zufrieden sein. *(der HSV-Interimstrainer nach einem grausamen 0:0 in Nürnberg)*

Mein Rechenschieber ist schon explodiert. *(zu den Chancen in der Champions League)*

Klaus Hilpert
Das wundert mich nicht. Wir haben die Mannschaft ganz karibisch zusammengestellt. *(Bochums Manager auf die Frage, warum es beim VfL so gut laufe)*

Ich muss meiner Mannschaft ein Riesenlob zollen. Normalerweise, wenn ich nicht schon Kinder hätte, müsste ich sie alle adoptieren. *(der Manager und Interimstrainer von RW Oberhausen nach einem Derby-Sieg gegen den MSV Duisburg)*

Dieter Hoeneß *(Manager von Hertha BSC)*
Unser Trainer lernt jetzt Spanisch. Alles, was ich weiß, ist, dass Doppelpass nicht Paso doble heißt.

Ich habe mir abgewöhnt, nach dem Sinn des Lebens zu fragen. Die fürchterliche Antwort darauf lauert nämlich an jeder Ecke.

Auch wenn man Pfeffer auf die Sesselkissen streut – aus den wenigsten Sportfunktionären werden feurige Rappen.

Dieter, so frisch bist du auch nicht mehr. *(Hans Meyer zum Angebot seines Managers, ihn in einer Sänfte durchs Brandenburger Tor zu tragen)*

Der Dieter Hoeneß hat die Glatze noch ganz nass gehabt. Da geht es um 30 bis 35 Millionen. Das ist Monopoly original. *(Reiner Calmund)*

Der Dieter ist ein verquanteter Mensch, wie wir in Westfalen sagen, nicht so geradeheraus wie sein Bruder. *(Rudi Assauer)*

Uli Hoeneß
Wenn wir schon nicht mehr Champions League spielen, müssen wir wenigstens etwas für die Medien tun. Und das übernimmt der Reihe nach immer ein anderer. *(zu den Box-Einlagen beim Bayern-Training)*

Unsere Sorge ist jetzt, dass da zu viele Gänse gegessen werden. *(über die bevorstehende Winterpause)*

Der Franz hat seine Meinung, ich hab meine und wir haben unsere. *(über Dissonanzen in der Führungsetage des FC Bayern)*

Wenn ich ein Buch schreiben sollte, dann frühestens, wenn ich nach Australien ausgewandert bin. *(auf die Frage, wann er seine Biografie schreiben werde)*

Wenn ich an die Börse gehe, dann lese ich nicht mehr den »Kicker«, sondern so was. Ich lese aber lieber den »Kicker«. *(zu den Börsenplänen der Bayern)*

Wenn wir alles umverteilen, sind wir wieder beim Kommunismus. *(über die Pläne der DFL, Gehaltsobergrenzen einzuführen. Überschreitet ein Klub das vorgegebene Limit, muss dieser zur Strafe in einen Hilfsfonds einzahlen, mit dem marode Vereine unterstützt werden sollen)*

Phil Collins kann auch nicht sagen: Heute in München gebe ich ein tolles Konzert und morgen in Münster ruhe ich mich dann aus. *(zur Umstellung der Bayern-Profis vom Champions-League-Einsatz zum Bundesliga-Alltag)*

Wenn man 1:1 spielt, spielt man eben 1:1. *(nach Bayerns Heimspiel gegen Real Madrid)*

Wenn Wolfsburg Meister wird, spendieren wir und Sponsor Audi einen Balkon. *(in Anspielung darauf, dass das Rathaus in Wolfsburg keinen Balkon besitzt)*

Ein Hoeneß hört nicht auf, wenn das Schiff sinkt, der hört erst dann auf, wenn es ganz oben auf der Welle ist!

Glauben Sie denn, wir haben einen Geldscheißer? *(auf die Frage, ob der FC Bayern in der laufenden Saison möglicherweise noch einen weiteren Topspieler verpflichtet)*

The trend is your friend. *(zur Leistungssteigerung der Bayern in der 2. Halbzeit bei einer Niederlage in Bochum)*

30 Minuten nach Spielschluss werden schon wieder Karten gespielt und Sprüche geklopft. Sie essen Scampis und ich habe eine schlaflose Nacht. *(über die Bayern-Profis nach einer 1:2-Blamage bei St. Pauli)*

Das sind alles junge Burschen um die 20. Das sind doch auch Menschen! *(über die jungen Münchner Spieler)*

Es nützt dir nichts, einen zu holen, der immer bei »Bravo Sport« auf der Seite eins steht. Wir wollen einen haben, der beim »Kicker« auf Seite eins steht. *(auf die Frage, ob er sich einen Transfer David Beckhams nach München vorstellen könne)*

Ich meine, dass der schönste Trainer-Beruf auf der Welt der beim FC Bayern ist.

Mich persönlich freut es, aber die Frauen in München werden trauern. *(zur Sperre von David Beckham im CL-Spiel)*

Mit einem Titelgewinn für Lautern können wir leben. Werden sie zweimal Meister, wäre das für uns eine mittlere Katastrophe.

Der Weihnachtsmann war noch nie der Osterhase. *(zum Wert der Herbstmeisterschaft)*

For me, it's scheißegal. *(auf die Frage nach seinem Wunschgegner fürs Champions-League-Finale)*

Uns geht es doch heute viel zu gut. Für mich war Sport eine Chance zum sozialen Aufstieg. Wenn am nächsten Tag ein Spiel war, lagen wir um zehn im Bett. Da geht mein Sohn gerade los.

Wir haben einen Hund zu Hause, der ist acht Wochen alt. Der hat am letzten Sonntag völlig verstört unter dem Sofa hervorgeschaut. Denn als Bremen in Dortmund das 3:1 erzielt hat, habe ich einen Schrei losgelassen, dass die Wände wackelten.

Die Wahnsinnspreise zahlen wir sicherlich nicht, aber die mittleren Wahnsinnspreise könnte ich mir schon vorstellen.

Leibwächter brauchen wir nicht, aber ich werde mich bei Gelegenheit selber dazwischenschmeißen. Denn meine 102 Kilo, die reichen auch aus.

Es ist nicht korrekt, einem verletzten Spieler eine Entscheidung mitzuteilen, die möglicherweise noch gar nicht gefallen ist.

Pudelmütze oder Sonnenbrille – wir sind da flexibel. *(vor einem Champions-League-Spiel gegen Spartak Moskau, das bei allzu großer Kälte nicht in Moskau, sondern in Monaco stattfinden sollte)*

Ich gehe davon aus, dass er mir wirklich nichts zutraut. Das ist auch gut so. *(Christoph Daum)*

Uli verwechselt da was. Mit Kalle Rummenigge und Geschäftsführer Karl Hopfner rede ich ständig. Nur mit Uli selten. Wir haben halt nicht mehr den richtigen Draht zueinander. Schon früher ist einiges an ihm vorbeigegangen. *(Franz Beckenbauer)*

Wenn er für die Free-TV-Rechte statt der von Sat.1 gebotenen 50 Millionen Euro 120 bis 150 Millionen Euro fordert, dann ist das die alte Position des Uli Hoeneß, der offenbar nicht mitbekommt, was in Deutschland los ist. *(Willi Lemke)*

Der glaubt immer noch, dass er der Größte ist. Der kann mich mal am Hobel blasen. *(Schalke-Präsident Günter Eichberg)*

Ich sehe nicht, was der Bayern-Manager sagt, weil ich den Fernseher immer abschalte, wenn er auf dem Bildschirm erscheint. *(Willi Lemke)*

Jetzt lässt Hoeneß alle spüren, auch beim DFB, dass sie seiner Meinung nach nur Schuljungen sind. Eine Arroganz, die nicht zu überbieten ist. *(Willi Lemke über den Bayern-Manager zum Thema TV-Rechte)*

Wenn diese Vorwürfe nicht stimmen, dann sollte er sich ganz schnell aus dem Fußball verabschieden. *(Willi Lemke über die Hoeneß-Attacken gegen Daum)*

Wenn wir einen richtigen Zirkus aufziehen wollen, dann müssen wir auch Herrn Hoeneß verpflichten. Er könnte doch wunderschön unser Spektakel präsentieren. *(Jorge Valdano, argentinischer Weltmeister von 1986)*

Der Uli Hoeneß hat ja Alzheimer. *(Reiner Calmund)*

Bernd Hoffmann

Unter 1,3 Milliarden Menschen muss ein guter Linksfuß sein. *(der HSV-Präsident zur Suche nach Verstärkungen in China)*

Wolfgang Holzhäuser
Man kommt sich vor wie beim Türmchenwürfeln oder Bier-auf-Ex-Trinken. Das ist so, als wenn man mit Stoffbällchen auf Blechbüchsen wirft, und keine fällt um. *(über die Situation beim DFB im Jahr 2000)*

Jürgen Hunke *(Präsident des HSV)*
Tage vor einem wichtigen Spiel sind lang, die Minuten noch länger.

Bianca Illgner
Profis sollten alleine leben. Sie betrügen ja doch nur Frau oder Freundin. *(Feststellung der Gattin des Fußball-Weltmeisters Bodo Illgner)*

Rene C. Jäggi *(Präsident des 1. FC Kaiserslautern)*
Die elf Clowns mit schönen Autos sollen zeigen, dass sie nicht die Totengräber des Vereins sind.

Am besten ist, man holt ihn ins Zelt. Es ist besser, jemand pinkelt aus dem Zelt nach draußen als von draußen ins Zelt. *(zum Gedanken, Oppositionsführer Andreas Kirsch in den Aufsichtsrat einzubeziehen)*

Die Pfalz hat wunderschöne Wälder. *(mit Blick auf die Laufbereitschaft von Lauterns Spielern)*

Runter mit den Gehältern um 30 bis 50 Prozent. Ich habe durchgerechnet, dass es allen Vereinen wieder gut gehen würde, wenn wir wieder das Gehaltsniveau der 80er Jahre hätten.

Mein Leben besteht zu 90 Prozent aus Leiden und zu 10 Prozent aus Genießen. Das werde ich jetzt tun. *(nach der Rettung im Abstiegskampf)*

Ich würde Gras fressen. *(nach einem blamablen Aus in der ersten Pokalrunde bei Drittligist Eintracht Braunschweig)*

Solche Dinge melden dann die Blumenläden in Kaiserslautern. *(zur Behauptung, Hertha-Manager Dieter Hoeneß habe Vratislav Lokvenc Blumen geschickt und damit sein Interesse an einer Verpflichtung des Tschechen bekundet)*

Ruhig bleiben, langsam hochklettern und wenn man oben angekommen ist, ein Bier trinken. *(auf die Frage, wie die missliche Situation zu bewältigen sei)*

Hannes Kartnig *(Vereinspräsident von Sturm Graz)*
Jetzt will ich Kaiser Franz sehen. Wir werden weiter durch Europa stürmen und wollen auch die Bayern in unserer Schwarzenegger-Festung besiegen. *(nach dem Erreichen der nächsten Champions-League-Runde)*

Hubert Keßler *(Präsident des 1. FC Kaiserslautern)*
Wir hoffen, dass wir weiterkommen. *(zur DFB-Pokal-Auslosung 1997 Amateure gegen die eigenen Profis)*

Martin Kind *(Präsident von Hannover 96)*
Wir haben einige Kandidaten in dem Kreis der Kandidaten. *(auf die Frage, wer die Nachfolge von Ralf Rangnick antreten werde)*

Wir wissen natürlich auch, dass in einem Glied der Trainer immer dann zur Disposition steht. *(über die Gründe der Entlassung von Trainer Ralf Rangnick)*

Jürgen Kohler
Ich habe unseren Grillabend organisiert. *(auf die Frage, was er als Sportdirektor von Bayer Leverkusen mache)*

Ich komme vom Sport und deshalb ist mein Platz auch nah am Spielfeld. Von der Tribüne aus wäre es sowieso schwierig gewesen, weil der Reiner Calmund ja auch immer zwei Plätze für sich beansprucht.

Willi Konrad
Ich hau dir in die Fresse! Mehr biste nicht wert... Was fällt dir eigentlich ein so 'ne Frage zu stellen? *(als Technischer Direktor von Dynamo Dresden zu einem TV-Team)*

Dieter Krein *(Präsident von Energie Cottbus)*
Bei uns stoppen einige den Ball – soweit kann ich nicht schießen.

Mir ist ein Ausländer, der nichts sagt, lieber, als ein Deutscher, der nur Mist redet. *(auf die Frage, warum die Ausländer auf dem Platz so wenig miteinander kommunizieren)*

Mit so einer Chancenverwertung gewinnen wir nicht mal gegen Traktor Osternienburg.

Dr. Peter Krohn
Ich bin aufgesprungen und habe mir selbst die Hand geschüttelt! *(der HSV-Präsident nach dem ersten Tor von Kevin Keegan)*

Dr. Peter Kunter *(Vizepräsident von Eintracht Frankfurt)*
Ich habe im Fußballgeschäft so zu lügen gelernt, dass mich sogar meine Frau für einen Drecksack hält.

Engelbert Kupke *(Präsident der SpVgg Unterhaching)*
Natürlich sind wir in dieser Saison die Underdogs, aber die können auch beißen, und zwar in die Wadeln, weil wir nicht höher kommen.

Rainer Leben (*Schatzmeister von Eintracht Frankfurt*)
Zum Vertragsabschluss kam es aber nicht, was auch am Schatzmeister lag, der stets so wirkte, als würde er sogar die Contenance wahren, wenn ihm ein Dackel ans Bein pinkelt. (*Frankfurter Rundschau*)

Erst Leben musste Leben in diese Gammelbude bringen und sie zum Verkauf anbieten. Dass er dabei mit dem Einfühlungsvermögen eines Swingerklub-Vertreters in der Klosterschule vorging, musste vielleicht so sein. (*Frankfurter Rundschau*)

Willi Lemke (*Manager von Werder Bremen*)
Die Leute im Stadion wollten raus aus dem Dreck. Weg vom Tabellenende.

Manche Vereine sparen und drehen die Mark zweimal um. Bei Werder wird sogar jeder Pfennig geröntgt.

Das beste Trainingslager ist eine Frau – die eigene natürlich.

Nicht überall, wo Tellerwäscher Präsidenten werden können, ist Amerika. Manchmal ist da nur Bundesliga.

Ich gönne es allen, ohne Wenn und Aber, von Thomas Schaaf bis Klaus Allofs – nur Willi Lemke nicht. (*Herthas Manager Dieter Hoeneß gratuliert Werder Bremen zum Meistertitel*)

(*Reiner Calmund zu Willi Lemke:*) »Mann Willi, du siehst ja echt aus, als sei 'ne Hungersnot ausgebrochen!« (*Lemkes Antwort:*) »Und du siehst so aus, als seiest du schuld daran!«

Der Willy hat inzwischen einen anständigen Beruf. (*Rudi Völler über Willy Lemke und dessen Arbeit als Schul- und Bildungssenator in Bremen*)

Die hat doch der Willi Lemke geschrieben. (*Rudi Völler auf die Frage, wie ihm denn die Rede von Bundeskanzler Schröder anlässlich der 100-Jahr-Feier des SV Werder Bremen gefallen habe*)

Der Mann interessiert mich nicht. Der kann werden, was er will, mit dem werde ich nie Frieden schließen. Niemals. (*Uli Hoeneß zu Gerüchten um eine Bundesliga-Rückkehr Lemkes zu Werder*)

Erstaunlich, dass ein Mann mit einem solchen Charakter Minister eines Bundeslandes werden kann und für die Erziehung zuständig ist. (*Uli Hoeneß über seinen Intimfeind*)

Willi »Ente« Lippens
Ich hatte damals genau vier Wochen Zeit, 13 neue Leute zu verpflichten und kein Geld in der Tasche. Das heißt also, ich musste aus dem leeren Zylinder zaubern. *(über seine Zeit als Manager von RW Essen)*

Corny Littmann *(Präsident des FC St. Pauli)*
Ich möchte so schnell wie möglich sehr nah an die Mannschaft – wenn auch nicht bis unter die Dusche.

Jean Löring *(Präsident von Fortuna Köln)*
Ich als Verein musste ja reagieren.

Michael Lüken
Ich übergebe mich direkt an unseren Trainer Ramon Berndroth. *(der Pressesprecher als Eröffnung der Pressekonferenz von Kickers Offenbach)*

Gerhard Mayer-Vorfelder
Wenn du ein ganz anderes Frühstück bekommst, als du bestellt hast, dann merkst du, dass etwas nicht richtig verstanden wurde. *(über Verständigungsschwierigkeiten in Südkorea und Japan)*

Hätten wir 1918 die deutschen Kolonien nicht verloren, hätten wir heute in der Nationalmannschaft wahrscheinlich auch nur Spieler aus Deutsch-Südwest.

Ich halte es für wichtig, dass die Verhandlungen mit Spielern künftig aus einer Hand geführt werden. Deshalb wird dem Karlheinz ein Jurist zur Seite gestellt. *(spitzfindig zu internen Prozessen beim VfB)*

Als das Sandmännchen um 15 Minuten verlegt wurde, ist ein Aufstand losgebrochen. Und wie beim Sandmännchen ist jetzt die »ran«-Sendezeit zur Schicksalsfrage der Nation geworden.

Ich könnte Ihnen schon empfehlen, meine Karriere einzuschlagen, wenn Sie in Kauf nehmen, ausgebuht zu werden.

Ende der 30er Jahre war die Ausländerpolitik im Fußball eine ganze andere, damals spielten Kuzorra und Tibulski in der Nationalelf, polnische Einwandererkinder. So wird es wieder kommen, das müssen wir aktivieren. *(zur Nachwuchsproblematik im deutschen Fußball)*

Es darf nicht dazu kommen, dass die Torhüter nur noch 1,60 Meter groß sein dürfen, nur damit mehr Tore fallen.

Wenn der Erwartungshorizont abstürzt, dann fällt er auf den Hinterkopf.

Einmal ein Tor für Deutschland zu schießen, war immer mein Traum.

MV ist, wie ich auch, im Sternzeichen Fisch geboren. Er bewegt sich problemlos in allen Süß- und Salzwassern. Außerdem schwimmt er immer oben. *(Michel Platini)*

Mayer-Vorfelder hat sich noch nicht festgelegt – oder wie wir bei ihm sagen: Er schwankt noch ein bisschen. *(Anke Engelke zur Völler-Nachfolge)*

Michael Meier
Sportlich kann es nicht mehr schlimmer werden. Wir sind am absoluten Nullpunkt angekommen! *(in der Winterpause 1999/2000, als man Skibbe – auf dem sechsten Tabellenplatz stehend – entließ, kurz danach hatte man mit dem Abstieg zu tun)*

Ich appelliere an die Ehre der Profis. Und ich erwarte jetzt, dass endlich mal einer kommt und sagt: »Ich will für so eine Leistung nicht bezahlt werden.«

Schon in der Champions-League-Qualifikation in Brügge sind wir dem Tod von der Schippe gesprungen. Wenn die Spieler keine andere Mentalität entwickeln, müssen wir es ihnen reinprügeln!

Wir nehmen die Vorschläge der Presse zur Kenntnis und werden sie nacheinander abarbeiten. *(zu Spekulationen, dass Berti Vogts als Trainer des BVB im Gespräch sei)*

Sie können mir nicht absprechen, dass ich ohne Konzept eingekauft hätte.

Wenn die beiden sich auf relativ hohem akademischen Niveau unterhalten, ist das für mich keine Beleidigung. *(zum Disput zwischen Schiri Merk und BVB-Trainer Sammer)*

Ich darf Sie korrigieren. Wir sind kein börsennotierter Verein, sondern ein börsennotiertes Unternehmen. Das hat Uli Hoeneß neulich auch schon falsch gemacht.

Wenn ich den Glauben an einen Sieg über Schalke verlieren würde, würde ich aufhören zu leben.

Vielleicht sollten wir bei der UEFA einen Antrag auf eine Wildcard für die Champions League stellen. Die steht uns als ehemaligem Sieger vielleicht zu. *(nachdem die Teilnahme am internationalen Wettbewerb in Gefahr geraten war)*

Wir haben uns nun Negativstress aufoktruiert.

Champagnerfussball passt vielleicht nach München, aber nicht ins Westfalenstadion. Wir trinken Pils.

Das Spiel in Moskau hat uns Rückenwind gegeben, um hier die Eiszeit zu überstehen.

Wer gegen den FC Bayern antreten will, muss das mit den Mitteln des FC Bayern tun – und nicht mit denen des VfL Bochum. *(Borussia Dortmunds scheidender Geschäftsführer Michael Meier am 10. April 1993 in einem Interview)*

☺

In den Katakomben des Westfalenstadions sah Manager Michael Meier auch eine Stunde nach Schlusspfiff noch so mitgenommen wie nach einer Bilanzpressekonferenz aus. *(Frankfurter Allgemeine Zeitung)*

Ricardo Moar
Sollte ich gehen, will ich kein Mitleid. Ich bin kein armer Mann. *(Sportdirektor, der beim Fußball-Bundesligisten Hannover 96 nach dessen Verpflichtung von Manager Ilja Kaenzig vor dem Abschied stand)*

Andreas Müller
Ich trinke auf den HSV. *(voreiliger Dankesgruß nach Hamburg von Schalkes Team-Manager bei der Vier-Minuten-Blitzmeisterschaft)*

Dieter Müller
Es war schon immer mein Ziel, den Verein zu verschulden. *(der Präsident zu einem Entschuldungsmodell des Offenbacher FC)*

Hermann Neuberger *(DFB-Präsident)*
Die Breite an der Spitze ist dichter geworden.

Es gibt Generäle, die schreiben ihre Memoiren nur, um nachträglich ihre verlorenen Schlachten zu gewinnen. So kommen mir auch die meisten Sportlerbiografien vor.

Manche Trainer sagen auf der Pressekonferenz ihre Meinung nur, weil sie zu schwach sind, sie zurückzuhalten.

Charly Neumann *(Schalker Mannschaftsbetreuer)*
Jetzt hör mal zu. Du kannst nicht immer nur nach Dortmund gehen, du wirst jetzt erst mal bei uns Mitglied. Ich schick dir die Unterlagen zu. *(zu Bundeskanzler Schröder)*

Ich sehe am Himmel einen UEFA-Platz. Wenn nur unten nicht das Jammertal wäre.

Gerd Niebaum *(Präsident von Borussia Dortmund)*
Wir bei der Borussia kennen kein Schwarzgeld, wir kennen nur Schwarz-Gelb.

Auch wenn die Leverkusener in den noch ausstehenden zwei Spielen Manager Calmund ins Tor stellen, holen sie noch die nötigen vier Punkte zur Meisterschaft.

Wir sind im Land der westfälischen Eichen und nicht der feingliedrigen Gewächse.

Wir haben offenbar einen zu kleinen Magen. Da passen nur drei Punkte rein. Das muss gegen Schalke anders werden.

Die Schale, die nach 32 Jahren nach Dortmund zurückgekehrt war, sollte entführt werden: Von Elefanten, von Königen, und zuletzt sogar von Kaisern. Aber keiner hat es geschafft.

Wir haben in der letzten Saison auf der Intensivstation gelegen und waren in den letzten Wochen in der Reha. Danach kann man nicht gleich das Goldene Sportabzeichen machen.

Manfred Ommer *(Präsident des FC Homburg)*
Laumänner brauchen was auf die Fresse.

Peter Pander *(Manager des VfL Wolfsburg)*
Ich hätte sogar von der Tribüne runterlaufen können, um Franca noch zu decken. *(zu einem riesigen Abwehrfehler, der zum Gegentor durch Franca beim Spiel gegen Bayer Leverkusen geführt hatte)*

Wir machen hier keinen Bezirksklassen-Fußball, wo wir hinterher grillen und Bier trinken. *(auf die Frage, ob Stefan Effenberg überhaupt zum VfL passe)*

(über Tomislav Maric, mit dem er häufiger Meinungsverschiedenheiten hat:) Wenn er solche Tore schießt, bin ich sein bester Freund. *(Marics Konter:)* Dann müsste ich seit zweieinhalb Jahren sein bester Freund sein.

Gaetano Patella
Wenn ich Bernd Ehinger das nächste Mal begegne, hat er nur eine Wahl, nämlich, ob ich ihm zuerst in das rechte oder das linke Auge spucke. *(über seine Absetzung als Schatzmeister bei der Frankfurter Eintracht)*

Norbert Pflippen *(Spieler-Manager)*
Im Übrigen vermarkte ich lieber Frauen. Die haben zwei Vorteile: Sie wissen, was Geld ist, und sie können keine Spielerfrauen heiraten.

Michel Platini
Es spielen die Franzosen im Ausland gegen die Ausländer in Frankreich. *(vor dem Eröffnungsspiel der WM 2002 Frankreich - Senegal)*

Wir sind Kinder der Leidenschaft für den Fußball, und davon möchte ich einiges zurückgeben, denn das ist verloren gegangen. *(zu seinen Beweggründen, als Präsident der Europäischen Fußballunion zu kandidieren)*

Die wichtigste Aufgabe ist es, den Fußball zu verteidigen. Er hat die Tendenz, ein Produkt zu werden, dabei müsste er ein Spiel bleiben.

Reinhard Rauball *(BVB-Präsident)*
Beim Schlusspfiff bin ich vor Freude höher gesprungen als bei den Bundesjugendspielen! *(nach einem 1:0-Sieg gegen Leverkusen)*

Andreas Rettig
Nicht mehr als Spieler. *(Kölns Manager auf die Frage, wie Legende Wolfgang Overath dem letztplatzierten 1. FC Köln denn helfen könne)*

Wir werden unseren Trainer nicht scheibchenweise enteiern. *(über die Trainerdiskussion beim Tabellenschlusslicht der Fußball-Bundesliga)*

Wir haben drei Tore auf Cottbus gutgemacht. *(nach einem 0:3 in Schalke und gleichzeitigem 0:6 der Cottbusser Konkurrenten im Abstiegskampf in München)*

Das war ja nicht der erste Kuss von ihm. Das ist schon das eine oder andere Mal passiert. *(Friedhelm Funkel nach einem Wangenkuss vom Manager)*

Michael A. Roth *(Präsident des 1. FC Nürnberg)*
Ich muss wohl nachts mit 100 Stundenkilometern durch Nürnbergs Altstadt fahren, um überhaupt mal zu Punkten zu kommen. *(nach einer Niederlagenserie)*

Dann gehe ich nach Fürth. *(auf die Frage, was er tun werde, wenn der Club absteigt und gleichzeitig Lokalrivale SpVgg Greuther Fürth in die Bundesliga aufsteigen sollte)*

Ich habe eine Pistole samt Waffenschein und würde einigen am liebsten das Hirn durchpusten. *(nach einer Heimniederlage)*

Das ist ein bisschen zu viel des Guten. *(zur Tabellenführung nach dem 1. Spieltag)*

Karl-Heinz Rummenigge
Dann schnitzen wir uns eben einen in Oberammergau. *(zur Diskussion über fehlende Führungsspieler beim deutschen Rekordmeister)*

Jedes Team braucht bunte Vögel. Aber auch Leute, die sie zu rupfen versuchen.

Das war nicht ganz unrisikovoll.

Wir können von der wirtschaftlichen Situation eines AC Milan nur träumen. Aber sportlich wollen wir schon hinriechen.

Wenn die deutsche Mannschaft schnell kontert, dann hat sie sicherlich Konterchancen.

Ich hätte im Moment der Meisterschaft auch den Bockwurstverkäufer umarmt.

Eine gefährliche Parabole aufs Tor.

Viele können nicht unterscheiden zwischen Viererkette und Fahrradkette.

In letzter Konsequenz waren wir nicht konsequent genug.

So bleibt es aus unserer Sicht gesehen beim 0:0 ...

Das Spiel war nicht vergnügungssteuerpflichtig.

Wissen Sie, was 0,5 Promille sind? Die hat doch hier im Stadion jeder. *(zum Fahrverbot von Stürmer Giovane Elber)*

Wir wollen unseren Aufwärtstrend positiv gestalten ... nach oben!

Ob wir die Besten waren, weiß ich nicht. Auf jeden Fall sind wir Tabellenerste.

Ich bin enttäuscht, nur 4:1, eigentlich muss man hier ja 5:1 spielen.

In der 1. Halbzeit hatte ich meine Brille nicht auf. In der 2. habe ich sie aufgesetzt, aber das Spiel war noch genauso schlecht.

Was Herr Rummenigge sagt, interessiert mich nicht. Der schwätzt viel den ganzen Tag und meist nichts Gutes. *(DFB-Vizepräsident Engelbert Nelle)*

Rolf Rüssmann *(Manager des VfB Stuttgart)*
Wie die Heuschrecken sind die Spielervermittler eingefallen. Die verhageln uns die ganze Ernte. *(über das Interesse an den Nachwuchsspielern des VfB Stuttgart)*

Früher gab es kein Ozon, eher mal einen Tritt in den Arsch. *(zum Thema Hitzefrei beim VfB Stuttgart)*

Bei solchen Anlässen kein Bier, das ist ja eine Katastrophe. *(im Presseraum des Daimlerstadions, nachdem die Stuttgarter den Klassenerhalt geschafft hatten)*

Glaubst du, im Abstiegskampf kannst du mit diesen Pantinen gewinnen? *(Frage an einen Stuttgarter Spieler, der Noppenschuhe anzog)*

Manager und Funktionäre

Direktoren sitzen im Zimmer, dirigieren andere und sind selbst nicht aktiv. *(auf die Frage, warum er sich Manager und nicht Sportdirektor nenne)*

Was dabei herauskommt, wenn einer mit Krückstock im Tor steht, haben wir bei der WM in Frankreich gesehen. *(Mönchengladbachs Manager zum angeblichen Interesse der Borussia am 36-jährigen Andreas Köpke)*

Es kommen sieben Wochen der Entscheidung, da gibt es kein Privatleben mehr. *(Rolf Rüssmann, der von den VfB-Spielern verlangt, sich ab sofort in ihrer Freizeit zu Hause aufzuhalten)*

Ich habe noch keinen Manager gesehen, der Tore schießt oder verhindert. *(Toni Schumacher zum Dienstbeginn von Rolf Rüssmann beim VfB Stuttgart)*

Josef Schnusenberg
Da ist zum Teil sicher auch ein ideeller Wert enthalten. *(Schalkes Finanzvorstand versucht zu erklären, warum das für 1 Euro erworbene Parkstadion mit 15 Millionen Euro in der Bilanz steht)*

Deutschland hat 80 Millionen Einwohner. 40 Millionen wollen unsere Arena kennen lernen, und pro Jahr gehen 1 Million Zuschauer rein. Wir sind also auf 40 Jahre ausverkauft.

Axel Schulz
Die Spieler werden mit dem Kühlwagen zum Training abgeholt und danach wieder nach Hause gefahren. *(Hansa Rostocks Pressesprecher zur Diskussion um die mögliche Gesundheitsgefahr von Hitze für Leistungssportler)*

Gaby Schuster *(Frau von Nationalspieler Bernd Schuster)*
Wir beraten und fällen Entscheidungen zusammen. Sogar die Kinder bekommen wir gemeinsam.

Robert Schwan
Da wollte ich einem Spieler das Gehalt um ein Viertel erhöhen, doch er sagte, das kommt gar nicht in die Tüte. Er wollte mindestens ein Fünftel haben. *(Bayerns Manager über Vertragsverhandlungen in den 1960er Jahren)*

Volker Sparmann *(Aufsichtsratschef von Eintracht Frankfurt)*
Das ist so, als ob man ständig mit sechs Bällen jonglieren muss. Und dauernd werden die Bälle heißer. *(zu den Lizenzproblemen)*

Eintracht Frankfurt war lange genug wie ein Durchlauferhitzer. Erst ein riesiges Feuerwerk und dann ist der Ofen aus... *(zu ebendiesem Thema)*

Roger Spry
Die letzten Prozent musst du dir nicht nur auf dem Platz, sondern auch im Schlafzimmer, oder im Bad, oder sonstwo holen. *(Fitnesscoach der österreichischen Nationalmannschaft)*

Erwin Staudt *(Präsident des VfB Stuttgart)*
Ich danke jeden Abend in meinem Nachtgebet, dass Matthias Sammer bei uns auf der Bank sitzt und nicht Jürgen Kohler.

Beckenbauer ist eine Lichtgestalt, dagegen bin ich nur ein kleines Taschenlämpchen.

Erich Steer
Spieler, die im Porsche vorfahren, nehmen wir nicht. *(der Manager nach dem Bundesligaaufstieg des SSV Ulm)*

Friedrich Stickler *(Präsident des ÖFB)*
Dieses Jahr geht noch bis Ende des nächsten Jahres. *(nach einem 2:2 Österreichs gegen England)*

Achim Stocker
Ich werde immer älter, immer dümmer und damit immer geeigneter für den Staatsdienst. *(der Präsident des SC Freiburg ist auch Oberfinanzdirektor)*

Die Entscheidung, ob ich mich wieder wählen lasse oder mich in Zukunft auf meinen Hund konzentriere, ist noch nicht gefallen. Dass ich wohl eine größere Macke weg habe, steht außer Frage. *(in der Stadionzeitung »Heimspiel« zu seinem großen Engagement als Präsident des SC Freiburg)*

Harald Strutz
Zum Glück für uns alle ist er nicht Bundestrainer. *(Jürgen Klopp über seinen Präsidenten, der Manuel Friedrich für die Nationalmannschaft empfohlen hatte)*

Bernard Tapie
Ich hatte keine Lust in den ersten Wochen Spanisch zu lernen, nur um Xavier Clemente zu verstehen, wie er gedenkt, Marseille vor dem Abstieg zu retten. *(über seine erste Amtshandlung als Präsident von Olympique Marseille: die Trainerentlassung)*

Karl-Heinz Thielen *(Manager vom 1. FC Köln)*
Erstes Ziel ist es, die größten Flaschen zu verkaufen. Gibt es noch Pfand dafür – super. Gibt es nichts – auch gut.

Wenn hier nicht bald was geschieht, passiert was!

Gerhard Voack *(Präsident des 1. FC Nürnberg)*
Wir haben keine Schulden. Nur Verbindlichkeiten.

Thomas Wiebe
Wir können ja froh sein, dass bei unseren Freistößen noch kein Zuschauer verletzt wurde. *(das Vorstandsmitglied des Lüneburger SK zur Stärke seines Teams bei Standards)*

Dr. Robert Wieschemann
(Aufsichtsratsvorsitzender des 1. FC Kaiserslautern)
Für uns sind Nicht-Europäer genauso Menschen wie Europäer. *(auf die Frage, ob ihm aufgefallen sei, dass sein Verein gegen Bochum zeitweise mit vier Nicht-Europäern gespielt hat)*

Wir haben Defizite im Durchblick – alle! *(über die Vereinsführung des 1. FC Kaiserslautern)*

Wir haben eine abnormale Satzung, die ich selbst ausgearbeitet habe.

Karl-Heinz Wildmoser
In der Kabine ist es eng. Da kann's passieren, dass ich einen Spieler anstecke. Das wäre schlecht. Bei Journalisten ist es nicht so schlimm. Wenn ich da einen anstecke, kommt der nächste.

Wenn ich nicht Präsident wäre, wäre Sechzig jetzt in der Landesliga und würde heute gegen Türk Gücü spielen.

Wir hatten ein bisserl Pech. Das kommt, wenn man kein Glück hat.

Unsere Siegchance gegen Dortmund ist etwa genauso groß wie die Chance, dass ich eine Frau auf einer Insel finde, auf der es nur Männer gibt.

Da sieht man mal wieder, wie schnell 100 Jahre um sind. *(zur Prophezeiung von Franz Beckenbauer, dass die Löwen noch 100 Jahre auf einen Sieg gegen den FC Bayern warten müssten)*

Eine Katastrophe, eine einzige Peinlichkeit. Alle verstecken sich, keiner setzt ein Zeichen, tritt mal die Kabinentür ein. Am liebsten würde ich die Spieler würgen, aber wir brauchen sie ja noch. *(nach einem 0:6 von 1860)*

Aber es schadet ihm ja nichts, wenn er noch ein paar Tage drin bleibt. *(der nach der Stadion-Affäre wieder aus der Haft entlassene Präsident von 1860 München über seinen weiter inhaftierten Sohn Karl-Heinz jr.)*

Wenn du die nicht besitzt, bist du nur ein Nasenbohrer oder Haubentaucher. *(zum Mangel an Sieger-Mentalität in der Bundesligamannschaft der Löwen)*

So etwas kann in jeder Familie passieren. *(Paul Breitner zur Bestechungsaffäre um Vater und Sohn)*

Ich hoffe, dass wir auch in Zukunft in Ihrem Sinne über Sie im Sportstudio berichten können und nicht bei Aktenzeichen XY. *(Rudi Cerne beendet im »Aktuellen Sportstudio« sein Gespräch mit Karl-Heinz Wildmoser)*

Er will Zweiter werden, ich will Erster werden – das ist der Unterschied. *(Werner Lorant)*

Karl-Heinz Wildmoser junior
Aber es schadet ihm ja nichts, wenn er noch ein paar Tage drin bleibt! *(der Senior über seinen weiter inhaftierten Sohn)*

Fritz Willig *(Präsident von Hannover 96)*
Amateurmannschaften sind gefährlicher als der Gerichtsvollzieher.

Tony Woodcock *(Manager bei Eintracht Frankfurt)*
Damit ich nichts Falsches sage, denn bei der Eintracht habe ich mir angewöhnt, immer alles nachzuschauen, weil es durchaus passieren kann, dass ein Zettel aus der Akte fällt und der Spieler dann doch gehen darf, weil er blond ist. *(auf die Frage, warum er den Vertrag Pawel Kryszalowiczs genauestens untersuchte, als dessen Berater einen vorzeitigen Wechsel prüfte)*

Roland Wulff *(HSV-Präsident)*
Greifen Sie zu. Seit die Bilanz gut ist, ist weniger Brot in den Frikadellen. *(in einer Pressekonferenz zu den Journalisten)*

Michael Zorc
Zorc hat bereits angekündigt, dass ich vorher verkauft werde. *(Lars Ricken, der bereits im zehnten Jahr für Borussia Dortmund spielt, auf die Frage, ob er den 20-Jahre-Rekord von BVB-Sportdirektor Michael Zorc brechen wolle)*

Medien

A Bola *(portugiesische Sportzeitung)*
Wenn Deutschland und die Niederlande aufeinander treffen, ist das ein Knüller wie Brasilien gegen Argentinien – nur etwas zivilisierter. *(zum Spiel Deutschland - Niederlande bei der EM 2004)*

Tony Adamson *(BBC-Kommentator)*
Die Bristol Rovers haben bei einem Halbzeitstand von 4:0 vier Tore in der 1. Halbzeit erzielt.

ARD-Videotext
Die Fans der schwarz-gelben Borussia feierten ihre Mannschaft die ganze Nacht lang mit Autotorsos durch die Innenstadt. *(nach dem Meisterschaftsgewinn von Borussia Dortmund 2002)*

Die Werder-Führung hätte ein Kopfschuss von Baumann in Hälfte zwei sein können ...

Der DFB-Elf reichte ein 0:0-Zittersieg gegen die Türkei.

Oswald scheiterte mit dem Anschlusstreffer an Kahn.

As *(spanische Sportzeitung)*
Ronaldinho versteinerte Oliver Kahn. *(beschreibt ein Freistoßtor des Brasilianers gegen Deutschland)*

Er ging zu Boden wie eine alte, schwangere Frau. *(über Oliver Kahns Fehler in einem CL-Spiel gegen Real Madrid)*

Es ist unterhaltsamer, an einer Haltestelle auf den Bus zu warten, als sich so ein Fußballspiel anzusehen. *(zu einem 0:0-Remis zwischen AC und Inter Mailand)*

Ron Atkinson *(Ex-Spieler und Trainer von Manchester United)*
Ich denke, dass die Wiederholung zeigen wird, dass es deutlich schlimmer war, als es augenscheinlich war.

Ich wage mal eine Prognose: Es könnte so oder so ausgehen.

Es geht um die zwei Bs: Bewegung und Stellungsspiel.

Auf Schalke
Zu die Pressetische. *(Hinweisschild im Parkstadion)*

Auf die Kohle, die der Ernst Kuzorra hochgeholt hat, konnze kein Funt Ärpsen heiß kriegen. *(Schalke-Fan)*

Tom Bartels *(Premiere-Kommentator)*
Fehlt nur noch, dass sie die Friedenspfeife rauchen am Mittelkreis. *(zu einem langweiligen Spiel)*

Bayern-Echo
Jetzt fahren wir selbstbewusst an die Ostseeküste! *(vor einem Auswärtsspiel in Bremen)*

Medien

Franz Beckenbauer
Wenn es wirklich so wäre, müsste ich wohl noch 100 Jahre im Fernsehen für Premiere kommentieren. *(über die Gerüchte, er bekomme als Experte 18 Millionen Euro vom Pay-TV-Sender)*

Reinhold Beckmann
Geschickt gemacht von Salihamidzic, das ist seine körperliche Cleverness.

Stelea – jetzt wissen wir wofür die Glatze gebraucht wird: tolles Kopfballspiel! *(über den rumänischen Torwart)*

Djorkaeff – es sieht so galant aus, was er da macht!

Die Franzosen sind ja gute Engländer geworden.

Wenn man steil von hier oben auf das Spielfeld herunterblickt, sieht man sehr schön die beiden unterschiedlichen Systeme: 3-5-1 bei der Türkei und 4-5-1 die Portugiesen.

Ich war zehn Jahre Torwart und Linksaußen beim SC Twistringen. Wohl kein Zufall: ausgerechnet die beiden Positionen, wo bekanntermaßen die Bekloppten spielen.

Das Grauen geht weiter ... Sollen wir denn jetzt gegen die Malediven antreten, um mal wieder ein Spiel zu gewinnen? *(beim EURO-2000-Test gegen die Schweiz; Endstand 1:1)*

Der Ball war lange in der Luft, nicht nur in unserer Zeitlupe.

David Begg *(englischer Kommentator)*
Der Junge spielt gut für seine 19 Jahre. Das könnte daran liegen, dass er 21 ist.

Chris Berdrow *(Sportmoderator von Hit-Radio FFH)*
Das ist geiler als Sex. Meine Freundin möge mir verzeihen ... *(zum Aufstieg der Frankfurter Eintracht durch zwei Tore in der Schlussphase am letzten Spieltag 2002/03)*

Berliner Tagesspiegel
Stuttgart im Rausch, auf der Galerie und im Gras! Elber schlägt die Pässe schon per Fallrückzieher und auch Fredi Bobic trifft, wie er will. Sogar seine Freundin ist schwanger.

Bild-Zeitung
Erst Kacke – dann Hacke. *(über Giovane Elber, der nach überstandener Darminfektion ein Tor mit der Ferse erzielte)*

Felix Erhardt und Sebastian Bruns aus Münster waren baff, als sie in BILD lasen, sie seien von Preußen zum BVB gewechselt und hätten dort Profi-Verträge unterschrieben. Die »Ente« jubelte uns ein angeblicher Preußen-Mitarbeiter unter. Die Wahrheit: Erhardt spielt in einer Hobby-Mannschaft. Bruns ist und bleibt bei Marathon Münster.

Uwe Bornemeier
Die Mannheimer jetzt im Vollrausch!

Frank Bough (BBC-Kommentator)
Das Tor für Norwich schoss Kevin Bond, der der Sohn seines Vaters ist.

Braunschweiger Zeitung
Uwe Reinders wird nach vierjähriger Fußball-Pause Trainer bei Eintracht Braunschweig und damit Nachfolger des glücklosen Uwe Reinders.

Paul Breitner
Schreiben ist eigentlich einfach, die Schwierigkeit besteht lediglich im Formulieren.

… aber solche Leute wie den Ratinho oder den Ailton, die kannst du an der Copacabana im Rudel mit 'nem Lasso einfangen. *(nachdem er beim Spiel Bayern-Leverkusen die Qualität der in beiden Mannschaften spielenden Brasilianer gelobt hatte)*

Unabhängig davon, ob Gott nun die Welt geschaffen hat oder nicht – nach diesen Spielen, wäre er Fußballfan, würde er es ein zweites Mal nicht tun. *(nach dem EURO-'92-Auftritt der Deutschen in Schweden)*

Ich habe nur immer meinen Finger in Wunden gelegt, die sonst unter den Tisch gekehrt worden wären.

Sie sollen nicht glauben, dass sie Brasilianer sind, nur weil sie aus Brasilien kommen. *(kommentiert die schwachen Leistungen der Dortmunder Brasilianer Dede und Evanilson)*

Ich bin mir sicher, dass es am Ende dieser Sache einen der beiden in der Bundesliga nicht mehr geben wird. *(zum Kokain-Streit zwischen Uli Hoeneß und Christoph Daum)*

Wenn man manche Leute reden hört, könnte man sie zu den Wiederkäuern zählen. *(Rudi Völler)*

Ich habe ja Verständnis für das Bedürfnis, sich mitzuteilen, aber Paul sollte lieber in die Davidoff-No.1-Kiste greifen, die ich ihm geschenkt habe. Eine Zigarre im Mund steht ihm besser als ein Füller in der Hand. *(Toni Schumacher)*

In der Mannschaft wissen natürlich alle, dass der Paul Breitner ein Arschloch ist, nur sagt es keiner offiziell. *(Rudi Völler bei der EM 1988)*

Manni Breuckmann
Und nun ein Einwurf. Nein, ein Eckball. Nein, ein Einball.

Bochum gegen Cottbus, das ist eh kein Straßenfeger. Dann auch noch keine Tore – ich kenne Reporter, die wären da persönlich beleidigt.

Alles Fußballelend der Nation auf einem Platz. *(zum Spiel Hansa Rostock - 1. FC Köln)*

Hertha BSC und VfL Wolfsburg, die Eunuchen der Liga. Sie wollen, aber sie können nicht.

Michael Brocker
Wenn Borussia Dortmund noch keinen Koller hätte, dann würden die Fans spätestens jetzt einen kriegen. *(Mittagsmagazin-Moderator im WDR-2-Hörfunk, über die Stimmungslage im Umfeld des BVB)*

Trevor Brooking *(BBC-Kommentator)*
Glücklicherweise war die Verletzung von Paul Scholes nicht so schlimm, wie wir erst gehofft hatten.

Rudi Brückner
(Olaf Thon: »Jeder Abstieg hat auch etwas Gutes. Dann kann man wieder nach vorne schaun.«) Sie sind ja damals zu den Bayern gegangen.

(Frage an Olaf Thon in der DSF-Sendung »Viererkette«:) Spielt ihr gegen Dortmund mit Andreas Möller oder wollt ihr gewinnen?

Frank Buschmann
Wir müssen aus dem Arsch kommen! *(im Irrglauben, noch nicht auf Sendung zu sein)*

Bryon Butler *(BBC-Kommentator)*
Heute fanden 52.000 Fans den Weg ins Stadion, aber sie hören sich wie 50.000 an.

BZ *(Berliner Tageszeitung)*
Zunächst ziehen die Franken ihre Bahn. Freibier wird von Dabac gerade noch gestoppt. *(gemeint war der Fürther Markus Feinbier)*

Kleine gibt es vielleicht nicht mehr – aber Große! *(zum 0:3 Deutschlands gegen Frankreich, wegen des ständigen Gejammers der Deutschen, dass es keine »kleinen« Gegner mehr gibt; im Irrglauben, dass Deutschland selbst zu den »Großen« gehört)*

Eisern Union spielt nur noch Blech.

CBS-Kommentator
Die Bulgaren spielen mit derselben Mannschaft wie 1994 in den USA. Aber die Spieler sind vier Jahre älter geworden – zumindest die meisten von ihnen. *(während der WM 1998)*

Rudi Cerne
Dann wird ein leises Raunen, vielleicht sogar ein frenetisches Raunen, durch das weite Rund gehen. *(kündigt an, dass Griechenlands Nationaltrainer Otto Rehhagel das Olympiastadion besuchen wird)*

Letztes Mal drei Treffer: zwei unten und zwei oben. *(beim Torwandschießen im »Aktuellen Sportstudio«)*

Das 2:0 in der 65. Minute war dann auch der Halbzeitstand.

In letzter Zeit wurde mehr über die finanzielle Misere gesprochen beim 1. FC Kaiserslautern als über das Geld.

David Coleman *(englischer Kommentator)*
Peru trifft zum dritten Mal – es steht nun 3:1 für Schottland.

Er wird 31 dieses Jahr – letztes Jahr wurde er 30.

Beide Torschützen von Aston Villa wurden in Liverpool geboren, genau wie der Manager, der aus Birkenhead kommt.

Jörg Dahlmann
Möller und Chappi befruchten sich gegenseitig.

Da geht ein großer Spieler. Ein Mann wie Steffi Graf! *(über Lothar Matthäus)*

Julio Cesar hat sich heute Nacht fortgepflanzt. Victoria heißt die Kleine.

Oh, meine Stimme überschlägt sich.

Iaschwilli, Kobiaschwilli, mein lieber Willi! Eine georgische Willi-Produktion.

Und dann rutschen Langes Innenorgane durcheinander. Das Herz steckt ganz weit unten.

Christoph Däumling
Jetzt geht es in die AWD-Arena in Hannover. Wegen eines Umbaus gibt sie nur knapp 32 Leuten Platz, aber sie ist selbstverständlich ausverkauft gegen die Bayern.

Gerd Delling
Seit einem Jahr hat der Sportklub Freiburg daheim kein einziges Heimspiel mehr verloren.

Spätestens jetzt ist klar: Die Samstagabend-Unterhaltung steckt in der Krise. *(nach der Live-Übertragung vom 0:0 in Island und vor der »Ausraster«-Rede von Rudi Völler)*

Die Borussia hat ihre Transferausgaben um ein Drittel gesenkt, die Hertha sogar um ein Siebtel.

Da geht er durch die Beine, knapp an den Beinen vorbei, durch die Arme.

Das Spiel jetzt auf hohem Niveau. Allerdings mehr, was die Höhe des Balles betrifft. *(nach zwei Kerzen im Mittelfeld)*

Wenn man ihn jetzt ins kalte Wasser schmeißt, könnte er sich die Finger verbrennen.

Die Bundeswehr sollte mal ihre Bestände an Rauchbomben nachzählen. *(nach einer Spielunterbrechung)*

Hup, Holland, hup – das hat den Vorteil, dass man es auch bei Schluckauf weitersingen kann.

Die Luft, die nie drin war, ist raus aus dem Spiel.

Aber die Entfernung war fußballerisch 'ne Frechheit. So weit, dass wir die noch nicht mal gemessen haben. *(zu einem Basler-Freistoß vom Mittelkreis auf das Tor)*

Frings hat von 40 Pässen 81 zum Mitspieler gebracht.

De Standard
Vogts hat seine Mannschaft mit windhundartigen Holzbeinen ausgestopft.

Deutscher Wetterdienst
Immerhin bleibt die Schneefallgrenze so hoch, dass davon der EM-Spielbetrieb nicht negativ beeinflusst werden sollte. Selbst hoch geschlagene Flanken sollten noch ohne Vereisung des Balles im Strafraum ankommen.

Norbert Dickel
Ich esse gerade, du kannst doch nicht verlangen, dass ich schon wieder auf Ballhöhe bin. *(kauend als Co-Kommentator im Internetradio)*

Jetzt muss sich Ricken gegen eine 70-Mann-Mauer durchsetzen.

So eine Scheiße! Boris, wir sind zu löchrig hinten! *(kommentiert im BVB-Fan-Radio mit Boris Rupert das entscheidende Tor von Ailton beim Ruhrderby)*

Ich muss hier mithüpfen, sonst bekomme ich noch Bier in den Nacken geschüttet. *(als Co-Kommentator im Internetradio)*

Die Zeit
Ronaldo, Ibrahimovic, Rooney. Könnte man sie zu einem einzigen Spieler zusammensetzen, dann wäre ein europäischer Fußball-Idealtyp geschaffen, ein wütender Künstler. Die bestmögliche Kreuzung, die man in deutschen Labors zusammenrühren könnte, hieße vermutlich Schweinipoldi und sähe sehr unfertig aus.

Kai Dittmann
Das sind zwei sehr sensible Mannschaften. Wenn's bei denen läuft, machen die ein Hackentor von der Mittellinie, wenn's aber nicht läuft, kriegen die bei Halbzeit die Wasserflasche nicht auf. *(kommentiert Leverkusen - Real Madrid)*

Medien

Aris Donzelli *(ZDF-Sportkommentator)*
Ja, jetzt können die Holländer befreit auftrinken!

Da schießt die Russin mit ihrem schwachen rechten Fuß. Sie ist eigentlich Linkshänderin.

Anna Doubek *(tm3-Chefredakteurin)*
Ich weiß halt, da spielt jetzt Manchester gegen Deutschland im Finale. *(zur Champions League)*

Frank Elstner
Jaja, der Lothar ist sehr bekannt. *(in Jeopardy, nachdem eine Kandidatin den Namen Klinsmann erwähnte)*

Wolfram Esser
Kickenbacher Offers.

Das Spiel ist zu weit, zu eng.

Eurosport-Kommentator
Statistiken sind hinterhältige Begleiter. Jedenfalls, wenn man sie überinterpretiert. Zum Beispiel Slowenien. *(Er überlegt.)* Zu Slowenien habe ich gar keine Statistik, die gibt es erst seit ein paar Jahren.

Es war so leise im Stadion, dass man die berühmte Stecknadel im Heu suchen konnte.

Mpenza hat im bisherigen Saisonverlauf 6-, sein Sturmpartner Ebbe Sand 14-mal getroffen. Damit hat das Sturmduo die Hälfte aller 20 Schalker Tore erzielt.

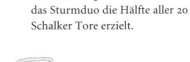

Heribert Faßbender
N'abend allerseits!

Dem Kampf gegen unsportliches Verhalten soll ja hier der Kampf angesagt werden.

Der war sowieso für eine Auswechslung vorgesehen. *(als ein Spieler auf der Bahre vom Platz getragen wird)*

Wie gut, dass Ballack da seinen rechten Fuß schonen wollte und stattdessen mit links maßgerecht zur Mitte flankt.

Sie sollten das Spiel nicht zu früh abschalten. Es kann noch schlimmer werden.

Norwegen in Rot, die deutsche Mannschaft, das muss ich Ihnen nicht mehr sagen und da brauche ich auch gar nicht viel zu erklären, wie so oft – wie eigentlich immer, wie fast immer, in den Farben, die Sie kennen: In den weißen Trikots und den schwarzen Hosen! Aber, meine lieben Zuschauer, das wissen Sie ja sicher auch so, da muss man keine großen Worte mehr verlieren.

Und nun kommt auch Silvestre zu seinem ersten Debüt.

So, meine Damen und Herren, ich geb' jetzt mal ab zu Waldi und Hansi – wer ist dran? Oder Wonti oder Töppi – ich weiß es gar nicht...

Toulouse or not to lose, das ist hier die Frage. Bitte verzeihen sie mir diesen kleinen Kalauer.

Die Koreaner haben schon zwei komplette Verlängerungen gespielt. Eine ganz und die andere fast.

Ziege! Guter Pass auf Scholl, leider zu lang!

Tagsüber, wenn die Sonne scheint, ist es hier noch wärmer!
(auf Teneriffa)

Jetzt sind auch die Fans begeistert. Sie singen »Oh, wie bist du schön!«

Roberto Carlos hat Ronaldo heute fest im Griff. *(beim WM-Finale 1998)*

Es steht 1:1, genauso gut könnte es umgekehrt stehen.

Da singen sie: »We are red, we are white, we are danish dynamite« – Wir sind rote, wir sind weiße wir sind dänische..., äh...

Nicht verwandt mit dem Schlagersänger... der heißt übrigens gar nicht so! *(über den Spieler Rebrov)*

Es steht 0:0 nach Nicht-Toren.

So, jetzt ziehen wir mal ein Fazit!
(nach fünf gespielten Minuten)

Und jetzt skandieren die Fans wieder: »Türkiye! Türkiye!«, was so viel heißt wie: »Türkei! Türkei!«.

50-Meter-Pass von ihm hier, aber Abseits. *(im Bild ist der Schiedsrichter-Assistent zu sehen)*

Ich weiß nicht, was auf Japanisch »das wär's gewesen« heißt. *(zu einer vergebenen 100-prozentigen Torchance der Japaner gegen Russland)*

Eine amikable Grundstimmung hat sich hier bei der Vorbereitung innerhalb der deutschen Mannschaft abgezeichnet.

Der Boden hier in Norwegen ist an der Oberfläche gefroren und darunter feucht. Das bedeutet, mit den fallenden Temperaturen wird im Laufe des Abends das Eis auftauen und der Boden ein richtig schweres Geläuf.

Den Schiedsrichter, den sollte man zurück in die Pampa schicken! *(über den argentinischen Schiri beim WM-Achtelfinale 1990 zwischen Holland und Deutschland)*

Der Ausgleich durch den Mann, dessen Name Kirche bedeutet! *(nach einem Tor von Enrico Chiesa)*

0:0 – ein Resultat mit deutlichen Vorteilen der Dortmunder.

Da kommt ein Spieler der Uerdinger Mannschaft frei, aber doch ungedeckt, zum Kopfball.

Sicher eher ein taktischer Wechsel. *(zu einer Auswechslung der führen-den Mannschaft 20 Sekunden vor Schluss)*

Hier sehen sie den schottischen Schiedsrichter McCurry. Mein Kollege Gerd Delling hat vorhin schon eine gleichnamige Wurst verdrückt. Ich werde mir das bis nach dem Spiel verdrücken.

Ganz klar: gesperrt ohne den Mann spielen zu wollen.

Das war ein ziemlich schwacher Fehlpass.

Aber vorher müssen wir uns das Tor von Wolfgang Overath mit rechts auf der Zunge zergehen lassen.

Die Fans rufen: »Ohne Ballack ha'm wir ein Problem.« *(der Gesang lautete: »Ohne Holland fahr'n wir zur WM«)*

Er, der jede Nichtigkeit über Frau, Kinder und Hobbys der Spieler einstreut, die er am Katzentisch der FIFA aufsammeln durfte, begleitet das Aufblitzen des anarchischen Moments im Fußball durch einen Tonausfall des Reporters. Faßbender betreibt Sabotage am gelebten Leben Fußball.
(Frankfurter Rundschau)

Ihre Kritik an Herrn Faßbender ist sicherlich berechtigt, jedoch gibt es während dieser WM kaum noch Chancen, ihn auszutauschen. Das hängt auch damit zusammen, dass er als Leiter des WDR-Sports ein Moderationsvorrecht genießt und dieses dementsprechend ausnutzt. Wir bedauern, Ihnen keine bessere Mitteilung machen zu können. *(die Antwort des ARD-WM-Service-Teams auf eine Anfrage der »Frankfurter Rundschau«)*

Eberhard Figgemeier
Was dieses phantastische Spiel an Werbung für den Fußball gebracht hat, ist gar nicht wieder gutzumachen.

Edi Finger
I wird naaaariiiisch. *(bei Krankls Treffer zum 3:2 bei der WM 1978 in Cordoba)*

Finnische Zeitung
Nationaltrainer von Wales sagt: »Russische Juden sind mit die besten Stürmer der Welt.« *(das Originalzitat lautete: »Rush an' Hughes are some of the best attackers in the world«)*

Gerhard Fischer *(Sportredakteur der »Süddeutschen Zeitung«)*
Wildmoser hat gesagt, der Aufsichtsrat soll einen Nachfolger suchen. Genauso hätte er sagen können, Fünfjährige sollen einen Nachfolger fürs Christkind suchen.

Medien

Frankfurter Neue Presse
Sparmann wundert sich, dass sich die Gegenseite – also die DFL – bisher nur auf »Nebenkriegsschauplätzen« bewegt. Und dass Kupka anscheinend wenig Sinnvolles von sich gibt. Der genaue Wortlaut war schärfer, aber nicht unbedingt druckreif... (*zum Ablauf des Schiedsgerichtsverfahrens im Lizenzstreit Frankfurt/Unterhaching*)

Fuldaer Zeitung
Reinhold Völker, der Spielausschuss-Vorsitzende des FV Horas, sagte ahnungsvoll in der Pause: »Das Spiel ist noch nicht zu Ende.« Er sollte Recht behalten.

Adi Furler
Schöne Bilder aus Bremen. Aber eins verstehe ich nicht: Wieso singen die eigentlich »We want the cup«, die haben den Pokal doch schon? (*im Studio der »Sportschau« nach einem Bericht über eine Pokalsiegerfeier in Bremen, bei der Wynton Rufer und die Fans »We won the cup!« sangen*)

Liebe Zuschauer, meine Kollegen haben geackert wie die Kümmeltürken, um Ihnen diesen Bericht noch zeigen zu können!

Carsten Fuß (*DSF-Sportkommentator*)
Auswärts sind die Greuther stärker als in der Fremde.

Keller zum zweiten Mal über der Mittellinie – das nenne ich strategisches Denken.

Eik Galley (*DSF-Sportkommentator*)
Der Unterkiefer von Andreas Brehme rutscht jede Minute ein Stückchen nach vorn. Wenn's so weiter geht, kann man in der 90. Minute da 'ne Kerze reinstellen.

Rolf Rainer Gecks
Die Stimmung ist riesig, wenn die Amateure auf die Bundesliga treten.

Christian Genau (*Pressesprecher des Wuppertaler SV*)
Die spielerischen Defizite konnten meistens mit Kampf wettgemacht werden, die kämpferische Einstellung fehlte jedoch völlig.

Peter Großmann
Gestern verbrachte er den Geburtstag, den er heute hat, im Gerichtssaal. (*im »Morgenmagazin« über Christoph Daum*)

Christian Günther
Das ist keine Auswechselung, das ist eine Völkerwanderung. (*Bremens Stadionsprecher, als die Gästemannschaft gleich drei Spieler auf einmal auswechselte*)

H

Stuart Hall *(englischer TV-Kommentator)*
Was werden Sie nach dem Fußball machen, Jack? Werden Sie beim Fußball bleiben?

Das Spiel war das, was man draus macht.

Werner Hansch
Ein Schuss, so kraftvoll wie ein flauer Darmwind.

Wie kann der Dede da so freihändig flanken?

Ich vermisse mich. *(über Andreas Möller)*

Der Vorstand steht wie ein Mann hinter ihm, ist aber jederzeit bereit, an die Seite zu treten, um ihn nicht beim freien Fall zu behindern.

Dresdner Stollen als Gastgeschenk. *(zum Foul eines Dresdner Spielers)*

Deutlich ging für mich der Ellenbogen zur Hand.

Da hatten sie starke 10 Minuten zwischen der 65. und 70. Minute.

Er hat ihn vielleicht zart berührt am Allerwertesten. *(zu einem fragwürdigen Elfmeter)*

In diesem Fall war der Schöne das Biest. *(zu einem Foul von David Beckham)*

Brüllende Temperaturen.

Sein Schweigen wird lauter. *(über Ottmar Hitzfelds Gesichtsausdruck bei einer schwachen Leistung des FC Bayern)*

Diese Mannschaft ist, nun, ich will nicht sagen tot, aber leblos.

Da muss er raus, der Lehmann. Man möchte ihm das Mikrofon hinterherschmeißen. *(zu einem Platzverweis wegen Ausrastens)*

Vorbeugende Sicherheitsverwahrung. *(über eine Auswechslung von Emile Mpenza)*

Ein Tor, mit dem niemand rechnen konnte. Es lag nicht in der Luft.

Die Quirke von Ramsy. *(über eine verunglückte Abwehr)*

Es war ein Sandwichspiel. Ein frühes und ein spätes Tor, dazwischen viel Gehacktes.

Das Gesicht hat er vom Gesichtsverleih. *(über den schlecht gelaunt dreinblickenden Ottmar Hitzfeld)*

Und wieder nur 500 Zuschauer im Kölner Südstadion, rufen Sie an und ich gebe Ihnen die Namen durch.

Nein, liebe Zuschauer, das ist keine Zeitlupe, der läuft wirklich so langsam.

Ja, Statistiken. Aber welche Statistik stimmt schon? Nach der Statistik ist jeder vierte Mensch ein Chinese, aber hier spielt gar kein Chinese mit.

Dressels Beitrag zum Mozart-Jahr: ein Foul aus dem Knöchelverzeichnis.

Wenn das keine Chance war, dann war das zumindest eine große Möglichkeit.

Ein Schuss wie aus der Orgelpfeife – völlig verdreht.

Das ist doch alles der größte Blödsinn, das wird doch alles nur immer wieder von den Medien reindementiert.

Früher gab es massige Typen wie Berti Vogts. Wenn die spielten, konnte sich der Platzwart anschließend den Rasenmäher sparen.

Keine Angst, Freunde. Wir sind bei euch und führen euch jetzt vor. *(tröstete er die Spieler von Borussia Dortmund nach der 0:1-Niederlage gegen Bayern München bei der Ankündigung der Interviews)*

Das Beste in Kürze: Das Spiel ist aus!

Zurück zur Werbung. Und jetzt kommt die Zeitlupe, da sehen Sie, wie schön Andreas Herzog den Lars Ricken nach allen Regeln der Kunst entbeint.

Da hat doch jetzt tatsächlich einer eine zusätzliche Flasche aufs Spielfeld geworfen. *(bei einem schlechten Spiel warf ein Zuschauer mit einer Bierflasche)*

Das ist einer, der sein Herz in beide Hände nimmt und es dann in die Schuhe rutschen lässt.

Man kennt das doch: Der Trainer kann noch so viel warnen, aber im Kopf jeden Spielers sind zehn Prozent weniger vorhanden und bei elf Mann sind das schon 110 Prozent.

Wer hinten so offen ist, kann nicht ganz dicht sein. *(über die Abwehr von Borussia Dortmund)*

Mäc Härder *(Kabarettist)*
Für die WM bekommen Rentner keine Karten: Die hatten 1974 ihre Chance!

Waldemar Hartmann
Was Sie hier auf dem Rasen sehen, kostet viele, viele, viele Millionen Geld, wenn man diese Spieler kauft.

Und Sie haben ja mit Berti Vogts, weiß ich von ihm selbst, dass Sie ab und zu mit ihm telefonieren, äh, geben Sie auch mal einen Ratschlag für die Mannschaftsaufstellung? *(Helmut Kohl: »Das eigentlich weniger.«)*

Nach dem ersten Tor von Hertha haben wir schon überlegt, ob wir einen Brennpunkt nach der ARD-Tagesschau senden sollen. *(zum ersten Saisontreffer nach vier Pflichtspielen ohne Torerfolg)*

Hätten Sie das Spiel gern gewonnen? *(zu Schalke-Coach Jupp Heynckes nach dem 2:2 im Revierderby gegen den BVB durch ein Gegentor in der Nachspielzeit)*

Ja, meine Damen und Herren, bei uns ist jetzt Berti Vogts, der Bundestrainer! Berti Vogts – ich sag einfach mal Berti ... *(darauf Berti Vogts: »Wieso, wir duzen uns doch gar nicht?«)*

Und nun stelle ich Ihnen mit Erdal Keser einen Mann vor, der fünf Jahre lang, von 1980 bis 1987 für Borussia Dortmund spielte.

Wir haben noch ein paar Nachrichten, die ich Ihnen aus dem Bauch nahe bringe.

Guten Abend, meine Damen und Herren, und – bonne noir.

Halb stürzte er, halb fiel er hin.

Mir wäre das jahrelange Saufen mit den Spielern zu anstrengend. Das mag dem einen oder anderen Gespräch förderlich sein, ist aber auch ziemlich teuer. *(Oliver Welke über Hartmann und dessen Anbiederung bei Fußballspielern)*

War es ARD-Reporter Waldemar Hartmann aus Frust darüber, dass er in der »Sportschau« weniger zum Zug kommen soll? *(»Süddeutsche Zeitung« über den Flutlichtausfall in Bremen, durch den das Spiel gegen Schalke 04 mit über einer Stunde Verspätung begann)*

Thomas Hermann

Sandwichdeckung bitte, meine Herren.

Müde, verbissene Zweikämpfe im Mittelfeld zum Wohle des 0:0.

Alle sammer hinter ihm her. Sammer guet, sammer schlecht. Ja, wo sammer denn?

Jetzt kommt Luis Enrique, in Spanien weltbekannt.

Voll auf die männliche Zwölf!

Ganea traf Kahn da, wo es bei XX-Chromosomen-Menschen am schmerzhaftesten ist.

Der fummelt sich einen runter.

Was für heterosexuelle Männer die Fußball-WM ist, ist für mich der Grand Prix Eurovision.

Medien

Auf der Tribüne saß Frau Elber, und es wurde immer kälter.

René Hiepen
Ist das jetzt schon der Eckball oder noch die Wiederholung? Die Fans jubeln, auf der Gegenseite muss etwas passiert sein ... Jürgen Röber sollte seiner Mannschaft sagen, dass sie nur auf der linken Außenbahn spielen soll, damit wir wenigstens etwas sehen. *(beim »Nebelspiel« zwischen Hertha BSC Berlin und dem FC Barcelona)*

Das war ein Schubser. Aber kein Strafstoß, sondern ein Elfmeter.

Das Missverständnis des Abends: »Hany, nimm' du ihn.« »Danke, ich hab' schon.« *(Kommentar zur Zeitlupe einer Uneinigkeit zwischen Ramzy und Harry Koch)*

Jimmy Hill *(englische Kommentator-Legende)*
England bringt jetzt drei frische Männer mit drei frischen Beinen.

Es war keine schlechte Vorstellung, aber man kann nicht sagen, ob sie gut oder schlecht war.

Noch sind sie im Spiel und sie versuchen weiter, wieder hineinzukommen.

Falls England das Spiel gewinnt, haben sie mindestens ein Tor geschossen.

Markus Höhner
Glück für Golz, Ball am Holz. Aluminium hätte sich hier nicht gereimt.

Magath und Kaltz mit dickem Hals.

Butt, Butt, Butt ging's wieder gut.

Und Sie sehen ja, die Nürnberger spielen gerade mit nur noch zehn Feldspielern.

Holsteiner Kurier
... ehe das Schützenfest im zweiten Durchgang seinen Lauf nahm. Herausragender Akteur war hierbei der Wittorfer Paulsen. Er brachte das Kunststück fertig, zwischen der 70. und 80. Minute einen lupenreinen Eigentorhattrick hinzulegen. Gleich dreimal in Folge lenkte der Unglücksrabe das Leder ins eigene Tor und sorgte damit für die Entscheidung.

Homepage des irischen Fußballverbands
Zähle die Hühnchen nicht, bevor sie geschlüpft sind. *(vor dem Spiel gegen Saudi-Arabien)*

Homepage des KFC Uerdingen
Es wird geschätzt, dass rund fünf Babelsberger Fans ihr Team in die Grotenburg begleitet haben.

... er schießt den Ball Richtung Anzeigetafel – hey, die war teuer ...
(aus dem Live-Ticker)

Homepage von Borussia Dortmund
Bei den Mitgliedern (derzeit 20.542) ist Borussia Dortmund jetzt die Nummer drei in Deutschland hinter Bayern München (95.000), Schalke 04 (35.000) und 1860 München (22.552).

Homepage von Kickers Offenbach
Mit 0:2 konnten sich die Offenbacher Kickers im Hessenpokal auf dem Halberg gegen den SV Wehen durchsetzen. Raffael Tonello und Samir Naciri waren für den OFC erfolgreich, bevor die Wehener auf 1:2 verkürzen konnten.

Homepage von Wacker Burghausen
Autogrammball ohne Unterschriften 18,00 Euro.

Hans Huber (ORF-Sportkommentator)
Wieder ein Kopfball! Wieder gefährlich! Wieder weit daneben!

Ernst Huberty
Smith, ein Name, den man sich merken muss.

Leverkusen hat die meisten Tore außerhalb des Strafraums geschossen.

Mike Ingham (englischer Radio-Reporter)
Tottenham könnte als erstes Londoner Team diesen Pokal gewinnen. Die Mannschaft, die das zuletzt geschafft hat, waren die Spurs.

Günter Jauch
An die Sangeskünste der Liverpooler Fans kommt in Europa höchstens die Dortmunder Westtribüne heran. *(die legendäre Stehtribüne befindet sich im Süden)*

Wenn der Nebel dick wie Calmund, sieht man nix im weiten Halbrund. *(zum Ausfall des Champions-League-Spiels Turin - Leverkusen wegen Nebels)*

Als Roberto Carlos in der 62. Minute noch mal zu einem Freistoß antrat, da hat sich einer geopfert, es war Jörg Reeb ... Der Mann ist verheiratet.

Für alle Zuschauer, die erst jetzt eingeschaltet haben, das erste Tor ist schon gefallen. *(beim legendären Spiel Real Madrid - BVB, kurz nachdem das Tor umgekippt war; siehe S. 366 - 372)*

Machen Sie sich auch einen Höhepunkt. *(gegen 1 Uhr nachts, nachdem alle »Highlights« der CL gezeigt waren)*

Markus Jestädt
Preuß kam für den angeschlagten Lösch.

Medien

Huang Jianxiang
Selbst Menschen, die nicht jedes Wochenende Fußball schauen, müssen jetzt zuschauen. Sonst haben sie nichts, worüber sie mit ihren Freunden und Kollegen reden können. *(der chinesische TV-Kommentator über die Fußballbegeisterung in seinem Land, in dem zwischen 40 und 50 Millionen Zuschauer nachts die Spiele der EM 2004 verfolgten)*

Birte Karalus
Für das Spiel Paris St. Germain gegen Rosenborg Trondheim darf ich Ihnen auf jeden Fall schon einmal 900 Prozent mehr Tore versprechen. *(nach einem 0:0 der Bayern gegen Helsingborg)*

Johannes B. Kerner
Ich schlage vor, Sie halten sich die Augen zu. Ich sage Ihnen jetzt nämlich die Bundesliga-Ergebnisse. *(in der Vorschau zum »Aktuellen Sportstudio«)*

Da gibt's gar nichts zu diskutieren! Aber wir haben ja nachher noch genügend Zeit darüber zu diskutieren.

Das ist der Hubschrauber, mit dem wir Ihnen später die Fahrt der Mannschaftsbusse zum Stadion übertragen werden. *(als gerade der Bundespräsident und der Bundeskanzler mit einem BGS-Hubschrauber ankamen)*

Jetzt spielt Leverkusen zu zwölft, da Hans-Jörg Butt sein Tor verlassen hat.

Von diesen zehn Quadratmetern, auf denen Bernd Schneider jetzt steht, sind die gefährlichsten Aktionen ausgegangen. Die könnte man glatt einzäunen. *(beim WM-Viertelfinale Deutschland - USA)*

Es ist schon an der Grenze zum Genuss, den Koreanern zuzusehen.

Es gibt Parallelen, die gibt es gar nicht.

Was nützt die schönste Viererkette, wenn sie anderweitig unterwegs ist?

Die Amateure von Mainz 05 – böse Zungen fragen: Hat Mainz 05 überhaupt Profis? *(Anmoderation des Pokalspiels Mainz 05 Amateure - Hansa Rostock)*

Wenn der Song auch noch bei Bayern wäre, würden die ihre Gegner schon in der Kabine fressen. *(zu einem Gerangel zwischen Oliver Kahn und Rigobert Song)*

Wenn man Gelb hat und so reingeht, kann man nur wichtige Termine haben. *(nach einer gelb-roten Karte)*

Obwohl man sich mit Prognosen zurückhalten sollte, gehe ich jede Wette ein, dass es ein Riesenendspiel wird.

307

Und wenn Wembley die Kathedrale des Fußballs ist, dann haben die Deutschen hier heute einen kräftigen Schluck Weihwasser gesoffen, das Gesangbuch geklaut und die Kerzen ausgepustet.

Oh, ich habe da gar kein Handspiel gesehen. *(Spieler tritt anderem fast die Zähne aus; Schiri pfeift)*

Halten Sie die Luft an und vergessen Sie das Atmen nicht!

Vorher hat Rudi Völler gesagt, das Ergebnis sei zweitrangig. Mittlerweile können wir froh sein, dass es nicht zweistellig ist. *(zur Halbzeit des Länderspiels Rumänien gegen Deutschland; Endstand 5:1)*

Fritz Klein *(ARD-Sportkommentator)*
Wenn ich Linksaußen sage, meine ich natürlich immer linker Außenverteidiger.

Der Beifall gilt Hansi Müller, der sich jetzt auszieht.

Günther Koch
Und selbst wenn jemand dort drüben die Gegengerade abreißen würde – ich würde es nicht sehen. *(während des Bundesligaspieles Bayern München - MSV Duisburg, bei dem dichter Nebel herrschte)*

Die Flanke geht ins Niemandsland, eigentlich heißt's Strafraum, aber da ist keiner. Und der Ball, der denkt sich, wenn keiner da ist, dann lauf' ich halt ins Aus.

Der Ball ist im Schlafraum.

Man fasst sich ans Hirn, wenn man noch eins hat ...

Harmlos, gelähmt, unsicher, nervös, mit wackligen Knien. Der FC Wackelknie, der FC Nürnberg, die Clubberer, ja was ist denn, wo denn, da muss man doch kämpfen, wenn es gegen den Abstieg geht, und der Sportklub, frei, locker, der FC Lockerburg spielt hier, muss sich nicht einmal anstrengen.

Die Zuschauer schauen auf die Uhr: oje, noch 14 Minuten – das ist noch lange, schauen in die Flasche – die ist lange leer, schauen auf den Schiedsrichter – und bewundern ihn. Denn er hat ein weitaus größeres Laufpensum abgelegt als jeder der anwesenden Profis.

Oliver Koch
In Leverkusen schielen heute alle auch mit den Ohren nach Bochum.

Georg Kofler
Ich sage es mal so: Bevor ein neuer Pay-TV-Sender einen Euro Gewinn abwirft, werde ich Torschützenkönig der Bundesliga. *(zu Plänen der DFL, einen eigenen Liga-TV-Sender aufzubauen)*

Kölner Express
Immer wieder geben Jupp Derwall und Erich Ribbeck ihr Aufgebot bekannt. Wann ist denn nun endlich die Hochzeit?

Dieter Kürten
Die Stadt ist schwarz voller Menschen in Orange.

Gerade hat der Stadionlautsprecher gesagt ...

Ein »bombensicheres Mittelfeld« – ist mir eben rausgerutscht. Ich möchte das gerne streichen und korrigieren auf »baumstarkes Mittelfeld«. *(kurz nach dem 11. September 2001)*

Erich Laaser
Balakow hat viel Raum – und Platz ohne Ende.

Dortmund hat zwar einen Hitzfeld, aber keine Rasenheizung.

Das war die roteste Karte seit der Erfindung dieser Einrichtung.

Wolfgang Ley
Foul von ... na wer wohl? Von Fowler!

Jetzt der Rumäne Hagi! Man spricht ihn wirklich Haadschi. Manche sprechen ihn Hatsch, aber das ist Quatsch.

Letchkow, der die Deutschen bei der WM über den Jordan brachte.

Häßler verliert das Kopfballduell. Das musste ja mal so kommen.

Ja, das ist Arigo Sacchi. Es heißt ja Forza Italia, und bald hat er seinen letzten gelassen! *(beim Spiel Italien - Nigeria kurz vor Schluss, Stand 0:1)*

Der Renato, der Renato hat 'nen Schuss wie Schokolato.

Das Spiel von di Livio läuft wie geschmiert.

Schauen Sie nur seinen Mund an. Der ist so breit, wenn der lacht, bekommen die Ohren Besuch!

Vier, das heißt auf Italienisch »quattro«, aber trotzdem ist Angelo Vier nicht der Sohn von Suzi Quattro.

Monica Lierhaus
Die Kroaten sind eindeutig im Vorteil. Rund 15 deutsche Fans werden heute in Klagenfurt erwartet – aber 50.000 Kroatische!

Markus Lindemann *(Premiere-Kommentator)*
In das taktische Konzept von Lorenz-Günther Köstner passt dieser Rückstand meiner Meinung nach nicht.

Lokalanzeiger Bischofsheim
Das morgige Spiel gegen Gräselsheim wurde schon ausgetragen und entfällt somit.

M

Heinz Mägerlein (*ARD-Sportkommentator*)
Der Ball liegt circa 22,40 Meter vorm Tor.

Murdo McLeod (*schottischer Kommentator*)
Das war nur einen Meter davon entfernt, ein zentimetergenauer Pass zu sein.

Tibor Meingast (*ZDF-Sportkommentator*)
Der Ball prallte an beide Pfosten und zog sich eine Aluminiumvergiftung zu.

Wilfried Mohren
Heinrich verletzt den Platz.

Was Sie hier sehen, ist möglicherweise die Antizipierung für das, was später kommt.

Wie auch immer es ausgehen mag, es war ein schwer erkämpfter Sieg für die Bayern.

Das klingt doch sehr zuversichtlich aus den Mundwinkeln von Holger Gehrke.

Thuram und Lizarazu sind zurückgeblieben.

Das ist Taifun, der ja für den sich selbst verletzenden Ümit hereingenommen wurde.

Da wird Handspiel repariert!

Wir nähern uns jetzt dem Punkt im Spiel, der der Dreh- und Angelpunkt sein kann, muss aber wohlgemerkt nicht der Kulminationspunkt sein.

Brian Moore (*englischer Fußballkommentator*)
Rosenborg hat 66 Spiele gewonnen, und sie haben in jedem getroffen!

Newcastle, na klar, ungeschlagen bei seinen letzten fünf Siegen.

Uwe Morawe (*DSF-Sportkommentator*)
Simak hat einen Vertrag bis 2005. Wenn ihn da jemand herauskaufen will, kostet er eine Menge Stange Geld.

Der geht mir auf den Sack, der Jovic, das ist ein Scheißspieler.

Durch den Tunnel wird der 1. FC Saarbrücken nach Hause geschickt. (*gemeint war: beim entscheidenden Gegentor ging der Ball Torhüter Eich durch die Beine*)

John Motson (*BBC Kommentator*)
Die Weltmeisterschaft ist wirklich ein internationales Turnier.

Das Spiel ist zu Arsenals Gunsten ausgeglichen.

Beinahe alle brasilianischen Fans tragen gelbe Kleidung. Das ist eine einzigartige Farbenvielfalt.

Wir werden dafür bezahlt, dass wir zuschauen. Ansonsten würden wir uns auch wegdrehen. *(zum Elfmeterschießen Englands gegen Portugal)*

Für die Zuschauer, die das Spiel auf einem Schwarz-Weiß-Fernseher verfolgen: Die Spurs spielen in den gelben Trikots.

Hansi Müller
Ich weiß gar nicht, warum die nicht alle die neue Traction-Sohle von adidas haben wie Klinsmann, der fällt wenigstens nicht um. *(als Co-Moderator und adidas-Repräsentant bei einem Spiel)*

Günter Netzer
Ich habe eher gesehen, dass sie solche Milchgesichter haben wie Sie. *(nachdem Gerd Delling ihn gefragt hatte: »Haben Sie auch die selbstbewussten Gesichter der Färinger gesehen?«)*

Alle erwarten, dass hier ein Sieg herumspringt.

Ich bin kein Sanierungsfall, meine Haare bleiben so, wie sie sind. *(zu der Aktion einer Boulevardzeitung, die ihm eine neue Frisur verpassen wollte)*

Alle wollen an meine Haare!

Im Mittelfeld gibt es eine Konservation von Spielern.

Das ist das größte Kompliment, was sich eine Mannschaft zuteil werden kann.

Das ist sicher ein Vorteil. Dass sie eingespielt sind, dass sie sich schon mal kennen gelernt haben, dass sie sich schon mal erfolgreich kennen gelernt haben, ... das ist mit Sicherheit ein Vorteil.

Ich hoffe, dass die deutsche Mannschaft auch in der 2. Halbzeit eine runde Leistung zeigt, das würde die Leistung abrunden!

Man wusste bei mir immer, wo ich dran war. *(über seine rhetorischen Fähigkeiten)*

Der beste Lehrmeister ist nicht Franz Beckenbauer oder sonstwer aus der Prominenz. Der beste Lehrmeister ist die Straßenlaterne, die man als Knirps zu umspielen sucht. Oder Passanten. Oder Bordsteinkanten.

Der Schütze sollte nie selber schießen.

Wunderschön, mit dem Außenspann, teilweise mit dem Vollspann.

Hätte ich das Sagen, ich würde auf Disziplin und Ordnung achten, sofort die Spieler aussortieren, die meine Regeln nicht beachten. Freiheiten, die sich Günter Netzer einst in Gladbach herausnahm, würde ich heute nicht gestatten.

Medien

Netzers Kommentare sind wie sein Haarschnitt – langweilig. *(Stefan Effenberg)*

Neue Rhein-Zeitung
Auch mit Fuchs wurde Fortuna nicht schlau. *(zur Entlassung von Trainer Fuchs bei Fortuna Düsseldorf)*

Neue Züricher Zeitung
Wenn zwei Männer in den Fünfzigern sich umschlungen halten wie beim Stehblues und dann wie Kinder tanzen, muss etwas Besonderes passiert sein. *(die jubelnden Hoeneß und Magath nach einem glücklichen 2:2 durch zwei Tore in der Schlussphase)*

Newsletter von Bayern München
Am Samstag will der FC Bayern in Cottbus den nächsten Schritt auf dem Weg zur deutschen Mannschaft machen.

Holger Obermann *(ARD-Sportjournalist)*
Und wieder ein Konter – wieder Cha Bum – was macht er? – wieder drüber! *(kommentiert eine Wiederholung, ohne es zu merken)*

Zwei Minuten gespielt, noch immer hohes Tempo.

Es kann schon sein, dass die größten Abenteuer in aller Stille stattfinden. Aber doch nicht beim Fußball!

Michael Pfad *(RTL-Sportkommentator)*
Ich habe den Pfosten gehört. *(zu seinem Field-Reporter während der Live-Übertragung des Nebelspiels Hertha - FC Barcelona)*
Stefan Kuntz: »Ich glaube, das war eher ein Alustollen.«

Günter-Peter Ploog
Keiner ist mehr zu halten, keiner setzt sich mehr von den Stehplatzbesuchern.

Polnisches Fernsehen
Ballbesitz: Polen 69 %, Ungarn 48 % *(Einblendung während eines EM-Qualifikations-Spiels)*

Tino Polster
Herr Wildmoser und sein Sohn sind schon abgereist, wir grüßen sie posthum. *(Werders Mediendirektor zu Beginn der Pressekonferenz in Bremen)*

Wolf-Dieter Poschmann
Die deutsche Nationalmannschaft erlebte bisher ein Jahr mit Hochs und Ups.

Da ist der Rudi Völler gut bestückt. *(bespricht die Aufstellung der deutschen Mannschaft)*

Von Jürgen Kohler, den sie alle nur »Kokser« nennen, zurück zum heutigen Gegner Kolumbien – eine gelungene Überleitung wie ich finde.

Und wie sieht's in Brasilien aus, dem Mutterland des Fußballs?

Wir erinnern uns: Gegen Portugal gab es schon mühevolle Unentschieden- und Remis-Spiele.

Sie merken schon, liebe Zuschauer, die Erde ist eine Scheibe und der Kopf des Fußballreporters ein Ball.

Herr Lehmann, wir schießen gleich auf die Torwand, machen Sie sich doch schon mal heiß, aber verletzen Sie dann niemand.

Das war schon Stärke 9 auf der nach oben offenen Kahn-Skala. *(zum Foul des türkischen Torhüters Rüstü im EM-Qualifikationsspiel gegen England)*

Pressemitteilung des VfB Stuttgart
Für das nächste Bundesliga-Heimspiel des VfB Stuttgart gegen Schalke 04 sind nur noch 1.500 teilweise sichtbehinderte Eintrittskarten in der Nähe des Baustellenbereiches erhältlich.

Pressemitteilung
Sachbeschädigung an Pkw – Beckham, Rooney und Owen festgenommen. *(Überschrift einer Pressemitteilung der Dresdner Polizei, die in der Nacht zum 21. Juni drei neuseeländische Randalierer aufgriff, die Trikots ihrer englischen Idole Beckham, Rooney und Owen trugen)*

Radioreporter auf B-5-Aktuell
Abschlag Barcelona, an der Mittellinie befinden sich jetzt zwei bis drei Spanier, und da irgendwo vermute ich auch den Ball. *(beim Nebelspiel Hertha - Barcelona)*

ran
In der letzten Saison hat der VfL Bochum von 5 Elfmetern 6 verschossen.

ran online
Um den Leverkusener Spielaufbau machte sich vor allem das Trio Emerson und Beinlich verdient.

Hans-Joachim Rauschenbach
Bei der Eintracht kriselts im Vorstand. Und wie jeder weiß: Wenn der oberste Knopf falsch geknöpft ist, sitzt der ganze Anzug schief.

Jetzt also Warschauer Würstchen gegen Couscous. *(Ankündigung des WM-Spiels Polen - Marokko)*

Die bittere Nuss der Niederlage ist allzu schwer zu kauen.

Marcel Reif
Das ist der Mann mit dem typisch afrikanischen Vornamen Manfred.

Manche Dinge müssen einfach raus. *(über Roque Santa Cruz, dem während des Spiels etwas aus der Hose hing)*

In acht Minuten drei Tore, was können wir als Kassenpatienten mehr verlangen.

Es gibt ja ein paar Teile am Körper, die möchte man ja noch mal verwenden können.

Das war eine halbe dicke Chance. Er spielt besser, als er aussieht.

Und dieser öffnende Pass brachte wieder 57 Zentimeter Raumgewinn!

Klemmt der Dödel? *(im Glauben, gerade nicht auf Sendung zu sein)*

Das ist eine Crux des Sportjournalismus. Wir waren alle früher selbst glänzende Kicker und sind nur durch Pech und Schicksal keine Stars geworden. Und weil wir alle notorisch jung bleiben wollen, erliegt man leicht der Versuchung, sich durch Duzerei mit den Sportlern gemein machen zu wollen.

Die Stille hier ist mit Händen zu greifen.

Da nutzen sie geschickt die ganze Höhe des Raumes aus. *(zu einer Kerze)*

Wenn die Hamburger jetzt in der Abwehr gut stehen und kein Tor mehr zulassen, werden sie auf jeden Fall nicht mehr verlieren. *(beim Stand von 1:0 für den HSV)*

Wenn Sie dieses Spiel atemberaubend finden, dann haben Sie's an den Bronchien.

Ich darf als Reporter ja nicht parteiisch sein ... ich will auch nicht parteiisch sein – aber ... lauft, meine kleinen schwarzen Freunde, lauft!!! *(beim WM-Spiel Kamerun - Argentinien beim Stand von 1:0)*

Meine Damen und Herren, ich kann Sie beruhigen. Am Spielstand hat sich in der Pause nichts geändert.

Das muss doch ein Ansporn für Jugendspieler sein, wenn man beidfüßig schießen kann, dann hat man 50 Prozent mehr Möglichkeiten ... oder sind es gar 100?

Christine Reinhardt
Na, Herr Chapuisat, hat denn Berti Vogts schon bei Ihnen angeklopft? *(zum Schweizer Nationalspieler)*

Bela Rethy
Und jetzt kommt die Sanitär-Abteilung. *(kommentiert Deutschland - Island, Sanitäter laufen aufs Feld)*

Natürlich kommen die Angriffe der Spanier nicht mehr so flüssig daher – zu hoch der Flüssigkeitsverlust.

Nowotny – für mich einer von vier, die gesetzt sind. Außer ihm noch Kahn, Bierhoff, Kirsten und Matthäus.

Die höchste Niederlage seit 50 Jahren – und Sie können sagen, dass Sie dabei waren. *(bei der 1:5-Niederlage Deutschlands in Rumänien)*

Da liegt der Ball auf dem Dach der BayArena. Aber der DFB, so wie ich ihn kenne, hat sicher noch einen zweiten dabei.

Jetzt kommt einer, der in der Lage ist, im Eins-gegen-eins Überzahl zu schaffen.

Der eingewechselte Spieler Folha heißt auf Deutsch Blatt, das es ja jetzt auch zu wenden gilt.

Ziege ist da umgeknickt ... Scheint sich um eine Schulterverletzung zu handeln.

Portugal spielt heute mit sechs Ausländern.

Der Oberarm gehört zur Hand.

Im Gegensatz zu Stoiber war Pelé dreimal Weltmeister.

Jens-Jörg Rieck
Sie haben ja ein paar bärenlange Jungs da vorne. *(kommentiert einen Eckball des VfB Stuttgart)*

Und der Grieche schießt flach aufs Tor, aber der Ball geht drüber.

Manager Meier sieht eine Partie auf dem Niveau der BVB-Aktie: Langeweile knapp über null.

RTL-Kommentator
Der Ball noch abgefälscht von einem Schweizer, dem Kameruner Atouba. *(beim Champions-League-Spiel Manchester United gegen FC Basel)*

Gerd Rubenbauer
Ribbeck wünscht sich heute seine Mannschaft – im taktischen Sinne – als eine Ansammlung von Flachmännern. *(über die Kopfballstärke der Engländer)*

Die beiden liefern sich im wahrsten Sinn des Worts ein Entkleidungsduell.

Direkt vor den Augen des Kaisers, der zudem mit der Brille da ist.

Früher hieß es immer, sie könnten nur im eigenen Land enthusiasmiert Fußball spielen.

Wenn er von hinten kommt, ist er nicht zu halten!

Die »Rudi«-Rufe hat es vorher nur für Uwe Seeler gegeben.

Sascha Rufer
Bei diesem Spiel erkennt man den Unterschied zwischen guten und schlechten Herzschrittmachern.

Die Stimmung auf den Rängen kommt mir vor wie bei der Einweihung einer Kläranlage.

Als ich das mal versuchte, trug ich danach drei Wochen eine Halskrause. *(nach einem Fallrückzieher-Tor)*

Mario Santi *(Schweizer TV-Kommentator)*
Die Ola geht durch die Welle.

Ich weiß, dass diese Frage nicht gut ist, aber ich stelle sie trotzdem.

Gerald Saubach *(ORF-Reporter)*
Eins zeigt die Statistik ganz deutlich: Wenn Tirol kein Tor erzielt, haben sie immer entweder unentschieden gespielt oder verloren.

Bernd Schmelzer
82 Minuten vorbei, dann ging Glieder, von Assauer fast krankenhausreif getätschelt.

Da lässt sie ihre Gegnerin stehen wie eine Peking-Ente. *(bei einem 8:0-Sieg der deutschen Frauenfußball-Olympia-Auswahl gegen China)*

Luder, Lappen, Litauen. *(eigenwillige Betitelung eines Beitrags über Oliver Kahn im Vorfeld des Länderspiels Deutschland-Litauen)*

Frank Schmettau
Gelb-Rot gegen den gelb-roten Braun, der die Braunen gefoult hatte. *(beim Spiel St. Pauli [braun] gegen Karlsruhe [gelb-rot])*

Robert Seeger *(ORF-Kommentator)*
Nein, tut's uns das nicht auch noch an. *(als beim 0:9-Debakel der Österreicher in Spanien eine Nachspielzeit von vier Minuten angezeigt wird)*

Würde mich nicht wundern, wenn er im nächsten Spiel in der Anfangsformation sogar beginnen könnte. *(zur Leistung eines Spielers)*

Savic spielte schon bei Rijeka und in Spanien – bei Sporting Lissabon.

Die Bulgaren wärmen bereits einen Spieler auf.

Er hat deutlich nur den Fuß gespielt. *(kommentiert ein Foul im Grazer Lokalderby)*

Das ist ein absolutes Novikum.

Der Ball geht ins Seitenaus – und es gibt Eckball.

Jetzt brauchen die Italiener ein Riesenquäntchen Glück, wenn sie noch aufsteigen wollen. *(nach Bulgariens 1:0-Führung gegen Italien bei der EM 2004)*

Es gibt Elfmeter-Alarm im Strafraum.

SFB-Videotext
Vor dem Auswärtsspiel am Freitag in Ahlen plagen den Fußball-Zweitligisten 1. FC Union Berlin die Ausfallliste immer länger.

Steffen Simon
Spanien unverändert in die zweiten 40 Minuten startend. 45 Minuten Zittern für Portugal.

Für die Schalker hat sich die Fahrt gelohnt. Auswärtssieg und sie haben mal eine richtig schöne Stadt zu sehen gekriegt. *(nach Schalkes 1:0 im UEFA-Cup bei Hearts of Midlothian)*

Sie haben unsere Telefon-Hotline gesehen. Wenn Sie einen Franzosen sehen, der sich bewegt, rufen Sie mich an! *(kommentiert Frankreich-Griechenland bei der EM 2004)*

Brügge ist ein wunderschönes, aber sehr, sehr kleines Städtchen mit 120.000 Einwohnern.

Werkzeugtasche auf, Vorschlaghammer raus und mitten rein, da wo es Spaß macht. *(zum Tor von Marcelinho im Liga-Cup gegen Bayern)*

Sportkurier
Horst Sattler und Norbert Wodarzik, die beiden bekannten Stürmer des SSV Reutlingen, haben sich dieser Tage verlobt.

Matthias Stach
Wie wir hören, hören wir nichts, aber immerhin sehen wir's.

104 Jahre haben die Kartoffelkäfer darauf gewartet. *(zur UEFA-Cup-Teilnahme der schwarz-gelben Aachener)*

Stadionheft des 1. FC Kaiserslautern
Der Gegner ist schwer bespielbar.

Stadionheft von Kickers Offenbach
Die Fahrt nach Rüsselsheim kostet 5,90 Euro (hin und zurück also 12,80 Euro).

Stadionsprecher des TSV 1860 München
Es wird euch einen Scheißdreck interessieren, aber der FC Bayern München ist Deutscher Meister.

Stadionsprecher in Bielefeld
Die U17 von Arminia hat heute in der Regionalliga gegen Fortuna Düsseldorf trotz eines 0:1-Rückstands mit 4:0 gewonnen.

Stadionsprecher in Paderborn
... und ich bedanke mich bei den 11.500 Paderborner Fußballfans, die heute nicht mit ihren Autos die Hermann-Löns-Straße verstopft haben... *(nach dem Spiel gegen die Polizeinationalmannschaft, welches nur ca. 50-60 Personen sahen)*

Michael Steinbrecher
Die 1. Halbzeit zerfällt in zwei Hälften: die erste Hälfte dominierten die Rumänen, und die zweite Hälfte die Rumänen.

Hier sehen wir die Wärmauf-Übungen der deutschen Mannschaft.

Karin Storch *(Leiterin des ZDF-Studios in Rom)*
Und das war für viele Italiener hier doch ein Elfmeter und nicht nur ein Strafstoß.

Süddeutsche Westpresse
Im gemütlichen Einvernehmen hat sich Fußball-Zweitligist Fortuna Köln von Trainer Rudi Gutendorf getrennt.

Süddeutsche Zeitung
Riedle, der für seine Größe ziemlich hoch springen konnte, hieß »Air Riedle«, Möller, der für sein Alter ziemlich wehleidig war, hieß »Aua Möller«.

Die größte Hamburger Blamage seit Ronald Schills Versuch einer Rede vor dem Bundestag. *(zum Ausscheiden des HSV in der 1. Runde des UEFA-Pokals gegen Dnjepopetrowsk)*

Das Verhältnis zwischen Ude und Wildmoser umschreibt ein Beteiligter als »nicht ganz herzlich«, aber »gepflegt mitteleuropäisch«.

Hartz IV ist angekommen bei den Fußball-Profis. *(Klaus Hoeltzenbein, stellv. Ressortleiter SZ-Sport, zu den Wochenend-Straftrainings von 1860 München und dem 1. FC Köln, nachdem beide Teams am Tag zuvor desolat spielten und verloren)*

Südkurier
FC Tasmania Zimmern - FC Hochemmingen 0:2 (0:1). Tore: 0:1 (36.) Löffler per Foulelfmeter, 0:2 (72.) Hodic – Zuschauer: Sepp, Eugen, Brigitte.

tm3-Kommentar
Es ist mucksmäuschenstill im Bernabeu-Stadion. Es singen nur die Bayernfans.

Rolf Töpperwien
Wir sollten alle den Calli mal umarmen... oder es zumindest versuchen.

Dies ist überlebensnotwichtig für den Verein.

Jonathan Akpoborie: dicker Hals, dicke Lippe. *(kommentiert eine Auswechslung)*

Jetzt! Jetzt betritt Otto Rehhagel deutschen Boden! *(bei der Rückkehr von Werder Bremen nach dem Europapokalsieg 1992)*

Rolf Töpperwien kennt jeder. Weniger, weil er wunderbare Fragen stellt, sondern weil er mal eine Puff-Rechnung nicht begleichen wollte, und weil er sich einmal im Rausch selbst angezündet hat. Also deshalb, weil er wie kein Zweiter dem überwiegenden Teil der Fußballfans das Gefühl gibt, einer von ihnen zu sein, ein Fan, dem irgendjemand ein Mikro und einen ZDF-Ausweis gegeben hat, weshalb er jetzt halt manchmal ein bisschen durchdreht. *(Süddeutsche Zeitung)*

Sabine Töpperwien
Er wird nun ausgewechselt, da er sehr stark platzverdächtig gefährdet war.

... wie Statisten ausgerechnet haben ...

Und da stehen sie rum, die Abwehrspieler von Bayer Leverkusen, wie Pik-Sieben, wie von der Tarantel gestochen.

Da ärgert er sich wie ein Schneekönig. *(über eine vergebene Großchance)*

Die Stuttgarter massieren sich in der eigenen Hälfte.

Fritz von Thurn und Taxis
Oh mein Gott, da ist ja einer umgekippt ... *(während ein Spieler Dehnübungen im Liegen macht)*

Ich hatte das Gefühl, dass Sie ein gutes Gefühl hatten, Jürgen Röber?

Silva ist wieder auf dem Platz, aber er humpelt. Man möchte ihm gern einen Stock reichen, damit er sich besser fortbewegen kann.

Frankreich, der erste Anwärter auf die Titelverteidigung. *(beim Eröffnungsspiel der WM 2002)*

Thomas Wark *(ZDF-Sportkommentator)*
Auch vor der Verlängerung kein Wechsel, vor allem bei Schalke nicht.

Gottfried Weise
Eine afrikanische Mannschaft zu trainieren, ist für jeden europäischen Trainer wie einen Haufen Termiten zu trainieren.

Unter Statistikern wird man sagen: Es hat schon torreichere Spiele gegeben. *(nach einem 0:0 zwischen Südafrika und Burkina Faso)*

Österreich verliert einen Punkt, man kann sogar sagen, verliert zwei Punkte.

Die Alarmglocken läuten leise.

Ein international beleckter Spieler.

Elton Welsby *(englischer TV-Kommentator)*
Es folgen die Tore vom Spiel an der Carrow Road, das 0:0 endete.

Tom Westerholt *(WDR-Eins-Live-Reporter)*
Die Bayern haben schon vier von zwölf Spielen verloren – also ein Viertel.

Michael Wiese *(Premiere-Sportkommentator)*
Wolfsburg hat die letzten drei Heimspiele verloren zu Hause.

Der Ball, das unbekannte Wesen.

Jörg Wontorra
Das ist fast wie bei Lady Di! *(KSC-Fans hatten nach der Schäfer-Entlassung Blumen vor dem Stadion niedergelegt)*

Telefonieren Sie mit uns oder rufen Sie uns an!

Ich drücke Ihnen alles Gute.

Schuld am schlechten Spiel der Hamburger ist die fehlende Präzisität.

Dortmund weiter nach vorn, der BVB stellt sich erst mal hinten rein. *(zur taktischen Lage im Spiel Dortmund gegen Stuttgart)*

Werner Zimmer
Das bedeutet, dass der Zuschauerschnitt unterboten wurde, und zwar negativ.

Ich habe dieses Spiel mit einem Auge gesehen. Mit dem anderen war ich in Berlin.

Vereine

Vereine

LR Ahlen
Wer den Schiedsrichter beschimpft oder beleidigt, muss mit der Verweisung vom Sportplatz rechnen. Der Vorstand. *(Schild im Gästeblock)*

Ajax Amsterdam
Die Fans z.B. von Ajax, die sind ja traditionell gewalttätig. *(Karl-Heinz Rummenigge)*

BFC Dynamo
Neuer Dauerkarten-Rekord beim BFC Dynamo: Der BFC konnte den Verkauf von Dauerkarten in der neuen Saison verdoppeln!!! *(BFC Dynamo-Presseinformation [Anmerkung: von 17 auf 36 Stück])*

Hertha BSC Berlin
Da fasse ich mir doch an den Kopf. Die ticken doch alle nicht ganz richtig. Hertha spielt doch grausamen Fußball. *(Mario Basler über Titelambitionen von Hertha BSC Berlin)*

Die Hertha ist die größte Berliner Lachnummer. Kleiner Trost: Einst gab es die Tasmanen, schlechtester Bundesliga-Absteiger aller Zeiten. Da kann sich Hertha noch so anstrengen: Das schafft sie nicht! *(Kicker)*

Hat die kleene Hertha det wirklich jeschafft im Pokal? *(der in Berlin geborene Thomas Häßler, im Dezember 1992 zum 2:1-Pokalsieg der Hertha-Amateure gegen den 1. FC Nürnberg)*

Unsere Profis sollten den Amateuren jetzt die Schuhe putzen, denn sie werden in der kommenden spiellosen Zeit von ihnen finanziert. *(Hertha-Schatzmeister Heinz Strieck nach dem Pokal-Erfolg der Amateure gegen den 1. FC Nürnberg)*

Union Berlin
Die Mauer muss weg. *(Fans des 1. FC Union Berlin zu DDR-Zeiten bei Freistößen)*

Die Gegner müssen wissen, dass es in der Alten Försterei außer blauen Flecken nichts zu holen gibt. *(Mirko Votava)*

Arminia Bielefeld
Was ist denn das hier für eine Raucher-Höhle? *(Ewald Lienen über den Presseraum)*

Wir Arminen sind auch Deutscher Meister, allerdings nur in Ostwestfalen. *(Ernst Middendorp nach einem 1:2 auf Schalke)*

Wegen des Teutoburger Walds kommt niemand. *(Trainer Hermann Gerland zu Neuverpflichtungen in Bielefeld)*

Vereine

Die denken doch alle, auf der Alm gibt es keine Tore. *(Hermann Gerland nach einer Niederlagenserie von acht Spielen über den Frust der Fans)*

Athletic Bilbao
Für Athletic ist es ein Luxus, einen Trainer wie mich zu haben. *(Jupp Heynckes)*

VfL Bochum
Wenn die Bochumer wieder dabei sind, dann glauben sie, ihnen gehört die Bundesliga. Und dann heulen sie rum, weil sie zum 100. Mal abgestiegen sind. *(Andreas Möller)*

Wir hatten gedacht, dass wir Bochum überrollen könnten. *(der genervte zweifache Torschütze Andreas Neuendorf nach einem glücklichen 2.2 von Hertha BSC beim VfL Bochum)*

Bochum ist zu Hause wirklich 'ne Heimmannschaft. *(Boris Becker)*

Wer in Bochum von Strafraum zu Strafraum geht und sich dabei nicht den Knöchel bricht, dem gebe ich einen aus. *(Christoph Daum)*

Diese Vierer-Abwehrkette der Bochumer ist eine Beleidigung für jede Fahrradkette. *(Manfred Breuckmann)*

In Bochum wurde früher so geholzt, dass sogar der Ball eine Gefahrenzulage verlangt hat. *(Max Merkel)*

Bochum sollte den Antrag stellen, das Ruhrgebiet in Neururergebiet umzubenennen. *(Michael Meier, nachdem Bochum mit Trainer Peter Neururer nacheinander Schalke und Dortmund geschlagen hatte)*

Die Bochumer werden von uns durch einstimmigen Vorstandsbeschluss zum ersten Absteiger gemacht. *(Arminia Bielefelds Präsident Hans-Hermann Schwick, nachdem der Bielefelder Stürmer Momo Diabang einen Vertrag beim VfL unterzeichnet hat, der nur für die Bundesliga gilt)*

Eintracht Braunschweig
Ich bin nicht gescheitert, weil ich aus dem Osten kam. Gescheitert bin ich an den Problemen der Eintracht, die besser Zwietracht heißen sollte. *(Trainer Joachim Streich)*

Werder Bremen
Bremen ist wie eine Wundertüte: Entweder sie erwischen einen Scheißtag oder sie ziehen ihr Ding eiskalt ab. *(Thomas Ernst)*

Bremen war ein Albtraum. Es muss die kälteste Stadt auf dieser Erde sein. Ich habe immer gefroren, ich habe niemanden verstanden, und mir ging es schlecht. *(Junior Baiano)*

Werder Bremen, die spielen so zuverlässig wie die Nussknacker. *(Werner Hansch)*

FC Chelsea London

Sogar der Milchverkäufer glaubt, dass wir doppelt so viel bezahlen wie andere. *(Vorstandsvorsitzender Bruce Buck zu den überzogenen Forderungen anderer Klubs)*

Energie Cottbus

Das ist keine Gurkentruppe, auch wenn sie aus der Lausitz kommt. *(Erich Laaser)*

Energie Cottbus ist hier eine Ersatzreligion. Da wird sogar die Tribüne hypnotisiert. *(Reiner Calmund)*

Das sind doch alles Nationalspieler, wenn auch von etwas kleineren Nationen. *(Volker Finke)*

Um in den Rücken dieser Cottbuser Abwehr zu kommen, hätte man bis zur Werbebande spielen müssen. *(Klaus Allofs zur Defensiv-Taktik des FC Energie)*

Dnjepr Dnjepropetrowsk

Da wollt ich schon immer mal hin. *(Bernd Hollerbach zur Aufgabe in der ersten Runde des UEFA-Pokals gegen die ukrainische Spitzenmannschaft)*

Borussia Dortmund

Wenn ein Dortmunder Spieler bei der Einwechslung stolpert, schreien die Fans »Foul«. Das ist hervorragend – für den BVB. *(Christoph Daum)*

Wenn im Westfalenstadion der Rasen gemäht wird, stehen hinterher 20 Mann zusammen und erzählen, wie es gewesen ist. *(Max Merkel über die Borussia-Fans)*

Fans von Borussia Dortmund dürften in diesem Jahr mehr betriebswirtschaftliche Grundkenntnisse erworben haben als mancher BWL-Student. *(»Süddeutsche Zeitung« zum Börsengang des Vereins)*

Vor einem Jahr hätte man solche Zustände im deutschen Fußball noch für Satire oder Science-Fiction gehalten. *(»Süddeutsche Zeitung« über die Management-Machenschaften des BVB)*

Ich möchte Dortmund einladen, an der niederländischen Meisterschaft teilzunehmen, damit ich dann auch immer Punkte holen kann. *(Huub Stevens)*

In Dortmund hast du immer ein Gefühl wie beim Militär. *(Sunday Oliseh über seinen Ex-Verein)*

Die haben Fußball-Fachmänner, die haben so viel Ahnung vom Fußball wie ich vom Breakdance. *(Thomas Häßler über seinen Ex-Klub Borussia Dortmund)*

Wenn es in Dortmund nicht so läuft, fängt das Publikum erstmal langsam an nichts zu machen. *(Udo Lattek)*

Die brauchen Eier. Und einen, der ihnen da mal kräftig reintritt. *(Udo Lattek über die anhaltend schwachen Auftritte der vermeintlichen Starspieler des BVB)*

Ich bin fest davon überzeugt, dass Borussia Dortmund in der 2. Liga ... äh ... in der 1. Liga bleibt. *(pikanter Versprecher von Bayern-Trainer Ottmar Hitzfeld)*

Die Frage für Borussia Dortmund iss: Kaufsse jetz so'n Carew, oder kaufsse den Busfahrer von Wattenscheid, weil der alle Wege inne 2. Liga kennt? *(Kabarettist Bruno Knust)*

Es ist ein offenes Geheimnis – ich stehe der Borussia aus Dortmund bei und das ist im Augenblick nicht lustig – denn der BVB-Fan greift zuerst zum Wirtschaftsteil der Zeitung. *(Joachim Król)*

Mit 30 Mios von Abramowitsch können wir unsere Löcher nicht stopfen. Ich würde es bei Ebay versuchen. *(Kommentar eines BVB-Fans auf der Internetseite www. schwatzgelb.de zum Angebot von Chelsea London an Tomas Rosicky)*

Dynamo Dresden
Mein Wissensstand über Dynamo Dresden ist der, dass ich keinen Wissensstand habe. *(Wolfgang Häuser, Liga-Sekretär des DFB)*

MSV Duisburg
Ich wusste gar nicht, wie viele Idioten in einen Fanblock passen. *(Michael Schulz)*

Prima, das Duisburger Publikum, es unterstützt die eigene Mannschaft. *(Uli Potofski)*

Wir sind eine große Familie, und der Präsident ist unser Papa. *(MSV Duisburgs Mittelfeldspieler Ivica Grlic über das Erfolgsgeheimnis der »Zebras«)*

Wenn sie oben sind, dann sind sie dazu verurteilt, im Jahr darauf wieder abzusteigen. Da frage ich mich: Was nutzt das? *(Roland Wohlfarth)*

Fortuna Düsseldorf
Lieber mit Fortuna in die 4. Liga als einmal zu den Bayern. *(Campino)*

Jeder sollte an irgendetwas glauben, und wenn es an Fortuna Düsseldorf ist. *(Campino)*

Holt die Antidepressiva raus – Fortuna Düsseldorf spielt! *(Manfred Breuckmann)*

Eintracht Frankfurt
Wunschgegner ist Eintracht Frankfurt in der ersten Runde oder im Finale. *(der Offenbacher Stürmer Christian Knappmann zum DFB-Pokal)*

Lieber fünf Jahre Gefängnis als Trainer von Eintracht Frankfurt sein. *(Günter Brocker)*

Wenn Winnie Schäfer gekommen wäre, hätte er hier den 3. Weltkrieg ausgelöst. Was soll da erst bei Lothar Matthäus passieren? *(Joachim Pflug zur geplanten Verpflichtung von Lothar Matthäus als Trainer)*

Das ist das Problem in Frankfurt: Hier muss einer nur dreimal mit dem Hintern wackeln, und schon ist er ein guter Spieler. *(Jupp Heynckes)*

Ich hatte gedacht, dass die Eintracht sich schon etwas aufgebaut hat, ich war richtig erschrocken: Die hatten nur das »Kicker«-Sonderheft. *(Karl-Heinz Körbel über das Scoutsystem der Frankfurter Eintracht)*

Der Trainer arbeitet immer in Ruhe in Frankfurt. *(Präsident Rolf Heller)*

Die Eintracht ist eine Badewanne mit sehr vielen Löchern, aus denen das Wasser nur so herausschießt. Es ist uns gelungen, einige Löcher zu stopfen, aber es fließt immer noch Wasser heraus. Und wenn es uns nicht gelingt, die Löcher vollständig zu stopfen, dann werden wir kein Wasser, sprich kein Geld, in diese Badewanne lassen. *(Matthew Wheeler, Octagon-Chef Europa)*

Dass es bei der Eintracht immer an Weihnachten kriselt, scheint mir historisch oder genetisch bedingt! Jeder, der bei uns in Amt und Würden steht, würde in der Kabine sogar einen Tabledance machen, wenn er damit etwas Positives bewirken könnte. *(der Präsident Peter Fischer)*

Eintracht Frankfurt zählt zu den 100 bekanntesten Marken in Deutschland, in einer Reihe mit Mercedes oder Tempo. *(Peter Fischer bei der Jahreshauptversammlung des Vereins)*

Wir gehören zu den reichsten Vereinen der Bundesliga! *(Rainer Leben)*

Ich will den Diva-Charakter meines Vereins erhalten, und zwar mit allen negativen Eigenschaften. *(Rolf Heller)*

SC Freiburg
Freiburg hat lauter Spieler, die zum oberen Bereich der deutschen Mittelstreckenläufer gehören. *(Christoph Daum)*

Nein, nach Georgien haben wir nicht so einen Draht. *(Jürgen Klopp auf die Frage, ob der SC Freiburg ein Vorbild für Mainz 05 sei)*

Hamburger SV

Hamburg ist eine Weltstadt, und so fühlen sich auch alle im Verein. Daraus leiten sie ab, dass der HSV ein Weltklub ist. Aber da fehlt die Verhältnismäßigkeit. *(Klaus Toppmöller)*

Der HSV ist keine Thekenmannschaft. *(Fabian Ernst über das Leistungsvermögen seines Ex-Klubs)*

Ich werde mir mit Sicherheit kein Spiel mehr in Hamburg anschauen. Ich habe mir damals 90 Minuten vom vornehmen Hamburger Publikum die Beschimpfungen gegen die Bayern angehört. Was mich am meisten geärgert hat: Als Barbarez das 1:0 gemacht hat, ist der dicke Pagelsdorf rumgehüpft wie Rumpelstilzchen. Einsatz ist okay. Aber Häme und Schadenfreude mag ich nicht. Das war mir höchst zuwider. *(Franz Beckenbauer über das Verhältnis zu seinem Ex-Klub)*

Hannover 96

Eher höre ich mit dem Fußball ganz auf, als die nächsten drei Jahre weiter für 96 zu spielen. Hannover ist eine öde und hässliche Stadt. *(Jan Simak)*

Wenn selbst der deutsche Bundeskanzler in Hannover Urlaub macht, muss es eine schöne Stadt sein. *(Jan Simak, der vor seinem Wechsel zu Bayer Leverkusen erklärt hatte, Hannover sei hässlich, nun aber wieder für Hannover 96 spielt)*

1. FC Kaiserslautern

Die Atmosphäre in Kaiserslautern ist Fußball pur und die lassen wir uns auch nicht nehmen. Dann können wir gleich ins Theater gehen. *(Jürgen Friedrich)*

Man kann in Kaiserslautern nicht in Ruhe arbeiten. Ich bin am 4. Februar gekommen und stehe seit dem 6. Februar unter Beschuss. *(Kurt Jara)*

Wenn die Mannschaften der Bundesliga über Spiele gegen Kaiserslautern auf dem Betzenberg berichten, klingt das immer so, als hätten sie gerade ein sibirisches Straflager überstanden. *(Sport-Bild)*

Hier sind Neid und Hass in Reinkultur anzutreffen. *(Oliver Kahn zur Atmosphäre auf dem Betzenberg)*

Waren das Deutsche oder war das eine Mannschaft von den Fidschi-Inseln? *(die spanische Zeitung »El Pais« zur 1:5-Blamage des 1. FC Kaiserslautern bei CD Alaves im UEFA-Cup-Halbfinale)*

Auf dem Betzenberg hast du 13 Gegner – der 12. ist das Publikum, der 13. der Schiri. Naja, und ich bemühe mich, der 14. zu sein. *(Udo Scholz, Stadionsprecher)*

Wenn ich auf dem Betzenberg ein Tor durchsage, dann ist das so, als ob der Papst den Segen »urbi et orbi« spricht. *(Udo Scholz)*

Karlsruher SC
Beim KSC erwecken sie clevererweise den Eindruck, sie würden den Klassenverbleib anstreben. Ich war in Karlsruhe und habe mich im Wildparkstadion in den VIP-Bereich verlaufen. Wer seinen Gästen so etwas zu essen gibt, der will aufsteigen. *(Jürgen Klopp)*

1. FC Köln
Kartoffelchips stehen für Spaß und Lebensfreude. Damit kann der FC sich sehr gut identifizieren. *(der Geschäftsführer Claus Horstmann über den neuen Trikotsponsor »Chio«)*

Eher gewinnt Boris Becker noch mal Wimbledon, bevor der 1. FC Köln Deutscher Meister wird. *(Günter Jauch)*

Heute wurde der Geißbock gemolken. *(Karl-Heinz Rummenigge nach Bayerns 8:0 im Pokal gegen Köln)*

Man kann natürlich nicht alle über einen Kamm scheren: Nicht wir Deutschen sind zu doof zu gewinnen, sondern einzelne Gruppen unserer Gesellschaft, wie die CDU, der 1. FC Köln oder das Management von Susan Stahnke. *(Kim Fischer)*

Köln begann ohne Linie und verlor sie dann ganz. *(TV-Kommentator Markus Höhner)*

Ich war schon FC-Fan, als Overath noch als Quark im Schaufenster ausgestellt war. *(Peter Neururer)*

Vereine

Bayer Leverkusen
Was ist das, wenn man in Leverkusen was unterschreibt? Eine Calligraphie. *(Michael Antwerpes)*

FC Liverpool
In den meisten Gremien ist es so, dass die eine Hälfte die ganze Arbeit macht und die andere nur zusieht. Bei diesem Klub ist es aber genau anders herum. *(Liverpool Echo)*

Real Madrid
Wenn Real einen Platz hinter Barcelona steht, dann ist das fast, als würde die Diktatur wieder eingeführt. *(Jupp Heynckes)*

Die einzige Mannschaft, vor der Real wirklich Angst hat, ist Bayern München. *(Uli Hoeneß)*

AC Mailand
Jeder Trainer von Milan wird in Zukunft mit zwei Stürmern spielen, oder er bleibt nicht länger Trainer. Dies ist kein Ratschlag, sondern ein Befehl. *(Präsident Silvio Berlusconi)*

FSV Mainz 05
Diese Mobilisierungsquote hätte sogar einen nordkoreanischen Parteisekretär stolz gemacht. *(»Süddeutsche Zeitung« zu den Mainzer Fans, die beim Spiel gegen Hamburg fast alle in Rot gekleidet waren)*

Höchstens als Karnevalsprinz. *(Karl-Heinz Körbel auf die Frage, ob er sich vorstellen könne, als Trainer auch nach Mainz zu gehen)*

Wer hierher kommt und sagt, es wäre nichts los, der ist schon tot. *(Jürgen Klopp über seinen Verein)*

Manchester United
Sie konnten nicht gewinnen wie eine normale Mannschaft. Nicht diese Männer. Nicht diese bemerkenswerten, unaufhaltsamen und unschlagbaren Männer von Manchester. Fergusons Götter. *(»The Express« über ManU nach deren Sieg im CL-Finale gegen Bayern)*

AS Monaco
In Marseille kennt jeder Fan die Spieler mit Namen, in Monaco kennt jeder Spieler die Fans mit Namen. *(französischer Spott über den Unterschied zwischen Olympique Marseille und dem Champions-League-Finalisten AS Monaco)*

Borussia Mönchengladbach
Ich bin ja schon müde, wenn ich einmal über dieses Spielfeld gehe. *(Ewald Lienen über die schwierigen Platzverhältnisse am Gladbacher Bökelberg)*

Ende der 60er, Anfang der 70er-Jahre waren wir Mönchengladbacher in der Bundesliga das Real Madrid. Die Bayern waren wie immer die Bayern. *(Günter Netzer)*

Wer für sein Geld volle 90 Minuten Fußball sehen will, sollte am besten schon einen Tag vorher anreisen. *(Bernd Müllender in der »Financial Times Deutschland« zu der Verkehrsanbindung des neuen Gladbacher Borussen-Parks)*

Man sollte jeden einladen über den Platz zu gehen. Hier kann man sowieso nichts mehr kaputtmachen. *(Thomas Schaaf zum Zustand des Rasens auf dem Bökelberg)*

Bayern München
Dieselbe Scheiße wie im letzten Jahr. *(Adam Matysek, Spieler von Bayer Leverkusen, nach dem Titelgewinn der Bayern in der Nachspielzeit in Hamburg)*

Ich kann dat nich mehr hörn! Mann, die Bayern müssen beim Kacken doch auch die Arschbacken auseinander machen. *(Hermann Gerland)*

Wenn wir ins Münchner Olympiastadion kommen, stinkt es immer nach Scheiße – so voll haben wir die Pampers. *(Reiner Calmund)*

In diesem Scheißverein kann man nicht mal richtig feiern. *(Paul Breitner)*

Die Bayern sollten besser im Leopardenstring auftreten, das würde dem Spiel der Mannschaft viel mehr Glamour verleihen. *(Bixente Lizarazu)*

Für die Bewunderung der Bayern bin ich nicht zuständig. Ich setze mich mit meiner Mannschaft auseinander und laufe nicht mit dem Autogrammblock über den Platz, um Autogramme von Klinsmann und Rizzitelli zu holen. *(Christoph Daum)*

Bei denen ist sogar die Putzfrau schon zehnmal Meister geworden. *(Christoph Daum)*

Die Bayern zu jagen, ist, wie Salat in der Wüste pflanzen. *(Christoph Daum)*

Es gibt doch keinen Artikel im Grundgesetz, der den FC Bayern zur deutschen Meisterschaft verpflichtet. *(Oliver Kahn)*

Die Deutschen köpfen alles, was kommt, sei es nun ein Ball oder ein Sack voller Steine. *(»El Pais« in einem Vorbericht über die Spielweise von Bayern München)*

Diese wahnsinnigen Erwartungen in München, der ständige Druck – bei Bayern habe ich wirklich den Spaß am Fußball verloren. *(Thomas Strunz)*

Der FC Bayern ist wirklich das Nullplusultra im deutschen Fußball. *(Friedhelm Funkel)*

Die Bayern sind auch nur Menschen. *(Friedhelm Funkel)*

Vereine

Das Beste in München ist immer das Mittagessen. *(Gerhard Mayer-Vorfelder nach einer Niederlage bei den Bayern)*

Die Bayern, das ist eine Batterie mit drei Geschützen, und eines feuert immer. *(Gerhard Mayer-Vorfelder zur Kritik an ihm)*

Es wird sicherlich auch mal ein Jahr geben, in dem Bayern München nicht Deutscher Meister wird. *(Karl-Heinz Rummenigge)*

Bayern München hat in Deutschland 10,8 Millionen echte Hardcore-Fans. *(Karl-Heinz Rummenigge)*

Dieser Verein ist so geil wie nie zuvor. *(Karl-Heinz Rummenigge nach dem Champions-League-Gewinn der Bayern)*

Die Bayern können aus Scheiße Gold machen. *(Dirk Lottner zu dem Phänomen, dass der FC Bayern 60 Minuten lang schlecht spielte und am Ende doch noch 3:0 gewann)*

Solange dort geredet wird, können sie nicht trainieren. *(Klaus Allofs zu den Verbalattacken von Verfolger Bayern München)*

Viele Klubs sind nach München gefahren, haben das Dach des Olympiastadions gesehen und schon zwei drin gehabt. Das darf uns nicht passieren. *(Klaus Augenthaler)*

Wenn ich mich bei Bayern geäußert habe, bin ich schnell zum Fernseher, und bevor ich den Satz zu Ende gesagt habe, konnte ich schon im Laufband lesen, was der Bayern-Trainer gesagt hat. *(Felix Magath)*

Es muss wieder Spaß machen, die Bayern zu sehen. Und es muss wieder Spaß machen, sie verlieren zu sehen. *(Christian Eichler zur Investitionspolitik des FC Bayern vor der Saison 2007/08)*

Bitte passen Sie auf die Spieler des FC Bayern auf, die waren teuer. *(Durchsage des Stadionsprechers des Münchener Vorortclubs FT Gern)*

Das Einzige, was flutscht bei den Bayern, ist die Weißwurstproduktion in der Fleischfabrik von Uli Hoeneß. *(Manfred Breuckmann)*

Im Februar ist Karneval, im April Ostern, im Mai holt sich der FC Bayern die Meisterschale ab. *(Oliver Welke)*

Der FC Bayern ist ein Verein von internationaler Weltbedeutung. *(Waldemar Hartmann)*

Wenn du bei Bayern einen Fünfjahresvertrag unterschreibst, wirst du automatisch dreimal Meister. *(Rudi Völler)*

Vereine

In München beginnt der Vordere Orient. Da herrschen andere Gesetze. *(Peter Weiand als Präsident des 1. FC Köln)*

Die Dinge des Lebens hängen manchmal enger zusammen, als man glauben mag: Mit jedem Ortsgespräch über die Deutsche Telekom unterstützt man den FC Bayern, der für T-Com werbend kickt. Und wer mal eben seine Webwelt auf DSL umstellen lässt, zahlt dafür freche 99 Euro 95 und hat dem Bösen damit fast schon wieder einen neuen Meistertitel gekauft. *(taz)*

So sicher wie beim FC Bayern ist die Rente nirgends. *(Werner Hansch)*

Bei Bayern muss man wie ein Roboter funktionieren. Wenn nicht, kriegt man Ärger. *(Giovane Elber)*

TSV 1860 München

Das glückliche Unentschieden hat 1860 vor einer Niederlage bewahrt. (ARD-Videotext)

Die Löwen werden das Münchner Derby frühestens in 100 Jahren gewinnen. *(Franz Beckenbauer kurz vor dem 1:0-Sieg der 60er gegen Bayern)*

Lieber ein ehrlicher Sechzger als ein falscher Fünfziger. *(Theo Waigel, der 1860-Fan vor dem Lokalderby gegen die Bayern)*

Ich drücke 1860 ganz fest die Daumen. Denn die Vorstellung, dass in dem neuen Stadion ein Zweitligist spielt, ist nur schwer zu akzeptieren. Wer da dann alles spielen würde ... *(Franz Beckenbauer auf die Frage nach der Zukunft von 1860 München)*

1860 München ist doch nicht die Müllhalde von Borussia Dortmund. *(Karl-Heinz Wildmoser zu den Gerüchten, dass nach Icke Häßler, der in Dortmund nicht klarkam, nun auch Victor Ikpeba zu 1860 München wechselt)*

FC Nantes

Ich war schon vor zwei Jahren in Nantes, und es ist immer noch dasselbe, außer dass alles völlig anders ist. *(Kevin Keegan)*

Vereine

Kickers Offenbach

In Offenbach ist alles sehr emotional. Das ist der Grund, warum es kein Trainer lange aushält. *(Trainer Hans-Jürgen Boysen)*

In Offenbach brauchst du eher einen Wohnwagen als eine Wohnung, so schnell bist du wieder weg. *(Peter Neururer)*

Es wird keinem gelingen mit dem Argument durchzukommen, die Toilette habe zuerst zugeschlagen. *(Vizepräsident Thomas Kalt auf die Frage, wie der Verein reagieren werde, nachdem OFC-Fans die Gästetoiletten in Siegen demolierten und Sachschaden in Höhe von 2.500 Euro anrichteten)*

Der Trainerstuhl in Offenbach ist ein Nagelbrett, und nicht jeder Trainer ist in der Lage, als Fakir zu arbeiten. *(Wilfried Kohls, Vizepräsident des OFC)*

FC St. Pauli

So untreu ich meinen Sexualpartnern manchmal bin, so treu bin ich dem FC St. Pauli. *(Corny Littmann nach seiner Wahl zum Präsidenten des Kiezklubs)*

Die Hamburger sehen wieder Licht am Ende der Liga. *(Jörg Wontorra über den Aufwind beim FC St. Pauli)*

St. Pauli hat uns unsere Grenzen aufgezeigt. *(Karl-Heinz Rummenigge)*

St. Pauli war für mich das Haiti Deutschlands ... *(Sepp Piontek)*

SC Pfullendorf

Die größte Gefahr, die von der Truppe ausgeht, ist ihr Understatement. Das sie auch hegen und pflegen. Mit guten Argumenten. Das ist legitim. Das fängt an mit dem Vereinsnamen. Das Wort Dorf ist schon im Vereinsnamen integriert. *(Trainer Ramon Berndroth)*

AS Rom

Hoffentlich dauert es mit der nächsten Meisterschaft nicht wieder 18 Jahre. Sonst könnte es schwierig für mich werden mitzufeiern. *(Giulio Andreotti, 82-jähriger italienischer Ex-Premierminister und Fan des Meisters AS Rom)*

Hansa Rostock

Viele glauben noch immer, dass wir hier auf Bäumen leben. *(Rainer Jarohs, der Vorstand von Hansa Rostock über Probleme, Spieler aus dem Westen zu verpflichten)*

Wir hatten heute 13.000 Zuschauer mehr als am Dienstag gegen Real Madrid. Das muss am Gegner gelegen haben. *(Josef Schneck, der Pressesprecher von Borussia Dortmund, nach einem Spiel gegen Rostock. In der Champions League darf Dortmund wegen der Bestuhlungsvorschriften der UEFA weniger Zuschauer in das Westfalenstadion lassen)*

Aber im Rostocker Ostseestadion mit einem Full-House an Stürmer-Assen herumzuwedeln, das ist zurzeit so, als würde man in die Eckkneipe gehen und vor einem abgewrackten Fuseltrinker auf Entzug alle Moet-Flaschen des Lokals auf Ex killen. *(Süddeutsche Zeitung zu der Sturmschwäche der Rostocker)*

Das Wasser in Rostock soll nicht mehr nach Chlor schmecken. Das ist wichtiger, als Hansa Rostock das Geld zu geben. *(Sprecher der Rostocker Wasserwerke)*

1. FC Saarbrücken
Ecken kann ich nicht üben lassen. Wo der Eckenschütze anlaufen müsste, beginnt die Baumgrenze. *(Peter Neururer über den Übungsplatz der Saarbrücker Bundesligaprofis)*

PAOK Saloniki
PAOK schlägt sich, PAOK verträgt sich. *(»Kicker« über den griechischen Verein)*

Schalke 04
Schalke ist mein Mount Everest. Diesen Gipfel will ich noch erklimmen. *(Andreas Möller)*

Ich denke, dass man stolz sein kann auf die Leistung von Schalke 04, wegen der Leistung. *(Andreas Möller)*

Schalke scheint in den Köpfen der Fans einen Pfeifreiz auszulösen. *(Klaus Allofs zu den Pfiffen bei der Verabschiedung von Kapitän Fabian Ernst, der zu Schalke 04 wechselt)*

Schalke 05. *(Moderatorin Carmen Thomas)*

Ich musste lernen, was Olympique Marseille auf Deutsch heißt: Schalke 04. *(Soziologe Alfred Grosser)*

Schalke hat ein schönes Stadion, doch unser Stadion ist schöner – und unsere Fans sind es auch. *(HSV-Trainer Thomas Doll)*

Schalten wir 'rüber zum SV Schalke. *(Wolf-Dieter Poschmann)*

Entweder ich schaffe Schalke oder Schalke schafft mich. *(Rudi Assauer)*

Vereine

1.000 Frauen, 1.000 Bier, aber nur eine Liebe. *(Fans von Schalke 04)*

Wenn ich auf Schalke bin, weiß ich, was es heißt: Ich bin weg – weggerissen aus meinen Sorgen und Nöten, Verpflichtungen und Terminen. *(Kardinal Franz Hengsbach)*

Das ist ja Europas modernste Großraumsauna. *(Heiko Herrlich zur Arena AufSchalke)*

Wenn wir an Schalke denken, bekommen wir Blut in die Augen. *(Ivan Zamorano in Anspielung auf die UEFA-Cup-Finalniederlage 1997 von Inter Mailand)*

Ich dachte, es sei ein American-Football-Stadion. *(Lionel Richie zur Arena AufSchalke nach seinem Auftritt dort)*

Da kann man Reit- und Springturniere veranstalten. Mit Fußball hat das nichts zu tun. *(Lothar Emmerich zur Arena AufSchalke)*

Sogar ich kann hier sitzen. *(Reiner Calmund über die Sitze in der Arena AufSchalke)*

Dieses Stadion ist das Nonplusultra, dagegen ist das Maracanã in Rio ein Friedhof. *(Reiner Calmund über die Arena AufSchalke)*

In dieser Sauna kriegen die Schalker weiche Knie. *(Udo Lattek zur Arena AufSchalke)*

Nein, nicht der Bessere soll gewinnen, sondern Schalke. *(SPD-Politiker Klaus Lohmann)*

Wir Schalker sind wie Spatzen. Überall auf der Welt zu Hause. *(Ex-Präsident Günter Siebert)*

Auf Schalke läuft das Blut in blau. *(Kevin Kuranyi)*

Wenn sogar Eier eine Schale haben, wollen wir auch eine. *(Plakat beim Spiel gegen Mönchengladbach)*

VfB Stuttgart

Die Stadt wird alles für den VfB Stuttgart tun. Vorausgesetzt, es kostet kein Geld. *(Oberbürgermeister Manfred Rommel)*

Juventus Turin
Wir von Juve sind die Könige von Europa, und bald erobern wir die Welt. *(Präsident Giovanni Agnelli)*

KFC Uerdingen
Eine Straßenbahn hat mehr Anhänger als Uerdingen. *(Max Merkel)*

SpVgg Unterhaching
Mir ist es lieber, für einen Verein zu spielen, bei dem es auch mal Theater gibt, als für einen Klub wie Unterhaching zu kicken, für den sich keine Sau interessiert. *(Jens Keller als er zu Eintracht Frankfurt wechselte)*

SG Wattenscheid 09
Schon komisch, wenn einer aus Wattenscheid sagt: Willkommen im Mittelmaß. Ich meine, wo ist denn eigentlich Wattenscheid? *(Moderator Rudi Brückner)*

VfL Wolfsburg
Dass der VfL Wolfsburg in drei Jahren in der Champions League spielen will, ist ungefähr so realistisch, als wenn ich 2006 für Brasilien auflaufen wollte. *(Stefan Effenberg in Katar über die Ziele seines letzten Bundesliga-Vereins)*

Länder

Länder

Argentinien
Mir ist egal, ob die schlechte Verlierer sind. Die fahren jetzt nach Hause. *(Lukas Podolski)*

Australien
Das wird an der Sprache liegen. *(Rudi Völler auf die Frage eines australischen Journalisten, warum so wenig Australier in der Bundesliga spielen)*

Brasilien
Die Brasilianer sind ja auch alle technisch serviert. *(Andreas Brehme als Co-Kommentator bei der WM 1998)*

Der Ottmar Hitzfeld hat mal probiert, mit einer Brasilianerin selber einen herzustellen – so billig kommt man an die Brasilianer ja nicht heran ... *(Comedian Elmar Brandt)*

Einen Brasilianer in eine Hintermannschaft zu integrieren, ist ungefähr so, als würde man einen Roulettespieler bei einer Bank beschäftigen. *(Gerd Rubenbauer)*

Die Brasilianer spielen ja noch in der Telefonzelle vier gegen zwei. *(Christoph Daum über die außergewöhnlichen Ballfertigkeiten der Südamerikaner)*

Die Brasilianer sind nicht so gut wie sonst oder wie sie jetzt sind. *(Trainer Kenny Dalglish)*

Wenn man die Brasilianer nicht spielen lässt, ist das für sie schlimmer, als wenn die Frau geklaut wird. *(Klaus Toppmöller)*

Gibt es eigentlich zwei Länder, die Brasilien heißen? Eins, aus dem die Leverkusener ihre Spieler holen, und eins, in dem die Dortmunder einkaufen? *(Zeitungsleser aus Witten)*

Die Brasilianer hatten ein phantastisches Trio da vorne mit Ronaldo, Ronaldinho und ... ääh ... den anderen Brasilianern. *(Edmund Stoiber zum WM-Finale 2002)*

Alle denken bei Brasilien an Samba und Karneval. Die Brasilianer tanzen? Ich kann nicht tanzen. Sie mögen den Karneval? Ich mag ihn nicht. *(Kaka)*

Bulgarien
Die Bulgaren sind auch eine Mannschaft, die ein Spiel schmutzig machen kann. *(Ralf Itzel, Eurosport)*

Dänemark
In Dänemark habe ich nur Eier und Butter geholt, aber keine Fußballer. *(Max Merkel)*

Deutschland

Die Spieler sind sehr groß. Und immer grätschen, grätschen, grätschen. Alle grätschen hier immer. *(Adhemar über seine Mitspieler in Deutschland)*

Wir haben gespielt wie die Deutschen. *(Aimé Jacquet, der Trainer der französischen Nationalmannschaft nach dem überraschenden Ausscheiden im EM-Viertelfinale gegen Griechenland bei der EM 2004)*

Das war ein typisches deutsches Spiel. Die können noch so schlecht spielen, sie gewinnen immer. *(US-Nationalspieler Tony Sanneh auf die Frage, ob der deutsche Sieg im WM-Viertelfinale verdient sei)*

Wenn Michael Schumacher jedes Mal bei einem Wechsel auf einen anderen Kontinent so unkonzentriert arbeiten würde wie unsere Nationalspieler, dann wäre er längst tot. *(Reiner Calmund zu einer 0:3 Blamage der Nationalmannschaft in Jacksonville gegen die USA)*

Ich muss jetzt mal ein bisschen martialisch werden. Die Deutschen haben die Lufthoheit, da kommen wir mit unseren EURO-Fightern nicht gegen an. *(Josef Hickersberger)*

Wenn man in Wembley eine große Party feiern will, dann darf man auf keinen Fall die Deutschen einladen. *(Alan Shearer)*

Ich bewerte die Zukunft des deutschen Fußballs positiv. Weniger Einsatz, weniger Wille, weniger Bereitschaft geht nicht mehr. *(Jens Nowotny)*

Es wurden so viele Pappnasen ins Spiel gebracht, da fragt man sich, warum kein Trainer aus dem Osten dabei war. *(Eduard Geyer über die Bundestrainer-Suche des DFB nach der EM 2004)*

Eine Arbeitsbeschaffungsmaßnahme für ehemalige Nationalspieler. *(Rudi Assauer äußert sein Unverständnis über das geplante Nationalelf-Führungstrio Klinsmann, Bierhoff und Osieck)*

Eine absolute Notlösung. Siebte oder achte Schublade. *(Rudi Assauer über das neue Führungstrio der Nationalelf)*

Bei der Trainersuche haben sich DFB und DFL präsentiert wie ein Karnickelzuchtverein. *(Rudi Assauer)*

Fußball ist ein einfaches Spiel von 22 Leuten, die rumlaufen, den Ball spielen, und einem Schiedsrichter, der eine Reihe dummer Fehler macht, und am Ende gewinnt immer Deutschland. *(Gary Lineker)*

Die deutsche Elf ist wie ein Dieselmotor, der seine Zeit braucht, um auf Touren zu kommen. *(Arsène Wenger)*

Der Deutsche hat nie Angst. *(Berti Vogts)*

Ich wollte mir noch einmal das Mannschaftsquartier der deutschen Mannschaft ansehen, denn lange hat man dazu ja keine Gelegenheit mehr. *(Campino vor der EM-Partie 1996 gegen England)*

Helmut, senk' den Steuersatz. *(Europameistermannschaft 1996 zu Bundeskanzler Helmut Kohl, als dieser nach dem Match die Kabine betrat)*

Die unberechenbare Kampfmaschine ist zu einer weichen und phantasielosen Joghurt-Brigade degeneriert. *(De Volkskrant)*

Die Brasilianer spielen zwischen ihren Wellblechhütten auf der Straße, statt in die Schule zu gehen. Wenn es der Pisa-Studie nach geht, sind wir auf dem richtigen Weg... *(Dieter Nuhr)*

Jetzt fährt Boris Becker schon im Bus mit, bald bringen die Spieler ihre Tanten mit. *(Eduard Geyer zum »Fahrgastaufkommen« bei der Nationalmannschaft)*

Die Deutschen spielen weder gut noch schlecht. Sie spielen eigentlich etwas anderes als Fußball, aber am Ende gewinnen sie. *(»El Pais«, spanische Tageszeitung)*

Deutsche Teams sind immer deutsche Teams. *(Michel Platini)*

Die Hitze kann für die deutschen Spieler sogar ein Vorteil sein. An einem Urlaubsort sieht man in der Mittagshitze auch immer nur Deutsche draußen, also kommen wir mit der Temperatur sogar besser zurecht. *(Erich Ribbeck)*

Der Unterschied zwischen einem deutschen EM-Sieg und einem vorzeitigen Orgasmus? Keiner, man spürt beides kommen und kann nichts dagegen tun. *(der Schweizer TV-Moderator Frank Baumann)*

Für die Fußball-Nationalmannschaft gibt es nach den vielen scheinbar widersprüchlichen Erfahrungen der letzten Jahre nur noch zwei Kategorien von Konkurrenten auf der Welt: Gegen die einen tun sich die Deutschen schwer, gegen die anderen verlieren sie glatt. *(»Frankfurter Allgemeine Zeitung« zum Leistungsniveau der deutschen Nationalmannschaft)*

Deutschland wird auf Jahre hin unbesiegbar sein. *(Franz Beckenbauer nach dem WM-Titel 1990)*

Der Deutsche kann keinen brillanten Fußball spielen wie der Brasilianer oder der Franzose. Das ist ein Ausfluss seines Grundcharakters. *(Franz Beckenbauer)*

Vielleicht liegt es ja daran, dass so viele Deutsche verletzt sind. *(Franz Beckenbauer auf die Frage, warum Bayern im Moment so überzeugend spiele)*

Länder

Wissen Sie, wer mir am meisten Leid tat? Der Ball. *(Franz Becken-bauer nach einem Auftritt der deutschen Fußball-Nationalmannschaft)*

Das Einzige, was sich bewegt hat, war der Wind. *(Franz Beckenbauer zur Leistung der deutschen Elf in den ersten 45 Minuten gegen Kamerun bei der WM 2002)*

Im Sommer haben die Menschen in Deutschland ein anderes Gesicht. *(Giovane Elber)*

Was bisher abgeliefert wurde, ist das nackte Grauen pur. *(Klaus Lage zu den Gesangskünsten der Nationalmannschaft)*

Haben Sie eine Stunde Zeit? *(der niederländische Trainer Leo Beenhakker auf die Frage, wie dem deutschen Fußball zu helfen sei)*

Immer diese Deutschen mit ihrem Schlussverkaufsfußball, geringe Qualität, billig, aber erstklassige Rendite. *(»Süddeutsche Zeitung« nach dem 0:0 gegen Lettland bei der EM 2004)*

Wenn die Deutschen gut spielen, dann werden sie Weltmeister, wenn sie schlecht spielen, dann kommen sie ins Finale! *(Michel Platini)*

Da müssten wir uns aber lange unterhalten jetzt. *(Oliver Kahn auf die Frage nach den Defiziten der deutschen Nationalmannschaft)*

Sie behandeln uns abschätzig. Diese Deutschen sind halt wie Nazis. *(Paraguays Fußball-Nationaltorhüter Jose Luis Chilavert, der glaubt, dass sein Landsmann Roque Santa Cruz beim FC Bayern München schlecht behandelt wird)*

Die deutschen Spieler hören erst dann auf zu kämpfen, wenn sie im Bus sitzen. *(niederländischer Nationalspieler Ronald Koeman)*

Deutschland ist ein sehr schwer zu spielender Gegner ... sie hatten heute 11 Nationalspieler auf dem Platz. *(nordirischer Nationalspieler Steve Lomas)*

So sind die Deutschen. Sie wischen dich nicht beiseite, aber sie nagen dich zu Tode. *(The Guardian)*

Hoffentlich machen nicht mal zehn Mann gleichzeitig den Mund auf. Alle eine Abmahnung – dann hat Deutschland keine Spieler mehr. *(Mario Basler zur neuen Praxis in der deutschen Fußball-Nationalmannschaft, Spieler für kritische Äußerungen gegenüber Mitspielern abzumahnen)*

Im herzlichen Gedenken an den arroganten, klinischen, Elfmeter verwandelnden, schlichtweg krank machenden deutschen Fußball, der am 1.9.2001 in München verstarb, zutiefst unbetrauert von einer großen Zahl englischer Fans. *(»The-Mirror«-Todesanzeige, abgedruckt über Olli Kahns brennenden Torwarthandschuhen, nach dem 1:5 der Nationalmannschaft gegen die Engländer)*

Erstickt an eurer Blasmusik! *(»The Sun« zum Spiel Deutschland - England)*

Andere spielen Fußball mit Herz. Bis zum Wadenkrampf springen die rein. Aber welcher deutsche Nationalspieler kriegt denn heutzutage noch Wadenkrämpfe! *(Gerhard Mayer-Vorfelder)*

Eigentlich spielen sie genau wie wir. Mit dem Unterschied, dass sie Elfmeter schießen können. *(Geoff Hurst)*

Faule Säcke! *(Aufschrift auf einem Reifen des DFB-Mannschaftsbusses, die ein unzufriedener Fan über Nacht auf die Bereifung gepinselt hatte)*

Ich weiß ja, wie es vor einigen Jahren war. Da kamen die Spieler mit langen Gesichtern und dachten: Jetzt muss man hier wieder drei, vier Tage rumhängen und sich langweilen. *(Oliver Kahn zu neuen Abläufen bei der Nationalelf)*

Wenn du die Deutschen spielen siehst, denkst du nicht, dass das die früher gefürchteten Germanen sind. *(Ailton zur Klasse der deutschen Fußball-Nationalmannschaft)*

Ich habe die Sorge, dass, wenn wir Fußball-Weltmeister werden sollten, Achtjährige anfangen, über Gummiringe zu springen. *(der Trainer vom 1. FC Nürnberg, Hans Meyer, über die teilweise ungewöhnlichen Trainingsmethoden im deutschen Nationalteam)*

Wir unterschätzen nie, nie die Deutschen – wenn's um Fußball geht. *(Tony Blair)*

Immer wenn die deutschen Spieler mit den Kindern an der Hand ins Stadion einlaufen, hab' ich instinktiv das Gefühl: Lasst die Kleinen spielen. Das wird nicht so peinlich. *(Horst Evers)*

Die Nr. 17 ist 1,98 m groß, die Nr. 13 1,89 und die Nr. 21 1,93. Unsere Spieler sind 1,15 oder 1,20 m groß. *(Portugals Nationaltrainer Luiz Felipe Scolari)*

Und an meinen Rollstuhl mache ich keine Deutschland-Flagge, weil der Berliner Innensenator gesagt hat, Polizeifahrzeuge sollten keine Fahnen haben. Da ich als Bundesinnenminister oberster Dienstherr der Polizei bin, ist mein Rollstuhl auch ein Polizeifahrzeug im erweiterten Sinn. *(Wolfgang Schäuble)*

England
Ich weiß, wie ich dagegen vorgehen muss: Erst muss man die Schulter einsetzen, dann den Ellenbogen und später den Kopf. *(Fredi Bobic über die britische Art und Weise Fußball zu spielen)*

Die Nation, die das Fußballspiel erfunden hat, ist erniedrigt worden von dem Land, das der Welt die Kuckucksuhr gegeben hat. *(»The Daily Mirror« nach einem 0:0 zwischen England und der Schweiz)*

England ist so voller Euphorie nach dem Sieg gegen uns, demnächst glauben die auch noch, sie könnten kochen. *(Waldemar Hartmann am Tag nach Englands 5:1-Sieg)*

Wembley – das ist eigentlich ein alter Kasten ohne Komfort, mit flachen Stufen, und wenn du Pech hast, Pfeilern vor der Nase. Aber es ist eben das Mekka unseres Sports. *(Franz Beckenbauer)*

Es ist eine Art Gladiatorenkampf ohne Sicherheitshelm. *(Markus Babbel über den ruppigen Fußball in England)*

Diese Engländer werden immer weicher. Jetzt wollen sie im englischen Profifußball tatsächlich eine zweiwöchige Winterpause einführen. *(Radio-Kommentator Manni Breuckmann)*

Englands Spieler beherrschen die Technik, ein Spiel erst auf dem Weg unter die Dusche zu gewinnen. Engländer sind sehr gute Psychologen nach der Schlacht. *(Schauspieler Peter Ustinov über die Unfähigkeit der Engländer, gegen Deutschland zu gewinnen)*

Die Engländer brauchen Regen, wenn sie Weltmeister werden wollen. *(Roque Santa Cruz)*

Färöer-Inseln
Ich weiß nur, dass es ganz viele Schafe und im Hintergrund viele Berge gibt. *(Miroslav Klose auf die Frage, was er über das Land wisse)*

Ich weiß nur, dass der Trainer Däne ist und der Torwart eine Mütze auf hat. *(Torsten Frings auf dieselbe Frage)*

Frankreich
Fußball ist inzwischen Nr. 1 in Frankreich, Handball übrigens auch. *(Heribert Faßbender)*

Monumental! Die Blauen sind das Dream Team des ausgehenden Jahrhunderts. Wie einst Björn Borg und Eddy Merckx kann man ihnen nur einen Vorwurf machen: Sie sind unschlagbar. *(Frankreichs Sportzeitung »L'Équipe«)*

Griechenland

Griechenland verlor gegen Finnland genauso hoch wie Deutschland gegen England, und die Griechen dürften für England die gleiche Bedrohung darstellen wie ein bewaffnetes Eichhörnchen für die Nato. *(Süddeutsche Zeitung)*

Wenn wir einmal gewinnen, wollen sie gleich Europameister werden – und wenn wir zweimal verlieren, wollen sich alle ins Meer stürzen. *(Otto Rehhagel über die Mentalität der Griechen)*

Wie weiland John F. Kennedy ein Berliner war, so sind wir alle in diesen Tagen auch ein bisschen Griechen. *(der Essener Oberbürgermeister Wolfgang Reiniger in einem Glückwunsch-Fax an Otto Rehhagel)*

Stellen Sie sich vor, auch in Griechenland gibt's Regen. *(Kapitän Traianos)*

Grönland

Unglaublich ehrgeizig, sie wollen so gerne. Sie haben aber große Probleme mit der Technik. Und dann gibt es noch ein anderes Problem: Während des Trainings oder des Spiels sehen sie plötzlich einen Wal – und dann lassen sie Ball Ball sein, dann stürmen sie zu den Booten und es geht raus aufs Meer, es geht dann nur noch um den Wal. *(Sepp Piontek über die grönländische Mentalität)*

Sie kennen keine Rasenplätze, es gibt kein Gras dort. *(Sepp Piontek über Grönlands Talente)*

Haiti

Da gab es auch Pässe, da waren zwei Väter angegeben. Auf meine Frage, warum das so ist, erhielt ich zur Antwort: »Die Mutter wusste nicht genau, wer der Vater ist.« *(der dänische Trainer Sepp Piontek über Zustände in Haiti)*

Ja, immer wenn wir ein Länderspiel hatten, musste ich vorher in den streng bewachten Palast kommen und ihm Aufstellung und Taktik mitteilen. Und dann gab es auch Taschengeld von ihm, das sie gerade frisch im Palast unten gedruckt hatten. Die Scheine waren immer noch feucht, klebten zusammen und rochen nach Farbe. Aber ich konnte ohne Probleme damit bezahlen. *(Sepp Piontek über sein Verhältnis zum Diktator von Haiti)*

Irak

Ich kann ja nicht sagen: Ich erlaube keine Fotos mit eurem Chef. *(der deutsche Fußballtrainer Bernd Stange, der Nationaltrainer des Irak werden sollte und dessen Foto neben einem Gemälde, das Diktator Saddam Hussein zeigt, für Aufsehen sorgte)*

Länder

Iran
Für die Iraner ist Sport, und speziell der Fußball, genauso wichtig wie die Verteidigung des Landes oder ihr Glauben. *(Irans Parlamentssprecher Mehdi Karubi. Der Iran bemühte sich darum, Christoph Daum als Nationaltrainer zu verpflichten.)*

Island
Außerdem regnet es hier schon seit fast einer halben Stunde nicht mehr. Das ist für hiesige Verhältnisse fast eine Dürreperiode! *(Steffen Simon beim 0:0 der deutschen Nationalelf in Reykjavik)*

Italien
Der italienische Fußball wird von der Mafia regiert. Mit einem einzigen Anruf können die Medien einen Spieler moralisch töten. *(Diego Maradona)*

Fußball ist für die Klub-Präsidenten in Italien wie Monopoly. *(Jürgen Klinsmann)*

Hier in Italien stehen schon zum Mittagessen Wein und Bier auf dem Tisch, nach dem Motto: Wenn du zwei Bälle siehst, triffst du wenigstens einen. *(Stefan Effenberg)*

Die Leute dürfen nicht glauben, die italienische Liga sei der Garten Eden. *(Trainer Arrigo Sacchi)*

Jamaika
Jetzt wechselt Jamaika den Torhüter aus! *(Gerd Rubenbauer, als der FIFA-Beauftragte eine Minute Nachspielzeit anzeigt)*

Japan
Der Frauenanteil unter den Fans ist in japanischen Stadien sehr hoch, manchmal sind es 50 bis 60 Prozent. Das hat eine ganz andere Herzlichkeit, wenn man von Frauen angefeuert wird – allein durch die Stimmlage. *(Guido Buchwald)*

Hier hat ungefähr jeder der 72.000 Besucher zwei Kameras dabei. *(Heribert Faßbender zum Blitzlichtgewitter bei einem Freistoß für Japan)*

Auch größenmäßig ist es der größte Nachteil, dass die Torhüter in Japan nicht die allergrößten sind! *(Kommentator Klaus Lufen)*

Länder

In Japan kommen wegen der vielen Staus die meisten Zuschauer direkt von der Arbeit mit Anzug und Aktentasche ins Stadion. Dort wird dann Wurst am Stiel gegessen. Das ist sauberer als Wurst im Brötchen, weil man nicht so kleckert. *(Pierre Littbarski über seine Erfahrungen als Spieler und Coach in Japan)*

K

Kamerun

Wir sind nicht Kamerun. Wir vertrauen auf Fair Play und nicht auf Woodoo-Zauber. *(Südafrikas Stürmer Benny McCarthy über das Gerücht, seine Kicker würden bei der WM auf die Kraft von Woodoo-Zauberern vertrauen)*

Die sprechen Englisch. Zum Teil alle. *(Winfried Schäfer über seine Spieler in Kameruns Nationalmannschaft)*

Kamerun, die beste Mannschaft Europas! *(Marcel Reif)*

Das ist eine Mannschaft mit gut bestückten Einzelspielern. *(Jürgen Klinsmann)*

Diese Kameruner, sie sind wie eine Schlange, die in der Sonne liegt und schläft. Plötzlich sind sie da, auf einmal züngeln sie, beißen sie, und schon wieder haben sie die Weltmeisterschaft vergiftet! *(Kommentator Rolf Kramer)*

Ähnliche Mähne, sympathisches Gesicht – da müssen meine Löwen doch einfach zur WM nach Deutschland, oder? *(Kameruns Nationaltrainer Winfried Schäfer über das WM-Maskottchen Goleo)*

Kroatien

Die Kroaten sollen ja auf alles treten, was sich bewegt – da hat unser Mittelfeld ja nichts zu befürchten. *(Berti Vogts)*

Kein Pferd würde auf den Körper eines Menschen treten, der am Boden liegt. Kroatische Spieler schon. *(Pfarrer Eugen Drewermann)*

Was ist eigentlich los mit unserer Welt? Der beste Rapper ist ein Weißer, der beste Golfer ist ein Schwarzer und die Kroaten spielen fair. *(Lou Richter bei der EM 2004)*

Das Engstirnige, das Kleinkarierte habe ich noch nie gemocht. Wir haben die Professionalität, aber auch die Lockerheit, die wir Kroaten eben besitzen. *(Niko Kovac)*

Kuwait

Ich habe einen Spieler, der lacht sich kaputt über 60 Millionen. Der kommt aus einer so reichen Familie, der freut sich, wenn er zehn Kinder kriegt und seine Mannschaft gewinnt. *(der kuwaitische Fußball-Nationalcoach Berti Vogts zu den explodierenden Gehältern im Profifußball)*

In Kuwait gibt es Öl – und an zweiter, dritter und vierter Stelle kommt Fußball. *(Berti Vogts über seine Landeskenntnisse vor dem Dienstantritt als neuer Nationaltrainer von Kuwait)*

Ich kenne sie vom Sehen, aber sie haben drei, vier Namen. Heißen einmal Hussein, dann Mohammed. Das ist noch ein Problem. *(Berti Vogts über seine Spieler bei der Nationalmannschaft von Kuwait)*

Luxemburg
In der Mitte, da sind sie vierbeinig. *(Karl-Heinz Rummenigge über die Abwehr der luxemburgischen Nationalmannschaft)*

Niederlande
Hollands Käsespiel stinkt ganz Europa. *(Bild-Zeitung)*

Die Holländer sind vorne vom Feinsten bestückt. *(Oliver Kahn)*

Ich will nicht immer nur gegen Holland spielen. *(Tomas Rosicky, der in der Weltmeisterschafts-Qualifikation zum fünften Male seit der EM 2000 gegen Holland antreten musste)*

Die Einstellung der niederländischen Fans ist furchtbar. Es fehlt an Respekt. Sie nennen dich einen Hurensohn und wünschen dir, daß du Krebs bekommst. *(Nationalspieler Ruud van Nistelrooy)*

Wir haben die Ruhe in unserem Königshaus bewahren können. *(Marco van Basten nach dem 0:0 gegen Argentinien. Kronprinz Willem Alexander ist mit der in Argentinien geborenen Maxima verheiratet.)*

Nigeria
Einige Spieler sind armselige Fußballer. *(Taribo West über Nigerias WM-Fußballer)*

Norwegen
Die haben viereckige Füße. Das sind Robocops. *(Diego Maradona)*

Branco tanzt und ich grätsche. Das ist der Unterschied zwischen Kamerun und Norwegen. *(Jan-Aage Fjörtoft über den brasilianischen Weltmeister von 1994)*

Österreich
Der österreichische Fußball ist sukzessive in eine schwierige Situation geschlittert, weil sehr viele durchschnittliche Ausländer gekauft worden sind. Da fahren Vereinspräsidenten an den Plattensee auf Urlaub und bringen sich dann vier Kellner mit. *(Christoph Daum)*

Lieber arbeitslos als Österreicher. *(Claus Reitmaier 1991 beim Wiener SC vor die Wahl gestellt zwischen Vertragsverlängerung mit österreichischem Pass oder Entlassung)*

Bei der Fußball-WM habe ich mir Österreich gegen Kamerun angeschaut. Warum? Auf der einen Seite Exoten, fremde Kultur, wilde Riten – und auf der anderen Seite Kamerun! *(Dieter Nuhr)*

Das hätte Österreich auch haben können. *(der Erfolgstrainer der griechischen Nationalelf Otto Rehhagel, der 1992 beim österreichischen Verband im Gespräch war, zu einem österreichischen Journalisten)*

Wir kennen jeden italienischen Fußballer. Aber von österreichischen Stars haben wir noch nichts gehört. *(der irische Nationaltrainer Paul McGrath vor einem Länderspiel Irland - Österreich)*

Ich werde alles dransetzen, dass man im Fußball vor Österreich wieder Angst bekommt. Wir machen noch einmal eine Revolution. *(Ernst Happel)*

Der Österreicher glaubt mit 18, er sei Pelé. Mit 20 glaubt er, er sei Beckenbauer. Und mit 24 merkt er, dass er Österreicher ist. *(Max Merkel)*

In Österreich krankt's nicht am Können, das Hauptübel sind die Zuschauer. Zuletzt hab' ich mir eine Übertragung aus der Wiener Südstadt angeschaut. Als der Kameramann bei Admira-Sturm auf die Besucher geschwenkt ist, hab' ich nur die Toilettentürl gesehen. Anders ist's bei Länderspielen. Da sitzen alle auf der Tribüne. Der Herr Geheimrat, der Herr Hofrat, der Herr Sexualrat... *(Max Merkel)*

Das scheint ja inzwischen Österreichs berühmteste Stadt zu sein. *(Franz Beckenbauer)*

Der Heimvorteil kann Berge versetzen. Und Berge haben sie ja genug... *(Franz Beckenbauer)*

P

Portugal
Der Biss in den Haaren unterstreicht ihren rassigen Charakter. *(Gerhard Meir, Münchner Prominentenfriseur, über die portugiesischen Spieler)*

In Brasilien sagt man, die portugiesische Nationalmannschaft hat keine Laster: Sie raucht nicht, sie trinkt nicht, und sie spielt nicht. *(der Schriftsteller Francisco José Viegas in einer Kolumne der Zeitung »Jornal de Notícias« aus Porto)*

Länder

Ruanda
Nach allem, was ich über das Team weiß, werde ich wohl den Meiderich er Riegel wieder einführen. *(Rudi Gutendorf, früher Bundesliga-Trainer und jetzt neuer Nationaltrainer von Ruanda)*

Rumänien
Die Rumänen sind portugiesischer als die Deutschen. *(der englische Kommentator Barry Venison)*

Es ist ein unerhörter Zustand, dass ich im Dorf Corbu nahe der Hafenstadt Constanta am Schwarzen Meer keinen einzigen Fußballplatz gefunden habe, um darauf mit meinem Hubschrauber landen zu können. *(Ion Tiriac über Probleme seines Heimatlandes)*

Russland
Es ist einfach undenkbar, dass man im Februar in Russland Fußball spielt. *(Uli Hoeneß)*

Schottland
Schottland muss heute nicht unbedingt ein Tor erzielen, aber sie sollten gewinnen. *(Trainer Billy Mc Neill)*

Die Schotten feiern richtig schön, ohne Ausschreitungen. Die trinken so viel, da können sie gar nicht mehr zuhauen. *(Gerd Delling)*

Die Schotten sind meistens eher zu Hause als ihre Postkarten. *(Wilfried Mohren zu den WM-Leistungen der Kilt-Träger)*

Schweden
Galt das schwedische Angriffsspiel bis vor kurzem als zu dünn besetzt, so funktionierte es beim ersten EM-Spiel unkomplizierter als die Montage eines Billy-Regals. *(Frankfurter Allgemeine Zeitung)*

Dass die gewieften Schweden aus Angst vor den Helden der Serie A auseinander klappen wie ein Ikea-Regal nach Ablauf der Garantiefrist, ist nicht anzunehmen. *(»Frankfurter Rundschau« vor dem Spiel bei der EM 2004 gegen Italien)*

Die Schweden sind keine Holländer – das hat man ganz genau gesehen. *(Franz Beckenbauer)*

Ihr seid nur ein Möbellieferant. Wir drehen euch die Schrauben aus dem Schrank. *(Fangesänge auf die Melodie von »Yellow Submarine«)*

Schweiz
Ich weiß gar nicht, ob wir euch mit nach Hause nehmen sollen. *(ein Swissair-Pilot zur Schweizer Nationalmannschaft nach einer 0:3-Niederlage in Tschechien)*

Serbien-Montenegro
Der Serbe an sich ist leichtsinnig im Umgang mit Chancen. *(Lothar Matthäus)*

Spanien

Wenn sie begriffen haben, dass zum Fußball auch Arbeit gehört, ist es zu spät. Dann werden sie Trainer. *(Trainer Luis Arragones über spanische Fußballer)*

Südkorea

Die Südkoreaner rennen wie die Verrückten. Ich weiß nicht, was man denen zu essen gibt, aber es muss wohl der Knoblauch sein, den man hier überall sieht. *(Alessandro Del Piero über den WM 2002 Achtelfinalgegner)*

Ich soll doch wohl nicht ehrlich sein, oder? *(Christian Vieri auf die Frage, wie es ihm in Südkorea gefalle)*

Sie sind auch nur Menschen. *(Oliver Kahn zu den offensichtlich nachlassenden Kräften der südkoreanischen Mannschaft)*

Die Koreaner stinken zwar nach Knoblauch, das ist aber noch lange kein Grund, sie nicht zu decken! *(Wolfgang Ley, Eurosport-Kommentator, WM 1994, beim Spiel Südkorea - Spanien)*

Die Südkoreaner rennen von der ersten Minute an wie die Teufel. Und da sie alle gleich aussehen, können sie in der Halbzeitpause ihre komplette Elf austauschen, und niemand würde etwas davon merken. *(Spaniens Nationaltrainer Luis Aragonés)*

Die Südkoreaner werden ein schwieriger Gegner sein. Zeitweise hatte man vor vier Jahren ja das Gefühl, da sei ein Ameisenhaufen auf dem Feld. *(Köbi Kuhn)*

Türkei

Im Vergleich zu den Artikeln, die sie schreiben, sind die Märchen aus Tausendundeiner Nacht empirische Untersuchungen. *(Christoph Daum über türkische Sportjournalisten)*

Gegen die Türkei darfst du erst aufhören zu spielen, wenn deren Spieler im Bus sitzen. *(Reiner Calmund)*

Ukraine

Die Deutschen sollten vor allem auf ihre ledigen Spieler gut achten. Weil die Ukraine die schönsten Frauen der Welt hat. *(Vitali Klitschko zur WM-Qualifikation)*

USA

Unser Fußball ist wie amerikanischer Käse: fade und ohne Bestand. *(New York Times)*

Der US-Fußball braucht mich als Zugpferd. Ich habe ihn doch weltweit bekannt gemacht. *(Lothar Matthäus, der nach Problemen mit seinem Klub New York MetroStars wieder auf einen Einsatz hofft)*

Letzte Worte

Letzte Worte

Ade Akinbiyi (*Spieler von Norwich City*)
Ich sah das Blackburn-Spiel am Sonntag im Fernsehen, als es auf dem Schirm eingeblendet wurde, dass George (Ndah) in der ersten Minute in Birmingham getroffen hatte. Mein erster Gedanke war, ihn anzurufen. Dann erinnerte ich mich, dass er dort Fußball spielte.

Amtsgericht Koblenz (*AZ 15 C 3047/98*)
Schaut sich ein Fußballfan auf seinem Balkon ein Spiel im Fernsehen an und stürzt beim Torjubel ab, so kann er keine Leistungen aus seiner privaten Unfallversicherung fordern, wenn er 2,55 Promille Alkohol im Blut hatte.

Klaus Augenthaler
Irgendwann muss man mal sterben, und wenn du Trainer bist, wirst du entlassen.

Kim Beazley
Wer seine Leute feuert, weil sie wegen der australischen Spiele nachts zu lange wach waren und nicht zur Arbeit kommen, ist ein Arsch. (*Australiens Oppositionsführer*)

Kurt Beck
Ich habe durchaus den Eindruck, dass wir aus Versehen dieses Jahr Weltmeister werden können. (*der Ministerpräsident von Rheinland-Pfalz nach den glücklichen Siegen bei der WM 2002*)

Franz Beckenbauer
Ich habe auch noch keine Eintrittskarte für die WM. Aber irgendwie komme ich da schon rein. (*zur großen Nachfrage nach Tickets für die Fußball-Weltmeisterschaft 2006*)

Ich denke, irgendeinen werden wir schon finden. (*als Mitglied der vierköpfigen »Findungskommission« des DFB, zur schwierigen Suche nach einem neuen Bundestrainer*)

Boris Becker
Ich nehme an, es geht um Fußball. (*das Verwaltungsratsmitglied beim FC Bayern München auf die Frage, ob er wisse, was im Verwaltungsbeirat besprochen werde*)

Jürgen Becker (*Kabarettist*)
Es gibt nur zwei Szenarien, wie die SPD die Bundestagwahl 2006 gewinnen kann: Entweder kommt ein riesiger Komet und Schröder hält ihn auf, oder die deutsche Nationalmannschaft übersteht bei der WM die Vorrunde. Im Moment ist der Komet das Wahrscheinlichere.

Oliver Bierhoff
Viele Sachen entstehen unter Druck: Öl, Diamanten – so gesehen braucht man Druck.

Joseph Blatter
Die Naturrasen sind nicht das Grüne vom Ei. *(FIFA-Präsident zur Qualität des Rasens bei der Fußball-WM)*

Stan Boardman *(englischer Komiker)*
Unsere Jungs müssen rechtzeitig im Stadion sein, bevor die Deutschen die Handtücher ausbreiten können.

Campino *(Sänger der Toten Hosen)*
Wenn wir aus Dortmund kommen würden, hätten wir den Song nicht gemacht. Das wäre uns ein zu direkter Angriff gewesen. Aber als Düsseldorfer nimmt uns doch keiner fußballerisch ernst. *(über den Bayern-Song der Hosen)*

Die einen gehen zu den Deutschen, ich gehe lieber zum Fußball.

Endlich seid Ihr die Schwuchtel los. *(zum Dortmunder Konzertpublikum nach Andreas Möllers Wechsel zu Schalke 04)*

Caprice *(Sängerin)*
Ob ich ein Londoner Team unterstütze? Natürlich! Ich bin für Manchester United.

Pastorin Cordula
Gott ist auch an den unwürdigsten Orten zu Hause. *(in »Das Wort zum Sonntag«, live aus der Kapelle in der »Arena AufSchalke«)*

Olli Dittrich *(Comedian)*
Andreas Möller hat seine alte Form wieder gefunden: Sie lag mit Schaufel und Eimer im Sandkasten!

Dortmunder Ordner
Was stehst du so breitbeinig? Hast du so dicke Eier? *(bei der Leibesvisitation)*

Hans Eichel
Wenn ich einen Traum frei hätte, wäre es: »Eintracht Frankfurt ist unabsteigbar«. Als erste Maßnahme wird Fjörtoft dazu verpflichtet, in jedem Spiel mindestens fünfmal vor herausstürmenden Torhütern den Übersteiger zu spielen. Ab Januar spielen Rivaldo und Beckham für die Eintracht. Die angespannte finanzielle Situation treibt den beiden die Tränen in die Augen und sie sind bereit, ehrenamtlich tätig zu werden.

Letzte Worte

Heinz Erhard
44 Beine rasen / durch die Gegend ohne Ziel / und weil sie so rasen müssen / nennt man es ein Rasenspiel. / An den Seiten 2 Gestelle, / je ein Spieler steht davor, / hält den Ball er, ist ein Held er, / hält er nicht, schreit man »du Toooor«.

Jürgen Flimm *(Theaterintendant)*
Stures Beharren auf Verträgen zeugt nicht von Weitsicht. Das Leben ist mehr als eine Blutgrätsche. *(zur Weigerung einiger Profis, nach der Kirch-Pleite Gehaltskürzungen zu akzeptieren)*

Eva Glawischnig
Diese Abseitsfrage! Ich stelle jetzt oft die Gegenfrage: Können Sie mir den weiblichen Zyklus erklären? *(Vize-Chefin der österreichischen Grünen)*

Ancelmo Gois *(brasilianischer Star-Kolumnist)*
Schaut euch diese kleinen Gesichter an, die Symbol der WM 2006 in Deutschland sind. Sie sehen aus wie die am häufigsten vorkommenden Versionen der Ecstasy-Pillen. *(in der brasilianischen Zeitung »O Globo«)*

Goleo VI
In meiner Person vereinen sich die Schönheit von Lothar Matthäus, die Eleganz von Maradona und das weltmännische Auftreten von Oliver Bierhoff. *(das WM-2006-Maskottchen – selbst reflektierend)*

Thomas Gottschalk
Der Stoiber kommt immer zu spät und kaum ist er da, fällt ein Tor für die Bayern.

Du bewirbst dich ja mit Harald Schmidt um den besten Rücktritt des Jahres. Glaubst du, dass DFB-Präsident Gerhard Mayer-Vorfelder dir noch den Rang ablaufen kann? *(zu Rudi Völler)*

Ich habe im Sommer einen Schock bekommen! Als ich hörte, der neue Bundestrainer kommt aus Kalifornien und ist blond, dachte ich: Ha – muss ich denn alles machen? *(zu Jürgen Klinsmann als Teamchef)*

Henry Gründler *(Comedian)*
Untreue und Bestechlichkeit: Damit gilt Wildmoser schon jetzt als heißester Kandidat für die Nachfolge von FIFA-Präsident Sepp Blatter.

Rudi Assauer hat seine Meinung über Frauenfußball geändert: wenn die auf dem Rückweg einen Kasten Bier mitbringen und nicht zu müde zum Vögeln sind ...

Letzte Worte

Die FDP zieht zum ersten Mal mit einem eigenen Kanzlerkandidaten in den Wahlkampf. Natürlich völlig aussichtslos, aber die deutsche Nationalmannschaft fährt ja auch zur WM.

Viele Frauen fieberten bei der Fußball-WM der Frauen mit: Gerade weil sie wissen, wie schwer Grasflecken wieder rausgehen!

Günter Grünwald *(Comedian)*
1860 München spielt bald gegen Wacker Burghausen und Erzgebirge Aue, oder wie man bei unserer Nationalmannschaft sagen würde: in der Todesgruppe.

Was ist der Unterschied zwischen den Wildmosers und dem FC Bayern? Die Bayern sind schon raus! *(in Anspielung auf das Ausscheiden der Bayern aus der Champions-League und die zeitgleiche Verhaftung der Funktionäre des TSV 1860 München)*

Dieter Hildebrandt *(Kabarettist)*
Ich habe genau den Punkt gesetzt, an dem ich aufhörte, Fußball zu spielen: Als ein gegnerischer Spieler mich nicht mehr zu umspielen brauchte, sondern einfach nur an mir vorbeilief.

Ehrlich, auf dem Fußballplatz sind mir die kleinen Dummerchen noch weitaus lieber als die kleinen Klugerchen.

Wolfgang Hochfellner
Ich will den Kuhdamm ganz langsam runterfahren, mittendrin anhalten, die Türen aufmachen, den Schlüssel wegwerfen und dann mit den Spielern durch die Fan-Menge laufen. *(der Busfahrer des deutschen Teams über seinen Traum für den 9. Juli, den Tag des WM-Endspiels)*

Hot *(Shopping-Kanal)*
Diesen Trainingsanzug gibt es in vier Farben: rot und grün.

Nina Hagen
Gemeinsam mit allen Union-Fans werde ick ganz viel Energie auf den Rasen beamen. Damit klappt's – und dann wird gefeiert. *(Fan von Schalkes Pokalfinalgegner Union Berlin)*

Walter Jens *(Autor)*
Dehrle Ahlers, Otto Rohwedder, Herbert Panse, Kalli Mohr und Hanno Maack ... wenn ich den letzten Goethe-Vers vergessen habe, werde ich den Eimsbütteler Sturm noch aufzählen können.

Letzte Worte

 K

Oliver Kahn
Wir Spieler sind es, die den Sport betreiben und nicht irgendwelche Krawattenträger.

Oliver Kalkhofe *(Comedian)*
Die Welt hat sich rasant verändert: Die Weltmeister von 1954 bekamen noch einen Kugelschreiber, eine von Konrad Adenauer handsignierte Leberwurst und die Fahrtkosten erstattet!

Auf den Fußballplätzen tummelt sich heute ein Haufen knallbunter Design-Fummeltrinen, da sieht es aus wie im Kleiderschrank von Uli Stielike!

Michael Kessler *(Comedian)*
Waldi hätte sich nie den Schnäuzer abnehmen dürfen: Das war sein Markenzeichen und ein Prominenter ohne Markenzeichen, das geht nicht. Stellt euch mal ZZ Top ohne Bärte vor, Gina Wild mit kleinen Titten oder René Weller mit Gehirn!
(über die Absetzung Hartmanns als ARD-Kommentator)

Kicker
Der Trainerjob ist ein Nuttengeschäft.

Hans Kindermann *(»Chefankläger des DFB«)*
Es verstößt gegen die Menschenrechte, wenn ein Spieler verletzt vom Spielfeld getragen wird, und die Herren vom Fernsehen haben nichts Eiligeres zu tun, als da draufzugehen.

Matze Knop *(Comedian)*
Wenn Lothar Matthäus und Andy Möller mit zur WM fahren, verlieren wir kein einziges Spiel, weil: Alte Menschen und Frauen schlägt man nicht!

Thomas Koschwitz *(Comedian)*
Wenn Fußballer durch den Verzicht auf Sex bessere Leistungen bringen würden, hätte die Betriebsmannschaft des Vatikans längst den Europapokal gewonnen.

Mike Krüger
In Holland gehen immer mehr Jugendliche zum Arzt, um sich Tattoos entfernen zu lassen. Finde ich gut. War vielleicht auch ein bisschen früh, das Motiv Weltmeister 2002!

Ein wirklich ernsthaftes Gespräch unter Männern dauert eine Viertelstunde. Danach beginnt die 2. Halbzeit.

Letzte Worte

Jens Lehmann
Jetzt haben Sie endlich mal wieder was zu feiern. *(beim Besuch der Bundesminister Otto Schily und Franz Müntefering [beide SPD] in der deutschen Kabine nach einem 4:0 gegen Nordirland)*

Der Konjunktiv ist der Feind des Verlierers.

Ewald Lienen
Mir ist es schon passiert, dass ich abends vor dem Fernseher abspanne, einen Film anschaue, dann umschalte und plötzlich feststelle, dass gerade die Bayern in der Champions League spielen. *(zur Übersättigung mit Fußball im Fernsehen)*

Heinrich Lübke
Es war ein Tor. Ich habe es genau gesehen, meine Herren. *(der Politiker über das »Wembley-Tor« 1966)*

Franz Maget *(SPD-Vorsitzender in Bayern)*
Wir haben eine gewisse Fürsorgepflicht und dürfen die Besucher der WM-Stätten nicht vergiften. *(über die ausschließliche Versorgung der Fans in den WM-Stadien 2006 mit amerikanischem Bier)*

Die Städte werden sicherstellen, dass die WM-Besucher mit ordentlichen Produkten versorgt werden. *(zum selben Thema)*

Gerhard Mayer-Vorfelder
Ein Bundeskanzler könnte mit seinem Gehalt nicht einmal auf der Ersatzbank eines Bundesliga-Vereins Platz nehmen, ohne belächelt zu werden.

Jürgen Möllemann
Ich komme 2002 als Bundeskanzler einer Minderheitsregierung zur Meisterfeier nach Schalke.

Der DFB kann die Alarmglocken abschalten. Jürgen ist nicht ante portas. Mölli bleibt hier. *(nach Zurücknahme seiner Ankündigung, er wolle DFB-Präsident werden)*

Walter Morath *(Basler Kabarettist)*
Zwei Dinge haben die Deutschen nie bewältigt: das dritte Reich und das dritte Tor! *(musste 1966 wegen dieses Zitats eine Deutschland-Tournee abbrechen)*

Andreas Müller
Du musst das Spiel totmachen. *(Schalkes Manager zur mangelhaften Chancenverwertung seiner Mannschaft)*

Ingo Naujoks *(Comedian)*
Victoria Beckham ist so dünn – ich glaube, die wird erst wieder was essen, wenn ihr Mann seinen ersten Elfer versenkt hat.

Dieter Nuhr *(Comedian)*
Heute wälzen sich die Fußballer nach Fouls durch das ganze Stadion: Die wollen natürlich in die beste Kameraposition kommen.

Im Prinzip haben wir bereits mit der Teilnahme an der WM die grundsätzlichen Ziele eines anständigen Deutschen erreicht: Wir sind weiter gekommen als Österreich und Holland.

Mit verbundenen Augen haben wir solche Gegner früher geschlagen – im Sitzen. Gar nicht ins Stadion sind wir gefahren, telefonisch haben wir sie besiegt, und als es noch kein Telefon gab, haben wir unsere Spielzüge per Brieftaube geschickt – und zweistellig gewonnen. *(über die gute, alte Fußballzeit)*

Es gibt nicht mehr die kleinen Gegner, wo man sagt: Zieh ich gar nicht erst die Fußballschuhe an, die schießen wir in Aldiletten aus dem Stadion.

Männer haben 100 Gramm mehr Gehirn als Frauen. Da ist unter anderem die Abseitsregel drin.

Hans Werner Olm *(Comedian)*
Wissen Sie, dass viermal so viele Männer Selbstmord begehen wie Frauen? Kein Wunder, es gibt ja auch keine 2. Liga im Frauenfußball.

Matthias Opdenhövel *(Moderator)*
Die meisten Sportler, die sich im Stern nackig machen, kennt man gar nicht. Wenn das Schule macht: »Ich kann zwar nix, aber ich zieh mich ein bisschen aus« – dann sehen wir Mittwoch beim Länderspiel an der Seitenlinie Jürgen Klinsmann im G-String!

Unser Otto Rehhagel mit der olympischen Flamme – als ich das gesehen habe, musste ich vor Stolz weinen. Und als ich dann beim Umschalten den Klinsmann als Nationaltrainer sah, musste ich noch viel mehr weinen.

Plakat beim VfL Jesteburg
Wegen kurzfristiger Absage von Uwe Seeler erniedrigt sich der Eintrittspreis um 50 Pfennige. *(vor dem Spiel gegen die Alten Herren des Hamburger SV)*

Lukas Podolski
Doppelpass alleine? Vergiss es!

Letzte Worte

Polizist in Bochum
Bleiben Sie links vom Pferd,
oder Sie sehen das Spiel nicht.
*(Anweisung eines berittenen
Polizisten an einen Gästefan)*

Polizist auf Schalke
Mach doch Theater, dann kannste
mitfahren. *(auf die Frage eines Fans,
wie er denn zum Bahnhof komme)*

Presseerklärung
Beide Seiten konnten sich
nicht auf eine einvernehmliche
Stellungnahme zu den bevorstehenden Qualifikationsspielen
einigen. *(aus einer Pressemitteilung
des Bundestages zu einem Besuch
einer ukrainischen Parlamentsdelegation)*

Stefan Raab *(Comedian)*
Oliver Kahn hat gesagt, bei Bayern
fehlen die Eier. Das ist übrigens
auch das größte Problem beim
Frauenfußball.

Wir hatten eine hundertprozentige
Chancenauswertung:
null Chancen, null Tore!

Bundesliga um 12 Uhr, wie heißt
das denn dann: Werder am
Mittag? Für die Bayern-Spieler ist
Bundesliga um 12 sehr praktisch:
Die können dann direkt aus dem P1
zum Spiel gehen.

Natürlich hat Netzer früher
Standfußball gespielt: Laufen hätte
doch die Frisur kaputtgemacht!

Kamerun ist eine so musikalische
Mannschaft. Ich glaube, die haben
Winni Schäfer verpflichtet, weil sie
dachten, das sei Bernhard Brink.

Bei Senegal gegen Türkei habe ich
gedacht, das schaue ich mir gar
nicht an, ich setze mich hin und
warte, bis gehupt wird.

Fastenzeit heißt für Reiner
Calmund: Mehrere Wochen
werden die Knochen nicht
mitgegessen ...

Ralf Rangnick
Im Prinzip müsste man die Wetten
abschaffen, aber das kann man zum
Beispiel in England nicht machen.
Das wäre dort so, als wenn man
das Frühstück oder die Queen
abschafft.

Letzte Worte

Johannes Rau
Wie soll das denn dann heißen? Ernst-Kuzorra-seine-Frau-ihr-Stadion? *(zum Vorschlag, Fußballstadien nach Frauen zu benennen)*

Was ein Bundespräsident macht, wissen viele Menschen nicht. Was ein Bundestrainer zu machen hat, wissen fast alle. *(als Festredner beim 100. Geburtstag des DFB über das Phänomen Fußball)*

Reiseführer
Darf ich mein Zelt in Ihrem Vorgarten aufschlagen? *(aus dem Kapitel »Wichtige Redewendungen« in einem Reiseführer des britischen Außenministeriums für englische Fußballfans in Portugal)*

Lou Richter *(Comedian)*
Russland ist raus, Bulgarien ist raus, die Türkei gar nicht dabei, so eine EM ganz ohne Türsteher, das ist nix für mich. *(bei der EM 2004)*

Bobic, Klose und Brdaric verhalten sich zu Wayne Rooney wie die Teletubbies zu Godzilla.

S

Schalke-Fan
Bei uns muss der Matellan erst das »Vaterunser« auf Deutsch können, bevor er eine Minute spielen darf. Die Dortmunder holen einen vom Zuckerhut, und der macht sofort ein Tor. *(zu den Südamerikanern Anibal Matellan bei Schalke 04 und Ewerthon bei Borussia Dortmund)*

Wolfgang Schaupensteiner
Was mich wundert, ist die neue deutsche Bescheidenheit. Ein Prozent Schmiergeld ist wirklich wenig, normal sind bis zu drei Prozent. *(der Frankfurter Oberstaatsanwalt und Korruptionsexperte über die Schmiergeldzahlungen, die beim Neubau der Allianz-Arena an die Wildmosers geflossen sind)*

Otto Schily
Leider gibt es kein Gesetz, das solche Spiele verbietet. *(der Minister nach dem 0:3-Debakel gegen die zweite Mannschaft Portugals bei der EURO 2000)*

Harald Schmidt
Es wird Zeit, dass die WM beginnt, denn die Reservespieler des FC Bayern brauchen Praxis.

Senegal schlägt den noch amtierenden Weltmeister Frankreich 1:0. Mich hat es ein bisschen erinnert, auch die Verbindung Senegal und Frankreich, an unser Spiel damals 1974 gegen die Zone.

Bayern München hilft Borussia Dortmund, denn Borussia Dortmund ist unverschuldet in Not geraten. Durch eine große Katastrophe – man nennt es Management.

Klaus Toppmöller tritt in die Fußstapfen von Rudi Völler. Er hat auch schon dessen alte Haare auf.

Rudi Völler konnte nicht mit seiner Wunschelf spielen, denn die eine Hälfte der Wunschelf ist verletzt und die andere hat keinen deutschen Pass!

Ausgeschieden! Die schlimmste Demütigung für Argentinien, seit damals Madonna Evita Peron gesungen hat.

Nicht alle Argentinier sind enttäuscht: Vielen älteren Mitbürgern ist es egal, weil sie drücken immer noch für Deutschland die Daumen.

Leverkusen hat die Bewerbung zurückgezogen, das Stadion ist zu klein. Beim nächsten Mal bewirbt sich Leverkusen dann mit dem Esszimmer von Reiner Calmund!

Ihr könnt stolz sein in Hannover: WM, das ist so was wie EXPO, nur mit Besuchern.

Die deutsche Nationalmannschaft macht einen Nachmittag für Kinder. Die Hauptattraktion ist Calmund als Hüpfburg.

Ich hatte schon letzte Saison den Eindruck: Effe ist auswärts spritziger als zu Hause. *(zu Effenbergs Affäre mit der Frau von Thomas Strunz)*

Das haben die Bayern von Franz gelernt: kurz vor Schluss noch einen reintun!

Viertelfinale Senegal gegen Türkei. Das ist zum Beispiel ein Spiel, wo ein Mann wie Le Pen den Fernseher aus dem Fenster wirft.

Auf dem Flughafen wurde Daum mit einer etwa 80 Zentimeter großen Bauchrednerpuppe auf dem Arm gesehen: Das war Berti Vogts, der hat ihn abgeholt.

Das Spiel gegen Frankreich war eine Premiere auf Schalke: Zum ersten Mal standen dort elf deutsche Spieler auf dem Rasen!

Erst Häßler, dann Wosz, jetzt Thon ... was soll das werden? Eine neue U1,70?

Deutschland besiegt die Amerikaner auf französischem Boden. Viele ältere Zuschauer hatten Tränen in den Augen! *(während der WM 1998)*

Rainer Calmund hat gesagt: Wir sind doch hier nicht Disneyland. Und er hat Recht: Wenn Leverkusen Disneyland wäre, hätte er einen Rüssel und könnte fliegen.

Viele sagen, es müsse doch möglich sein, auch in Deutschland eine spielerische Qualität wie bei den Brasilianern zu schaffen. Aber ich frage Sie: Geht das nicht ein bisschen zu weit? Slums in Deutschland?

Der Fußballer des Jahres heißt Matthias Sammer! Zwei tolle Ergebnisse für Borussia Dortmund, denn die Fußballerin des Jahres ist Andy Möller geworden.

Ich denke, dass unsere amerikanischen Freunde jetzt ein bisschen so denken wie Sepp Herberger: Nach dem Krieg ist vor dem Krieg.

Die Spieler haben geraucht, die Spieler haben gesoffen. Willkommen in der Ära Mayer-Vorfelder.

Es ist so heiß, dass man sich auch beim Sport so wenig wie möglich bewegen soll. Das heißt: Was wir fußballerisch jetzt haben, ist das so genannte Mario-Basler-Wetter.

Die meisten Bundesliga-Profis fühlen sich doch bei diesen afrikanischen Temperaturen wie zu Hause.

Die geplante Verlegung der Bundesliga-Spiele auf den späten Abend geht nicht, denn Olli Kahn muss in die Disco, und die meisten ARD-Reporter sind dann schon im Puff.

Stuttgarts Tormann Timo Hildebrandt ist so gut – viele sagen, zur Nummer 1 in Deutschland fehlt ihm nur noch eine blonde Schlampe aus der Disco.

Golden Goal ist Scheiße. Man weiß nie, ob man sich noch ein Bier holen soll.

Heißt es bei der Frauenfußballmannschaft auch Kapitän oder Chefstewardess?

Der neue Superstar Miroslav Klose, aufgewachsen in Polen und spricht jetzt schon besser Deutsch als Andy Brehme.

Die Sache mit Christoph Daum hinterlässt auch bei Reiner Calmund Spuren: Er ist über das Wochenende auf 200 Kilo abgemagert.

Ich sage präzise, seit wann ich Fan von Jürgen Klinsmann bin: seit er Sepp Maier rausgeschmissen hat.

Volker G. Schmitz (Comedian)
Der Mensch stammt nicht vom Effe ab.

Was bedeutet eigentlich die 51 auf dem Tattoo von Effe und Claudia? Ist das seine Penislänge oder ihr gemeinsamer IQ?

Ich verstehe nicht, was da im Irak wirklich vor sich geht: Mir fehlt einfach die Zusammenfassung von Delling und Netzer.

Letzte Worte

Nächste Woche beginnt die WM. Für unsere Spieler bedeutet das Hektik: Sie haben nur noch sieben Tage Zeit, um sich rechtzeitig zu verletzen.

Jetzt gibt es eine DVD mit allen Highlights der letzten Bundesliga-Saison von Bayer Leverkusen mit nicht weniger als 30 Sekunden Dauer.

Gerhard Schröder
Bitte, Otto, übertreib es nicht. *(der Bundeskanzler per Handy zu Innenminister Otto Schily beim Stand von 4:0 im WM-Qualifikationsrückspiel Deutschland - Ukraine)*

Ich habe es mir wirklich überlegt. Ich mache es im Nebenberuf – Bundestrainer. Aber nur am Wochenende.

Esther Schweins *(Comedian)*
Deutscher Meister wird Brasilien.

Schwester Theodolinde
Wir müssen sogar die Gebetszeiten wegen der Fußball-Übertragungen verlegen. *(über die Fußball-Begeisterung beim Münchner Orden der Barmherzigen Schwestern)*

Stadiondurchsage
Liebe Fans von Bayern München. Stehen ist unsozial. Bitte setzen Sie sich hin. *(während des Champions-League-Spiels zwischen Chelsea und dem FC Bayern, bei dem die Bayern-Fans während der gesamten 90 Minuten auf ihren Sitzplätzen standen)*

Rod Stewart *(Musiker)*
In meinem Leben spielen drei Dinge ein wichtige Rolle: Fußball, Bier und Frauen. Und zwar genau in dieser Reihenfolge!

Denn du hast nur zwei Möglichkeiten, von der Straße wegzukommen: Fußball und Rock'n'Roll.

Peter Struck
Wir schlagen die Schwarzen auch am 22. September. *(der SPD-Fraktionschef, der den deutschen Sieg über Kamerun mit Parteifreunden im Fraktionssaal verfolgte)*

Transparent
Lieber die rote Laterne als gar kein Licht. *(Transparent von Anhängern im Niedersachsenstadion, nachdem ihr Verein Hannover 96 weiter auf dem letzten Tabellenplatz stand)*

363

Letzte Worte

Uli Voigt (*DFB-Medienkoordinator*)
Es wäre schön, wenn sich nicht alle um den Tisch von Thomas Brdaric drängen, sondern der eine oder andere auch bei Michael Ballack vorbeischaut. *(vor dem Medientag mit 23 Nationalspielern)*

Jürgen von der Lippe
Im Alter lässt der Sex doch etwas nach. Lassen Sie es mich in der Fußballersprache sagen: Wenn der Ball auf mich zukommt, dann stoppe ich ihn und verwandle, aber ich gehe keine langen Wege mehr ...

Otto Waalkes
Der Beckenbauer sagt zu seinem Schwanzl beim Vorspiel Kaiser, später Franzl.

Herbert Wehner
Sie Absteiger Sie! *(Zwischenruf im Deutschen Bundestag während einer Rede des CSU-Haushaltsexperten und Präsidenten des hoch verschuldeten TSV 1860 München, Erich Riedl)*

Oliver Welke
Unser WM-Maskottchen – heraushängende Zunge und keine Hose – so ist nicht mal Lothar Matthäus in seinen schlimmsten Zeiten herumgelaufen.

Guido Westerwelle
Ich habe die Hoffnung, dass Bundeskanzler Gerhard Schröder sein Wort von der uneingeschränkten Solidarität mit den USA wenigstens an dieser Stelle relativiert. *(vor dem Viertelfinalspiel gegen die USA bei der WM 2002)*

Robbie Williams
Scheiße 04. *(der Musiker in »Wetten dass«, als er die Bundesligaergebnisse auf Deutsch vortragen musste)*

Klaus Wowereit
Ich würde mich auf dem Rathaus-Balkon gerne auspfeifen lassen, wenn eine Berliner Mannschaft einmal Deutscher Meister werden würde. *(Berlins Regierender Bürgermeister zu seinem Münchner Amtskollegen Christian Ude. Der bekennende Anhänger des TSV 1860 München war bei der Meisterehrung von den Bayern-Fans ausgepfiffen worden)*

Ich bin sicher: Der Geist vom Grunewald wird die deutsche Elf beflügeln. *(zur Entscheidung des DFB, das WM-Quartier für 2006 im Grunewalder Schlosshotel aufzuschlagen)*

Nachspielzeit

Nie hätte ein frühes Tor einem Spiel so gut getan

Marcel Reif und Günter Jauch kommentieren die Halbfinalbegegnung in der Champions League zwischen Real Madrid und Borussia Dortmund am 1. April 1998.

Reif: Es ist relativ kühl, so um die 15 Grad, aber es ist trocken. Der Rasen ist in einem phantastischen Zustand im Vergleich zum Westfalenstadion oder dem Münchener Olympiastadion etwa.

Die Kamera schwenkt aus einem tiefschwarzen Nachthimmel langsam über das Stadiondach, Teile der Tribüne, hinunter zu den aus den Katakomben hervortretenden Spielern. Gänsehautatmosphäre.

Reif: Und jetzt genießen Sie das mal einfach; also, das kann ... das kann man nicht beschreiben. Gott sei Dank haben wir Fernsehen; Sie können gucken.

Die Mannschaften laufen auf. Der Mittelkreis ist bedeckt von einem riesigen runden Stofftuch, das eifrig von Kindern hin- und herbewegt wird. Die Kamera zeigt auf ihrer Fahrt einmal rund durch das Stadion glückliche, weiße Fahnen schwenkende Menschen, die voller Inbrunst ...

Reif (*enthusiastisch*)**:** Die Real-Hymne als Untermalung also auch noch!

... die voller Inbrunst die eingespielte Hymne des Vereins intonieren. Halbfinale der Champions League. Festtagsstimmung allenthalben. Auch den Fernsehkommentator packt diese Atmosphäre. Er macht sich aber so seine Sorgen ...

Reif: Also, unter diesen Vorzeichen, hier wird dem Gegner nichts geschenkt. Ich sag's mal flapsig, für Borussia Dortmund kann es nur darum gehen, sportlich, ich sag's wirklich etwas pointiert, lebend hier rauszukommen. 0:1, 1:3 wären gar nicht so verkehrt.

Mittlerweile verharrt die Kamera hinter einem Tor in starrer Perspektive. Doch dort, wo gerade noch ein Tor stand, kann man nun, zwar erst auf den zweiten Blick, aber dann doch deutlich, ein flach auf dem Boden liegendes, an der zum Spielfeld verlaufenden Seite offenes, weiß-metallenes Rechteck erkennen. Ungewohnte, nie da gewesene Bilder. Der Kommentator redet jedoch weiter, als wäre nichts geschehen.

Reif: Sie haben überhaupt nichts zu verlieren. Real Madrid hat in den bisherigen Spielen zu Hause im Schnitt, wir haben es vorhin erzählt, vier Tore erzielt.

Der Kommentator hält plötzlich inne. Lacht. Prustet.

Reif: Und jetzt ...; neulich in Madrid, gibt es auch nur hier, ist ein Tor umgefallen; rechts das. Wir werden jetzt etwas Zeit haben, nehme ich mal an.

Der Kommentator erzählt weiter, als ob das vor seinen Augen gezeigte nie passiert wäre. Während im Bild immer wieder das Tor umfällt – aus den unterschiedlichsten Perspektiven, mal in Zeitlupe, mal aus der Vogelperspektive – und sich um das am Boden liegende Tor eine Menschentraube bildet, hört man einen Kommentator, der, scheinbar völlig unbeeindruckt,

taktische Feinheiten erklärt, medizinische Details von Verletzungen erläutert, also alles in allem völlig nebensächliche Dinge von sich gibt. *Nur von Zeit zu Zeit unterbricht er seine Erzählungen.*
Reif: Sie sehen, es wird an diesem Tor gebastelt. Jetzt bin ich mal gespannt, ob die das alles wieder picobello hinkriegen. Hab ich auch noch nicht erlebt, wie so vieles in diesem Stadion.

Während das Bild mittlerweile eine eifrige Geschäftigkeit der Madrider Verantwortlichen einfängt, das Tor aufgerichtet und von mehreren Helfern festgehalten wird, so als wolle man prüfen, ob nicht womöglich einfach so weitergespielt werden könne; dem lachenden Roberto Carlos von Männern in blauen Overalls der Sachverhalt erläutert wird und der rothaarige Linienrichter kopfschüttelnd und sichtlich irritiert durchs Bild läuft, setzt Marcel Reif seine vorher fein recherchierten Erzählungen, immer noch scheinbar nicht aus der Ruhe zu bringen, in einem sachlich-korrekten Ton fort.

Reif: Panucci war lange verletzt ... hat sich durchgebissen ... Redondo vor der Abwehr ... legitimer Nachfolger von Butrageno ...

Doch dann werden zwei jeweils etwa 80 Zentimeter lange Kanthölzer, die feierlich zum umgefallenen Tor getragen werden, von den Kameras näher ins Visier genommen. Und jetzt ist es mit Marcel Reifs Geduld vorbei.

Reif: Meine Kenntnisse als Ingenieur sind bescheiden. Deswegen, ... ich gucke genauso staunend dahin wie Sie auch. Vielleicht einige Tiefbaufachleute unter Ihnen zu Hause, die ... doch ich kann's mir vorstellen. Also, die machen jetzt das Holz rein und dann wird tatsächlich abgebrochen, die Halterung unten des Tors, des Metallgestänges; es sind ja Rohre, hohl. Ich könnte mir vorstellen, dass sie jetzt die Holzpflöcke rein schlagen und dann das Tor draufstellen.

Im Bild ist eine Menschentraube zu sehen. Am Boden arbeiten verzweifelt, Hand in Hand, Männer in blauen Overalls und Männer in feinen Anzügen daran, die Holzpflöcke in die offenen Bruchstellen zu rammen. Dem Kommentator verschlägt es bei diesen Bildern für einen Moment die Sprache. Dann missmutig und gereizt.

Reif: Ja. Ich dachte, wir könnten jetzt so ein bisschen Fußball gucken, so Halbfinale der Champions League; und jetzt erleben wir hier so ein bisschen den Heimwerkerkurs. Oh, jetzt steht auch noch Wasser...

Bis aufs Grundwasser gekommen schon ... oder ist es Öl? Mein lieber Schwan!
Stille. Nur das Klopfen des Hammers, der gleichmäßig auf das harte Holz gestoßen wird, ist zu hören. Dann gibt sich der Kommentator scheinbar einen Ruck und beginnt die letzten Dinge von seinem so sorgfältig vorbereiteten Zettel abzulesen. Nach einer Weile gehen ihm die Worte aus. Die Bilder auf dem Rasen sind immer noch dieselben. Mittlerweile hat man erkannt, dass die Lösung mit den Holzpflöcken nicht funktionieren wird. Kopfschütteln macht sich breit.
Reif: Hier dauert es noch ein bisschen länger.
Man schaltet ins Studio zu Moderator Günther Jauch und seinem Gast, dem Torwarttrainer von Borussia Dortmund, Toni Schumacher.
Jauch: Danke an den Heimwerker und Hilfsdiplomingenieur Reif. Das sah hier wie eine relativ saubere Schnittstelle aus. Könnte es theoretisch auch Sabotage gewesen sein?
Schumacher *(nüchtern)*: Nein, ich glaube nicht.
Jauch *(jubiliert):* Das erste Tor ist in der nullten Minute gefallen!
Schnell schaltet man weiter zu einem aufgeregten Außen-Reporter Uli Potofski und dem zweiten Torhüter der Borussia, Teddy de Beer, dem angesichts der Bilder, die auch hier hinunter in die Katakomben gesandt werden, das Lachen auf dem Gesichte steht; noch.
Potofski: Aber stellt man sich nicht beinahe unter Protest in ein solches Tor, das da gerade umgefallen ist? Ich hätte da ein schlechtes Gefühl!

De Beer: Ja, ich denke mal, wir wollen uns mal auf die Spanier verlassen, dass sie auch in der Lage sind, ein Tor zu reparieren und da vielleicht einen Nagel rein zu hauen.
Just in diesem Moment werden die Bemühungen auf dem Spielfeld abgebrochen. Das Tor wird umgekippt und auf den Boden gelegt. Teddy de Beer setzt seine Rede, deutlich verstimmt, fort.
De Beer: Aber im Moment sieht es recht bitter aus. Die scheinen nicht recht zu wissen, was sie überhaupt machen sollen.
Zurück im Studio.
Jauch: Sind Sie geübter Heimwerker, Herr Schumacher?
Schumacher: Ich habe ein Handwerk gelernt. Kupferschmied. Also Schweißen wäre jetzt, glaube ich, groß angesagt.
Jauch: Ah, aha. Das könnten Sie auch noch?
Schumacher: Ah, na ja, das ist, glaub' ich, wie Fahrradfahren. Schweißen verlernt man nicht.
Jauch: Kann man Alu schweißen?
Schumacher: Ja.
Jauch: Das schmilzt doch!
Schumacher: Wenn man nicht zu hoch temperiert ...
Im Bild zu sehen ist unterdessen, wie spanische Blaumänner das Netz umständlich und immer noch unter Einsatz einer ganzen Heerschar an Menschen vom Aluminiumrahmen lösen. Dabei benutzen sie ein Gerät, das die besondere Aufmerksamkeit des zusehends redseliger werdenden Moderators erregt.
Jauch: Aber was machen die da

jetzt? Die haben ja 'ne Kneifzange, damit ...
Schumacher *(ruhig):* ... die wechseln das Netz ...
Jauch *(Stimme überschlägt sich fast):* ... damit wechsel' ich immer, wenn am Telefon was nicht geht, dann drück ich ... aha, jetzt wird das Netz gewechselt. Das hätte man doch schon viel früher machen können! Aber die Jungs in den blauen Anzügen machen wenigstens einen semiprofessionellen Eindruck.
Man sieht, wie fünf Männer den losen Aluminiumrahmen laufenden Schrittes vom Spielfeld tragen. Großeinstellung der beiden Löcher im Boden, in denen gerade noch das Tor gestanden hat.
Jauch: Na, gut, wenn sich große Dinge tun, Sägearbeiten, große Erdarbeiten, Holzarbeiten, wenn Kupferschmiede benötigt werden, sind wir gleich wieder da. Vorher informieren wir Sie einfach mal drüber, was es sonst noch so gibt für schöne Dinge auf der Welt, die dann hoffentlich auch funktionieren.
Wieder wird in Zeitlupe das fallende Tor gezeigt. Dann Werbung. Nach der Unterbrechung wird erneut aus verschiedenen Perspektiven das zusammenbrechende Tor ins rechte Licht gerückt. Ein fast überschwänglich klingender Moderator kommentiert das Gesehene.
Jauch: Für alle die, die nicht rechtzeitig eingeschaltet haben, Sie haben etwas verpasst: Das erste Tor ist schon gefallen. Ich weiß von Kollege Reif, ein begeisterter Heimwerker, der vor kurzem,

glaube ich, in einer achtstündigen Aktion ein Kellerregal aufzubauen versucht hat. Gibt es vielleicht Hinweise von ganz oben, Herr Kollege?
Reif: Ich hab das probiert und hab das dann falsch rum ... ich musste das dann auftrennen ... also aufschrauben ... und dann wieder andersrum ... also mich würde ich jetzt hier nicht einsetzen wollen, aber wir könnten, ich weiß nicht, Toni Schumacher muss das auch noch erlebt haben als ganz junger Mensch; haben wir nicht früher gespielt auf ein Tor, und drei Ecken waren dann ein Elfer?
Schumacher: Doch, haben wir auch noch gespielt, aber da werden wir heute wohl nicht mit durchkommen.

Die emsige Geschäftigkeit rund um das umgefallene Tor ist zum Erliegen gekommen. Zurückgelassen wurde ein großer Vorschlaghammer, der nun einsam im nassen Gras liegend von einer Kamera eingefangen wird.
Reif: Schau, das ist hier das ... das ...
Jauch: ... das Symbol der Hilflosigkeit!
Reif *(resigniert-pikiert):* Genau. Aber Reinhauen wird nichts bringen, dann wird es zu kurz.
Plötzlich kommt wieder Leben in die Bilder vom Spielfeld. Die Männer in den blauen Overalls treten erneut in Aktion.
Reif: Habt ihr das gesehen eben? Das stimmt nicht sehr optimistisch. Jetzt kommt so eine Art Aktionis-mus auf. Jetzt fummeln die an dem Netz rum. Wie Fischer.
Jauch: Spanische Fischer!
Reif: Genau. Das macht mich jetzt ganz betroffen. Die warten nicht etwa auf das neue Tor, sondern dann kommt ... irgendetwas müsst ihr machen, lasst uns doch das Netz flicken, wo nichts zu flicken ist.
Langsam kommt trotziger Zynismus auf.
Jauch: Was mich fasziniert, normalerweise die ganzen Uniformierten mit den wichtigen Wappen ...
Reif: ... die sind auf Tauchstation ...
Jauch: ... auf einmal jetzt merken sie, au, da müssten sie selbst Hand anlegen oder eine Entscheidung treffen; jetzt sind sie alle weg.
Dann stehen einige Männer nervös, wild gestikulierend, in der Nähe des umgefallenen Tores. Ein Mann mit einem braun gebrannten Knautschgesicht und grauem Haar erregt die besondere Aufmerksamkeit von Reif und Jauch. Der Spott nimmt neue Dimensionen an.
Reif: Schau, der Mann in dem dunklen Anzug ist gut, guck, der in der Mitte der.
Jauch: Wo?
Reif: In der Mitte der. Der mit der dunklen Krawatte. Der das Ganze leitet jetzt. Achtung, schau!
Jauch: Mhmm!
Reif: Jetzt. Eieiei. Bedenken! Ich kann nur warnen.
Jauch: Ja, mahnen und warnen.
Reif: Eieiei. Der ist es, der ist es. Guck!
Jauch: Mhm, mhm, mhm.
Abwehrende Handbewegung.
Reif: Kommission einsetzen.
Jauch: Ähem, sein Referent links.
Kurze Pause. Dann vollends resigniert.
Reif: Ja, das glaubt uns kein Mensch, was wir zur besten Sendezeit gezwungen sind anzubieten.
Jauch: Es gab ja, glaube ich, mal diese Übertragung, wo stundenlang ein Testbild lief; hatte ordentliche Einschaltquoten.
Ein großes Polizeiaufgebot geht hinter dem Tor in Stellung.
Jauch: Jetzt haben wir die Unfallstelle gesichert!
Reif: Jetzt haben wir alles im Griff!
Stille. Nach einer längeren Zeit des Schweigens unternimmt der Kommentator einen letzten Anlauf, seine gut recherchierten Fakten von einem mittlerweile wieder aufgefundenen Zettel in die lahmende Unterhaltung einzustreuen.
Reif: Wollt ihr wissen, dass Real

Madrid acht Spiele in der Champions League in dieser Saison gespielt hat; fünfmal gewonnen, zweimal unentschieden und nur eine Niederlage? Hilft das weiter jetzt?
Jauch: Im Moment gerade nicht.
Reif *(etwas enttäuscht):* Im Moment nicht.
Jauch: Aber ...
Reif: Aber ... Achtung ... da kommt ...
Jauch: Da kommt ...! Was?

Ein alter, grauhaariger Mann in einem ausgewaschenen Polohemd, unter dem sich deutlich ein wohl geformter Bierbauch abzeichnet, läuft von links kommend durchs Bild. Bleibt nur kurz in Höhe des umgefallenen Tores stehen, greift nach etwas und läuft dann wieder in die Richtung, aus der er kam.
Reif: Er nimmt den Hammer. Er nimmt den Hammer weg! *(Pause)* Aus!
Jauch: Er hat allerdings links ein Meißel?!
Reif: Ja. Was heißt das? Wenn der jetzt hinten, in seinem Kämmerchen, in seinem Keller ein Tor baut ...
Jauch: Ja?
Reif: Dann ist ...
Jauch: Dann ist der morgen ...
Reif: ... der Held von Madrid!
Jauch: Ja. Dann ist er ein Held. Genau!
Schon wieder laufen Männer von links ins Bild.
Reif: Die Blauen kommen wieder. Achtung! Die Blauen sind wieder da.

Die Männer legen das Netz zusammen und tragen es hinaus.
Jauch: Das schöne Netz ...!
Reif: Das schöne ... Jetzt haben wir es so auf und zu und auf und zu ...
Jauch: Wuff! Wuff!
Großaufnahme. Ein Hund zieht eifrig schnüffelnd sein Herrchen hinter sich her.
Reif: Ohhh ...! Jetzt ...
Jauch: ... such!
Reif: Meine Damen und ...
Jauch: Such, such ...
Reif: Meine Damen und Herren ...
Jauch: Such, such ... Such das Tor!
Reif: Pass auf! Champions League Halbfinale. Sie sind hier jetzt nicht irgendwo in ... äh ... Herrchen gesucht ... oder ...
Jauch: ... ein spanischer Rottweiler sucht ein ...
Reif: Ja ...
Jauch: ... sucht ein Tor; sucht das Tor. Er sucht es aber! Er hat die Witterung aufgenommen!
Wieder zeigt man den Mann mit Knautschgesicht. Er ist umringt von einigen Männern in Anzügen. Unter seinem Arm trägt er ein gelbes Paket.

Reif: Man tagt jetzt offensichtlich. Der scheint ganz wichtig. Der ist von der UEFA.
Jauch: Oder der ist ganz unwichtig und trägt einfach nur irgendetwas hin und her.
Reif: Wenn er ein Tor tragen würde...!
Man schaltet wieder einmal hinunter in die Katakomben, dort, wo Außen-Reporter Uli Potofski vor Aufregung kaum mehr sprechen kann.
Potofski: Ich habe gesehen, dass man an einem Tor arbeitet, auf abenteuerliche Art und Weise wird da ein Tor zusammengehauen, zusammengezimmert; aber es darf niemand dort filmen, also es wird ein ganz geheimes Tor.
Endlich ist das Tor da. Etwa 50 Männer versuchen, das Tor durch eine enge Öffnung am linken Spielfeldrand zu bugsieren. Groteske Szenen spielen sich ab. Einem am Zaun hängenden Polizisten schlägt die Latte die Mütze vom Kopf. Auf der anderen Seite des Tores drücken Fans mit letzter Kraft die Verankerung unter einem Fangzaun hindurch. Im Studio brechen endgültig alle Dämme.
Jauch *(schreit; jubiliert):* Und hier sehen wir bereits das zweite Tor! *(etwas ruhiger)* Kollege Reif, hat was von... von mittel- bis südamerikanischen Beerdigungen, oder?
Reif: Haha! Es ist 1. April, Leute, aber das ist alles kein Gag, was wir Ihnen da zu Hause unterjubeln; das ist alles wirklich Realität. Live und in Color und in Farbe. Halbfinale der Champions League aus Madrid. Und jetzt stellen sie das Ding auf und dann...?

Die Kamera fängt den Schiedsrichter ein. Nach langen Diskussionen mit dem Mann mit dem Knautschgesicht macht er eine erlösende Geste...
Jauch: Oh, haben Sie den Daumen gesehen?
Reif: Ey, der Daumen nach oben...
Jauch: Daumen nach oben...
Reif: Leute, es ist Hoffnung!
Spürbare Erleichterung! Langsam löst sich die Anspannung. Die Mannschaften laufen bereits wieder ein; machen sich warm. In kindlicher Vorfreude auf das Spiel albern der Moderator im Studio und der Kommentator im Stadion noch ein bisschen rum...
Reif: Habt ihr ein Tor? Ja, wir brauchen ein Tor jetzt? Wie was?
Jauch: Wir brauchen ein schnelles Tor?
Reif: Ja. Das würde dem Spiel gut tun. *(Lautstarkes Gelächter)* Der Satz: Noch nie hätte ein Tor einem Spiel so gut getan wie heute hier. Frühes..., ein...
Jauch: ... ein frühes...
Reif: ein Tor...
Jauch: ... ein ganz frühes Tor.
Reif: ... ganz früh! Oh, Gott!
Wenige Minuten später wird endlich gespielt. Das Ergebnis von 2:0 für Real Madrid interessiert am Ende nur wenige; denn das entscheidende, erste Tor fiel bereits in der nullten Minute...

Nachspielzeit

Die Torjägerin Fräulein Gerda Müller oder die alte Leier um Frauen und Fußball

Ein Zuschauerbrief an »Das Aktuelle Sportstudio«

Berlin, den 16.5.1980

Sehr geehrter Herr Friedrichs! Um Himmels willen keine weitere Sportkommentatorin. Die eine, die wir öfters hören müssen, genügt vollkommen, um uns den sportlichen Appetit zu verderben! Sie soll meinetwegen die Frauensportereignisse wie Reigentanz, Kindersport oder Eierhüpfen kommentieren, aber alles hat seine Grenzen, so sympathisch die Damen auch sein müssen. Echter Sport wie Fußball, Boxen, Baseball, usw. ist nun einmal Männersache und kein Bettgeflüster. Mit freundlichen Grüßen!

Originalkommentar Wim Thoelkes zu Bildern eines Spiels der deutschen Frauen-Fußball-Nationalelf Anfang der 1970er Jahre:
Und da sind dann auch endlich die Damen-Fußballerinnen! Ein läuft die deutsche Fußballnationalmannschaft der Frauen. Auch ein Fräulein Müller ist dabei; ein Fräulein Gerda Müller. Torjägerin! Kein Wunder, dass die Damen denn auch erfolgreich kicken. Sehr zarte Rempelei. Und da ... Mutter ... eine undankbare Flanke nach halbrechts gegeben. Junge, Junge, Junge. Laufen, Erna, aber Gaby, Erna ist nicht flink genug. Das war Gerda Müller.
(Belustigte Männer in langen Mänteln und mit bauchigen Bierflaschen in der Hand schlagen sich auf der Tribüne jauchzend auf die Schenkel)
Junge, Junge, ja die brauchen sich gar nicht so aufzuregen, die Zuschauer; die Frauen waschen doch ihre Trikots selber. Wenn die Männer in den Schlamm fallen würden, das wäre schlimm, dann müssten die Frauen zu Hause waschen. Decken, decken, nicht Tisch decken, richtig Manndecken, so ist recht. Frei von allen kleinlichen Sorgen um Haushalt, Mann und Kinder!

**Ein Radio-Nachmittag im Mai.
Die Schlusskonferenz der
Bundesligasaison 1998/99**

*Aus dem Frankenstadion in Nürnberg
meldet sich ein aufgeräumter Reporter
Günther Koch und beginnt stakkato-
artig redend die Schlusskonferenz des
34. und alles entscheidenden Spieltags
der Bundesligasaison 1998/99. Abstiegskampf pur. Ein denkwürdiger Nachmittag, 13 Minuten, die für immer im
Gedächtnis aller Fußball-Fans bleiben
werden, stehen noch bevor...*

Günther Koch: Radio, Radio,
Radio...das schnellste Medium
der Welt, aber sie tun mir Leid, die
Rostocker. Wenn es dabei bleiben
sollte, haben wir keinen Verein
in der Bundesliga aus dem Osten;
Hansa Rostock im Moment um
17 Uhr und fünf in der 2. Liga,
darüber kann man sich und darf
man sich nicht freuen, denn man
hat nicht unbedingt durch eigene
Kraft dann die Klasse erhalten,
das gilt für Frankfurt und auch
für die Clubberer, denn man weiß
ja genau, wer wo wie gespielt
hat, und wer wann und wie und
wo verloren hat, das können wir
später noch vertiefen, im Moment
in Nürnberg der Spielstand 0:2.
Gebanntes Hören an den Radios,
und immer wieder das Schauen
auf die Anzeigentafel. Sogar
ausländische Gäste aus England
sind hier, um dieses Spektakel
mitzukriegen, aber nichts zu sehen
von den Clubberern. Wo bleibt
die Ehre, was habt ihr eurem
Publikum zu bieten? Kämpfen,
kämpfen, heißt es. Sie wackeln
mit den Knien und sie haben
keine Chance und Freiburg hält
das 2:0, schiebt sich den Ball
zu, die Pfiffe sind die korrekte
Quittung für das lasche Angehen
der Nürnberger, die mich wirklich
enttäuschen. Spielstand jetzt, bei
der Möglichkeit von Freiburg auf
3:0 zu erhöhen *(Zwischenruf:»Tor
in Mönchengladbach«, Günther
Koch führt seinen Satz zuerst ohne
Regung zu Ende)* ... immer noch 0:2
*(stockt, lauscht, registriert dann den
Zwischenruf und leitet geistesgegen-
wärtig weiter)* ... in Gladbach da
fallen auch noch Tore?
*Doch bevor sich der Reporter aus
Gladbach meldet, ist aus dem Off
deutlich zu hören, wie jemand immer
wieder »und Tor ... und Tor« ruft. Die
Reporter in Nürnberg und Gladbach
jedoch scheinen diese Zwischenrufe
nicht wahrzunehmen.*
Aus Gladbach: Und es steht 2:0
für Borussia Dortmund ... *Der
Reporter aus dem Off schreit immer
lauter: »Tor in Bochum«* ... Stefan
Chapuisat, das könnte der Mann
des Tages werden aus Dortmunder
Sicht...
*Der Reporter in Gladbach ignoriert
weiter die Rufe aus Bochum. Doch
dann reicht es der Regie in Köln und
man zieht von dort die Stimme des aus
Bochum verzweifelt rufenden Reporters
hoch; ohne Rücksicht auf die weiterhin
deutlich zu vernehmende Stimme aus
Gladbach. Aus Bochum meldet sich ein
hörbar aufgeregter, aber um Sachlich-
keit bemühter Manni Breuckmann,*

der sich der immensen Brisanz seiner Meldung mehr als bewusst zu sein scheint.

Manfred Breuckmann: Ein Tor in Bochum für Hansa Rostock! Agali hat es gemacht und es ist die 77. Spielminute. Hansa Rostock bäumt sich noch einmal auf, die Hoffnung für die Ostsseestädter, sie ist noch nicht vorbei, und dieses Spiel ist noch nicht gelaufen, es dauert noch 13 Minuten.

Manni Breuckmann beruhigt sich und seine Stimme. Er schildert einige Zeit völlig belanglose Ereignisse auf dem Spielfeld in Bochum und wird dann plötzlich aufgeschreckt. Schon wieder ist ein Tor gefallen. Diesmal meldet sich ein nervöser Dirk Schmitt aus dem Frankfurter Waldstadion.

Dirk Schmitt: Tor in Frankfurt! Tor in Frankfurt! 3:1 für die Frankfurter Eintracht und jetzt müsste zumindest die Frankfurter Eintracht hier im Waldstadion den Sieg sicher nach Hause schaukeln. Umso spannender wird's natürlich in Bochum, Manni!

Manfred Breuckmann: Jetzt kommt es darauf an: Sollte Hansa Rostock es gelingen, dieses Spiel noch zu wenden, ein drittes Tor zu schießen, dann wäre Rostock nicht im Keller, dann wäre Rostock nicht unten, und alles werden sie jetzt daran setzen, in den letzten elf Minuten, noch mal die letzten Kräfte zu mobilisieren. Weiter jetzt mal mit Günther Koch in Nürnberg!

Günther Koch: Freiburg hat es in der Hand, die Bundesliga zu entscheiden. Wenn Freiburg noch einen Treffer macht, denn die Clubberer werden keinen machen, so sieht es aus, dann ist Frankfurt drin und der Club draußen; nur noch zehn Zentimeter bestenfalls steht der Club vor dem Abgrund ...

Zwischenruf aus dem Off (leise, aber deutlich zu vernehmen) von Dirk Schmitt: »Tor in Frankfurt, Günther Koch«

Günther Koch: ... er liegt hinten mit 0:2, das ist Alibifußball. Wer hat geschrien?

Dirk Schmitt: Tor in Frankfurt, 4:1 für die Frankfurter Eintracht. Bernd Schneider macht den Treffer, Günther, und was heißt das? Das heißt, dass Frankfurt jetzt eine Tordifferenz von minus elf hat, wie der 1. FC Nürnberg, aber die Frankfurter Eintracht hat mehr Tore erzielt und nach meiner Rechnung, und ich bin kein großer Mathematiker, ist damit der 1. FC Nürnberg auch wieder in noch größere Abstiegsgefahr geraten. Also das ist kein Zweikampf mehr, sondern das ist ein ganz glasharter Dreikampf, Günther Koch!

Günther Koch: Du hast alles gesagt. Im Moment ist es 17.11 Uhr, ist der Club nach 79, nach 84, nach 94 und nach 99 fast abgestiegen, alles hängt jetzt von Bochum gegen Hansa Rostock ab. Frankfurt ist besser, der Club taumelt, der Club hängt am Abgrund ...

Mitten in Kochs emotionale Rede, die geprägt ist von den Gefühlen eines mitleidenden Fans, der die Geschehnisse um sich herum rational einzuordnen versucht, aber angesichts sich ständig verändernder Rahmenbedingungen langsam die Fassung verliert, ruft Manni Breuckmann aus Bochum dem der Verzweiflung nahen Günther Koch eine weitere Hiobsbotschaft zu:

Manfred Breuckmann: Und Toooor, Tor für Rostock. Majak, der eingewechselte Majak macht ein Kopfballtor und 7.000 Ostseeanrainer, die 7.000 Fans, die mitgereist sind, sie sind aus dem Häuschen. Hansa Rostock führt um 17.12 Uhr mit 3:2 ... *Aus dem Off ertönt riesiger Jubel, kurz gefolgt von einem hysterisch schreienden Günther Koch, der langsam von der Regie lauter eingepegelt wird. Seine »Tor, Tor, Tor«-Rufe erinnern an Herbert Zimmermann 1954 beim Finale im Berner Wankdorfstadion.* ... und alles kann gut werden für Hansa ...

Günther Koch *(die Stimme überschlägt sich noch immer)*: Tooor in Nürnberg, ich pack das nicht, ich halt das nicht mehr aus, ich will das nicht mehr sehen *(die Stimme quieckst ähnlich einem Jugendlichen in der Pubertät)*, aber sie haben ein Tor gemacht, ich glaube es nicht, aber der Ball ist drin, ich weiß nicht wie. Kopfball von Nikl. Die Leute haben es gehört, dass Frankfurt vorne liegt, dass Rostock vorne liegt, jetzt liegt der Ball im Netz, nur noch 1:2, ich halt das nicht mehr aus, nein, es tut mir leid, 1:2, Nikl per Kopf, Flanke von Kuka, Treffer für die Clubberer, es ist nicht zu fassen. Wir waren in Bochum, wir waren in Frankfurt, wir sind in Nürnberg, was gibt es Neues in Bochum, Manfred Breuckmann?

Manfred Breuckmann: In Bochum stehen die Bochumer Spieler am Mittelkreis und die Polizei muss die Rostocker Fans beruhigen *(aus dem Off ruhig »Tor in ...«)* ... und da fällt wieder ein Tor ...

Aus Berlin *(ruhig, sehr sachlich zurückhaltend, fast ein wenig verlegen, ob seiner undankbaren Einblendung; man merkt, er möchte so schnell wie möglich zurückgeben an die Reporter an den Schauplätzen des Abstiegskrimis):* Das 23. Saisontor von Michael Preetz zum 6:1. Also, er hat die Torjägerkrone, Hertha den 3. Platz gefestigt, aber die Abstiegsentscheidung ist am heutigen Tag natürlich viel, viel spannender, deshalb Manni, weiter!

Manfred Breuckmann: Welch ein Abstiegsdrama und die Sache ist ja vielleicht noch gar nicht gelaufen. Es gibt Freistoß für Hansa Rostock, die Mannschaft, die drei Tore geschossen hat, der VfL Bochum nur zwei, Hansa Rostock

Nachspielzeit

ist im Augenblick in der Fußball-Bundesliga ...
Dietmar Schott *(aus dem Studio in Köln):* Ganz kurz eine Unterbrechung der Konferenz: Wieder Kinder auf der Autobahn. Achtung Autofahrer, auf der A45 Hagen Richtung Gießen, Kreuz Hagen und Lüdenscheid Nord, diese Kinder auf der Fahrbahn!
Manfred Breuckmann: Jetzt bleiben wir an den drei entscheidenden Spielorten und rufen zunächst einmal wieder Dirk Schmitt in Frankfurt!
Dirk Schmitt: Wo die Frankfurter Eintracht natürlich nach wie vor Druck macht. Sie weiß, ein Tor könnte wieder den 1. FC Nürnberg in den Abgrund stoßen, überhaupt keine Frage, und sie kommen jetzt wieder mit Christoph Westerthaler in der zentralen Position, nur Sforza hat er vor sich, dann ist es Fjörtoft, der ist im Strafraum, und er trifft. Toor, Toor für die Frankfurter Eintracht, 5:1, herrje, welche Leistung! Und damit ist wieder der 1. FC Nürnberg in der 2. Liga!
Sekundenlang hört man nur den Nachjubel aus Frankfurt. Eine fast gespenstische Stille – verglichen mit den zurückliegenden, lauten, aufregenden Minuten. Für kurze Zeit macht sich der Zuhörer Sorgen um Günther Koch. Dann, mitten in die Stille hinein, die gefasst wirkende und doch so resigniert klingende Stimme des Reporters aus dem Frankenstadion.
Günther Koch: Hallo, hier ist Nürnberg, wir melden uns vom

Abgrund, Nürnberg 1:2. So wie Bayern wegen des linken Torpfostens im Noucamp in Barcelona verloren hat, steigt der Club ab, wenn er absteigt, wegen des linken Torpfostens vor der Nordkurve. Nikl drosch den Ball an den Pfosten, der war nicht zu erreichen, Torhüter Golz flog durch die Luft, der Ball klatscht vom Pfosten zurück und ging nicht ins Tor, sondern vor die Füße von Frank Baumann; Frank Baumann bringt dann aus sechs Metern den Ball nicht im Tor unter, und so steht es nach wie vor nur 1:2. Der Club, der schon abgestiegen war, zwischen 17.08 Uhr und 17.10 Uhr, ist im Moment abgestiegen, denn das Spiel hier ist aus! Ade liebe Freunde, es ist nicht zu fassen, was der Club seinen Fans, was er seinen Anhängern, und was er seinem treuen Publikum zumutet, die noch gar nicht mal ahnen, was in Frankfurt die Mannschaft von Otto Rehhagel, die mit einem sensationellen Ergebnis am letzten Spieltag aufwartet, alles bietet. Der

Club verliert mit 1:2, und er hat wenig Haltung bewiesen, erst in der Schlussminute, in den Schlussminuten hat er gekämpft. Liebe Clubberer, es tut mir Leid, das musste nicht sein, das musste nicht sein. Respekt und Anerkennung an die Adresse der anderen Vereine, der Spieler und der Offiziellen, wenn es denn dabei bleibt, und ich rufe noch einmal Manni Breuckmann in Bochum.

Manfred Breuckmann: Und Günther, du tust mir auch Leid, erlaube mir dieses persönliche Wort an der Stelle, die Clubberer möglicherweise im Abgrund, da gibt's hier noch in Bochum eine Verletzungsunterbrechung, Delron Buckley wird vom Platz geführt *(aus dem Off:* »Manni, ganz kurz!«*)* Aber es ist noch nicht vorbei, noch eine gute Minute zu spielen *(wieder* »Manni, ganz kurz!«*)* ... und der VfL Bochum setzt alles daran, ein Tor zu machen ... *(Manfred Breuckmann ob der Störung seitens eines Vierten sichtlich irritiert und genervt)* Noch ein Tor irgendwo? *Doch der Mann aus dem Off kommt nicht zu Wort.*

Dirk Schmitt *(identifiziert sich mittlerweile voll und ganz mit dem Erfolg der Frankfurter Eintracht; seine Stimme klingt fest und ein wenig stolz bei diesem so wichtigen Ereignis als Reporter, siegreich, dabei gewesen sein zu dürfen)*: Das Spiel in Frankfurt ist aus. Grenzenloser Jubel! Die Frankfurter Eintracht hat den Klassenerhalt in der 1. Fußball-Bundesliga gepackt. Niemand konnte damit rechnen, alles hat gegen die Frankfurter Eintracht gespielt. Aber die Eintracht hat viermal hintereinander gewonnen, und hat damit den Grundstein gelegt, um heute das I-Tüpfelchen, ein sensationeller 5:1-Sieg, in einem Spiel, in dem auch, und das wollen wir unterstreichen, der 1. FC Kaiserslautern punkten musste; also, da gab's nichts von einer Mannschaft, die sich schon aufgegeben hatte, nein, hier mussten diese drei Punkte und dieser Kantersieg wirklich hart erarbeitet werden. Frankfurt ist definitiv weiter in der 1. Fußball-Bundesliga, Manni Breuckmann! *Bei der Überblendung nach Bochum bleibt die Regie mit einer Tonspur in Frankfurt. Lautes, rhythmisches Klatschen zu einem deutlich zu vernehmenden bekannten Lied ist zu hören. Dann dazu die gelöst klingende Stimme von Manfred Breuckmann ...*

Manfred Breuckmann: Und sie spielen »Status quo« für die Frankfurter Eintracht ...

»**Ich kann diesen Käse nicht mehr hören.**« **Rudi Völler im Interview bei Waldemar Hartmann**

Nach dem Spiel der deutschen Nationalmannschaft in Island (0:0) am 6.9.2003

Delling: Ja. Spätestens jetzt steht fest: Die Samstagabend-Unterhaltung steckt in einer tiefen Krise. Wenn man sagt, das war wieder einmal ein absoluter neuer Tiefpunkt – trifft es das?

Netzer: Ja, das ist ein Tiefpunkt. Und ich verstehe die Spieler nicht, zum Schluss jetzt auch noch Kehl. Warum sagen sie nicht einfach: »Das war ein schöner Mist, den wir da gespielt haben«? Da gibt es keine Entschuldigung für. Sucht er nach den Stärken von Island, was die alles besser können und besser gemacht haben? Das darf doch nicht das Kriterium sein. Das ärgert mich ein wenig.

Die beiden Kommentatoren machen einen sichtlich irritierten, aber ebenso kampfeslustigen Eindruck. Das vorangegangene Spiel gegen Island, ein überaus glückliches 0:0 für die deutsche Nationalmannschaft, war der allgemein so empfundene endgültige Tiefpunkt einer Reihe von äußerst miserablen Auftritten der Nationalelf in den letzten Monaten. Nach der erfolgreichen WM 2002 war die Erwartungshaltung bei den Fans und den Berichterstattern natürlich entsprechend hoch gewesen. Deshalb ist die Stimmung nun umso gereizter.

Delling: Rudi Völler ist bei Waldemar Hartmann, und wir sind gespannt, was dabei herauskommt.

Ein zaghafter Versuch zu lächeln ist bei Rudi Völler zu erkennen. Deutlicher jedoch ist sein tiefes aber zugleich schnelles Atmen zu vernehmen. Hartmann probiert sich dagegen bewusst jovial an das schwierige Gespräch heranzutasten.

Hartmann: Das sind wir sicherlich alle und auch die Zuschauer. Rudi, herzlich willkommen. Als Teamchef hat man nach meiner Meinung nach so einem Spiel zwei Möglichkeiten: Die eine ist, man stellt sich vor die Mannschaft, weil man weiß, man braucht sie am Mittwoch gegen Schottland wieder. Die andere ist, mit harten Worten diese Mannschaft aufzurütteln, weil man sie am Mittwoch braucht und vielleicht ganz anders wie heute. Für welche haben Sie sich entschieden?

Völler *(versucht sich selbst zu beruhigen)*: Beides, möchte ich mal so sagen. Man muss ja beides versuchen, ist doch ganz klar. Ich wurde nach dem Färöer-Insel-Spiel ein bisschen belächelt, als ich die Mannschaft ein bisschen in Schutz genommen habe. Das ist natürlich heute schwierig, weil wir vor allem in der 2. Halbzeit viel zu behäbig gespielt haben. In der 1. Halbzeit, finde ich, haben wir es noch ganz ordentlich gemacht, hatten die Isländer ganz gut im Griff, haben uns die eine oder andere Torchance auch erarbeitet, aber die 2. Halbzeit war einfach zu wenig. *(Stimme wird rauchiger)* Da kamen auch zu wenige Impulse aus dem Mittelfeld, im Sturm konnten wir uns kaum durchsetzen. Und wir haben uns auch eindeutig zu wenig bewegt. Eines ist klar: Am Mittwoch können nur Spieler auflaufen, die von vornherein mir das Versprechen abgeben, dass sie auch hundertprozentig laufen und wirklich für die Mannschaft absolut da sind.

Hartmann: Da müssen wir Tore schießen auch gegen Schottland und da haben wir die Qual der Wahl, aber wir haben keinen, die verletzt sind. Also alle die in Deutschland den Adler tragen, die einen deutschen Pass haben, die Tore schießen können, sind an Bord, aber trotzdem ist das das Problem der deutschen Nationalmannschaft. Wie kann man das beheben?

Völler: Wir müssen daran arbeiten. Wir müssen Geduld haben, wir müssen versuchen, das Beste aus unseren Möglichkeiten zu machen. Wir haben's ja auch versucht. Aber grundsätzlich ist natürlich richtig, wir haben ... machen zu wenig Tore, ist ja klar, wir haben heute 0:0 gespielt, das ist natürlich zu wenig. *(kurze Pause, Augenbrauen ziehen sich zusammen, kritischer Blick)* Aber trotzdem möchte ich ein bisschen den Sebastian Kehl in Schutz nehmen: Ich weiß, meine beiden ... Jungs hier von der ARD, der Günter und auch der Delling, die natürlich ... vor allem Delling, das ist natürlich schon 'ne Sauerei, was der hier sagt, das muss ich einfach mal so sagen. Ich kritisier' die Mannschaft, aber muss natürlich auch die Mannschaft in Schutz nehmen, und was der Delling macht, ist nicht in Ordnung.

Hartmann: Was meinen Sie jetzt da genau?

Völler: Ja, einfach die Sache mit dem Tiefpunkt und nochmal 'n Tiefpunkt und dann gibt es noch mal 'nen niedrigeren Tiefpunkt. Ich kann diesen Scheißdreck nicht mehr hören, muss ich ganz ehrlich sagen. Da stelle ich mich vor die Mannschaft. Natürlich war das heute nicht in Ordnung, aber man sollte schon mal überdenken, wenn man solche Berichterstattungen macht, dass man ... also ich weiß nicht, wo die ... woher die überhaupt das Recht nehmen, so was zu sagen. Kann ich ... verstehe ich nicht, muss ich ganz ehrlich sagen.

Hartmann: Die Frage von Gerhard Delling war, ob es ein Tiefpunkt war. Ich muss Ihnen ganz ehrlich sagen ...

Völler *(wird aufbrausend, gestikuliert energisch):* Auch die Geschichte mit der Unterhaltung am Samstagabend ... dann soll er doch Samstagabend-Unterhaltung machen und keinen Sport, keinen Fußball. Soll er »Wetten, dass ...?« machen und Gottschalk ablösen.

Hartmann: Das ist im anderen Kanal, das ist beim ZDF ...

Völler: Dann soll er da hingehen.

Hartmann *(lächelt verlegen):* ... und es gibt eine Krise, das hat auch die ARD schon gesagt, in der Samstagabend-Unterhaltung, und daher hat er das auch genommen.

Ich bin auch nicht der Rechtsbeistand von Gerhard Delling, bin aber auch Journalist und erlaube mir auch zu sagen – das wissen Sie auch selbst, Sie haben das ja auch gesehen, dieses Spiel – dass es in den ersten 45 Minuten, die Sie ja jetzt noch gut bewertet haben, ganz sicher ein auch statisches Spiel war. Ich war hinter dem Tor gestanden mit Sepp Maier. Wir waren uns da auch einig, es ist zu wenig gelaufen worden, man hat sich zu wenig angeboten. Die Deutschen tun ...

Völler (*unterbricht immer hektischer werdend den Moderator*): Das ist ja auch alles in Ordnung, aber ich kann diesen Käse nicht mehr hören, und nach jedem Spiel, wenn wir kein Tor geschossen haben, dann ist das noch ein tieferer Tiefpunkt, als wir eigentlich schon hatten. So einen Scheiß, den kann ich nicht mehr hören. Also da werde ich ... das ist für mich das Allerletzte, muss ich ehrlich sagen. Wechsel' den Beruf, ist besser.

Hartmann: Suchen Sie sich nicht im Moment den falschen ...

Völler: ... nein, ich suche mir genau den Richtigen aus.

Hartmann: ... den falschen Gegner aus?

Völler: Nein, ich sitze jetzt seit drei Jahren hier und muss mir diesen Schwachsinn immer anhören. Das ist einfach so.

Hartmann: Ja, aber die Mannschaft ist doch der Ansprechpartner, der allererste.

Völler: Die kriegen auch ihr Fett weg. Aber ich kann diesen Käse nicht mehr hören, immer nach jedem Spiel, ich kann mich immer nur wiederholen, die mit diesem Tiefpunkt und noch einmal tiefer. Natürlich, wir haben heute – und da hat der Sebastian Kehl Recht – wir haben heute beim Tabellenführer gespielt, wir haben 0:0 gespielt, das ist sicher nicht in Ordnung, das ist einen Tick zu wenig für unsere Ansprüche, wir sind Vizeweltmeister. Da muss ein bisschen mehr kommen. Aber diesen Scheiß, der da immer gelabert wird, da sollten sich alle mal, wirklich mal Gedanken machen, ob wir in der Zukunft so weitermachen können. Immer diese Geschichte, alles in den Dreck ziehen, alles runterzuziehen, das ist das Allerletzte, und ich lasse mir das nicht mehr so lange gefallen, das sage ich euch ganz ehrlich.

Hartmann: Rudi, darf ich zu dem Spiel heute noch einmal zurückkommen?

Völler (*abwinkend*): Ja, gerne.

Hartmann: Okay. Da ist eine isländische Mannschaft, die meisten Spieler spielen in England in der 2. Division, sind da auch nicht Stammspieler. Wir müssten doch eigentlich von der Position her, die wir haben, von den Besetzungen, die wir haben, die Mannschaft klar beherrschen. Das haben wir nicht.

Völler: Wieso müssen wir die klar beherrschen? Die Isländer sind Tabellenführer, das weißt du Waldi, oder nicht? Sind die Tabellenführer oder nicht?

Hartmann (*deutlich*): Richtig.

Völler: Na also. Da müssen wir den Gegner auswärts klar beherrschen? In welcher Welt leben wir, lebt ihr denn alle?

Hartmann: Nee, ich hab' gedacht, in der einzelnen Position, wenn ich eins zu eins vergleiche.

Völler *(ist nicht mehr zu beruhigen)*: Nein, ich hab' doch die Mannschaft kritisiert, ist doch ganz klar. Da war zu wenig Laufbereitschaft, und Mittwoch werden nur die Leute spielen, die sich wirklich hundertprozentig den Arsch aufreißen. Aber ihr müsst doch mal von eurem hohen Ross runterkommen. Was ihr euch alle immer einbildet, was wir für einen Fußball hier in Deutschland spielen müssen. Ihr habt doch früher – der Günter, was die früher für einen Scheiß gespielt haben! Da konntest du doch früher gar nicht hingegangen, die haben doch Standfußball gespielt, früher.

Hartmann: Ich kann jetzt nicht verstehen, warum die Schärfe reinkommt.

Völler: Die Schärfe bringt ihr doch rein. Müssen wir uns denn alles gefallen lassen?

Hartmann *(gutmütig-irritiert)*: Ja, ich hab' doch keine Schärfe jetzt da reingebracht.

Völler: Ja, du nicht. Du sitzt locker bequem auf deinem Stuhl und hast drei Weizenbier getrunken und bist schön locker.

Hartmann: Also, in Island gibt es kein Weizenbier zum einen, muss ich ganz ehrlich sagen. Ich bin auch kein Weizenbier-Trinker. Ich weiß auch nicht, ob wir jetzt in dem Stil weitermachen wollen. Du hast es ja gesagt, jetzt sind wir schon da, wo wir schon waren, warum sollen wir nicht zu dem kommen, wo wir schon lange sind? Am Mittwoch müssen die da sein, die sich »den Arsch aufreißen«. Sitzen die auf der Bank, oder sind die heute schon auf dem Feld gewesen? Und warum haben sie es heute nicht gemacht?

Völler *(nimmt sich etwas zurück)*: Es war natürlich auch ein Gegner auf dem Platz. Natürlich war das von dem einen oder anderen nicht so, wie ich mir das vorgestellt hatte. Natürlich habe ich auch in der Halbzeit gesagt, wir müssen noch einen Tick drauflegen im Prinzip, aber es wurde dann ein bisschen weniger. Es wurde eigentlich noch weniger als in der ersten Halbzeit. Aber ich versteh nicht immer, dieses hohe Ross, das alle haben, ich kann das nicht verstehen. Warum ... Island ist Tabellenführer gewesen. Natürlich müssen wir hier etwas besser spielen, aber es kann doch keiner von uns verlangen, dass wir hierher fahren und die Isländer 5:0 wegputzen!

Hartmann: Naja, das war ja auch ... das hat ja auch keiner gesagt.

Völler: Aber so redet ihr doch alle! Unsere Ansprüche sind so: Wir müssen hier mal locker herfahren, und wir müssen die ganz locker wegputzen.

Hartmann *(wird energisch)*: Also, ich muss auch mal sagen, auch jetzt ganz deutlich sagen, Rudi, das macht hier nicht die ARD oder das macht nicht das ZDF,

und wir machen uns keine Gaudi daraus. Das machen wir nicht für unser Poesiealbum und finden uns danach besonders toll ...
Völler: Nee?
Hartmann: ... und schlagen uns auf die Schulter.
Völler: Nee?
Hartmann: Nein!
Völler *(süffisant):* Nee? Bist du dir sicher?
Hartmann: Ich hab auch nicht ... ich kann auf jeden Fall für mich sprechen.
Völler: Na gut. O.K.
Hartmann: Ich habe auch keine drei Weißbier getrunken. Ich mache dieses Interview, und wir können danach die Alkoholprobe bei der Dopingprobe machen, mit 0,0 ...
Völler *(winkt ab):* Komm, jetzt sei nicht beleidigt.
Hartmann: Ich bin ja nicht beleidigt, Rudi, aber die Kollegen von den Zeitungen, die schreiben doch das auch, was sie glauben, was der Leser genauso merkt, da sind doch wir nicht die Einzigen. Es ist doch nicht so, dass wir im luftleeren Raum schweben und die Zeitungen die deutsche Mannschaft seit einem Jahr nach der Weltmeisterschaft ständig bewundert haben.
Völler: Darum geht's doch gar nicht. Das ist doch richtig, dass wir natürlich in den letzten Monaten Spiele abgeliefert haben, die natürlich nicht in Ordnung waren, das ist doch in Ordnung. Nur wehre ich mich dagegen, dass man nach solchen Spielen ... dass man alles total in den Dreck zieht.

Also wirklich, das ist allerletzte, unterste Schublade. Natürlich war das nicht in Ordnung, habe ich ja gerade auch gesagt, da wehr' ich mich natürlich auch dagegen. Die Situation hat sich für uns auch nicht so viel verändert: Wir haben heute nicht verloren, wir hatten ein bisschen Glück, wir hätten auch verlieren können am Ende. Aber wir müssen die Schotten schlagen, das bleibt letztendlich.
Hartmann: Okay. Also, jetzt sind natürlich zwei ...
Völler *(unterbricht Hartmann, klopft ihm aufs Knie):* ...'tschuldigung, die Geschichte mit dem Weizenbier habe ich nicht so gemeint – alles andere habe ich so gemeint, wie ich es gesagt habe.
Hartmann: Ja, okay, und jetzt glaube ich auch, haben die zwei, die jetzt betroffen waren und die du jetzt angegriffen hast, das Recht zu kontern, so wie im Fußball.
Völler *(sauer):* Wie sie das in ihrer altbewährten Art eben machen ...
Hartmann: So wie im Fußball *(stockt)*, ja ... wir können eine Konferenzschaltung machen ...
Völler: ... ne!?
Hartmann: Ja, das ist, glaube ich, die fairste Nummer ...
Völler: Ja, von mir aus. Alles klar!
Hartmann: ...für eine Live-Sendung im deutschen Fernsehen. Wir haben Samstagabend, bessere Unterhaltung gibt's, glaube ich, überhaupt gar nicht. Jetzt kommen Delling und Günter Netzer.
Völler: Der Unterhaltungschef Delling kommt jetzt ...!

»Ich habe fertig!«
Die legendäre Rede des Giovanni Trapattoni

Sind Sie bereit? Es gibt im Moment in diese Mannschaft, oh, einige Spieler vergessen innen Profi, was sie sind. Ich lese nicht sehr viele Zeitungen, aber ich habe gehört viele Situationen:
Erstens: Wir haben nicht offensiv gespielt. Es gibt keine deutsche Mannschaft spielt offensiv und die Namen offensiv wie Bayern. Letzte Spiel hatten wir in Platz drei Spitzen: Elber, Jancker und dann Zickler. Wir mussen nicht vergessen Zickler. Zickler ist eine Spitzen mehr Mehmet eh mehr Basler. Ist klar diese Wörter, ist möglich verstehen, was ich hab gesagt? Danke. Offensiv, offensiv ist wie macken in Platz.

Zweite: Ich habe erklärt mit diese zwei Spieler: Nach Dortmund brauchen vielleicht Halbzeit Pause. Ich habe auch andere Mannschaften gesehen in Europa nach diese Mittwoch. Ich habe gesehen auch zwei Tage de Training. Ein Trainer ist nicht ein Idiot! Ein Trainer sehen, was passieren in Platz. In diese Spiel es waren zwei, drei oder vier Spieler, die waren schwach wie eine Flasche leer!

Haben Sie gesehen Mittwoch, welche Mannschaft hat gespielt Mittwoch? Hat gespielt Mehmet, oder gespielt Basler, oder gespielt Trapattoni? Diese Spieler beklagen mehr als spielen! Wissen Sie, warum die Italien-Mannschaften kaufen nicht diese Spieler? Weil wir haben gesehen viele Male solche Spiel. Haben gesagt, sind nicht Spieler für die italienisch ... äh ... Meisters.
Struunz! Strunz ist zwei Jahre hier, hat gespielt zehn Spiel, ist immer verletzt. Was erlauben Strunz?! Letzte Jahre Meister geworden mit Hamann ... äh ... Nerlinger.
Diese Spieler waren Spieler und waren Meister geworden. Ist immer verletzt! Hat gespiele 25 Spiele in diese Mannschaft, in diesem Verein! Muss respektieren die andere Kollega! Haben viel nette Kollegen, stellen sie die Kollega in Frage! Haben keinen Mut an Worten, aber ich weiß, was denken über diese Spieler!
Mussen zeigen jetzt, ich will, Samstag, diese Spieler mussen zeigen mich eh zeigen de Fans, mussen allein die Spiel gewinnen. Ich bin müde jetzt Vater diese Spieler ... äh ... de Verteidiger diese Spieler! Ich habe immer die Schulde über diese Spieler. Einer ist Mario, einer ist, ein anderer ist Mehmet! Strunz dagegen egal, hat nur gespielt 25 Prozent diese Spiel! *(zaghafter Applaus)* Ich habe fertig!